# ?K팝 컬처의 심리

대중문화심리로 본 한국사회 2

# K팝 컬처의 심리

2012년 7월 25일 초판 인쇄
2012년 7월 30일 초판 발행

**지은이** | 김헌식
**펴낸이** | 이찬규
**펴낸곳** | 북코리아
**등록번호** | 제03-01240호
**주소** | 462-807 경기도 성남시 중원구 상대원동 146-8
　　　　우림2차 A동 1007호
**전화** | 02)704-7840
**팩스** | 02)704-7848
**이메일** | sunhaksa@korea.com
**홈페이지** | www.bookorea.co.kr
**ISBN** | 978-89-6324-234-7 (03330)

값 15,000원

대중문화
심리로 본
한국사회 _2

# ?K팝 컬처의! 심리!

김헌식 지음

**북코리아**

머리말

— 이 책은 한국의 대중문화의 현상과 이슈를 주로 다루고 있다. 한국의 팝 컬처(Pop Culture)에 대한 궁금증을 가진 이들을 위한 책이기도 하다. 다만 사실의 나열이 아니라 심리적 원인과 원리들을 문화적인 관점에서 풀려고 한다. 그래서 문화심리 관점에서 어떤 작품이 왜 선호되고 어떤 문화현상들이 일어나는지 분석한다. 하지만 완전하고 멋들어진 서양의 심리학적 개념들이나 문화 이론이 등장하는 것은 가급적 피하려 했다. 각 개인의 대중문화 취향을 주로 다루기보다는 한국에서 사회적으로 어떻게 나타나고 있는지 이를 분석하는 것이 목적이기 때문이다. 이로써 전반적으로 한국사회와 한국사회의 개인들이 어떤 사고와 행위를 지향하고 있는지 가늠할 수 있는 배경지식을 습득할 수 있게 된다. 외국인들에게는 초기 지식이 될 것이며 한국인들에게는 상대적으로 자신들을 객관화시켜 한 번쯤 되새겨보는 계기를 제공하게 될 것이다. 그런데 이렇게 의문이 얼마든지 생길 수 있다. 과연 이런 작업들이 의미가 있는 것일까?

— 〈대중문화심리로 본 한국사회〉가 출간되었을 당시 리브로에서 '2007년 대선 올바른 선택을 위한 10권'의 책에 선정되었다. 하지만 어느 독자는 자신의 블로그에 혹평을 실었다. 통속 드라마와 오락 프로그램에 관한 글들을 읽어야 하는지 모르겠다는 비판이었다. 이 책은 그야말로 드라마와 영화, 오락, 교양 프로그램은 물론 인터넷 현상, 일상의 대중 트렌드를 모두 포함하고 있었다. 언뜻 보면 다양한 소재들을 중구난방으로 다루고 있었다. 또 다른 독자는 이 책이 제목

은 그럴듯한데 내용이 그에 부합하지 못한다고 비판했다. 대중문화심리로 한국사회를 보지 않고 있다는 말이겠다. 한국사회를 분석하는 본격적인 내용이 아니라고 평가 했던 것이다. 이러한 지적은 틀린 것이 아니다. 한국사회의 특징을 대중문화심리로 본격 분석한 내용이 아니었기 때문이라는 것이다. 이런 극단적인 평가가 어떻게 가능한 것일까. 한쪽에는 정치적 선택에 유용하다고 하는가 반면 한쪽에서는 읽을 필요도 없다는 주장을 하니 말이다.

— 이는 결국 한국사회를 구성하는 것이 어떤 것인지에 대한 오해에서 비롯했다. 사회는 따로 존재하는 것이 아니라 개인과 개인의 사이에서 존재한다. 그런 개인과 개인 사이의 심리는 사회심리가 된다. 개인과 개인의 덩어리가 커져서 무리의 형태가 되면 대중사회심리가 될 것이다. 그런데 여기에서 문화라는 개념을 어떻게 규정하는가가 중요하다. 대중문화심리로 한국사회를 보려하기 때문이다. 그럼 문화심리는 무엇인가를 앞서 살펴봐야 한다.

— 우선 문화는 무(武)에 상대어이다. 무(武)는 대개 물리적인 강인함을 뜻한다. 물질의 세계를 말한다. 무(武)는 몸을 단련하고 무기를 만들며 그것을 움직이는 방법을 중요하게 생각한다. 평균적으로 성능이 좋은 비행기와 전차, 로켓, 개인화기로 무장한 대군이 승리할 가능성이 높다. 핵무기나 항공모함처럼 물질적으로 우세한 전쟁으로 좌우되기 때문이다.

— 하지만 물질적인 우세에도 불구하고 전쟁에서 지는 경우는 많다. 그것을 좌우하는 것이 문(文)이다. 만약 무의 우세함에도 불구하고 병사들을 인간 이하의 취급을 한다면 그 군대는 저항과 불복종이 일어나는가 하면 반란으로 자중지란의 상태에 빠져 전쟁을 해보기도 전에 무너지게 될 것이다. 그들 스스로에게 인간다운 대접을 받지 못했기 때문이다. 스스로 존귀하고 싶은 것이 인간다움이다. 그것이 문(文)이다. 인문(人文)이라는 것이 대표적이고 인간다움을 고민하는 것이 인문학이라는 학문이다. 문화는 문(文)을 만들어가는 모든 총체적인 활동이다. 인간다움으로 만들어가는 일련의 총체성을 말하는 것이 문화(文化)다. 인

간다움이란 무기물이나 동물의 상태, 미개나 야만이 아니라 그런 단계에서 품격을 갖추려는 모든 노력들이다. 이성적인 능력을 발휘하는 것일 수도 있고 도덕 윤리적인 측면을 강화할 수도 있다. 인간은 끊임없이 자의식을 통해 존재감과 정체성을 확립하면서 일정한 가치를 추구한다. 그것이 개인은 물론 사회를 유지시키고, 더 진전하게 만드는 동력이 되도록 한다. 인간다움을 끊임없이 고민하고 추구하는 것이 문화이다. 특히 글월 문자를 쓰는 것은 인간이 자신의 사고와 감정을 더 품격 있게 만들려는 욕구 때문이다. 표현의 욕구는 바로 인간이 스스로 자의식을 가지기 때문에 가능하다. 표현의 욕구가 한 단계 올라가면 그 결과물은 문화예술작품이나 행위가 된다. 인간만이 그렇게 스스로 가치를 추구하고 그것을 일정한 형태로 남겨둔다. 다만, 그것을 공감하고 향유하는 사람에 따라 다양한 장르와 층위가 성립하게 된다.

── 어떤 장르는 배경지식과 소양이 필요한 반면 어떤 장르는 사람이라면 누구나 이해하고 공감할 수 있다. 그러나 그것 중 어떠한 것이 우월한 것인지 가리기 힘들다. 모두 인간의 문화적 행위이기 때문이다. 그것을 통해 얼마나 인간다움을 고양시키는가가 중요하다. 유사문화행위란 바로 겉으로는 문화행위 같지만 문화행위의 본질에서 벗어나 있는 것을 말한다. 아무리 고품격을 지향한다고 해도 문화적 행위의 본질에서 벗어난다면 그것은 유사문화행위 즉 사이비(?)가 된다. 반대로 품격이 낮아보여도 문화적 행위에 부합한다면 사이비(?)가 아니다.

── 아직도 우리는 대중사회에 존재하고 있으며 그 대중사회에서는 개인적 문화적 행위들이 모여 무리를 이루고 있다. 개인들의 미시 동기는 거시적인 집단의 사회적 행위와 동시에 문화적 행위와 그로 인한 현상들을 만들어낸다. 그것은 욕구를 넘어 욕망의 형태를 지향한다. 욕구는 당연히 필요한 것이지만 욕망은 필요수준을 넘어서 그 이상을 바라는 것이다. 필요 이상의 욕구가 욕망이 된다. 그 욕망은 문화의 진전으로 이어지기도 하지만 문화에 역행하기도 하다. 무조건 나쁘거나 좋기만 한 것은 아니다.

─── 비록 인간의 표현 행위가 글월 문자를 넘어서서 꼭 예술작품으로 이어지지 않아도 현상들을 만들어내는 것이 미디어 현상이다. 텔레비전, 라디오, 영화, 신문, 광고와 같은 올드미디어만이 아니라 각종 모바일 디지털 기기들은 다양한 콘텐츠들을 통해 욕구와 욕망들을 담아내고 있다. 욕구와 욕망은 현실의 결핍에서 비롯한다. 대중들은 정치나 국가의 영역에서는 시민이나 국민의 개념으로 이동한다. 문화콘텐츠는 많은 사람들을 무작위적 대상으로 만들어지지만, 정치의 정책이나 국가의 대국민 서비스는 시민, 국민이라는 명확한 타깃층을 염두하고 있을 뿐이다.

─── 정치와 국가가 대상으로 하는 이들은 대부분 대중 안에 포함된다. 그들을 대상으로 하는 콘텐츠들에는 그들의 욕구와 욕망이 담겨 있다. 욕구와 욕망의 일정한 유형이나 원리들은 심리라고 규정할 수 있다. 이는 생물학적인 욕구와 욕망만이 아니라 문화적 욕망과 욕구까지 포괄한다. 따라서 문화심리는 가치 있는 인간이고자 하는 존재론적 사고와 행동의 욕구와 욕망의 일정한 유형이나 원리들을 말한다.

─── 대중문화콘텐츠에는 이러한 문화심리가 담겨 있는데 이는 정치와 정책, 국가의 의사결정과 무관하지 않다. 문화심리는 좀 더 나은 삶을 꿈꾸는 바람이 담겨 있기도 하기 때문이다. 문화심리는 사회 안에 구성원들에게 존재하고, 이는 대중이라는 무리 개념으로 일컬어진다. 따라서 대중문화 심리는 한국사회와 밀접하다. 또한 대중문화심리는 정치와 국가의 영역에서 중요하게 간주해야 할 개념이 된다. 결국, 대중문화심리라는 개념으로 각 개인들이 선호하는 대중문화콘텐츠는 시민사회와 국가의 정책 대안을 모색하기 위한 기본적인 초석 작업이 되는 것이다.

─── 그러나 대중문화콘텐츠와 현상은 모두 긍정적인 것만은 아니다. 욕망이 긍정으로 또는 부정의 흐름으로 이어지는 것과 마찬가지다. 이 때문에 행태심리학이 심리적 현상을 밝히고 설명하는 선에서만 머무는 것이 문제가 된다. 가치

평가나 현실변화에 대한 필요성과 운동성을 간과하기 때문이다.

— 대중문화심리는 단순히 현상이나 원리들을 설명하는 데 그쳐서는 사회의 진보에 기여할 수 없다. 인간의 모든 행위들이 바람직한 방향으로 진화하는 궤적에 있는 것이 아니기 때문이다. 다른 동물들과 다른 것은 인간이 스스로 자연에 선택받을 수 있도록 적응과 선택을 할 수 있다는 점이다. 이 책이 트렌드나 콘텐츠 소비에 대한 원리적인 설명만이 아니라 비판적 대안을 언급하는 대목이 많은 것은 이 때문이다. 그것은 정치인이나 사회, 기업의 리더가 또한 고민해야 하는 것이기도 하며, 우리 스스로가 끊임없이 해야 할 숙제이기도 하다.

— 한국의 대중문화 현상은 비난과 무시 속에서도 나름의 맥락과 의미를 만들어왔다. 이를 외국의 비평적 관점에서 접근하는 것은 한계가 있다. 새로운 관점들은 처음에 시작할 때 낯설수 있지만 그것을 가다듬어 나가다보면 좀 더 일관성있는 명확한 사고의 틀을 갖추어 나갈 수 있으며 이는 다시 문화의 창조로 이루어질 수 있을 것이다. 특히, 외국인-서양인들은 한국인의 시각에서 한국인의 사고로 분석해주길 원한다. 자신들이 만든 개념을 가지고 풀어내는 것은 한국문화론이 아니라고 본다. 이 책은 조약하지만, 이러한 맥락에서 거칠지만 감히 새로운 시도를 하고 있는 것이다. 그렇다고 해서 민족주의 관점에서 인위적으로 해외의 개념을 완전히 배척한 것은 아니다. 인류보편적인 관점에서 적용할 수 있을 만한 것들은 적용하면서 한국만의 특수한 점을 분별하려 했다.

— 이 책은 한국인만이 아니라 외국인이 읽어도 되는 책이기도 하지만 한국문화에 대해서 극찬을 하거나 대단한 원리가 있는 것처럼 너스레를 떨지 않으려 했다. 그것은 한류에 대한 주류 매체의 띄우기가 빚는 오류를 낳지 않기 위해서이다. 또한 그동안 외국인들을 위한 간략한 문화관련 책들은 그들을 유아적으로 무시하는 경향이 있기 때문이다. 예컨대 그들은 한국인도 잘 모르는 문화보다 한국인들과 동등한 또는 그 이상의 한국대중문화에 대한 관심이 있다. 문화적 관심과 의식 그리고 품격이 동등하기에 동시대적으로 한국의 대중문화에 관

심이 있는 것이다. 그렇기 때문에 이 책은 그들은 한국인에게는 별 것 아닐 수 있지만, 중요한 이해를 제공할 것이다. 비록 겉보기에는 소소한 이야기들이지만 한국사회를 비판적 관점에서 문화 심리적 원인을 풀어내고 있기 때문에 한국과 한국의 문화에 대한 현실적인 이야기와 관점을 습득할 수 있을 것이다. 어느 때보다 한국인에게는 별일 아닐 수 있는 문화적 요인들이 외부의 시선에게는 다른 의미로 비칠 가능성이 커졌음은 주지의 사실이다.

—　요컨대 한류는 대중문화에 대한 관심이므로 한국대중문화 자체에 대한 연구가 어느 때보다 중요해졌는데 이는 새로운 대중문화 연구의 필요성을 낳고 있다. 한국인들은 물론 외국인들의 이목도 고려한 한국대중문화에 관한 그 핵심 원리의 대중적 분석 작업이 필요하기에 이 책은 한국 문화 현상을 사람들의 마음과 욕망 그리고 한국의 사회문화 심리에 바탕을 두고 분석하고 있다. 정보의 나열이나 비평적 관점을 넘어서 사회문화적 차원의 발생 이유와 영향관계들을 심리적 관점에서 분석하려 했다. 이를 통해 독자에게는 현상의 원인과 맥락에 대한 이해를 높이고 창작자에게는 새로운 창조의 아이디어와 사고법을 제시하며 외국인들에게는 한국의 대중문화 현상에 대한 동시적 해석과 공유를 제공한다. 특히, 외국인들에게 제공되는 기존 문화 관련 책들이 한국의 원론적인 문화론에 치우쳐 있는 한계에서 벗어나고 있다. 이는 한류의 본질인 대중문화에 대한 소소한 설명과 풀이가 필요한 시점이기 때문이다.

# 차 례

# 일상문화 트렌드

# 남성과 여성: 연애와 결혼

# 미디어와 콘텐츠 그리고 대중문화

# 한국문화심리

1장

일상문화
트렌드

# ?!.
# 왜
# 강남스타일이라 우기나?

강남스타일의 문화심리

> 한 인기 예능 프로그램에서 가수 싸이가 버클리 음대 출신이라고 소개되었다. 이런 소개 멘트에 다른 진행자는 물론 같이 출연한 동료가수들도 깜짝 놀랐다. 이렇게 놀란 이유는 버클리라면 세계적인 명문 대학이기 때문이겠다. 놀란 이유는 더 있다. 그건 바로 그 당사자가 싸이이기 때문이다. 누가 봐도 모범생 이미지와 거리가 멀기 때문에 보통 사람의 경우보다 더 놀란 것이다. 다만, 싸이가 그 대학을 졸업하지는 못했다. 알고 보니 싸이는 UC 버클리 음대(Universty Of Berkley, California)가 아니라 버클리 음악단과대학을 다녔다고 한다. 이 대학은 대중음악으로 전문화되었고, 클래식 중심의 UC 버클리의 음대와는 전혀 관련이 없었다. 버클리 음악단과대학은 서부 캘리포니아가 아니라 동부 보스턴에 있다. 국내 대중가수들이 버클리 출신이라고 하면 버클리 음악단과대학을 말한다. 더구나 싸이의 전공은 음악이 아니라 국제관계학이었다. 원래 뮤지션 출신이 아닌 싸이는 미국에서 본격 대중음악을 전문적으로 배우려고 유학 생활을 했지만, 정작 엉뚱한 전공만 했고 정작 졸업도 못했던 것이다.

그러나 십여 년 뒤 그는 세계적으로 깜짝 놀랄 음악과 뮤직비디오를 만들어 전세계적으로 센세이션을 일으켰다. 단지 그는 한국 사람들만 듣는 음악이 아니라 세계인들이 모두 열광하는 음악과 춤을 선보였다. 무엇보다 평범한 세계인만이 아닌 전문 뮤지션들까지 인정하고 CNN, 로이터, 워싱턴포스트, 타임지가 그의 음악을 소개했다. 국내 언론들은 뒤늦게 싸이의 음악에 몰려들었다.

그의 음악은 미국 대학의 음악 교육에 연연하지 않아도 충분히 성공했다. 대중음악에 학력이 중요할까 싶기도 하니 더욱 그랬다. 싸이의 〈강남스타일〉은 바로 그런 새로운 길들을 보여주었다. 기존에는 음반이나 라디오를 통해 해외 공략을 하던 마케팅 전략도 수정되었다. 바로 유튜브 같은 SNS를 통한 홍보전략이 통했던 것이다. 하지만 그런 전략을 사용한 것은 싸이가 처음은 아니다. 그동안 국내의 대형 기획사들은 아이돌 그룹 특히 걸 그룹을 앞에 내세워 그들의 음악들을 유튜브 등의 인터넷 채널을 통해 세계인들에게 제공해 왔다. 당장의 이익을 위한 관점이 아니라 저변 확대 차원이었다. 하지만 전문 뮤지션이나 주요 언론의 주목을 받지는 못했다. 〈강남스타일〉에는 수많은 시간을 온몸으로 겪어오며 만들어온 음악 노하우가 응축되어 있었다. 이른바 싸이 스타일이다. 싸이 스타일은 '강남 스타일'이기도 한 것이다. 도대체 〈강남스타일〉 자체에는 어떤 흡입 요인이 있는 것일까?

싸이의 〈강남스타일〉은 일단 재미있다. 싸이답게 솔직한 재미를 추구한다. 고급 재미는 아니다. 여기에서 재미는 개그 같은 재미다. 개그 코드는 슬랩스틱 코미디다. 이는 말보다는 몸짓이나 행동으로 움직이는 몸개그를 말한다. 이른바 화장실 개그 코드인데 이를 낮춰 B급 코드라고 한다. B급 코드에는 반드시 성적 코드가 있기 마련이다. 음악 측면에서는 마카레나 음악에 반복적 후크송을 결합시키고 있다. 테크토닉 음률까지 결합시켜서 트렌드와 부합하지만 복고적인 코드를 지향했다. 댄스 면에서 무엇보다 강점은 혼자 추는 게 아니어서 사람들이 집단 군무를 열린 공간에서 얼마든지 할 수 있다. 이는 젊은이들의 집단적인 반응을 이끌어낼 수 있다. 이는 강남 스타일의 말춤을 모방하는 동영상들에서 확인할 수 있다.

싸이의 음악은 무엇보다 사회문화적 맥락을 가지고 있다. 〈강남스타일〉은 한국에서 강남의 사회학을 배경으로 하고 있기 때문이다. 노래와 영상은 강남 스타일을 강조하고 있지만 사실 강남 지역의 스타일과는 관련이 없다. 다만 싸이가 강남 토종이며, 자주 강남 코드로 자신의 활동 토대를 삼았을 뿐이다. 강남 코드를 연상할 수 있지만 싸이는 강남코드를 비틀어 노래하고 있는 것이다.

왜냐하면 강남 코드가 아님에도 불구하고 강남 스타일이라고 허세를 부리고 있기 때문이다. 그 강남 스타일이라고 주장하는 근거는 본능에 충실한 남성성의 강조이다. 강한 수컷 본능을 강조하는 것은 마초적인 면 때문에 오히려 희화화의 대상이 스스로 된다. 강한 수컷 본능의 분출은 말 춤과 같은 독특한 안무로 표현된다. 안무와 이미지는 성적인 연상을 강화한다.

한편 강남은 항상 선망의 대상이지만 언제든지 희화화의 대상이 되기 쉽다. 강남 스타일을 모든 사람이 다 충족시킬 수는 없기 때문이다. 〈강남스타일〉의 패러디 편으로 대구, 부산, 인천, 충청 등 다양한 지역이 등장했다. 스타일이 강조되는 점에 주목할 필요도 있다. 자신이 어떤 스타일이라고 강조하는 것은 자아의 표현욕구가 매우 강한 현대인들의 심리를 대변한다. 강남 스타일을 강변하는 싸이의 태도는 자신의 스타일에 자신만만하고 싶은 현대인 특히 세계 젊은이들의 개성 표출이다.

그런데 이런 사회문화적 맥락이 과연 다른 나라 사람들에게 얼마나 전달될까? 그런 점에서 문화 할인율의 벽이 여전히 존재한다. 이는 강남 스타일에 쏟아지고 있는 시선이 갖고 있는 근본적인 한계를 의미한다. 유수의 언론이 다룬 이유는 노래의 구체적인 내용이 아니다. 겉으로 드러난 두 가지 측면 때문이다. 단순 반복적인 음과 안무 그리고 뮤직비디오의 영상 때문이며 관통하는 것은 코믹한 성적 코드이다. 언론의 주목은 많은 이들이 클릭했고 패러디하는 현상 자체로 향했을 뿐 음악이 담고 있는 사회문화적 맥락이 아니었다. 그렇기 때문에 한류의 환상적인 모델로 평가되는 것은 유보해야 한다. 우리의 문화가 제대로 인정받지 못하는 상황이라면 이런 콘텐츠는 금방 소모되어버리는 경향이 있기 때문이다.

한편 〈강남스타일〉음악에는 허세와 열망 그리고 자신감이 교차하여 흐르고 있다. 이런 복합 감정은 실제 현실이 그렇지 않다는 점을 내포하고 있다. 그의 실제는 열정적인 사랑의 감정만으로는 자신의 연인을 소유할 수 없다. 〈강남스타일〉의 음악은 매우 쿨하고 초연해 보이지만 슬픈 현실을 털어버리는 강한 남자인 체하는 심리가 이성에 대한 좌절된 열망과 함께 하고 있다. 현아처럼 '오빠 딱 내 스타일'이라며 여성들이 나서준다면 오죽 좋을까. 양극화 시대가 심할수록 이런 강남 스타일에 대한 '강남 척(강한 남자인 척하는) 현상'을 부추긴다. 청년실업과 비정규직의 고난의 분투 시기에는 자기스스로 강남 스타일이라고 우기지 않고는 견뎌내기 힘든 것일지 모른다.

다음 노래를 하나 예약 신청했으면 한다. 바로 버클리 스타일이다. 곡의 내용은 대중음악이든 클래식이든 품격이나 권위에 관계없이 많은 사람들이 즐겨 하는 음악을 만들면 그것이 버클리 스타일이라고 우기는 것이다.

싸이의 〈강남스타일〉에서 중요한 것은 CNN의 파급력이었다. 해외의 주목 때문에 국내 언론들은 이에 대한 평가 기사를 내쏟았다. 그 핵심에는 CNN의 신뢰와 권위가 있었다. 외신은 국내에서 어떤 기준과 가치보다 우월성을 갖는다. 그것은 결정적인 윈도 효과(windows effect)였다. 이 대목에서 아무리 인터넷 시대라고 하지만 방송의 위력을 여전히 실감하지 않을 수 없다. 특히 글로벌 미디어는 인터넷보다 단기간 순간적 영향력을 폭발적으로 방출하는 창구 역할을 하는 것이다.

한류 전략의 성공은 단순히 콘텐츠를 만드는 것에 집중하는 데 있지 않다. 앞선 문화 코드의 한계와 아울러 글로벌 미디어 차원에서도 '강남스타일'은 전적인 대안은 아니다. 유튜브와 같은 디지털 미디어 플랫폼도 요원하다. 한국에는 글로벌 미디어가 없다. 전 세계는 고사하고 아시아 지역에 영향력을 미치는 데도 한계가 있다.

오늘날 인터넷의 동영상은 유튜브 같은 SNS를 통해 유통 소비된다. 한류의 전략은 이런 점을 추구해야 한다. 싸이의 음악 자체에 올림픽 선수 응원하듯 열정을 쏟을 이유는 없다. 싸이의 주식을 산 경우는 빼고 말이다. 결국 싸이는 국내 시장 지배력을 강화하는 데 더 집중하게 될 뿐이다.

그런데 숨은 공신자가 따로 있다. 싸이의 노래는 발표 1주일 뒤 소강 상태를 보인다. 그러다가 유명 뮤지션(기획자, 평론가 포함)들이 좋은 평가를 내리면서 그것이 유수의 언론에 폭발되는 현상으로 이어졌다. 이를 기회로 미국 아이튠즈 뮤직비디오 차트에서 저스틴 비버, 케이티 페리, 마룬 파이브 등 세계적인 팝스타들을 제치고 한국 가수 최초로 1위를 차지하기도 했다. 한국이 B급 문화의 선구자로 전향한 싸이의 〈강남스타일〉에 작용한 트리거(Trigger, 촉발재)의 역학을 만들지 못하면 한류는 자칫 남 좋은 일만 시킬수 있는 여지가 많다. 계속 재주는 곰이 넘고 돈은 왕서방이 챙기게 된다.

# ?!.
# 가장 뛰어난 용(龍)은
# 왜 십이지 중 다섯째일까

>

국토해양부 국토지리정보원은 우리나라 150만여 개의 지명 가운데 용(龍)과 관련된 지명이 총 1,261개라고 밝혔다. 이는 호랑이 관련 지명 389개의 약 3배, 토끼 관련 지명 158개의 약 8배가 많은 양이었다. 이는 많은 사람들이 용을 더 선호해왔다는 것을 의미한다.

용(龍)은 십이지(十二支) 열두 마리 동물 가운데 가장 뛰어나다. 동물이라고 표현되지만 보통 동물과 비교할 수는 없을 것이다. 그래서 영수(靈獸)라고 불릴 만큼 보통 동물과는 달리 취급을 받았다. 숭앙과 경모의 대상이 된 것은 각 지명에 용이 가장 많이 남아 있거나 왕들과 관련한 명칭에 파생어가 무수하다는 점에서 알 수 있다.

용은 구름을 일으키고 비를 내리게 하며, 천둥과 번개, 폭풍우를 일으키는 존재였다. 따라서 농경을 중요하게 생각하는 지역에서는 숭배의 대상이자 절대적인 신적 존재가 되었다. 비늘을 가진 360종류의 조상으로 여겨지며 물의 통치자로 생각되었다. 물에만 존재하는 것이 아니라 지하에서 하늘까지 순식간에 이동하고 입에서는 불이 나오는데 이 모든 것이 가능한 것은 여의주라는 신묘한 구슬 때문이다.

그러나 용은 십이지 가운데 다섯 번째 동물이다. 이렇게 뛰어난 동물이라면 맨 앞에 있어야 한다. 하지만 십이지의 첫 번째는 쥐이다. 전능한 능력을 가지고 있다면 맨 앞에 나와야 하는 것이 아닐까. 여기에 용이 가지는 세계사적 지혜와 처세의 철학이 담겨 있다.

한국에서는 용을 미르라고 했다. 미르는 미륵불(彌勒佛)에서 그 흔적을 알 수 있는데 미륵불을 미래불이라고 할 수 있다. 아직 오지 않은 부처를 미래불이라고 한다. 석가모니불에 이어 언젠가 이 세상에 나와 중생을 구제한다고 한다. 언젠가 이 세상을 해방시켜줄 구원의 존재가 미륵불이자 미래불이다. 바로 용은 그러한 미래적 존재인 것이라는 점을 미르라는 단어에서 짐작할 수 있다.

뱀이 500년을 묵으면 비늘이 생기고 다시 500년이 흐르면 용이 된다. 용이 승천하는 것은 현실을 벗어나 새로운 세계로 들어가 부귀를 누리는 변화를 의미하기도 했다. 개천에서 용이 나온다는 말이 그러했다. 그래서 용이 나타나면 세상이 바뀔 전조라고 했다.

세종도 용이 나타났다는 말을 들으면 즉시 그 용의 실체를 파악하기 위해 노력했다. 그 과학적 실체도 그렇거니와 용이 나타나면 세상이 바뀔 시점이 되기 때문이다. 용은 미래를 의미하며 온 세상을 바꾸어줄 신령스런 존재이다.

하지만 용은 앞에 나서지 않고 무리의 가운데에 있다. 미래를 준비하는 리더는 무리들 사이에 있는 것이다. 이무기는 진흙 속에서 오랫동안 승천하기를 준비하고 기다린다. 미래를 준비하는 것이다.

쥐는 매우 현실적인 동물이다. 이익에 따라 재빨리 움직이는 영민한 동물로 재부의 상징이 되기도 하며, 개인 스스로의 안위와 영달을 위해서는 최고의 능력을 발휘한다. 하지만 쥐는 세상을 움직이지 못한다. 누구도 쥐를 리더나 통치자로 생각하지는 않는다. 그리고 미래를 준비하는 존재로 간주하지도 않는다.

미래는 상상 속에서 만들어진다. 큰 리더는 앞날을 상상할 때 미래를 열 수 있다. 상상은 앞날을 내다보는 가운데 이루어진다. 용은 상상의 동물이다. 얼굴은 낙타, 눈은 귀신, 뿔은 사슴, 머리털은 사자, 발은 매, 몸통은 뱀, 비늘은 물고기, 귀는 소의 모양을 가졌는데 모두 8가지 동물이 융합되어 있다. 리더는 여러 가지 다양한 요인들을 융합하여 새로운 것을 상상하고 현실화시키는 사람이다. 그것은 오랫동안의 인내와 감수를 통해서 형성되는 것이다. 그 과정이 있기에 전혀 다른 모습으로 어느 순간 승천을 할 수 있다. 무릇 많은 존재들 사이에서 항상 도광양회[韜光養晦]한다. 그것이 어쩌면 상상 속의 전능한 존재인 용이 십이지 동물들 가운데에 있는 이유인지 모른다.

왕들이 용을 자신을 가리키는 데 쓴 이유는 바로 앞날을 적극적으로 바꾸어가는 미래적 존재라는 점을 생각했기 때문이다. 그들은 철저하게 처음에 민중 속에서 일어나 나라를 세우고 왕업을 이었다. 민중 안에서 성장한 지도자가 선출되는 것은 새로운 변화의 세기에는 당연한 것이다.

총선과 대선에서 지도자를 꿈꾸는 이들은 모두 용이 되고자 한다. 이들을 용으로 비유하는 것은 단지 최고 리더만을 의미하는 것이 아니다. 그들은 시민과 국민 속에서 미래를 준비하고 새로운 변화를 상상하고 실현하는 이들이기 때문이다. 다른 리더들을 중용하며 현실을 새롭게 변화시키기 위해 최고의 리더가 승천해야 하고 국민과 시민의 선택은 여기에 모여야 한다.

# ?!.
# 커피전문점 열풍의
# 심리

> 영화 〈불꽃처럼 바람처럼〉에서 명성 황후는 서구 외교관들과 어울리며 커피를 즐긴다. 조선의 황후가 서양식 커피잔을 들고 있는 모습은 지금 보아도 낯설다. 영화에서는 적어도 이런 명성황후의 행동에 대해 대원군은 못마땅한 마음을 드러낸다. 서양의 커피라니. 그럼 차를 마셔야 하는 것일까. 사극들의 영상연출과 달리 녹차가 담긴 찻잔도 본래 조선에서는 낯선 것이었다. 조선 초기만 해도 궁궐에서는 차를 마시지 않았다.

세종은 신하들에게 우리나라는 중국과 같이 왜 차를 먹지 않느냐고 묻는다. 세종 12년 1430년의 일이다. 12월 8일 경연을 하던 중 세종이 신하들에게 말한다.

"중국에서는 차를 좋아하고 전매법을 만들어 통제를 한다. 그러나 우리는 대궐 안에서도 차를 사용하지 않으니 좋아하는 것이 달라서 이런 것인가?"

시강관 김빈이 말했다.

"중국 사람들은 모두 기름진 고기를 먹으므로 차를 마셔서 기름기가 빠져 내려가게 하는 것입니다."

그런데 드라마 〈뿌리 깊은 나무〉를 보면 세종이 간혹 차를 혼자 혹은 신하들과 나누는 장면이 나오는데 이는 잘못된 것이다. 1500년대에 살았던 이순신 장군은 부하들에게 차가 위장을 깎아내리므로 빈속에 먹어서는 안 된다고 말했다. 하지만 조선 후기에 들어오면서 차는 지식인들과 사대부들의 호사문화로 진입하게 된다. 차가 상류층의 문화가 되어 버렸는데 그것은 중국의 영향 탓이었다.

차의 자체적인 매력도 있지만, 강대국의 문화이기 때문에 선호의 대상이 된 것이다. 차도 하나의 선망의 문화로 지배자의 위치에 있었지만 달이 차면 기우는 법이었다. 찻잔은 커피잔으로 바뀌는데, 그 뒤에는 서구 열강의 힘이 있었다.

1896년, 고종은 아관파천 당시 러시아 제국 공사관에서 1년간 피신하던 중, 커피를 접하게 된다. 이후 고종은 덕수궁 안에 정다헌을 만들고 서양 외교관들과 커피를 마셨다. 커피는 서양문물의 상징이었고 문화적 품격을 의미했다. 하지만 궁궐에만 존재했다. 궁궐의 문화상징이자 외교의 소통수단이었다.

커피는 1920~30년대를 거치면서 문화예술가들에게도 확산되었다. 모던 걸, 모던 보이로 일컬어지던 이들은 양복에 양장 그리고 커피를 자신의 기호품으로 내걸었다. 이는 앞서가는 예술가 내지 지식인들의 상징으로 여겨졌다.

커피가 일반에게 확산되는 것은 한국전쟁 이후이다. 자본주의 상품이 제한 없이 풀어지던 그때 커피는 미국식 대중문화에서 분리가 불가능했고 팝송과 함께 다방의 품격 있는 음료가 되었다. 궁궐의 호사품에서 일반 대중의 손에 이르기까지 한국 현대사가 들어 있다. 식혜나 수정과와 달리 비싸고 쓰기만 했던 커피는 경제적 능력과 품격의 상징되었다.

쌍화차나 수정과를 찾는 이들은 품격이 낮았다. 물론 지금은 웰빙 때문에 부활했다. 테크놀로지의 변화는 커피를 다변화하기도 했지만 위협하기도 했다. 간편한 인스턴트커피가 늘어날수록 다방의 역할은 위축되었다. 커피를 집에서 만드는 것은 장비도 비쌌고 번거로운 일이었다. 하지만 커피믹스가 등장하면서 다방에서만 마시던 커피는 집에서도 맛볼 수 있었다. 다방에 더욱 치명적이었던 것은 따로 있었다.

다방 커피는 1970년대 자판기, 즉 커피 자동판매기가 등장하면서 그 위치가 위태로워졌다. 다방을 애써 가지 않아도 커피를 즐길 수 있었다. 자판기 판매업이 각광받는 부가가치사업으로 부상했기 때문이다. 건물마다 골목마다 자판기수가 다방수보다 많아졌다. 비교우위를 가져야 살길인 경우가 많다. 더이상 다방은 커피만 가지고 살아남을 수 없게 되었다. 그래서 다방은 편안한 분위기와 실내디자인에 신경을 쓰는가 하면 음악적 공간의 특성을 살리며 궤멸되지 않았다. 또한 마담과 '레지'라는 여성적 섹슈얼리티를 내세우면서 유지했다.

80년대까지는 그렇게 버텨냈는데 90년대 문화적 기호의 폭발로 다방보다 더 우월한 공간의 등장으로 다방은 우울해졌다. 이른바 카페의 등장 때문이다. 프림과 설탕, 커피라는 단순 다방 커피 메뉴에서 카페는 훨씬 다양한 커피와 음료를 구비했고 젊은 층의 구미에 맞는 실내디자인과 함께 음악도 트렌드를 적극적으로 반영해냈다.

과거의 다방에는 낡은 기운의 뽕짝이나 철 지난 팝송만 있었다. 젊은 층의 자유로운 문화적 기호와 취향을 즉각적으로 반영한 카페에 밀려 다방은 감소했다. 중소도시나 농촌지역의 매매춘 업소라는 이미지에 묻혔다. 다방을 밀어낸 카페의 전성시대도 그렇게 오래가지 않았다. 2000년대 들어서면서 다국적 기업을 필두로 한 프랜차이즈 커피전문점이 막강한 자본력과 시스템으로 공세를 시작했기 때문이다.

중앙집중화된 커피전문점은 규모의 경제를 내세워 매우 차별화된 서비스를 선보였다. 또한 세련된 문화적 감수성이 배어 있는 실내디자인은 물론 개인화된 공간의 배치도 소비자들을 열광시켰다. 세세하고 다양한 커피와 음료는 물론 공간의 문화화는 이전에는 볼 수 없었던 커피의 문화 소비를 일으켰다. 하지만 이른바 스타벅스 신드롬은 마녀사냥식의 된장 녀 수난사를 만들기도 했다.

점차 한국의 자본과 기업도 커피의 신(新)수요에 주목하기 시작했다. 반격에 나서기 시작하면서 커피전문점의 숫자가 2012년 1만여 개에 육박한다. 한 기업리포트에 따르면 한국인은 한 해 650잔의 커피를 마신다. 하루에 한 사람이 2잔 정도를 마시는 분량이다. 평균적으로 나누었기 때문에 개인에 따라 집중도와 분산성은 있다.

어쨌든 사람들은 이제 생수병보다 커피잔을 들고 다닌다. 물론 여기에서 커피잔은 테이크아웃용 플라스틱 용기를 말한다. 하나의 일상문화가 되어 버린 이런 커피 용기의 일반화는 환경오염 담론을 무색하게 만들었다. 커피 한 잔을 이동하면서 마시기 위해 플라스틱 쓰레기를 배출하는데 무감각해졌다.

그렇다면 왜 이렇게 많은 사람들이 커피를 마시는 것일까. 일부에서는 맛있는 커피를 찾는 실질적인 사용자 수요가 있기 때문이라고 한다. 한 기업의 리서치에 따르면 커피전문점 이용자 대부분이 커피 맛을 찾아 방문하는 것은 아니었다. 그렇다면 왜 이용하는 것인가. 대체적으로 가까운 곳에 있는 매장을 이용했다. 이럴 경우, 근접성 그러니까 대로변이라든지 눈에 잘 띄는 곳의 커피전문점일수록 장사가 잘되는 셈이다. 이는 커피 자체보다는 커피를 파는 공간을 활용하는 셈이 된다. 그런데 왜 눈에 잘 띄는 곳을 이용하는 것일까. 혼자 이용하는 곳이라면 눈에 잘 띌 필요가 없는 것 아닐까.

이는 많은 설문 응답자들의 반응과 일치하는 면이 있다. 사람들은 혼자보다는 다른 사람들과 같이 커피전문점을 이용했다. 다른 사람과 함께 이용하는 사람들은 대개 미리 약속을 정하거나 위치를 공유해야 한다. 한국처럼 도시구획이 복잡한 곳일수록 눈에 잘 띄는 곳에 있어야 할 것이다. 그러려면 이름을 많이 들어본 브랜드도 중요할 것이다. 만약 처음 들어보거나 생소한 이름의 커피전문점은 잘 알아듣지 못하거나 위치를 기억하는 데도 장애가 일어날 수 있다.

커피전문점은 대화와 소통의 공간이 되었다. 회의실이기도 하고 작업장으로 변하기도 했다. 그래서 '코피스(coffee-office)'라는 단어가 만들어지기도 했다. 집에서 커피를 대접해도 되지만 우리는 밖에서 커피를 마시고 사람들을 만나는 것을 더 선호한다. 한국의 정서에는 아직도 집에 초대하는 것이 차만 마시는 것이 아니라 무엇인가 큰 대접을 해야 한다는 의식이 있다. 파티는 한국에서 서로를 피곤하게 만드는 측면이 있다. 손쉽고 차를 마시면서 대화나 업무를 동시에 처리할 수 있는 곳으로 커피전문점이 제격이다.

이러한 관점은 커피보다는 소통의 매개공간이자 문화공간의 측면을 말한다. 다방에서조차 예술가들의 영감교류, 사회운동과 민주화 운동이 일어나기도 했다는 점을 충분히 생각할 수 있으니 낯설지도 않다. 그래서 커피 전문 공간의 연출에 대한 전문가적 조언이 많다.

사람 사이의 소통에서 문화가 비롯된다. 소통은 만남에서 이루어지며 카페는 만남의 장소로 애용된다. 카페는 프랑스의 3대 상징으로 일컬어지기도 한다. 17세기중엽이래 수많은 문화예술인과 지식인들이 프랑스의 문화예술, 지식 담론을 사회적으로 소통시켜왔다. 사교장이자 토론장이며 혁명의 담론을 만들어낸 산실의 공간이기도 했다.

예컨대 파리의 프라코프는 볼테르, 루소 등의 사상가들이 단골로 드나들었던 곳이고, 한참 뒤에는 발자크, 위고, 말라르메 등 문인들의 사랑방이었다. 이 때문인지 수많은 소설과 연극의 무대가 카페를 배경으로 삼고 있기도 하다. 한국에서도 다방 등은 지식인과 문인들이 교류하던 대표적인 장소였고, 민주화 운동의 산실이기도 했다.

물론 이러한 카페는 급격하게 줄어들고 있는 것이 현실이다. 오히려 인터넷 카페가 성업 중인지 모른다. 인터넷을 통해 소통하고 교류하는 움직임이 활발하다. 한편으로 동호회의 성격이 강하다보니 자기 폐쇄적인 성격이 강해지고 있는 것이 현실이기도 하다.

뮤지컬 〈우연히 행복해지다〉는 사랑과 행복의 공간으로 카페를 설정한다. 사랑과 행복은 사람 사이의 소통에서 비롯한다. 그 카페는 지식인과 문화예술인들의 공간이라기보다는 평범한 우리들의 소통공간이다. 더구나 사람들은 한 카페를 지정하지 않고 우연히 들르는 경우가 많다. 하지만 그것이 우연일까? 우연 속에 필연적인 맥락이 있는 경우도 많지 않은가? 필연은 우연히 만들어내기도 한다.

우연히 들른 카페에서 사람들은 대개 그렇듯이 단절되어 있다. 〈우연히 행복해지다〉의 손님들은 냉소를 통해 각자의 경계를 확인하는 듯 보인다. 하지만 냉소는 또 다른 관심의 하나아닐까? 냉소마저 내보이지 않았다면 그들은 점차 소통의 계기도 마련하지 않았을 것이다. 생각해보면 무관심의 연속이 도시 풍경이다.

뮤지컬 〈우연히 행복해지다〉의 우연한 사람들은 처음에야 데면데면하고 외모와 행동거지 때문에 오해와 편견에 찬 시선을 갖는다. 하지만 점차 냉소적인 태도를 벗어나 소통의 관계를 만들어간다. 그 정점에 탈옥수의 등장이 있다. 우연히 카페라는 공간에 들어온 탈옥수는 전혀 생각하지도 않은 경험을 하게 된다. 아무리 선한 의도로 행동을 해도 결국 파멸의 구렁텅이에 내몰렸던 그에게 누군가 따뜻하게 대하는 이가 있기 때문이다.

탈옥수는 외롭고 고독한 현대인의 초상일 수 있다. 언제나 상처받고 보듬어주기를 바라는 심리가 투영되어 있기도 하다. 그는 이렇게 말한다. "내 손을 처음 이렇게 따뜻하게 잡아주는 손을 느끼게 된다." 어떻게 보면 매우 식상한 말이지만, 그것은 카페의 공간성을 나타내준다.

개인의 공간화가 갈수록 심화되는 싱글라이프의 일상문화 속에서 카페의 소통과 공동체성은 비현실적인지 모른다. 하지만 공동체에 대한 그리움은 디지털 공간의 카페문화로 번진 감이 있다. 그럼에도 디지털 공간의 비대면성은 인간다운 훈훈함을 느끼기에는 한계가 많을 수밖에 없다. 〈우연히 행복해지다〉의 노래와 춤, 각종 재기 발랄한 유머와 위트는 카페라는 공간을 더욱 축제의 공간으로 만든다. 현실에서 그러한 카페가 있다면 한번 찾아가고 싶다는 생각을 하게 만든다.

싱글 라이프 차원에서 자기 폐쇄화, 개인화된 스타벅스의 공간을 찬양하는 시대에 카페의 공간을 다시금 생각해볼 만하겠다. 문화를 팔겠다고 표방하는 스타벅스이지만, 소통과 공유를 팔겠다는 카페는 아직 없는가 싶다. 다행인지 2012년 사람과 사람 사이에는 커피전문점이 만들어내는 공간이 있다. 정현종 시인은 사람과 사람 사이에는 섬이 있다고 했다. 이 시대 한국에서 커피전문점은 수천 개로 자기 분화하고 있다. 그것은 사람들 모두가 가고 싶어 하는 사람 사이의 섬이 되고 있다. 그 공간에서 사람들은 사람 사이의 간격을 메우고 소통과 연대를 누리려 한다.

그런데 어쨌든 커피를 마시는 양이 늘어난 것은 사실이고, 이 커피 소비량은 아직도 증대될 가능성이 많다고 한다. 수십 킬로그램을 소비하는 해외의 사례와 비교했을 때, 한국은 아직 걸음마 수준이라는 것이다.

그래서 커피전문점은 계속 확장일로에 있고, 지방에도 활발하게 진출하고 있다. 건강을 생각해서 녹차를 마신다는 웰빙 열풍도 무색하다. 한 조사에 따르면, 커피가 음료시장의 60%를 장악했고, 녹차는 5~6%에 불과한 것으로 나타났다. 물론 녹차는 상품이 상대적으로 다양하지 못하다. 건강 웰빙은 순수성을 강조하기 때문에 다양성의 제한 현상으로 나타났다.

커피 소비의 증가는 그 자체의 내용물, 즉 콘텐츠 때문이기도 하다. 만약 커피전문점의 공간을 소비하기 위해 방문한다면 커피가 아닌 다른 성분의 음료를 즐겨야 한다. 커피에 담긴 성분이 인체의 반응을 이끌어내기 때문에 사람들은 자기도 모르게 커피를 찾게 된다. 새삼스럽지도 않게 커피는 카페인을 다량 함유하고 있다.

또한 커피는 쓰기 때문에 설탕이나 시럽을 넣는다. 커피믹스나 캔 커피에는 많은 설탕 성분이 들어가 있다. 커피전문점의 커피는 이러한 단맛과 분리되지 않는다. 단맛은 피로감을 풀어주고 기분을 좋게 해준다. 우리 음식은 매워진 것과 동시에 단맛이 강해졌다. 매운 음식도 스트레스나 기분을 풀어주는 역할을 한다. 매워서 땀을 흘리면서 몸이 가뿐해짐을 느끼거나 맵다는 통각의 작용 뒤에 진정된 상태는 마음의 안정을 낳는다.

한국의 음식이 매워진 것도 그렇지만 단맛이 강해진 것도 개인적으로나 사회적으로 정신적 스트레스나 육체적 피로감이 증대한 것으로 볼수 있다. 커피의 카페인은 잠을 쫓아준다. 한국인은 야근과 특근을 불사하고 새벽부터 밤늦게까지 열심히 일한다. 한국인은 커피를 맛으로 먹는 것이 아니라, 일 차원에서 먹는 경우가 더 많다.

아무리 커피전문점이 문화의 공간이라도 오피스의 공간임은 노동과 일의 차원에서 사람들을 만난다는 점을 생각하게 한다. 수많은 사람들이 커피전문점에서 수다를 떠는 것은 스트레스의 해소 때문일 것이다. 사무실에서는 빨리 처리할 일을 두고 반짝 정신 차리기 위해 카페인을 들이붓는다. 잠을 쫓기 위해, 정신적 노폐물을 해소하거나 스트레스를 풀기 위해 설탕이나 크림을 듬뿍 넣는다. 다이어트를 생각하는 마음은 언제나 작심삼일이 되기 쉽다. 그것을 거부하면 어느새 카페인과 설탕에 중독된 우리의 몸은 짜증과 노이로제를 폭발시킬 것이다.

현대 자본주의 문명은 이러한 단맛의 강화와 밀접하게 연관되어 있을 것이다. 한국의 커피 소비량이 늘어나는 것은 노동량의 증가와 함께 스트레스를 더 받아야 하는 것인지 모른다. 커피의 맛과 향의 차별화가 아니라 육체적·정신적 피로를 날려버리기 위한 하나의 액체 도구에 불과해진 커피 소비의 증가는 우울한 상징일 수 있다.

사람들이 커피전문점을 찾는 강력한 이유 가운데 하나는 바로 기분이 좋아지기 위해서이다. 수다를 떨기도 하고 음악을 듣거나 자신이 원하는 책을 읽고 커피에 빵, 케이크 또는 다른 음료를 곁들이기도 한다. 그것은 단순히 여유를 의미하는 것이 아니라, 바쁜 와중에 다른 일을 앞두고 있는 이들이 더 높은 생산성과 성과를 위해 충전하고 식히는 공간이다.

그러한 경쟁과 성과에 대한 압박이 심할수록, 긴장도가 높아질수록 커피를 찾는 발길은 더 잦아지고 소비량도 많아질 것이다. 이제 커피는 고종 시대나 모던 보이 시기를 훌쩍 넘어 된장녀 논란의 시점도 아득하여 이제 일상에서 분리될 수 없는, 주기적으로 주입해야 할 매개촉진물이 되었다. 정말 여유가 부족한 이들은 커피를 덜 마신다. 가난한 제3세계의 커피생산지의 사람들보다 서구에서 커피를 잘 마시는 것을 보면 이런 커피와 문명의 상관관계를 알 수 있을 것이다.

이러한 관점은 어떻게 보면 경제적, 또는 산업노동의 관점일 것이다. 사람들이 커피전문점 구석에서 커피를 홀짝이는 것은 갈 곳이 없기 때문이다. 업무와 노동에서 벗어나 사랑하는 사람과 몇 시간이고 눈을 맞추고 몸을 기댈 공간은 이런 왁자한 커피 공간이다. 불안한 심리에 기댈 것은 단맛이 잔뜩 쳐넣어진 커피 한 잔이다.

그리고 한국의 도시공간에서 사람들은 산책하고 마음껏 대화하면서 스트레스를 풀고 기분전환할 공간이 없이 비싼 커피잔을 들고 시간을 보낸다. 그것은 정말 우리의 여가문화의 치명적인 모순을 그대로 드러내고 있는 것이다. 연말연초 대부분의 청춘들은 값비싼 커피를 시키고 몇 시간 커피전문점에서 배회해야 했다. 그러는 사이 그들도 모르게 점점 커피에 중독된다.

커피 소비량이 늘고, 커피전문점의 수가 증가할수록 노동에 혹사당하고 제대로 여유를 갖지 못하는 이들의 마지막 피난처가 늘어나는 것이다. 이는 한국의 양극화와 빈곤이 심화되면서 더욱 증가할 것이다.

# ?!.
# '나는 ○○다'
# 열풍의 역설

최고의 유행어 '나는 ○○다' 시리즈의 진원지는 MBC 〈나는 가수다〉였다. 그 인기에 기대어 〈나는 가수다〉를 패러디한 '나도 가수다'가 개그 꼭지로 등장해 인기를 끌고, 이어 '나는 가수닭'까지 나왔으며, '나는 랩퍼다', '나는 트로트 가수다'도 있었다.

또한 가수의 영역에만 머물지 않고 〈나는 꼼수다〉도 출현했다. 물론 정치적 환경과 맞물리면서 엄청난 인기를 모았음은 주지의 사실이다. 다시 〈나는 꼼수다〉를 패러디한 개그 꼭지 '나는 하수다'가 등장하고 '나는 꼽사리다[나꼽살]', 일상에서는 '나는 남자다', '나는 시청자다', '나는 선배다'라는 말로도 패러디되었다. 또한 배우 김태희가 〈나는 가수다〉를 패러디한 '나는 코트다'를 선보이는가 하면 '나는 뼈 없는 닭이다'라는 상품까지 나오기도 했다.

'나는 가수다'라는 말은 자신의 정체성을 확실하게 밝혀 자신이 가수라는 것이다. 가수는 노래를 부르는 사람이다. 너 가수 해도 되겠다는 말은 직업적 가수를 말한다. 직업적 가수는 노래를 부르며 돈도 벌고 사회적 지위도 갖는 사람이다. 따라서 자신은 프로패셔널이라는 의미를 담고 있다. 〈나는 가수다〉는 그 프로그램 내용이 가수들끼리의 경합을 담고 있기 때문에 이 프로 의식의 지향을 확실하게 보여주고 있다.

드라마 〈시크릿 가든〉의 김주원[현빈]은 "이게 최선입니까?"라는 말을 크게 유행시켰다. 이에 대한 가수들의 대답은 "나는 가수입니다. 나는 가수이기 때문에 최선을 다합니다."가 될 것이다. '나름 가수다'라는 패러디는 이에 부합하지 않는다. 아마추어리즘이 더 강하기 때문이고 이는 기존 오디션 프로그램에서 얼마든지 확인할 수 있다. 그래서인지 큰 주목을 받지 못했다.

가수답게 행동하지 않으면 가수가 아닐뿐더러 존재 자체가 어불성설[語不成說]이 된다. 실제로 〈나는 가수다〉에 출연한 가수들은 진정 가수가 무엇인지를 보여주기 위해서 최선을 다한 측면이 있다. 그렇기 때문에 사람들은 그 프로그램을 통해서 잊었거나 몰랐던 가수들의 모습을 알 수가 있었다. 이를 사회적으로 외연을 넓혀보면, "나는 변호사입니다. 그렇기 때문에 당연히 그에 맞게 최선을 다합니다.", "나는 의사입니다. 의사이기 때문에 의사에 맞게 최선을 다합니다."가 될 것이다. 〈나꼼수〉처럼 "나 꼼수'라도 부려서 너를 제대로 일하도록 비판하마."라는 심리도 있다.

그러나 반대로 이에 부합하지 못하기 때문에 이러한 '나는 ○○다' 시리즈가 유행 하게 된다. 자신의 정체성을 정확하게 밝히지 않는다면 그에 상응하는 행동을 하지 않으려는 심리가 담긴 것이기 때문이다. "나는 국회의원입니다. 국민의 대표자인 존재이기 때문에 정치에 최선을 다합니다."라는 말이 나와야 하지만 기대에 부응하지 못했다. 이 때문에 정치 풍자 개그가 어느 때보다 2011년에는 많았다.

크게 유행한 단어 중에 하나는 〈개그콘서트〉 '애정남'의 "애매합니다 잉~"이다. 애매한 것을 정해주는 남자의 말이 크게 인기를 끈 것은 그만큼 정체성을 확실하게 정할 수 없는 일들이 너무 많아지고 있다는 것에 대한 대중 심리적 반응이 담겨 있다. 오히려 확실하게 무엇인가 규정하고 밝혀주기를 바라는 것이다.

예를 들어 인터넷만 보아도 수많은 정보들이 쏟아져 나온다. 하지만 그 정보들 가운데 진정한 것이 무엇인지 참 혼동스럽기만 한 경우가 많다. 새로운 테크놀로지는 우리를 새로운 관계성 속에서 자신의 정체성과 입장을 밝히길 요구하지만 그것은 결코 쉽지만은 않다.

대개 이전에는 '나는 가수다'가 아니라 '우리는 가수다'라는 말을 사용했다. '나'라는 개인 차원의 말보다 우리라는 공동체적인 관념이 강했기 때문이다. 하지만 이제 우리보다는 나를 먼저 내세우는 문화가 되었다. '우리'가 중요한 것이 아니라 '나'가 중요하다. 우리의 정체성보다는 나의 정체성이 더 중요하게 간주되는 것이다. 우리라는 말은 개인의 책임에 대한 부담의 경감이 있을 수는 있다.

그런데 내가 무엇을 하는 사람이라고 밝히는 것은 존재 자체를 말하는 것은 아니다. 내가 무엇을 한다는 것은 어떤 내가 어떤 대상에 행위를 한다는 의미가 있고 그 행위의 과정과 결과가 사회적으로 용인되어야 한다는 측면이 강하게 있다. 이 때문에 존재론 자체가 아니라 목적론 차원의 개념이 강하게 내포되어 있는 것이다. 목적론은 쓰임을 염두에 두기 쉽다. 쓰임이 있으면 존재적으로 가치가 있다는 식의 사고로 쉽게 전이가 되기도 한다. 나를 강조하는 문화적 의식에서는 필연적으로 자신의 소유를 강조하기 시작한다. 우리의 소유가 아니라 나의 성취와 점유를 강조하는 상태에 이르게 된다.

에리히 프롬은《소유냐 존재냐》(To have or To be)에서 '나의 것'을 강조하는 것을 경계해야 한다고 보았다. 그것은 사람 자체의 존재론적 가치가 아니라 어떤 대상에 인간을 종속시키기 때문이다. 이는 결국 존재 자체에서 주는 행복과 기쁨을 빼앗아가기 때문이다. 또한 사람과 사람, 관계와 관계에서 오는 행복이 아니라 끊임없이 무엇인가 결과를 내야만 하는 정체성을 밝히길 요구한다. 그렇지 않으면 인정받지 못한다.

걸 그룹의 대세 속에서 가장 인기 있던 가수 가운데 한 명은 '아이유'였다. 수많은 걸 그룹들이 자신의 정체성을 드러낼 때 아이유는 홀로 'I'와 'YOU'의 결합어로 대중적 호응을 받았다. '나'와 '너'라는 말이다. 마르틴 부버는 사람은 혼자 존재할 때가 아니라, 나와 너의 관계맺음을 통해서 오히려 나다워진다고 말했다. 관계의 공동체성을 말한 것이다. '나'를 강조하는 측면의 반대적 관점에서  크게 유행하는 사회적(Social)이라는 말은 앞으로도 계속 유행할 것이다.

# ?!.
# 노래방 20주년 속에
# '나가수' 심리

> 누군가 소통의 중요성을 강조할수록 그것은 소통이 안 되고 있음을 말해주는 셈이 된다. 소통을 강조하는 한국사회가 소통이 잘 안 된다는 지적이 많다. 한국사회의 존댓말이 불소통의 상징이라는 지적도 있다. 존댓말을 사용하다 보면 대등한 관계가 성립하지 않기 때문에 소통이 어렵다는 지적이다. 대등한 관계일수록 소통이 쉽다.

적어도 대등한 관계라는 생각이 들면 자신의 말을 허심탄회하게 할 수 있다. 서로 존중하는 경우도 있지만, 한쪽이 일방적으로 낮추거나 다른 쪽이 존댓말을 한다면 소통은 어려울 것이다. 이는 위계 때문이다. 영어의 경우 존댓말이 없기 때문에 수평적 관계의 설정이 더 쉽다. 말만이 아니라 상하질서와 위계가 상대적으로 정연화되어 있는 사회일수록 소통은 제한적이다.

이러한 제한 조건이 강한 한국에서 노래방을 소통의 공간으로 분석하기도 한다. 노래는 서로의 공통된 문화적 코드를 확인하는 매개체가 된다. 처음에는 공동의 통합을 위해 수단화되었다. 하지만 노래방은 문화적 다양성과 통합을 같이 추구하는 공간이 되었다. 그 노래에는 각자의 스토리텔링이 포함되었고, 그것을 함께 공유할수록 동질감을 형성하게 되었다. 수많은 대화를 통해 친밀감을 형성할 수 있었던 관계들이 한 번의 노래방 방문으로 이루어지기도 했다. 정서적 감흥이 많은 노래일수록 그러한 효과는 높았다. 노래방이 문화소통과 공유의 공간이라는 것은 같은 정서의 공감 때문이었다.

하지만 아직도 노래방에서 누구나 평등한 관계는 성립되지 않는다. 특히 조직 회식문화에서 단적으로 드러난다. 중심은 여전히 상위, 고위직에 있는 사람들이다. 더구나 충성도나 순응성을 시험하는 공간이기도 하다. 누군가에게는 가기 싫은 공간이고 누군가에게는 자신의 권력과 영향력을 뽐내는 공간이 되기도 하는 것이다.

다만, 여전히 주목해야 하는 것은 문화적 소통과 정서적 긍정의 심리학적 효과가 존재한다는 점이다. 개인이나 조직 구성원 차원에서 노래방은 삶에 힘을 얻을 수 있게 한다.

그런데 노래방 문화에는 집단적 통합과 소통이라는 유희적 통합성도 있지만, 성장하는 현대인의 자의식과 근대 인간형이 결합되어 있다.

방 문화라는 공간적인 특징도 노래방에 담겨 있겠고, 중요한 것은 노래 콘텐츠일 것이다. 무엇보다 노래를 시연하는 행위와 심리가 중요하다. 노래시연 행위에 담기는 사람들의 심리는 달라졌고, 그것이 노래방과 나 가수의 심리적 반응을 낳았다. 노래방 문화와 오디션 프로그램의 활성화 현상에서 무엇보다 중요한 것은 바뀐 현대인들의 심리인 것이다.

농촌사회에서 노래는 함께 어울리는 문화 속에 존재했다. 개개인들의 노래실력보다는 전체적인 분위기를 얼마나 돋우고 그것을 공유하는가에 모아졌다. 이런 농촌 공동체 사회에서 살던 사람들은 산업화의 물결에 휩쓸리게 된다.

그들은 마당이 아니라 식당에서 젓가락을 두들겨 댔다. 젓가락 장단에 입을 맞추어 노래를 뽑아내던 풍경에서 우리가 생각할 수 있는 것은 이전 공동체 문화의 연장이라는 점이다. 모두 다 같이 어울리는 데 목적이 있었지 우월한 개인을 부각시키는 데 있지 않았다.

더욱이 사람들은 여러 사람들 앞에서 노래하는 모습을 꺼려했고 함께 부르는 데 더 익숙했다. 어디 젓가락을 대신할 반주의 탄생이 노래방의 혁신일까. 더구나 젓가락을 두들기는 것은 어느새 특정 층에만 해당하는 시대에 뒤쳐진 풍경으로 규정될 만큼 새로운 세대는 증가했다.

중요한 것은 무대의 탄생이었다. 즉, 도시화와 개인화의 익명성 속에서 사람들의 자의식은 한층 성숙해가고 있었고 이를 뒷받침했던 것이 노래방 기기와 노래방을 둘러싼 공간의 형성이었다. 노래방에서 사람들이 집단적으로 같이 부르는 가운데 중요한 것은 개인의 가수화 현상이다. 노래방에 가면 일단 누구나 가수가 되어 무대의 주인공이 된다. 많은 사람들 속에서 묻혀버리는 존재로 머물고 싶어하지만은 않는다. 노래방은 전체적인 분위기의 고취만이 아니라 개개인들의 존재감이 재인식되고 존중되는 공간이다.

최근에 이러한 자아의식은 노래방의 외관 디자인에 대한 변화된 인식을 이끌어냈다. 투명한 노래방이 이를 말해준다. 자신들의 개인적 정체감을 노래로 드러내는 것만이 아니라 다른 외부사람들에게도 적극 어필하려하는 심리가 투영되어 있다.

이러한 노래방의 심리에 투영된 자아의식은 오디션 프로의 화려한 부활로 드러났다. 이제 노래방 안의 무대는 너무 좁고 제한적이다. 전국노래자랑은 지역과 연령대에 묶였다. 몇몇 방송 오디션 프로는 기획사와 신인가수 중심이었다. 이전의 오디션 프로그램에서도 많은 사람들의 이목을 한눈에 받았지만, 그것은 일회적이다. 현재의 오디션 프로에서 사람들의 주목은 일회적이 아니다. 지속적으로 사람들의 주목을 받는다.

방송을 통해 노출되는 것은 몇 달 이상이다. 더구나 방송분에 한정되는 것이 아니라 이후, 인터넷을 통해서 엄청난 화제를 몰고 다녀야 한다. 어쩌면 영원히 인터넷에 노출되기도 한다. 무엇보다 자신의 사생활이 모두 노출된다. 이러한 점들을 감내할 수 없는 사람들은 오디션에 나갈 수 없다. 이전에는 이 정도의 노출이면 대부분의 참여를 꺼리고 매체에서는 사생활 침해를 문제제기하기 바빴다.

그러나 이제 자신의 존재성을 더 중요하게 생각하는 현대인들에게 '존재감의 드러냄'이 더 중요해 졌다. 아나운서에 대한 엄청난 주목도 여기에서 비롯한다. 하지만 아나운서는 노래를 매개로한 극적인 감응이 덜하다. 노래에는 스토리가 있고 그것에 감흥을 내는 정서 코드가 공통으로 일치되는 심리적 상태를 만들었다. 더욱이 노래를 통해 사회적으로 내적 성공을 끌어낼 수 있다.

한 일본인은 중앙일간지 기명칼럼에서 경쟁을 우선하는 한국의 문화 탓에 가수오디션 프로그램이 인기를 끈다고 했다. 근본적으로 오디션 프로그램의 특징은 도전과 성취이다. 오디션 도전자는 시청자에게 자신의 아바타가 된다. 노래방에서는 자신이 직접 행위 한다. 노래방이 20여 년 동안 버틸 수 있었던 것은 도전할 수 있는 노래들이 끊임없이 노래방에 유입되었던 점 때문이다. 만약 이미 고정화된 노래방의 곡목들이었다면 오랜 시간 유지될 수 없었을 것이다.

긍정심리학자 미하이칙센트 미하이가 말하는 몰입의 전형적인 조건이 바로 노래방에 있다. 그의 몰입(flow)개념에서 중요한 것은 도전과제와 그것을 수행하는 스킬(skills)의 존재 여부다. 많은 신곡들은 새로운 도전 과제들을 끊임없이 제공해준다. 사람들은 그것을 제대로 또는 자신의 나름대로 소화하면서 그에 상응하는 외적 호응, 내적 만족으로 동기부여를 얻었다. 즉 효능감(efficacy)을 얻는다.

노래방의 비결은 바로 고전, 클래식의 노래가 아니라 새로운 대중가요의 변화와 맞물리면서 더욱 번창하게 되었던 것이다. 노래방의 역사는 한국대중가요의 역사이며, 그것은 한국인의 자의식과 존재감의 부여 욕망과 함께 오디션의 도전과 성취로 이어지고 있다. 무엇보다 한국인들은 도전과 제를 수행하고 그것을 통해 존재적 만족감을 얻는 데 목말라하고 있다.

# ?!.
# 팝송은 왜 우리 곁에서
# 사라졌을까?

>

　1992년, 뉴 키즈 온 더 블록(New Kids on the Block)이라는 팝그룹이 내한 공연했을 때, 수많은 한국의 청소년들이 몰려든 공연장에서 압사(壓死) 사고가 일어났다. 당시 언론에서는 무리하게 관객을 입장시킨 주최 측에 비판을 가하기도 했지만, 관객들의 문화를 비판하기도 했다. 그 관객들은 청소년이었다. 청소년들이 면학하지 않고 불필요한 팝송 공연장에 모여들어 이러한 사건이 일어났다는 지적이었다. 놀이문화의 부재를 그 원인으로 꼽기도 했다.

　이러한 언론의 비판은 이제 아스라한 추억이 되었다. 적어도 90년대 초반까지만 해도 팝송은 한국 젊은이들의 문화코드라고 해도 과언이 아니었다. 하지만 어느새 한국의 젊은이들은 팝송을 즐겨듣지 않게 되었다.

　그 영향인지 팝가수나 그룹의 내한공연이 많이 줄었다. 최근 내한공연이 늘어나기는 했는데 70~80코드에 부합하는 가수들이다. 팝가수도 70~80세대 공연이 주류를 이루고 있는 것이다. 세대교체와 승계가 성공적으로 이루어지지 않은 것이다. 관객들은 이제 중장년이 되었고, 아직도 생존하고 있는 팝스타들의 존재확인을 위해 내한공연장을 찾기도 한다.

같이 늙어가는 삶의 동반자로 느끼는 삶의 결들이 공연장을 문화주체의 열기로 가득 차게 한다. 한국 젊은이들이 팝송을 즐겨듣지 않으니 자연스럽게 새로운 가수나 그룹들이 충원되지 못한다.

이제 적어도 한국 젊은이들에게 팝의 미래는 없다. 왜 한국의 젊은이들은 팝송을 외면하기 시작했을까? 인터넷 환경 때문에 음반 시장이 무너졌기 때문일까. 이 때문에 전세계적인 공연수익의 경제학이 성립하지 않았기 때문에 차세대 주자, 신상품들이 팝 음악계에 존재하지 않게 된 것일까.

사실 이전 세대들은 팝송을 통해서 영어를 공부하겠다는 명분을 갖기도 했다. 또한 미국에 대한 선망의식도 존재했다. 미국식 영어에 대한 열망이 여전하고, 미국에 대한 동경도 존재하는 상황에서 팝송이 외면당하는 것은 문화경제심리 차원에서 독특한 화두가 아닐 수 없다. 냉전시기 세계 최강을 자랑하던 미국의 팝송은 마치 상류층이 소비하는 문화기호와 같았다. 그렇기 때문에 팝송을 외워 부르거나 즐겨듣는 행위 자체는 남다른 문화 취향으로 여겨졌다. 또한 젊은이들은 그것에서 문화적 공유와 정체성을 찾고, 만들어갔다. 이 때문에 뜻도 모른 채 듣거나 읊는 일들이 비일비재했다.

이러한 문화적 심리 때문만은 아니었다. 사실 팝송이 이렇게 무한한 특권을 누릴 수 있었던 것은 국내 음악이 자생력을 갖지 못했기 때문이다. 여기에서 들을만한 음악이 없다라는 것은 대중선호적인 음악이 그렇게 많지 않았다는 것이다. 들을 음악이 없기 때문에 좀 더 상품화와 마케팅에서 앞선 팝송을 적극적으로 소비하기 시작했다.

특히 즉흥적인 젊은이들의 감각 코드를 적극 반영하는 음악이 그렇게 많지도 않았다. 그러나 90년대 중반을 지나면서 한국의 대중가요는 질적, 양적인 변화를 꾀한다. 기획, 매니지먼트 시스템을 통해서 적극적인 소비 상품화가 이루어지기 때문이다. 그것은 단지 음반의 상품화가 아니고, 가수와 그룹 자체의 대대적인 상품화였다. 예컨대 팬클럽문화도 하나의 상품이자 마케팅 수단이었다.

무엇보다 팝송이 채워주지 못하는 한국인들의 정서를 그대로 반영해내는 작업들이 활발해졌다. 예컨대, 미국 힙합을 재빨리 국내 정서에 맞게 변환시켰다. 서태지 등장 이후 주먹구구식이거나 개인의 노력에 의존했던 기존의 가내 수공업 같은 가요제작 시스템은 이로써 설 땅을 잃기에 이른다. 화려한 퍼포먼스를 중심으로 한 시각적 콘텐츠의 자극은 문화할인율을 줄이면서 일정한 보편성을 갖게 된다. 이러한 과정에서 한국인들만이 아니라 동아시아인들의 정서를 건드리는 노래들이 쏟아져 나오고, 그것이 한류와 같은 의외의 문화적 현상을 만들어 내었다.

이러한 현상은 다시 독특한 한국인들의 심리를 형성했고, 팝송 소비에 다시 영향을 주었다. 즉 팝송에 대한 맹목적인 선망의식은 한류의 영향으로 상대적으로 감소되는 추세를 만들어냈다. 음악에 대한 콤플렉스는 무비판적인 합성의 소비와 선호현상을 일으킨 면이 있었기 때문이다. 한국인들의 정서를 반영한 작품들이 많이 호응을 받게 되었기 때문에 애써 그러한 자신과 소외되는 음악 소비 행위를 하지 않아도 되는 것이다. 그동안 상대적으로 간과되었던 한국의 대중가요로 촉발된 한류는 한국인들에게 문화적 자신감을 주었다.

무엇보다도 이제 영어에 관한 콘텐츠는 팝송에 의존하지 않아도 될만큼 다양화 되었다. 따라서 팝송에 의존하는 영어 학습은 트렌드에서 밀려나가고 만다. 팝스 잉글리시라는 영어콘텐츠는 물러간 추억의 이미지가 되었다. 더욱이 어학연수의 일상화가 등장하면서 팝송과 같은 간접적 학습 방식은 그 설득력을 잃게 되었다. 현지 학습으로 상대적으로 실력이 늘어난 영어실력은 어설픈 팝송 발음을 몰아내었다. 그것은 매우 촌스러운 행위였고 차라리 한국노래를 부르는 것이 더 나았다. 더 이상 한국 노래는 촌스럽지 않다. 한류를 일으킬 정도이니 말이다.

팝송을 듣는 행위는 자신의 적극적인 문화생활을 도출하는 것이지만, 과거부터 많은 부분 우리의 정서와 삶에서 유리되어 버렸다. 그런데 팝송이 살아남은 것은 OST만이라고 해도 과언이 아니다. 이러한 일련의 현상은 알 수 없는 영어를 소비하지 않는 것은 자기의 의사와 주장을 확실하게 주장하는 새로운 청중의 탄생으로 가능해지는 것이다. 그것은 보편성을 취하는 문화콘텐츠 전략이 이제는 더 이상 통하지 않게 되었다는 것을 말한다.

동아시아의 음악적 역량은 성장하고 있고, 자생적 문화콘텐츠 제작 능력이 배가되고 있다. 이러한 일련의 맥락에서 우리가 팝송의 사례를 통해 한국 대중가요의 한류전략을 가늠할 수 있다. 특히 그들의 현지 정서를 반영하지 않는 볼거리 이미지 위주의 가요는 곧 한계에 도달할 수밖에 없다. 팝송과 비교할 수는 없을지 모르지만, 그 전례를 밟지 않는 길을 모색해야 한다. 현재 디션 프로그램들이 그러한 대안을 찾는 계기가 되면 더욱 좋을 것이다.

# ?!.
# 아줌마,
# 약자가 강자가 되는 법

줌마렐라의 심리, 그리고 두려움

>

　　세상 모든 기혼 여성은, 허영덩어리 공주가 아니라 가장 소중한 존재다. 어느 프로그램에 출연했는데, 아줌마의 변천 모습에 관한 프로그램이었다. 성형외과 의사와 국내의 내로라하는 광고사 직원들이 출연자들이었다. 성형외과 의사는 여성들에게 아줌마라는 단어를 쓰는 바람에 손님을 많이 잃은 경험을 이야기해서 폭소를 자아냈다.

　　그 뒤에는 아줌마라는 단어를 사용하지 않고, '줌마렐라'라는 단어를 사용하게 되었다고 한다. 아줌마가 아닌 '줌마렐라'라는 단어를 들은 여성들은 매우 기뻐했다고 한다. 광고사 광고국장은 이전의 아줌마 이미지는 사라지고 '줌마렐라'의 성향으로 확실하게 이동했다고 밝혔다.

　　'줌마렐라'라는 말이 유행하는데, 왜 이런 말이 나오게 되었는지, 그 안에 담긴 여성들의 일상의 이면과 꿈은 무엇일까? '줌마렐라'(Zoomarella)는 '아줌마'의 '줌마' 와 '신데렐라(Cinderella)'의 '렐라'를 합성한 단어이다. 이미 아줌마이지만, 신데렐라와 같은 꿈을 가지고 있는 여성들을 가리킨다. 대개 경제적인 능력이 있으면서 적극적인 성향을 보이는 30~50대의 여성들이며, 아름답고 센스 있으면서 능동적인 여성을 일컫는다.

이 단어와 유사한 개념들이 있어온 것도 사실이다. 미시족은 아이가 있는 주부임에도 미혼 여성처럼 자신을 꾸미기를 좋아한다. 미혼 같은 기혼 여성을 말한다. '나오미족'(Not Old Image)은 안정된 결혼생활을 누리며 신세대 못지않은 감각과 라이프스타일을 보여주는 30대 중반 여성들을 가리킨다.

'나우족' (New Older Women)은 가정은 물론 자신에게도 투자를 아끼지 않는 중년여성을 말한다. 남성의 경우는 노무족이 있는데 '더 이상 아저씨가 아니다(No-more Uncle)'는 의미로 나이와 상관없이 자유로운 사고와 생활을 추구하는 40, 50대를 이른다.

오늘날 줌마렐라의 특징을 몇 가지로 압축하는 경향이 있다. 자식이나 남편에게 무조건 '헌신, 희생'하기보다는 자신의 삶을 가꾸는 데 무게중심을 높이는 경향을 보인다.

한 연구소의 분석에 따르면, 하루 중 몇 시간은 자기 계발에 투자하며, 미용과 건강 등 자신을 위한 관리는 필수라고 생각한다는 것이다. 인터넷을 자주 활용하며, 창업 등 경제활동에 대한 관심이 높으며 취미 또는 인맥관리를 위한 모임에 정기적으로 참석하는 적극적인 성향이 있다고 본다.

다양한 취미생활 병행, 싱글보다 젊은 패션스타일을 추구하고 출산이나 양육만큼 사회적 성취도 중요하며, 아이에게 투자하는 만큼 자기계발도 하는 등 모성 못지않게 독립된 인간으로서의 삶을 추구한다는 것이다. 외모를 위한 패션, 요가, 체형 관리 등 미용에 대한 투자와 함께 유기농 채소, 천연 주스, 반신욕 등의 건강 지침 실천과 함께 대학원 진학 등, 자기계발에 철저하다는 특징도 꼽는다.

한 미용연구소는 '줌마렐라'의 전형으로 강금실 전 법무장관과 한명

숙 전 총리가 포함되었다. 이들은 외모관리가 철저한데 한 총리는 나이에 비해 믿기지 않는 젊음과 세련미가 특징이다. 자기관리가 그만큼 철저했다는 평가인 것이다. 강 전 장관은 과감한 액세서리, 포인트 메이크업 등으로 과거 '여성장관'의 고정 이미지를 탈피했다는 평가가 절대적이었다.

과거 저렴한 것만을 추구하던 '아줌마'들의 소비문화가 점점 폭발적 수요의 잠재력을 가진 시장으로 성장하고 새로 형성된 시장을 잡기 위한 기업들의 마케팅은 더욱 치열해지고 있다. 백화점 쇼윈도에 화사한 옷과 함께 '줌마렐라'의 필수 아이템이라고 유혹하는 문구가 나붙고 백화점 문화센터에는 82만 원짜리 꽃꽂이 강좌가 생기기도 했다. 뷰티클럽, 다이어트, 각종 패션 장신구, 식품, 유기농, 피부과, 헬스클럽, 네일숍이 모두 이 '줌마렐라'의 개념에 따른 부산물이라는 지적도 있었다.

'줌마렐라'의 이면을 살펴볼 필요도 있을 것이다. 미시족이니 참살이 [웰빙]족이니 줌마렐라니 하는 말은 듣기엔 그럴듯해도 핵심에는 여성을 삶의 주체가 아닌 소비의 대상으로 보는 시각이 자리 잡고 있다.

줌마렐라가 되기 위해서는 유기농 식품을 먹어야 하고, 유행하는 샤넬풍 투피스도 입어야 하고, 요가와 피트니스도 해야 하는 듯이 보인다. 그러나 줌마렐라가 되자면 누군가 아이를 봐주고 가사 또한 분담해줘야 한다. 자신에게 충분히 투자할 만큼 경제적으로 여유가 있어야 한다. 그렇지 못한 상태에서 언급하는 '줌마렐라'는 그저 꿈-몽상에 불과하다.

그렇다면, 왜 이러한 단어가 나오게 되었는가? 이는 제일기획의 한 젊은 직원이 제일 먼저 만들어낸 말이다. 광고 회사가 만들어 낸 신조어인 것이다. 당시 아줌마라는 용어가 매우 부정적인 이미지로 사용되었기 때문에 차별화된 단어가 필요했던 것이다.

그럼 기존의 아줌마 이미지는 어떠한가? '아기 주머니'라는 뜻을 가진 아줌마는 언제부터인가 뽀끌뽀끌한 파마머리에 촌스러운 화장과 의상을 걸치고 외모는 여성이라고 볼 수 없는(?) 이들이라고 했다. 남의 눈치 보지 않는 몰상식함에 자기 또는 가족만 아는 이기주의자라는 인식이 많았다.

지하철에서 재빠르게 새치기 하는 사람도 아줌마이다. 또한 아줌마는 공짜라면 무슨 짓이라도 한다거나 질보다는 양을 따진다는 말도 부정적인 꼬리표 중 하나이다. 요컨대, 근검절약, 천박함, 무식, 몰염치, 촌스러움의 대명사가 아줌마다.

이런 부정성은 아줌마의 경우에는 가족을 위해 혼신을 다한 이들에 대한 편치 않은 평가일 수밖에 없다. 젊음과 미모를 중심으로 움직이는 대중문화 또는 광고방송의 희생양, 밥이 된 것이다.

이 때문에 아줌마라는 단어는 시대감각에 뒤떨어지고 촌스러우며, 자기관리 하지 못하고 남에게 희생이나 하는 비주체적인 인물을 나타내는 말이 되었다. 심지어는 지식수준이 낮고 교양이 없으며 노화의 상징으로 보이기도 하며, 여성의 아름다움과 매력이 없는 존재가 되어 버렸다.

당연히 여성들에게 사람들의 이미지에 부정적으로 작용할 수밖에 없다. 아줌마 이미지에서 탈피하기 위해서 노력하기에 이것은 다시 상품소비와 연결이 된다. 물론 아줌마라는 소리를 들으면 내적인 가치보다는 외적인 가치로 평가받는 것이다.

결국 현재의 아줌마에 대한 왜곡된 시선은 사회에서 선호되는 내적 가치보다는 외적, 소비적 가치에서 비롯한 것이라고 볼 수 있다. 편견의 재생산과 사회적 폭력이다. 교통사고가 나거나 쇼핑센터에서 말싸움이 붙으면 이 아줌마가 하면서 비아냥거리는 것이나 여성운전자에게 쏟아지는 "아줌마" 소리도 편견에 따른 정신적 폭력의 생산이다.

예를 들어 인터넷에서는 아줌마들의 운전솜씨를 빗댄 무협지가 등장하는데 강호의 최강고수가 아줌마들의 운전이라는 식의 표현도 마찬가지다. 이것은 사회적 약자에 대한 폭력 아닐까.

사실 처음에 밝힌 성형외과 의사는 강남에서 영업을 하고 있었다. 강남지역에서는 아줌마로 불리는 것이 끔찍하게 싫을지도 모른다. 강남에 대한, 아니 강남의 부유한 계층에 대한 선망이 강할수록 아줌마에 대한 부정적인 인식이 강할지도 모른다.

과연 아줌마가 부정적일까? 아줌마의 힘도 분명하지 않는가. 아줌마 하면 지하철에서 새치기하는 사람을 떠올린다. 왜 아줌마들은 자리를 번개같이 맡을까? 정말 힘이 넘쳐나고 또는 자신만 생각하는 이기적인 존재이기 때문일까? 그렇지만은 않을 것이다. 고된 노동과 출산 등으로 뼈가 약해지거나 관절이 상한 경우가 많고 강한 생활력이 지나쳐 자리 쟁탈전도 생존의 것으로 보이는 것은 아닌지 생각해 볼 일이다.

아줌마들이 항상 이렇게 자기의 자리만 챙길까? 마을버스에서 노인에게 양보하는 파마머리의 아줌마를 매우 많이 볼 수 있다. 옛말에 고통을 아는 사람이 상대방의 고통도 잘 안다고 했다. 과연, 아줌마는 이기적이고 염치없는 존재인가.

강인하고 생활력 강한 중년 여성을 지칭하는 아줌마는 프랑스 관광청 보고서에 'Adjumma'로 등재될 정도로 국제적인 관심을 모으기도 했다. 한국의 아줌마들이 조폭과 같다는 우스개가 유행한 적이 있는데 그 집단성을 나타내는 말이다. 몇 명 이상 무리를 지어서 다닌다. 윗사람은 반드시 형님이라고 부른다. 핸드폰을 무척 많이 사용한다. 일정한 장소에서 만나고 다음 약속 장소를 정하고 헤어진다. 한국의 아줌마들은 정말 바쁘다. 오히려 조폭보다는 비즈니스맨에 가깝다 할 수 있다.

입소문의 강력한 힘도 빼놓을 수 없다. 월마트가 한국에서 철수를 결정했고, 까르푸는 이랜드가 인수했는데 세계 양대 할인점이 한국에서 악전고투를 하다가 철수하고만 것이다.

그 원인을 두고 아줌마의 힘이라는 분석이 있었다. 한국의 아줌마들은 학력이 다른 나라에 비해 높고, 최근에는 인터넷을 무장하고 있어 정보 소통이 빠르다는 것이다. 아줌마들은 기호와 선택의 변화가 빠르다.

따라서 수시로 바뀌는 기호와 선택에 즉각적으로 맞추기에 해외 유통업체는 한계가 있었다는 말이다. 그리고 한국의 아줌마들은 적극적이고 심지어 공격적인 성격을 가지고 있다. 부정과 비리가 있으면 바로 이의를 제기하고, 요구한 것이 해결되지 않으면 즉각 항의한다.

이 때문에 아줌마들에게 '찍히면' 낭패를 본다. 과거 분유업체인 A사는 8억 원에 한 유명모델과 모델 계약을 체결하려다 주부들의 거센 반발에 부딪혀 중도 포기했다. "거액의 모델료를 지급하지 말고 분유값을 내려라"라는 요구였다. 빗발치는 항의로 회사 홈페이지가 다운되는 사태까지 겪었다.

결론적으로 이러한 한국 아줌마들의 특성을 몰랐기 때문에 외국의 유통 기업들, 핀란드의 노키아, 일본의 소니 제품이 고전을 했다. 다른 나라에서 큰소리를 치고 있는 모토롤라, 맥도널드도 한국의 브랜드인 BBQ에 고전했다. 월마트나 까르푸는 한국에서 철수하게 되었다. 한국 아줌마들의 기호를 충족시키지 못했기 때문이다.

제일기획이 실시한 소비자 조사 결과에 따르면, 가정에서 재테크를 하는 주체는 57%가 주부였다. 남편이 재테크 운영권을 가진 경우는 16%에 불과했다. 2010년 11월, 포커스신문이 KBS1라디오 '성공예감 김방희입니다'와 함께 전국의 만 20세 이상 500명을 전화면접 조사한 결과 경제권을 갖고 있는 쪽은 아내 57%, 남편 19%, 공동소유 16%, 각자 독립적으로 생활하는 독립채산제 8% 등의 순이었다. 과거 남성이 주도권을 가졌던 신문·보험·자동차·부동산에 대한 구매 결정권도 주부들의 손으로 넘어가고 있는 추세다. 소비의 90%를 결정한다는 조사도 있다. 이렇게 가정경제를 좌우하게 된 것은 90년대 말의 외환위기 때문이라는 지적이 많다. 더 이상 남편만 믿고 있을 수는 없다는 절박함이 배어 있다는 것이다.

일부에서는 이런 아줌마들의 눈치와 민첩성, 결단력 그리고 공격적인 행동을 배워 마케팅에도 사용해야 한다고 주장하기도 한다.

요컨대, 아줌마와 '줌마렐라'의 차이는 무엇일까? 생산하느냐, 소비하느냐를 그 차이점으로 들기도 한다. 아줌마는 아이를 생산하고, 밥을 생산하며, '수다'를 생산하는 반면, 줌마렐라는 소비의 주체라는 측면이 강하다는 것이다. 아줌마는 타인(가족)을 지향하지만 줌마렐라는 자신을 지향한다.

5월 31일은 아줌마닷컴(www.azoomma.com)이라는 단체가 정한 '아줌마의 날'이다. 어버이날, 어린이날, 스승의 날이 다 지난 말일을 아줌마의 날로 정한 것이다. 이것은 남을 배려하는 아줌마의 의미를 상징한다.

비록 공식 기념일은 아니어도 아줌마들이 가정과 사회 속에서 21세기 정보화 시대에서 주체적 존재로서 자신의 정체성을 돌아보자는 날이라는 의미를 지닌다고 한다. 이는 결국 자신만을 위해 소비하고 투자하는 이기적인 줌마렐라 관점에서 벗어나는 것을 지향하는 것일까.

전국에 수많은 매장을 가진 비영리법인 '아름다운 가게'는 사실상 아줌마의 힘으로 유지된다. 매장과 물류센터에서 활동하는 2000여 명의 자원봉사자 가운데 기혼여성의 비율은 70%. 아줌마에 대한 혐오와 기피는 나이 들어감에 대한 공포가 배어있는지 모른다.

물론 사람이 늙어가는 것은 당연하고 처음부터 늙은 사람은 없을 것이다. 늙기를 거부할 때 끊임없이 다른 식의 소비를 부추기는 마케팅과 상술의 타겟이 될 수밖에 없는지도 모른다. 중요한 것은 소비를 통한 외모의 유지가 아니라 '꿈'일 것이다.

'줌마렐라'라는 단어에는 동의할 수 없으나 긍정적인 지향점이 있다. 무조건 순종적이고 희생적인 엄마 세대의 삶은 살지 않겠다, 가족을 위해

'희생'만 하지 않고 자신을 위해서도 투자하겠다는 자세는 자신의 권리 찾기라는 측면에서 능동적이기 때문이다.

'줌마렐라'는 강한 생활력과 책임감으로 똘똘 뭉친 '아줌마'의 특기와 착하고 아름다운 '신데렐라'의 장점을 살리는 것이 필요할 듯싶다. 내가 즐거워야 다른 이들, 가족이 즐겁다는 말도 의미가 있고 당당하게 즐겁게 지내자는 심리도 들어있다.

'줌마렐라(Zoomarella)'의 탄생은 여성의 지위가 남성에 비해 결코 낮지 않다는 점을 입증하는 것이다. 경제력과 정열을 갖춘 이들은 남성 영역을 깨뜨린 후 아예 주도하지만, '이 세상 모든 여자는 공주입니다'라는 컨셉에 주목하기도 한다.

당신이 지금 서 있는 그 자리에서 당신은 이미 아름다운 공주라는 것이다. 공주는 허영 덩어리를 말하는 것은 아니다. 공주라고 지칭하는 것은 모든 기혼 여성은 소중한 존재이고 존중받을만한 사람이라는 의미를 지닌다. 그리고 그들의 꿈은 여전히 소중하다.

# ?!.
# 스쿠터 열풍과
# 시대적 감수성

〉

　프랑스에서는 오토바이 한 대 때문에 정치계가 발칵 뒤집혔다. 한 청년이 오토바이를 잃어버렸는데 그 청년의 아버지는 당시 유력한 대선후보인 사르코지였다. 당시 아버지가 사르코지였기 때문이 아니라 잃어버린 오토바이를 찾기 위해 나선 경찰의 행동이 논란을 일으켰다. 단순 절도사건은 지역 경찰이 담당인데 사복경찰이 나섰고, 강간, 살인등 강력 범죄에 사용하는 DNA검사까지 했다.

　문제는 그 오토바이를 찾아냈던 것에서 일어났다. 오토바이를 찾아내자, 오토바이협회가 분노를 쏟아냈다. 왜일까? 찾아줬으면 다행 아닌가. 그러나 보통 때 분실한 오토바이 회수율은 8%밖에 안 되었기 때문이다. 만약 다른 시민들이 분실한 오토바이들도 모두 사르코지 아들의 것이었다면 찾아낼 수 있었을 것이다. 일반 시민들의 오토바이도 유력 정치인의 아들 사례처럼 다루었다면 쉽게 찾을 수 있었을텐데 실제는 그렇지 않다는 주장이 비등했던 것이다.

　그런데 사르코지 아들의 오토바이는 다른 육중한 오토바이가 아니라 스쿠터였다. 비록 스쿠터 한 대 때문에 프랑스가 발칵 뒤집혔지만, 이제 스쿠터라고 얕볼 수 있는 때가 아니다. 너무 보편화되어 있고 가격도 비싸기 때문이다. 명품차보다 비싼 스쿠터는 얼마든지 있다. 영국에서는 복잡한 도심 지역을 순찰하기 위해서 3륜 스쿠터를 선보였다. 기능적이 차원보다 그 스쿠터의 디자인 차원에서 화제가 되었다. 경찰의 순찰용이라면 무엇인가 육중하고 위압감을 주는 순찰 오토바이가 연상되는 것과 대조적이다. 이러한 점은 한국에서도 마찬가지다. 가볍고 재기발랄한 순찰 스쿠터가 등장할 날이 머지않았다. 대중적인 정서가 그러하기 때문이다.

과거에는 다방 여직원 등이 주 고객층이었지만, 요즘은 중·고등학생이나 대학생 등 젊은 층까지 스쿠터를 선호한다. '스쿠터=배달업'이라는 인식적 도식은 끝났다. 이전에는 배달용으로 쓰임이 국한되었지만 이제 레저와 출퇴근용 등 다양한 용도로 쓰이고 있다. 판매상에서 10대 중 7~8대는 스쿠터를 찾는다고 한다. 스쿠터는 가장 갖고 싶은 '원츄' 아이템 트렌드가 되었다. 생계수단을 넘어 효자신을 표현하는 기호가 되었다.

예전 대학가의 오토바이는 육중한 모습에 거친 기계음을 내는 것들이었다. 그 운전자는 대개 복학한 남학생들이었다. 그러나 요즘 복학한 남성보다 여성이 더 많아지고 있다. 그리고 빨간, 분홍, 노란, 하늘색 등의 형형색색의 스쿠터가 부쩍 늘었다.

스쿠터의 인기 요인은 여러 가지다. 당연히 고유가 시대에 더 강점이 있다. 아껴 타면 월 2~3만 원 정도의 연료비 밖에 들지 않는다. 기동성·주차성이 뛰어나다. 차가 아무리 막혀도 걱정 없다. 주차 걱정도 없다. 발판이 넓어서 짐을 많이 실을 수 있다. 치마 입은 여성이 타기에도 쉽다. 다리를 모으고 탈수도 있기 때문이다. 50cc 이하는 넘버 등록 의무가 없고 자동차 면허가 없어도 탈 수 있다. 작고 가볍기 때문에 운행하기도 쉽고, 기어를 바꿀 필요가 없는 등 조작도 쉽다. 기계치이거나 운동감각이 부족한 사람일수록 쉽게 접근할 수 있는 교통수단이다.

그런데 그 열풍 원인이 단순히 경제성, 기능성, 조작 용이성 때문만은 아닐 것이다. 그 스타일과 디자인의 끊임없는 진화가 한 몫 하고 있기 때문이다. 스쿠터는 자신의 표현수단이자 정체성을 나타내는 문화기호이기 때문이다. MBC 드라마 〈커피프린스1호점〉의 주인공 윤은혜가 타고 다녔던 낡은 스쿠터도 그녀의 밝고 꾸밈없는 성격을 표현하는 소품이었다. 다양한 색과 디자인이 가미되어 감수성을 잘 표현한 스쿠터일수록 잘 팔린다. 1차대전 때 군용으로 처음 등장한 스쿠터가 디자인의 첨단을 달리고 있는 것이다.

오늘날 끊임없이 튜닝을 하는 '튜닝 스쿠터족'도 낳았다. 튜닝이란 생산되어 나온 스쿠터를 그대로 사용하는 것이 아니라 나름대로 기능이나 외관을 바꾸어 사용하는 것이다. 수동적으로 이미 만들어진 상품을 사용하는 것이 아니라 자신이 원하는 기능성과 디자인을 결합시키기도 하면서 이제 스쿠터는 생활 속 패션 아이콘이 됐다. 스쿠터 레이싱도 주목을 받고 스쿠터와 스타일에 관한 전문지가 창간되기도 했다. 전국을 스쿠터로 여행하는 스쿠터 여행족이 등장하기도 했다. 제주도에서는 스쿠터족의 일주를 돕기 위한 각종 서비스가 모색되기도 하고 전문 대여업체도 성업이다.

여기에서 시대적인 변화를 읽을 수 있다. 이륜차의 중심이 자전거에서 오토바이로 옮겨가고 있으며, 오토바이 중에서도 '스쿠터'가 대세이다. 스쿠터 세대는 자전거를 통해 무조건 인간의 육체적 힘을 예찬하지도 않는다. 활용주의다. 이는 효용을 위해서라면 적당한 비용을 투자하고 기계라도 적당하게 활용하는 '주의'다.

스쿠터의 주인으로 여성들이 많아지고 있어 오토바이 주인의 교체 현상이 일어난다고 볼 수도 있다. 남녀를 뛰어넘어 단순한 디자인과 색이 아니라 아기자기하거나 밝고 경쾌한 디자인을 선호한다. 스쿠터를 단순히 이동 수단이 아니라 패션화 하고 있는 것. 그들은 자신의 개성과 정체성을 압축하는 아이콘화를 위해 노력한다.

무엇보다 크고 거대한 것을 통해 자기를 드러내고자 하는 기성세대와 많이 다르다. 90년대 초반의 차인표나 이정재, 최민수가 탔던, 아니 터미네이터가 탔던 할리데이비슨 같은 육중한 오토바이는 시대적 감수성이 아닌 것이다. 그것은 겉멋의 상징이고, 빚을 내서라도 사는 가운데 빚어지는 위압적이고 어두우며 육중한 몸에 들어가는 각종 유지비는 비효율적이다. 지금은 경제적 효율성, 기능성, 그리고 여기에 활용성에 자아 정체의 표현성까지 가미하는 세대의 시대이다.

이러한 스쿠터 세대의 감수성을 대변하는 이들은 없어 보인다. 대선판을 볼 때면 더욱 그렇다. 그 판 안의 사람들은 아무래도 할리데이비슨 세대 같다. 대선에서 보일 스쿠터 세대의 무관심이 걱정스럽다.

# ?!.
# 대학생들은  왜
# 신입생들에게 가혹하게 술을 먹일까?

> 혹독한 과정을 폭력이나 강요된 술이 아니라, 다른 훈련이나 과제로 대체하는 것이 중요하다. 그것은 심리적인 메커니즘을 꼼꼼하게 따지지 않으면 불가능한 일이기도 하다.

3월, 대학은 신입생의 계절이다. 폭력과 가혹행위가 난무하는 신입생 환영회가 종종 언론 미디어의 화두가 된다. 신입생 환영회에서 죽는 일도 벌어지는 바에야 가만있을 수는 없는 노릇이다. 술을 강제로 먹게 하거나 호수에 신입생을 빠뜨려 변을 당하는 예가 해마다 발생한다. 권위주의와 폭력에 무감각해진 대학생들이라는 비판이 가해지는 것이 전적으로 틀린 말은 아닐지도 모른다.

어디 대학생뿐일까. 대학생들뿐만 아니라 고등학생들이 자신의 동아리 신입생들에게 가하는 가혹한 행동에 대해서도 당연히 비난이 쏟아진다. 요즘 젊은이들은 갈수록 가혹해진다. 그러면서 기성세대들은 자기 때는 안 그랬다고 자랑하듯 비판하면서 오늘날의 젊은이들과 차별화를 시도한다. 과연 오늘의 젊은이들은 폭력에 무감각한 것일까? 이들이 폭력을 즐기거나 폭력의 문제점에 둔감하기 때문일까?

우리는 그들의 행동에 작용하고 있는 심리적인 요인에 대해서는 간과하는 경향이 있다. 물론 여기에서 제기하는 것은 엄청난 심리적 비밀이 아니라, 이미 심리학에서는 너무나 잘 알려진 내용이다. 이는 치일디니의 책 『설득의 심리학』에서도 확인할 수 있다. 한국 대학생들만 가혹한 행동을 하는 것은 아니다.

화이팅(Whiting)이나 클루콘(Kluckohn)등에 따르면 원시 부족들은 성인 의식을 매 맞기, 처벌, 죽음의 위협, 추위와의 싸움을 통해 치러 낸다. 이렇게 하는 이유는 성인이 된다는 사실이 매우 의미가 깊기 때문이다. 미국의 학교 기숙사에서도 신체적 · 정신적 · 사회적 극한 상황을 치러낸다는 연구결과가 많이 있었다.

예를 들어 오메가 감마 델타라는 학교에서는 기숙사 신입생 환영 의식에서 원자 폭탄이라는 의식을 치렀다. 두 손을 머리에 얹고 움직이지 않게 하고 다른 이들이 신입생을 둘러싸고 그의 가슴과 등을 주먹으로 때리는 의식이다. 캘리포니아의 한 대학에서는 기숙사 신입생을 해발 1000m의 산에 버려두고 왔다. 스스로 찾아오라는 것이다. 그는 험한 계곡에서 떨어져 골절을 당했다.

오하이오 주립대학에서는 두 신입생을 지하 감옥에 가두고 물을 안주고 자신의 오줌을 받아먹도록 컵 하나만 주었다. 위스콘신에서는 한 신입생이 암기 사항을 빠뜨렸다고 가장 뚱뚱한 학생에게 짓눌린 채 맥주를 다 마셔야 했다. 이러한 몇 가지 사례만 들었지만, 미국에서도 신입생들이 이러한 의식 중에 생명을 잃었다. 물론 이들 학교들은 이러한 가혹하고 폭력적인 환영회를 없애기 위해 노력했지만 번번이 허사였다.

그렇다면 왜 학생들은 이러한 가혹한 환영회를 하는 것일까? 구성원들이 문제가 있는 것은 아닐까? 정신적인 문제가 아니라 해도 의식이 전근대적인 것은 아닐까? 그러나 많은 연구결과에서 증명하듯이 가해하는 이들은 지극히 평범하고 모범생들인 경우가 많다. 결국 실마리는 앨리어트 아론슨의 연구에서 찾을 수밖에 없다. 사람은 고난을 겪고 어떤 일을 성취하면 그 일에 대해서 의미를 더 갖는다. 힘든 통과 의례를 겪은 이들이 동아리 생활을 더 잘한다는 사실은 심리 실험에서 볼 수 있고, 자긍심도 높아진다.

예를 들면 해병대에서 가혹한 훈련을 받으면 나중에 해병대를 제대한 자신을 자랑스러워하는 것과 같다. 작가 스타이런은 해병대 훈련 이후 자랑스러워하지 않은 이는 없다고 했다. 일종의 본전 심리도 있다. 구성원들이나 가해자들은 이미 그러한 가혹한 의식을 치러낸 사람들이다.

한편으로 이러한 의식 자체가 자신의 조직이나 단체의 권위를 확보하는 데 사용된다. 우리의 조직에 들어오는 것은 혹독한 과정을 거쳐야 한다는 심리가 작용하는 것이다. 다른 말로 하면 아무나 들어올 수 없는 곳이라는 점이 스스로 강조되는 셈이다. 자신들이 속해 있는 조직이나 단체를 특별한 곳이라고 생각할수록, 이러한 특이하고 가혹한 행동이 등장하고야 만다.

따라서 잔혹한 행동이나 폭력적인 행동, 술의 강요는 가해자들이나 구성원들의 병리학적 심리 때문이 아니라 집단의 조직 심리 때문이다. 술을 독하게 많이 먹이는 행위도 결국 그러한 과정을 통해서 새로운 구성원이 집단이나 조직에 대한 충성심, 활동성, 자부심을 갖게 만들려는 것이다. 다른 제3자들은 당하는 사람에 동정적이 되고 가해자를 비난하지만, 가해자와 피가해자는 이러한 혹독한 과정을 치러낸 후 오히려 친화력 있고 돈독한 사이가 되곤 한다. 언뜻 이해 못할 일이다.

이는 트버츠키와 카네만의 실험에서 증명된 자기부여효과(Endowment effect)때문에 일어나는 것이기도 하다. 따라서 사람들이 힘들게 성취한 것, 자신의 고생이 배어있는 대상에 대해서는 더 큰 가치를 부여하는 심리가 있는 이상 이러한 가혹한 행위들은 없어지지 않을 지 모른다. 뿐만 아니라, 자신들의 의식을 바꾸지 않으려고 하고 저항한다.

무엇인가 혹독한 통과 의례를 힘들게 하려면 혹독한 봉사활동이 도움이 되지 않을까 싶어진다. 그러나 이는 타당하지 않다. 봉사활동은 다른 단체나 공간, 지역에 가서 하는 일이므로 동아리 조직 자체에서 부여하는 과제와는 관련 없게 된다. 따라서 조직에 대한 친화, 자긍심, 충성도가 떨어지게 된다. 이른바 내적인 책임 문제가 발생하게 되는 것이다.

당연히 이러한 심리적 원인이나 조직의 명분을 내세워 가혹 행위를 정당화하는 것은 문제가 있다. 혹독한 과정을 폭력이나 강요된 술이 아니라 다른 훈련이나 과제로 대체하는 것이 중요해 보인다. 무엇보다 미디어가 마치 젊은이들이 그전의 세대보다 더 폭력적이고 가학적인 습성을 지녔다는 식으로 보도하는 것은 타당하지 않아 보인다. 부모들의 불안 심리만 부추기는 결과를 초래할 것이기 때문이다.

# ?!.
# 예비군복을 입으면
# 불량해지는 이유?

＞

    국회의원과 예비군이 같은 점 몇 가지가 있다. 우선, 앞자리에 앉지 않는다. 자리에 앉으면 자주 존다. 그리고 명분과 실제가 다르다. 즉, 예비군은 군인이기는 한데 군인 같지 않고 더구나 딴 짓만 한다. 국민을 위한다는 국회의원은 국민보다 자기 실속을 우선한다.

    한국 사회의 현상 가운데 군복에 관한 미스터리가 있다. 멀쩡하던 완소남도 예비군복만 입으면 태도가 불량해진다는 사실이다. 제복의 심리학에 따르면 본래 제복을 입으면 사람이 행동과 말에 절도가 있고 점잖아진다는데 유독 예비군들은 복장을 풀어헤치고, 아무곳에서 노상방뇨까지 한다. 여기에 표정도 불량하고 내뱉는 말도 욕설을 포함해 대부분 비속어이다.

    도대체 왜 그런 것일까. 흔히 익명성 이론으로 분석할 수 있다. 군복을 입은 사람이 많으면 누가 누구인지 모르기 때문에 익명성에 기대어 평소에 억제되어왔던 행동과 말들을 가감 없이 한다는 것. 이른바 '일탈 심리 욕구'를 군복을 통해 충족한다는 것이다. 그러나 이러한 맥락만으로는 설명이 미흡한 감이 있다. 그 일탈의 심리가 발생하는가에 대한 설명이 부족해보이기 때문이다.

우선, 군대 생활에 대한 상처를 들 수 있다. 집단적 외상후 스트레스라고 말하고 싶은 점이다. 이런 것에 까지 외상후 스트레스라고 이름붙이는 것이 지나치다는 생각이 들 수 있지만, 이렇게 집단적으로 나타나는 행동양상을 볼 때 가볍지만은 않을 것이다. 한국의 남성들은 힘든 일이 있을 때 군대에 다시 가는 꿈이나 군대 복무 시절에 관한 꿈을 꾼다. 이는 어떻게 보면 트라우마라고 할 수 있다.

군 복무 기간에는 오매불망(寤寐不忘) 제대 일자만을 기다린다. 하지만, 군에서 제대한다고 해도 향후 몇 년간은 특정 일자에 군복을 입어야 한다. 예비군 훈련 때문이다. 그것에 역시 자신의 선택권은 없다. 국가의무 사항이기에 거부할 수 없다. 그러나 군 복무 시절과 같이 강력한 통제를 가하지는 않는다. 군복은 자신의 자율성을 파괴하는 상징이다. 하지만 이제 자율적 존재가 되었음에도 군복을 입어야 한다는 사실은 자신의 행동과 의식이 괴리되는 현상을 낳는다. 더욱이 군 복무 시절 아픈 심리적 상처가 누구에게나 조금씩 있을 것이다. 군 복무를 자발적으로 자부심에 따라 수행하지 않았다면 이러한 정도는 더욱 심해질 것이다.

따라서 군 복무에 대한 상처와 트라우마에 군대에 대한 저항심리가 쉽게 발생·결합한다. 일종의 소극적 저항이라고 볼 수 있을 것이다. 즉 정결하고 절도 있는 태도를 요구하던 군대의 틀에 저항을 하는 것인데, '다나까'의 절도 있는 말보다 비속어를 남발하고 정결한 복장 대신 불량스런 품새를 풍기려 한다.

이러한 심리 상태는 광범위하다. 그런데 상대적으로 혼자만 있을 때는 그나마 상태가 낫다. 여러 사람이 모여 있으면 일탈 행위는 더욱 심해진다. 이를 군중의 익명성 탓으로 볼 수 있을지 모른다. 사람이 많으면 자신이 무슨 짓을 하는지 티가 나지 않으리라는 심리적 요인 말이다. 부분적으로는 맞다. 하지만 전부는 아니다.

군중심리 보다는 집단심리다. 만약 군복을 다려 정갈하게 입고, 전투화도 광내고 온 예비군이 있다면 그는 무리에 섞이지 못해서 왕따를 당할 것이다. 군대에서 고생하지 않은 사람, 편하게 지내서 군대 생활을 우호적으로 평가하는 사람으로 여겨지게 된다. 고지식하고, 의식 없는 사람으로 평가되기도 한다.

군대에서 고생을 많이 한 사람임을 겉으로 드러내는 것이 불량한 예비군 코드이다. 이것은 자신이 진보적이라는 인식과도 쉽게 결합한다. 불량 복장은 권력과 전쟁에 대한 의식 있는 소견을 가진 하나의 상징 기호가 된다. 모범 복장은 오히려 권력과 전쟁을 용인하는 태도로 이해되기도 한다. 더욱이 남북한 관계를 고려할 때 예비군 제도에 대한 찬반 논란이 있어왔고, 제도적 실효성에 대해 이의가 많아온 터이기 때문에 더욱 그렇다. 탈냉전과 남북 화해시대라는 흐름에 예비군복은 더욱 정체성을 잡지 못했다.

촛불 문화제에 예비군들이 등장해서 여러 매체에서 화제가 되었다. 행동과 복장불량으로 인식되던 이들이 시위 현장을 정리하고, 경찰과 시민의 충돌을 방지하는 인간 띠를 만들기도 했다. 정작 예비군 훈련장에서는 말썽꾼들이 시위현장에서는 시민을 지키는 역할을 정결하고 절도 있게 했다. 때로는 의경을 심하게 대하는 시민들을 말리기도 했다. 천덕꾸러기 예비군복을 다시 찾아가거나, 이미 버린 것을 안타까워하는 사연도 오르내렸다.

요컨대, 예비군의 말썽 심리에는 바로 제 역할에 대한 자부심이 없는 요인이 작용하고 있다. 촛불 시위에는 예비군복이 자부심으로 작용하고 있는데, 그것은 자신들이 능동적으로 만들어 낸 것이다. 물론 시각에 따라 여전히 불량한 일탈 태도로 생각하는 이도 있을 것이다.

우리 사회에서 예비군복은 제복으로서 어떤 역할과 상징적 의미를 지니고 있는지 생각해볼 필요가 여기에 있다. 궁극적으로는 시민과 국민을 지키는 데 모아질 수밖에 없다. 경찰복도 그러한 자부심의 상징이어야 한다. 군림과 억압, 수치의 상징이어서는 곤란하다. 여하튼 예비군 제도 운영과 정체성 모색에 대한 진지한 성찰이 필요한 것은 사실이다.

# ?!.
# 청담동
# 클럽문화

>

　영화 〈8마일〉(8 Mile, 2002)은 주인공 지미를 통해 클럽문화의 여러가지
면을 생각하게 한다. 디트로이트 빈민층 청년들에게 힙합 클럽은 불안한
현실을 이겨내고 미래에 대한 꿈을 키울 수 있는 음악과 춤이 있는 공간
이다. 한편으로는 유흥의 공간이 아니라 삶의 치열한 경연장이다.

　미국에 진출한 가수 보아나 세븐이 자신의 음악과 존재감을 알리는
곳은 텔레비전 방송국이 아니다. 바로 클럽이나 파티장이다. 특히 클럽에
는 유명한 디제이들이 있다. 그들은 음악에 막강한 영향력을 미치고 있다.
그만큼 클럽문화가 발달해 있는 것이다. 미국 대중음악의 힘은 바로 이
클럽에서 나온다고 해도 과언이 아니다. 따라서 그들의 눈에 들어야 미국
에서 인지도를 높이는 데 도움이 된다.

　한국에서는 가수들이 싼 출연료에도 불구하고 지상파 방송사 출연에
집중하는 것과 이색적인 풍경이다. 사실 클럽문화가 발달해야 음악이 발
전한다. 왜냐하면 그곳은 다양한 음악과 춤이 실험되고 공유되는 공간이
기 때문이다. 따라서 당연히 최신 음악을 가장 먼저 접할 수 있는 곳이고,
트렌디한 문화적 코드를 직접 접할 수 있는 공간이 클럽이다.

청담동 클럽에 관한 야한 사진과 동영상이 유포되면서 새삼 클럽문화가 눈길을 끌었다. 현실의 한 단면을 보여주기는 했지만, 클럽에 대한 왜곡된 시선들이 많이 개입되어 있었다. 클럽은 과연 어떤 곳인지 클럽문화의 의미와 역할에 대해서 되짚어 볼 필요가 있었다.

　　우선, 청담동 클럽 사진은 클럽문화에 대해서 오해를 줄 여지가 많았다. 클럽 문화 전체를 퇴폐적이고 마약을 남용하는 것으로 만들 소지가 있었다. 하지만 클럽을 이용하는 이들이 모두 청담동 클럽 사진 속 같지는 않다.

　　당연히 청담동이나 강남의 클럽들이 전부 이런 것은 아니며, 그곳의 클럽도 그렇게 숫자가 많은 것도 아니다. 문제의 사진은 일부러 강렬한 장면만을 유출한 것으로 보인다. 무엇보다 사진 속의 인물들은 무한 펌질을 통해 얼굴이 그대로 노출된 경우도 있어서 인권침해의 대표적인 사례가 되었다.

　　그것은 청담동이나 강남에 대한 선망과 질시라는 이중심리가 만들어낸 것이 아닌가 싶다. 홍대 클럽 문화와 비교해 보았을 때 청담동의 클럽문화는 또 다른 양상을 지니므로 같은 양상으로 묶을 수도 없다.

　　일본의 클럽은 3,000여 개가 넘는 것으로 추정되고 있다. 반면 한국에서는 40여개인 것으로 잠정 추산된다. 일본의 밴드들은 지역을 순회하면서 지역의 공연문화예술도 활성화시키지만 우리나라는 지방에 클럽문화가 거의 존재하지 않는다고 보아야 한다. 일본은 워낙 마이너 문화가 발달했기 때문에 한국과 달리 이러한 클럽 문화가 발달했다.

　　즉 문화적 다양성이 이러한 클럽 문화를 만들어내는 것이다. 그만큼 다양한 문화적 시도들이 클럽문화에서 이루어지고 있다는 것이다. 애써 지상파 방송에서 인기를 끌만한 음악을 만들거나, 출연하려고 애쓸 필요 없이 자기 음악만 열심히 하면 된다.

물론 이러한 문화는 대개 언더그라운드나 인디문화의 성격을 가지고 있지만, 그것이 바탕이 되어서 대중문화나 문화산업의 발달에 큰 영향을 미친다. 실험적이고 창조적인 창작행위들이 선보이고 평가를 받을 수 있는 공간이 많지 않은 현실은 클럽문화의 중요성을 생각하게 한다. 특히 방송이나 인터넷이 아니라 공연문화가 음악발전의 가장 튼실한 토대라는 점을 생각하면 더욱 그렇다.

　결국 클럽문화는 문화적 수준을 높일 뿐만 아니라 알게 모르게 경제적인 가치의 창출과도 밀접하게 맞물려 있다. 하지만 이번 청담동 클럽문화와 관련한 언론의 보도 태도들이 이러한 클럽문화의 자체가 갖는 중요성 보다는 선정적인 장면과 마약과 같은 강한 범죄적 사실에만 집중해서 아쉬움을 자아낸다. 그것이 청담동 클럽 사진이 의미하는 역설적인 메시지이다.

# ?!.
# 루저문화
루저문화의 핵심

＞

    '장기하와 얼굴들'이 한국 대중음악상에서 3관왕을 차지한 바 있다. 이 상을 받지 않았어도 이미 장기하의 노래들은 대중적으로 많은 호응을 받았다. 단지 마니아층의 호응이 아니고, 실제 많은 음반판매량을 보이고 있다. 장기하의 노래들은 '불나방스타쏘세지클럽', '달빛요정역전만루홈런' 등과 같이 루저문화의 대표 아이콘이라는 평가가 있었다. 일상성 속에서 문화적 · 사회적 의미들을 이끌어 낼만한 요소가 있었다.

    다만, '장기하…'등의 노래들과 루저 관련 소설들이 꽤 나오는 것에 따라 최근에 루저 담론들이 형성되고 있는데, 과연 그 담론이 맞는 것인지 의문이 든다. 루저문화는 당당한 자기 정체성을 밝히는 것이라고 한다. 여기에서 정체성은 바로 루저라는 것이다. 한국사회에서는 자신이 루저라는 것을 밝히지 않는다고 말한다. 계몽의 기운이 느껴진다.

    확실하게 인식하고 정정당당하게 밝히라는 것이다. 그리고 루저들끼리 연대하라고 한다. 루저라는 것을 당당하게 밝히는 문화라고 한다면 모순적이 된다. 승자와 패자라는 이분법적인 도식에 근거하고 있기 때문이다. 아니 그 도식을 용인한다고 해도 루저문화를 주도하는 사람들은 정말 승자와 패자의 도식에서 패자라고 할 수 있을지 의문이다.

　루저 담론에는 한시적인 시간과 나그네의 시선이 많다. 예컨대, 반지하방의 축축한 이불과 쩍쩍 달라붙은 방바닥의 기운은 그 안에 항상 사는 사람들은 문제의식을 갖지 못하는 경우가 많다. 오히려 편안한 공간에서 살던 이들이 그 공간에 한번 들어가 보았을 때 확실하게 인지하게 된다.

　그것은 마치 부잣집 도련님이 가난한 집에 와서 가난에 대해서 새삼 느끼고 낭만화하거나 자신의 작품으로 만들어 이름을 높이는 행위와 같다. 이를 오늘날 우리는 '가난의 상품화'라고 한다. 루저문화는 가난의 상품화가 될 여지가 많다. 진정 가난한 자들은 가난이 무엇인지 모르며, 그것이 상품화가 되는지조차 모르는 경우가 많다. 그것을 계급의식이 없기 때문이라고만 할 수는 없다.

　어떻게 보면 현재의 루저문화 담론을 주도하는 이들은 진정한 루저들이 아니라 나그네들이다. 언제인가 그 판을 벗어날 수 있는 이들이다. 하지만 언제나 그 판을 벗어날 수 없는 이들은 현실 자체가 끔찍할 수 있다. 그 끔찍한 현실에서 무기력하다면, 결국에는 루저가 될지 모르겠다. 루저문화의 핵심은 단순히 지금 현재의 묘사에 있지 않다.

　문제는 단순히 루저를 범주화하고 고정하는 것이 아니라 꿈과 희망을 가지고 어떤 삶을, 그리고 그것을 실현하기 위해 노력하는가이다. 많은 루저 담론들은 생물학적인 본성도 거스르면서 영원히 유아의 유토피아에 정신을 가두어 버린다. 육체를 혹사시키고 욕망 자체를 거세시키기 위해 고군분투한다. 그 결과는 자아분열이다.

　루저문화의 핵심은 당당하게 루저의 정체성을 밝히고 그 현실을 노래하는 것이 아니다. 또한 현실을 위한 연대도 아니다. 루저와 위너라는 이분법적 도식을 거부하고 끊임없이 열등감을 만들어내는 이들과, 구조에 대한 끊임없는 저항과, 그것을 위한 소통에 있다. 즉 루저라는 단어 자체를 거부하는 것이 루저문화의 핵심이다.

그렇기 때문에 루저라고 자임하는 것이 승자의 도식에 갇혀버리는 것이다. 톰과 제리의 구도처럼 강자와 약자, 승자와 패자는 역설적이고 상대적이다. 이는 행태경제학에서 유행하는 '승자의 저주'라는 개념에서 충분히 확인할 수 있다. 기계적인 승자와 패자의 담론은 자본주의 상품구조나 신자유주의적인 양극화의 사회 탓만은 아니다.

승자에 대한 안티적인 루저에 대한 무조건적인 긍정성은 승자에 대한 선망을 내포해버린다. 루저는 자랑거리가 될 수 없듯이 당당할 수도없다. 루저문화를 상품화하는 이들은 루저를 규정하고 계몽하며 승자가 되려는 역설적 권력자에 위치한다.

즉, 왜 사람들이 루저를 자임하지 않는가를 계몽하는 것이 아니라 루저라는 꼬리표 자체에 대한 재검토가 필요하다. 알파걸이나 여초현상이라는 말이 없어야 평등한 세상이듯, 루저문화라는 역설적인 단어가 없어져야 승자의 도식에서 벗어날 수 있다. 루저문화는 자칫 승자의 도식에 굴복하는 문화적 담론이 되고 마는 것이기 때문이다.

# ?!.
# 한국 뮤지컬의
# 근원심리

>

    25~35세 여성과 연애하는 남성은 성지 순례하듯이 가야하는 곳이 있다. 뮤지컬 공연장이다. 2001년《오페라의 유령》이후, 한국의 뮤지컬 시장은 폭발적인 증가세로 돌아섰다. 한국은 10여 년 전만 해도 브로드웨이나 웨스트엔느에서 남의 작품을 베껴가는 곳으로 인식되었다. 2011년 신도림동 디큐브시어터[1242석], 한남동 블루스퀘어[1600석], CJ아트센터[1030석] 등 뮤지컬 전용극장 3곳이 얼마전 문을 열었다. 지난 2006년 개관한 잠실의 샤롯데씨어터[1154석]를 더하면 4곳의 전용공간이 생겼다. 그만큼 많은 작품들이 제작, 공연되고 있다는 것이다. 또한 드라마와 K팝에 이어 2009년부터 차세대 한류콘텐츠로 뮤지컬이 부상했다. 한국정부에서도 정책적인 지원을 아끼지 않기로 했다. 외국인 관광객이 한국에서 관람하는 것을 벗어나 해외진출로도 이어지고 있다.

    2011년 6월 한국의 창작뮤지컬 〈궁〉이 공연중인 일본 교토 미나미좌 극장에 각지의 일본인들이 모여들었고, 뮤지컬 〈미녀는 괴로워〉는 일본과 중국 등 여러나라 투어 공연에 나섰다. 130년 역사를 자랑하는 쇼치쿠가 적극 나섰기 때문에 가능했다. 3년 동안 매년 1~2편 한국 뮤지컬을 일본 무대에 올린다는 계약을 했다. CJ E & M은 상하이대극장 개관작으로 2011년 7월 〈맘마미아〉를 오픈런으로 공연했다. 또한 한·미 합작 뮤지컬 〈드림걸즈〉, 호주 시드니에서 뮤지컬 〈닥터 지바고〉가 공연되기도 했다.

발아기인 2000년대 대한민국의 뮤지컬 산업은 25~35세 여성이 주도했다. 공연계를 뮤지컬이 주도하고 있다고 해도 과언이 아니며 한때 이들 여성이 관객의 77%를 차지했다. 독신자들의 증가와 저출산이 이러한 문화 소비와 관련이 있다는 지적도 있다. 가족이나 아이에게 투입되던 비용을 문화 지출에 투입하는 것이다. 혹평하는 사람은 남는 시간을 고상하게 보내려는 심리가 마케팅에 휘둘리고 있다는 말을 잊지 않는다.

한동안 연극 표 가격이 비싸서 많은 사람들이 보지 않기 때문에 가격을 내려야 한다는 주장에 따라 기금의 보조를 통해 가격 조절을 모색한 적도 있다. 그런데 연극보다 가격이 훨씬 비싼 뮤지컬에 관객들이 많이 몰리고 있는 것이다.

이미 형성된 12~13만원에 비해 일본 공연 기업 '시키'의 〈라이온 킹〉의 표 가격 9만 원이 너무나 싸다고 시일야방성대곡 같은 규탄 성명서가 나붙기도 했다. 미국에서 〈맘마미아〉가 9~10만 원대 한국에서는 13만 원인 것과 같이 한국에서 유독 비싼데도 뮤지컬계는 호황이다.

중요한 것은 이러한 뮤지컬을 주도하고 있는 주체가 해외 뮤지컬이라는 점이다. 이 때문에 한 편에서는 이른바 명품 소비를 하고 있다는 지적도 있다. 물론 문화적 가치 차원에서 소비하는 것으로 볼 수도 있다. 된장녀의 별표 커피를 무조건 비판할 수 없다는 말도 여기에서 변호의 논리를 찾을 수 있다. 비록 밥은 굶더라도 공연은 보겠다는 것은 개인의 가치 선호의 차이에서 일어나는 것이기 때문이다.

그러나 여기에 호사주의가 개입하고 있다는 지적을 눈여겨 볼 필요가 있다. 남과 다르다는 구별의식 때문에 뮤지컬을 보기도 한다. 특히 문화 소비에는 아우라 혹은 환상 의식이 개입한다. 이는 잘 모르지만 무엇인가 있어 보이는 문화콘텐츠에 대해서 소비하는 문화로 나타난다.

비판하는 이들은 많은 관객들이 작품에 대해서 잘 모르는 상태에서 있어 보이기 위해 소비하고 있다는 점을 지적한다. 물 건너온 작품에 대해서는 무엇인가 알 수 없는 분위기가 있어 소비하는 사람의 사회적 위치를 올려주는 것으로 보인다. 아니, 적어도 현실적으로 무기력한 자신을 무엇인가 대단한 존재로 충족시켜 준다.

서구의 앞선 문화 기호를 소비함으로써 자신의 존재감을 업그레이드시킨 듯싶다. 매일 별반 다를 것 없는 일상에서 과거의 꿈을 찾든 감성적 결핍을 충족시키든 소비 속에서 대단한 만족감을 가진다. 그러나 그 내용이 과연 무슨 의미인지는 그들에게 부차적 의미이다. 명품이 왜 명품인지 논하기 전에 그냥 명품이 명품이기 때문에 소비한다.

고급문화를 소비하고 싶지만 전적으로 그러한 상태를 유지할 수 없기 때문에 차선책으로 선택하는 것이 대중명품-매스티지이듯, 뮤지컬 소비가, 이른바 문화적 귀족주의가 매스티지라는 이름으로 배회하고 있다. 이러한 심리가 공연계를 지배하게 되면 격조 높은 공연과 그렇지 않은 공연이라는 이분법적인 인식을 갖게 만든다.

문화 생활이란 그럴듯한 브랜드의 작품을 소비하는 것으로 여기게 한다. 이러한 지적은 우리를 새삼 처참하게 만든다. 물론 귀족주의와 명품주의가 본래 나쁜 말은 아니다. 그것은 문화 작품의 수준을 한껏 높이는 데 일조한다. 문제는 그것을 겉모양만 흉내내는 데 있다.

작품을 보고 체계적으로 이야기를 나누거나 토론하는 마당도 없을 뿐만 아니라 소비적인 차원에서만 흩날리고 마는 경우도 있다. 분명한 것은 개인들의 탓이 아니라는 것이다. 그동안 우리가 뮤지컬이나 오페라에 대해서 문화 교육을 받은 적이 전무했기 때문이다.

제도 교육은 너무나 한심했다. 그렇다고 비평가들이나 평론가들이 작품에 대해서 진지하게 분석하는 작업도 찾아볼 수 없다. 대개 보기 좋고 안내해주고 칭찬해주어 상품 소비가 많이 일어나게 하는 데 있다. 매우 유명한 작품이기 때문에 한번 쯤 보아주어야 한다는 식이다. 분명 해외 작품에는 좋은 작품이 많다.

지금 뮤지컬 산업화의 관건은 좋은 작품을 국내화 하는 것인데 그렇게 하지 않으면 국내 뮤지컬은 발전할 수 없다. 생산적인 작품에 대한 담론이 없기 때문이다. 기획자들은 급조하여 이러한 뮤지컬 붐에 영합하여 한몫 챙기자는 심리를 잔뜩 부풀렸다.

정말 문화적 식견이 높거나 탁월한 사람은 사람들이 모두 좋다고, 훌륭하다고 하는 작품을 발 벗고 달려들어 보는 이가 아닐 것이다. 미처 발견하지 못하는 작품들을 훌륭하게 평가하고 분석할 수 있는 이들일 것이다.

그럴만한 혜안은 알아낸다. 비록 그러한 공연이 허름하고 음침한 데서 이루어지는 밤무대 공연이라고 해도 말이다. 라이트 밀즈는 "훌륭한 학자란 자료를 탓하지 않는다. 아무리 조악한 자료에서도 훌륭한 결과물을 이끌어낸다."라고 했다. 어디 학자에게만 해당하는 일일까. 기획 제작자는 물론 관객도 이러한 관객일 때 그러한 사람들이 정말 공연계의 기름진 토양일 것이다.

희망은 있다. 그리고 자생력도 생겨나고 있다. 창작 뮤지컬이 늘어나고 있고, 뮤지컬 배우와 연출가, 뮤지션들의 양성이 본격화 되고 있다. 수준이 높아진 관객들이 생겨나고 있다. 그 대표적인 예가 바로 나홀로 관람객의 증가 현상이다.

티켓예매 사이트 인터파크에 따르면 뮤지컬 표 한 장만 예매하는 비율은 2008, 2009년 7% 안팎이었지만 2010년 10%대로 올라섰고 2011년 더 높아졌다. 예컨대, 인기 뮤지컬 〈지킬 앤 하이드〉와 〈오페라의 유령〉을 주요 장면 위주로 편집한 〈갈라 콘서트 더 뮤직 오브 더 나이트 지킬&팬텀〉 공연은 인터넷 예매 기준으로 전체 관객 중 31%가 혼자 극장을 찾은 '나 홀로 관객'이었다. 이들은 정말 뮤지컬을 좋아하는 사람들이었다. 혼자 노는 문화의 하나로 보는 분석도 있었다. 하지만 이들을 뮤지컬 마니아층으로 보아야 한다. 즉 뮤지컬 마니아층이 두껍게 형성되고 있는 것이다. 이들은 너무 자주 뮤지컬을 보기 때문에 다른 이들처럼 사람들과 매번 동행하기 힘들다. 더욱이 두 사람 이상 뮤지컬을 보면 경제적 부담이 더해지는 것은 사실이기 때문이다. 어쨌든 이러한 나홀로 관람족들의 형성은 뮤지컬의 토대를 튼실하게 만드는 기초가 됨에는 분명하다. 실질적인 가치를 추구하는 이들이 많을수록 다른 공연문화에도 긍정적일 수밖에 없다.

뮤지컬에 한류 스타를 대거 기용하는 경우도 많아지고 있는데 이는 스타 심리에 기댄 것이다. 예컨대 뮤지컬 〈늑대의 유혹〉은 기획단계부터 한류를 겨냥하고 제작됐다. 원작 소설과 영화로 유명한 〈늑대의 유혹〉은 GOD의 노래부터 소녀시대, 동방신기, 카라 등 세계에서 K팝 열풍을 일으키고 있는 가수들의 히트곡들을 한 무대에서 볼 수 있게 만들었다. 뮤지컬 〈궁〉에 그룹 SS501의 김규종, 뮤지컬 〈미녀는 괴로워〉에 카라의 박규리가 캐스팅 된 것도 이런 스타 마케팅의 일환이다. 그것 자체가 작품의 질을 담보하지는 않을 것이다. 국내의 내수를 어떻게 튼실하게 하는가가 관건이다. 한류는 단지 흘러가는 상품 트렌드가 아니어야 생명력이 있기 때문이다. 그것이 문화의 자생력이고 만화방창(萬化方暢) 하는 뿌리가 되기 때문이다.

# ?!.
# 스마트폰과
# '재미'의 심리

2012년, 런던올림픽이 열리자 트위터가 새로운 응원 문화의 면모를 보여주었다. 트위터는 스마트폰과 밀접할 수밖에 없다. 각종 응원 어플도 나오고 있는 상황이다. 스마트폰의 대명사인 아이폰에서 가장 특징적인 것은 '앱스토어'이다. 앱스토어는 사람들이 항상 북적일 수 있는 온라인 장터였다. 여기에는 사람들이 써보고 싶은 프로그램이 거래가 되는데, 반드시 비싼 유료 요금으로 거래가 되는 것만은 아니다. 앱스토어는 그야말로 무엇인가 새로운 것을 접하고 그것을 써보고 싶은 사람들로 붐빈다. 무엇보다 아이폰이라는 기기와 콘텐츠는 실질적인 사용가치만으로 선호되는 것은 아니라는 것이다. 그것은 또 다른 심리적 요인이 작용하고 있음을 알게 되는데 그 대표적인 것이 디지털 기기와 콘텐츠를 둘러싼 '재미'이다.

재미는 즐거움이나 만족과 비슷해 보이지만 같다고 할 수는 없다. 즐거움이나 만족감은 원하는 것을 얻었을 때 느끼는 감정의 상태이지만, 재미는 원하는 것을 성취하는 것과는 관련이 없이 겪게 되는 감정의 상태이다. 결과와는 상관없이 과정에서 순간순간 느끼는 '기분좋음'이다. 사람에게는 기본적으로 재미를 추구하는 본능이 있다. 유희의 충동이다. 이는 심리적 에너지를 형성하고 심리적 에너지는 행동으로 이어지게 한다.

우리가 버스나 지하철에서 핸드폰을 통해 게임을 하건, 아니면 드라마나 영화를 보거나 문자메시지를 주고받는 것은 지루하고 따분한 시간을 벗어나는 데 재미있는 무엇인가가 필요하기 때문이다. 이렇게 드러난 행동 가운데 하나가 바로 '놀이'이다. 놀이에서 우리가 얻으려는 것은 재미이다. 놀이에 포함된 본질적인 속성 가운데 하나는 재미이다. 일과 대비되는 것이 놀이라고 생각할 수 있지만 그것은 각자 개인에 따라 다르게 인식할 수 있다.

어떤 사람들은 노동을 그냥 힘든 일로 생각하기도 하지만 어떤 이들은 그것 속에서 놀이적 요소를 통해 재미를 추구하기도 한다. 다만, 놀이는 언제든 자신이 원하는 때에 시작해서 끝나고 규칙이나 틀에서 비교적 자유로울 수 있다. 사람들은 노동에 비례하여 끊임없이 노는 재미를 추구한다. 스마트폰이 업무적인 차원에서 노동의 강도를 높이기도 했지만, 하나의 놀이적 요소를 많이 강화하면서 재미의 수단이 되기도 했다. 만약 업무적으로 스마트폰을 이용한다 해도 그것이 노동이 아니라 놀이를 통한 재미를 얻는 데 탁월하다면 사람들에게 더 선호 될 것이다.

재미는 혼자만 추구할 때 나오기도 하지만, 다른 사람들과의 관계 속에서 나오기도 한다. 즉 다른 사람들과 농담을 하거나 놀이를 할 때 나온다. 이때 필요한 것이 공유감이나 공감대의 형성이다. 유머와 개그의 경우에 사람들의 공감대를 형성하려면 공유해야 한다. 사실상 스마트폰도 다른 사람들의 퍼놀로지가 없다면 확산될 수 없을 것이다. 퍼놀로지는 디지털 시대의 공유감과 공감대의 형성에 기반을 두고 있기 때문이다.

사람들은 목적의 달성에 관계없이 활동, 움직임 자체에서 즐거움을 느끼는 것이고 자유로운 심리 상태에서 의식이 활성화되어 있는 가운데 외부의 자극에 반응할때 '흥'의 기분에 있어야 한다. 이 때 사람들이 이해하고 공감할 수 있는 보편적인 요소를 염두에 두어야 한다. 스마트폰을 사용하는 데에도 마찬가지이다. 만약 어플을 이용하는데 자유로운 심리 상태가 아니고 의식적인 활동이 이루어지지 않는다면 안될 것이다. 여기에 많은 사람들이 이해하고 지지를 보낼 수 있는 보편적인 요소를 염두에 두어야 한다.

재미는 무엇인가 배우는 과정에서도 나올 수 있다. 여기에서 무엇인가 배운다는 의미는 심각하고 진지한 학습만을 의미하는 것은 아니다. 배움이라는 것은 다른 의미로 보면, '따분함'에서 벗어나는 것이다. 따분함은 단조로움과 지루함을 뜻하기도 한다. 끊임없이 새롭게 익히는 것이 학습이고 배움이다. 사물에 새로운 의미와 규칙을 부가하거나, 그러한 면을 배워나가는 것은 단조로움과 따분함에서 벗어나는 것이다.

사람들은 기존의 단조로움과 따분함에서 신선함을 느끼고 그것에 몰입하고 그것을 자기 것으로 만드는 과정에서 재미를 느끼게 된다. 사람들이 재미를 느끼게 되는 것은 바로 상황이나 대상에 대해서 자기의 통제성을 갖게 될 때 발생한다. 즉 자신의 의도나 목적의식대로 상황이나 대상이 움직이면 그 속에서 재미를 느끼게 되는 것이다. 이러한 점은 게임 콘텐츠에 재미를 느끼는 심리에서 단적으로 알 수가 있다. 비록 그것이 가상의 세계이기는 하지만 자신이 기대하는 대로 움직이는 상황의 연속은 게임을 하는 사람들에게 재미를 준다.

칙센츠 미하이의 기술과 도전에 관한 몰입의 즐거움은 이러한 재미의 메커니즘을 이해하는 데 중요한 단서를 주기도 한다. 이는 배움과 몰입의 관계에 따른 재미의 비례성을 알 수 있게 해주기 때문이다. 그에 따르면 사람은 처음에 자신이 관심을 가질만한 테크닉을 익히는데 관심을 가진다.

곧 사람들은 두 가지 상황에 이르게 된다. 하나는 능숙하게 테크닉을 익히거나 적응하게 되는 경우이고 다른 하나는 제대로 테크닉을 익히지 못하거나 적응하지 못하는 것이다. 잘하게 되는 경우에는 능숙해지는 대신에 지루함과 따분함을 주게 된다. 잘하지 못하는 경우에는 불안의식에 이르게 된다.

이를 재미의 원리에 적용시켜 보면, 목표의 난이도가 높으면, 즉 수행의 목표가 너무 높으면 그것을 달성하기에 너무 어렵기 때문에 좌절감을 느끼게 된다. 사람들이 가지고 있는 기술의 정도가 높을수록 사람들은 그것에 대해 곧 따분하게 생각하고 재미가 없다고 여기게 된다. 따라서 목표의 난이도와 기술의 능숙도의 정도가 비례하는 관계일 때, 사람들은 몰입을 하게 되고 재미를 느끼게 되는 것이다.

게임을 잘하지 못하는 주부들이 스타크래프트를 재미있게 즐길 수는 없다. 누구라도 즐길 수 있는 카트라이더의 경우, 게임에 대한 별다른 능숙도가 없기 때문에 평소에 게임에 관심이 없거나 훈련이 덜 되어 있는 사람들도 이러한 게임을 즐길 수 있게 되는 것이다.

중요한 것은 재미의 메커니즘에서 중요한 것은 이러한 배움과 학습이 계속 적절하게 보상과 성취의 결과를 주면서 앞으로 재미를 줄 수 있게 하는 것이다.

이러한 점은 스마트폰에서도 매우 중요하게 작용할 수 있는 점이다. 스마트폰은 새로운 운용의 기술을 요구한다. 또한 사람들이 그 기기를 사용하는 데는 일정한 목표가 있다. 따라서 스마트폰 사용자가 사용하기에 너무 높은 테크닉을 요구하는 기기라면 몰입감은 떨어지게 되고 재미도 덜 느끼게 될 것이다.

중요한 것은 사람들이 지루해하거나 따분해하는 심리에서 벗어나서 새로운 몰입을 통해 얼마나 재미를 느끼게 하는가이다. 바로 그것이 앱스토어 등을 통한 끊임없는 어플의 공급으로 이어진다. 수많은 어플이 공급되기 때문에 이는 기존의 핸드폰이 가지고 있는 한계를 뛰어 넘는다. 이용자들은 새롭게 공급되는 어플을 찾고 그것을 익히고 몰입하면서 성취한다.

그러면서 도전-성취-재미의 과정을 통해서 즐거움과 만족감을 얻게 된다. 끊임없이 새로운 어플이 인터넷을 통해서 실시간으로 지속적 공급으로 이어질 때 지루함과 따분함은 적어진다. 무엇보다 처음부터 의도했던 우연적인 재미 또는 과정적인 재미가 매우 중요해진다. 더구나 수많은 사람들과 같이 공유하고 소통하는 상황에서 재미는 더욱 증가하게 된다.

아이폰으로 상징되는 스마트폰의 장점은 모든 미디어와 콘텐츠가 인터넷으로 손안에 들어오게 되는 것이다. 무엇보다 사람들의 손 안에서 간편하면서도 자유자재로 운용하고 즐길 수 있게 된 것이다. 이는 자기 통제성이 강화되는 현상이기도 하다. 자기 통제성이 강화될수록 사람들은 재미를 느끼게 된다. 어쩌면 스티브 잡스가 만들어 낸 디지털 기기들이 성공하는 이유는 이동하는 가운데 손 안에서 모든 것을 통제할 수 있는 자기통제성에서 오는 '재미' 때문일 것이다.

## ?!.
## 국토대장정
## 신드롬

> 중국 만리장성을 오르다가 한 가지 눈에 띄는 사실을 발견했다. 젊은 이들은 천천히 올라가거나 아니면 꼭대기까지 올라가지 않고 도중에 포기하는 일이 속출했다. 그런데 나이든 노인들은 열심히 목적지까지 올랐다. 체력적으로야 젊은이들이 나을 것인데, 왜 이렇게 다른 것일까? 짐작하기로 자신의 체력이나 건강을 가늠하기 위한 동기가 작용할 것으로 보였다.

다른 한편으로 언제 다시 올지 모른다는 심리도 배어있을 것이었다. 노인들에게 다음번은 없었다. 젊은이들이야 이번이 아니면 다음에도 와도 되니 기를 쓰고 오를 필요는 없을 것이다. 그런데 빨리 목적지에 가고자 오르는 이들은 주위 경관에 관심이 없고 오로지 오르는 것에만 관심이 있었다.

등산에서도 정상에 얼마 만에 오르는가에만 관심 두는 경향이 크다. 주변 경관에 대해서는 신경을 쓰지 않는다. 그리고 어느 산, 어느 코스를 몇 분 만에 올랐다는 사실 자체에 큰 의미를 부여한다. 이러한 과정이 아닌 결과, 성취, 일등주의는 한국사회의 특징 중 하나인데 이는 국토대장정에서도 여실히 드러난다.

"1,300리 국토종단 대장정이 시작된다."

요즈음 국토종단프로그램이 부쩍 많아졌다. 처음에는 사기업의 마케팅 차원에서 이루어졌지만, 공공적 목적이든 영리 목적이든 가리지 않는다. 공공적 목적과 영리 목적이 혼합되는 경우도 많다. 이름도 다양하다. '전국대학생국토순례단', '희망의 국토 종단', '17마일 원정대', '국토대장정 대학생 문화원정대', '자전거 국토 대장정 탐방', '대학생 국토대장정', '새 생명 국토대장정', '통일국토대장정' 등을 예로 들 수 있을 것이다.

국내에만 머물지 않고 독립군의 수만 리 행보를 하는 대장정 프로그램도 선보인지 오래다. 공통점은 민족주의적 감성을 기반으로 한다는 것이다. 해남의 땅끝 마을은 여름이면 대장정 인파로 특수를 누린다. 각 방송사에서는 자체 프로그램을 만들거나 이러한 대장정을 르포나 다큐로 만들어 방영한다.

이러한 국토대장정은 국토에 대한 또한 국가나 민족에 대한 정체성을 확립하는 데 이용하는 것뿐만 아니라 개인적 극기와 인내를 시험하는 데 사용된다. 생각해보면, 이 종단 프로그램도 결국에는 거리 가로지르기에서 벗어나지 못한다. 주로 반도의 남단에서 서울이나 휴전선까지 사이의 거리를 주파하는 데 목적이 있다.

긴 여정에서 여러 풍경을 보게 되지만, 대부분의 사람들은 그 풍경들을 감상하고 있을 여유없이 계속 전진할 뿐이다. 자신과의 싸움이 더 우선된다. 마치 탈락하면 인생의 패배자가 되는 듯해 악착같이 따라가기도 한다. 나중에 종단이나 장정을 했다는 자체가 훈장이 될 듯하니 신나는 일이기도 하다.

때에 따라서는 1,300리의 거리를 특정한 시간 안에 주파하는 기록게임에서 벗어나지 못할 우려가 있다. 길과 차는 벗하되 현지의 사람과 마을은 그냥 스쳐 지나칠 뿐이다. 단지 걸어서 긴 목적지에 도착하는 것이 중요할 뿐이다.

인터넷에서는 시내버스로 부산까지 여행하기가 화제가 된 적이 있다. 서울에서 부산까지 KTX로 2시간 40분 만에 주파하는 시대에 2박 3일 동안 시내버스만 타고 부산에 가는 게 흥미롭다. 시내버스의 범위를 어떻게 잡느냐에 따라 다른데 마을버스+시내버스+일반좌석버스+광역좌석버스 등을 포함한다. 단번에 빨리 목적지에 가려고 하는 속도의 시대에 색다른 풍경이다. 각 도시와 마을의 풍경을 좀 더 접할 수 있을 것이다. 또한 다양한 사람들을 만날 수도 있을 것이다.

사실 시내버스로 부산가기도 목적지에 가는 데 치중한다. 국토대장정과 같이 종단에 대한 욕망의 산물이다. 산의 정상에 오르는 것 자체에 더 주목하는 등산과 닮았다. 이는 해외 관광에서도 마찬가지이다. 이런 사람들에게는 어디에 갔다 왔다는 것 자체가 중요하다. 또한 몇 개국을 갔다 왔다거나 유명한 어디를 다녀온 것 자체가 중요해진다.

시인 곽재구는 어느 시에서 이렇게 말했다.

"우리나라에 셀 수 없이 많은 마을이 사연과 그 내력을 지니고 수없는 세월을 견뎌오고 있다. 시냇물과 아름드리 나무, 봄마다 꽃피는 복사골들, 그 마을들은 하나하나 아름다움과 매력을 지니고 있다. 그 마을들을 가보지 않고 우리나라를 가 보았다고 말하지 마라. 우리나라에 가볼 곳이 더 이상 없다고 말하지 마라."

그는 시에서 과연 우리는 우리나라 방방곡곡의 마을의 아름다움에 대해서 얼마나 알고 있느냐고 질문한다. 유명한 곳만 찾아다니고 있는 것은 아닌지 묻는 것이기도 하다. 국토대장정은 그야말로 가로지르기일 뿐 들여다보기는 아닌 것이다. 주마간산(走馬看山) 식으로 먼 거리를 주파한 화려함이 아니라 얼마나 소소한 부분을 자세히 보았는가라는 소박함이 중요하기 때문이다.

　마을 도보 여행은 평범한 사람들에게만 의미 있는 것은 아닐 것이다. 큰 선거에 나서는 정치인들도 전국 투어를 한다. 물론 이미 정해져 있는 큰 도시 몇 곳을 돌고는 전국을 다 돌았다고 말하기도 한다. 사람은 직접 보고, 겪고, 대면할 때 현실을 잘 파악할 수 있는 존재이다. 이름 없는 마을들, 유명하지 않지만 이 땅을 이루어온 마을들을 방문한 사람이라면 더욱 이 땅 위의 삶과 고민을 알 수 있지 않을까 싶다. 그러한 사람이 지도자가 된다면 나라는 더욱 살맛나는 곳이 되지 않을까 싶다.

　예전에 2년 동안 시내버스만 타고 여행하기에 매료되었던 적이 있다. 매료는 전제가 필요했다. 여행의 목적은 어디에 도착하겠다는 것에 있지 않다. 단순히 그 시내버스를 타고 마을 자체, 혹은 산과 들을 보는 것 자체에 있다. 아름답고 역사에 비해 이름이 없는 마을, 잘 알려지지 않은 곳들이 너무 많다는 사실을 알 수 있다. 아직 시내버스만 타고 전국 다니기를 꿈꾸고 있고 도보 여행이 목표다. 수많은 사람들을 만날 수도, 그들의 살림살이도 볼 수 있다.

　이러한 점은 국토 종단프로그램이라는 것이 얼마나 허허로운지를 드러내준다. 과연 짧은 시간 안에 한반도를 종단하는 것이 무슨 의미가 있을까? 그것을 자랑하는 것도 그렇다. 그렇다고 대장정 자체가 모두 없어질 필요는 없다. 그것 나름대로 차선책으로 많은 사람들에게 주는 이점이 많기 때문이다. 다만 결핍된 부분을 지적할 뿐이다.

　나라의 지도자는 적어도 마을 곳곳을 다 가보아야 한다고 생각한다. 바쁜 그들에게 무리한 도전일까. 도보 여행은 못하더라도 시내버스로 마을을 다녀보기라도 해야 하지 않을까 싶다.

# ?!.
# 대한민국,
# 와인에 빠진 이유

> "술은 마치 사랑과 같다. 첫 번째 입맞춤은 마술과 같고, 두 번째는 아주 친밀하고 세 번째가 되면 틀에 박힌 것이 된다." 미국의 소설가 챈들러의 말이다. 몇 년 전부터 와인 열풍이 계속 이어지고 있는데 일정한 하나의 틀이 되었다. 틀은 그것을 수용하는 사람들에게는 안정감을 주지만 그것에서 자유롭고 싶은 사람에게는 불편하기만 하다. 마술과 같았던 와인도 이제 슬슬 사람들의 정신을 괴롭히고 있다. 와인 열풍은 대단해 보인다.

소주의 아성인 삼겹살 집에도 진출했고, 동네 할인마트에도 와인숍이 생기기도 했다. 와인 상식은 비즈니스맨의 '필수 과목'이 되었고, 대학에서도 와인 동아리가 인기다. 그래서인지 한국에는 '와사모(와인을 사랑하는 사람들의 모임)'가 유난히 많다. 와인 이야기인 일본 만화 〈신의 물방울(神の滴)〉은 국내에서 출판된 지 1년 만에 55만 권 이상 팔렸다. '신의 물방울'은 '현존하는 최고의 명품 와인'을 뜻한다.

와인 소비는 대폭 늘어 특히 고가의 수입 와인이 잘 팔리고 있다. 소비되는 와인이 갈수록 비싸지고 있다는 이야기다. 한때 각광 받았던 현대화된 약주 시장은 순한 소주에 치이고, 수입 와인에 밀리면서 고전하고 있다.

이렇게 와인이 인기를 끌고 있는 이유는 "와인 한 방울은 피와 같다" 는 말도 있듯 건강과 웰빙 코드 때문이다. 122세까지 산 프랑스 할머니 장 칼망은 "내 건강의 비결은 하루 500㎖ 와인 한 잔"이라고 한바 있다. 암 예방에 도움이 되고 심장에도 도움이 된다는 말도 상투적이 되었다.

문화적 관점에서도 원인을 찾을 수 있지 않을까 싶다. 와인은 독주와 달리 대화를 많게 한다. 분위기를 이끄는 매력이 있다. 이 때문에 사교술 에 좋다는 평가도 나온다. 누군가는 와인을 예술이자, 미학이라고 본다. 세계적인 와인평론가 로버트 파커는 "와인은 인생을 행복하게 만드는 도 구"라고 했다. "고급 와인 한 잔을 바라보는 것만으로도 미래는 장밋빛으 로 물든다"고 한 나폴레옹도 생각할 수 있다. 그래서 보물섬을 쓴 스티븐 슨은 '와인은 병 안에 든 시(詩)'라고 했는지 모른다. 와인을 즐기는 데 심미 적인 차원을 적절하게 지적한 말이다.

무엇보다 와인을 마시기보다 하나의 이미지, 기호로 그 자체를 즐긴 다. 사람들은 술에 투영된 이미지를 소비함으로써, 자신의 정체성을 다른 이와 차별화한다. 또한 와인을 마시는 행동 자체에서 자신의 존재감이나 라이프스타일을 업그레이드 하기를 원한다. 고급 와인에 관심을 보이는 성향도 이와 무관하지 않다. 비싼 와인은 한 병에 1백만 원대를 호가하지 만, 없어서 못 파는 현상은 이를 대변한다. 비싼 와인일수록 좋다는 인식 은 해외에서 가장 대중적인 술이 와인이라는 사실과 어울리지 못한다.

와인은 문화 커뮤니케이션의 매개체이다. 와인은 하나의 문화적 탐 색과 정체성 형성의 기호가 되었다. 오랜 역사와 다양한 와인의 종류는 우리를 또 하나의 모호한 세계로 인도한다. 와인 자체도 즐기지만 와인을 둘러싼 분위기를 즐기는 문화 코드로 생각해 볼 수 있다. 그 속에서 자신 만의 왕국을 만들어 내고, 같은 동호인들이나 소통 주체들과 와인 제국을 형성한다. 그 과정에서 배타적인 경계 짓기의 투쟁이 일어나기도 한다. 실제로 그러한 왕국은 존재하지 않는 환상의 나라이다. 그것을 깨달을 때까지 와인 열풍은 계속 소비를 부추길는지 모른다.

물론 와인 열풍으로 술자리 문화의 긍정적인 변화를 이끌어 내고 있는 것으로 보인다. 고대 그리스 사람들은 와인을 마시면서 토론하는 습성이 야만인과 다른 점이라고 자부했다. '신이 내린 최고의 선물'이라는 와인이 문화와 세련미의 동의어처럼 쓰였다. 와인 열풍 속에서 회식 문화나 술자리 문화가 바뀌고 있다는 평이다.

그동안 우리의 술 문화는 만취 문화였다고 보아야 한다. 이제는 '취하는 문화'에서 '즐기는 문화'로 바뀌고 있다. 폭탄주보다, 많은 대화가 가능해진다면 좋은 일이다. 이 때문에 와인 술자리는 젊은 여성은 물론 중장년층까지 폭넓게 호응을 얻고 가족 문화나 조직문화에 변동을 주고 있다. 우리 술, 술 문화의 결핍적 요소들이 와인 열풍이라는 현상으로 나타나고 있다.

하지만 한편으로는 와인 열풍에 대한 비판적 시선도 있다. 우선 너무너무나 많이 마신다는 것이다. 와인은 건강 음료가 아니라 술이다. 다만, 조금 맛있는! 아무리 좋은 약이라도 많이 먹으면 독이 된다. 과일 주스처럼 와인을 마시는 사람도 많다. "와인은 건강에 좋다니까…"라며 과음을 합리화한다. 일부에서는 와인에 들어있는 이산화황이 각종 질병을 일으킬 수 있다고 한다.

'프랜치 패러독스(French Paradox)'에 대한 비판도 만만치 않다. 프랑스 사람에게 심장병이 적다는 '프랜치 패러독스'를 이유로 마니아들은 와인은 많이 마셔도 좋다고 주장해 왔다. 하지만 프랑스 사람들이 알콜성 간 질환 사망률이 서구에서 가장 높다고 한다. 최근 와인의 심장병 예방 효과가 과장됐다는 연구 결과까지 나왔다. 중요한 것은 '와인'이 아니라 '하루한 두 잔'인데, 와인이 아닌 다른 술도 한두 잔씩만 마시면 비슷한 효과가 있다고 한다. 이 과정에서 웰빙 열풍에 영합한 무분별한 와인 마케팅이 오히려 사람들의 건강을 해치고 있는 것은 아닌지 걱정스러운 것이다.

더욱이 와인 때문에 스트레스를 받는 이들이 대폭 늘어나고 있는 것은 사실로 보인다. 와인을 모르면 술자리에 불편을 느끼는 시대가 됐는지도 모른다. 한 경제연구소 설문조사 결과를 보면 기업 CEO 다섯 중 네 명 이상(84%)은 와인 때문에 스트레스를 받은 적이 있다고 대답했다. '좋은 술 골라 보라'든가 와인 지식에 관한 대화에 끼지 못할 때 그 스트레스가 더 심하다고 한다.

프랑스에서만 8,000여 포도원이 있고, 그곳에서 자체 브랜드로 여러 제품을 쏟아내고 있으니 전 세계적으로 그 이름을 다 알기란 불가능하다. 와인은 스트레스가 아니라 즐기는 대상이어야 하겠다. 아는 척하며 사람들 앞에서 기죽지 않으려 마셔봤다고 하려다 보면 비용도 그렇지만 와인과 가식 속에서 오히려 멀어지게 되는 것은 아닐까 싶다. 도대체 왜 와인에 주목 했는지 다시 생각해 볼 시점이기도 하다.

# ?!.
# 정말 와인은
# 막걸리에 무너졌나?

＞

　　한 대형 유통점은 8개 점포에서 와인장터를 열고 '세계 400종 와인 최대 80% 싸게' 팔고 있다. 5만 병 가운데 2만 병은 만 원에 판다. 10만 원 이상 구매고객 가운데 2,000명에게는 이탈리아 생수 '산펠레그리노'를 증정하는데, 그 생수의 가격이 무려 만 원을 넘었다. 어디 이 대형 유통점만 그럴까. 심지어 원산지인 프랑스보다 한국에서 파는 와인의 가격이 더 싼 경우도 속출하고 있다.

　　왜 이렇게 와인을 싸게 팔고 있는 것일까? 이러한 행사라면 무슨 큰 타이틀이 있어야 할 것이다. 더욱이 창립 11주년 기념이니 생경하기도 하다. 재고물량이 많이 남은 것을 털어버리려는 인상이 짙다. 무엇인가 예측을 잘못하고 대량의 와인을 수입한 때문일 것이다. 왜 이렇게 많이 수입했을까. 많이 수입했다기 보다는 당분간 와인이 한국시장을 석권하리라는 예측이 지배적이었고 그것을 아무도 부인하지 않았다.

　　여러 가지 원인을 분석할 수 있겠지만, 당장에 막걸리의 예상치 못한 성장이 와인을 무너뜨리고 있다는 가설을 우선 주목할 수 있다. 문화적 차원에서 분석한 작업들은 모두 소용이 없었던 것이다. 막걸리의 아우라와 와인의 아우라는 비교할 수가 없어서 막걸리가 와인의 한 종류임에도 불구하고 같은 범주에 묶어 놓기도 어려운 점이 있었다. 와인은 정말 막걸리에 무너진 것일까?

처음 애초에 와인 열풍을 주도한 것은 남성이 아니라 여성이라는 말이 많았다. 여성들의 사회생활이 증가하면서 회식문화에 변화가 왔기 때문이다. 기존의 삼겹살 회식문화에서 벗어나서 와인이 곁들여진 회식문화가 각광을 받은 것도 이 때문이라는 것이다. 고육지책으로 와인 삼겹살이 나온 것은 이러한 맥락에서 볼 수도 있겠다. 소주의 알코올 도수가 낮아진 것을 보면, 이러한 견해가 틀린 것만은 아니다.

하지만 와인을 회식자리에서만 마시는 것은 아니다. 수많은 와인이 가정용이라는 라벨을 붙이고 있기도 하다. 하지만 와인 바가 본격적으로 등장한 것은 회식보다는 개인적 취향의 문화가 등장했기 때문이다. 여성들의 사회생활이 활발해졌다는 의미는 경제적 여력이 증가했음을 나타내는 것이기도 하다. 분명 와인은 소주나 맥주보다 비싸다. 아무리 좋은 술이라고 해도 빚을 내서 항상 먹을 수는 없는 노릇이다.

사용가치와 교환가치라는 말이 있다. 지금은 이 개념들이 명확하게 구분되지 않는 측면도 있지만 하나의 판단기준으로는 여전히 유효하다. 사용가치는 우리가 실제로 일상의 삶에 사용할 때 얻게 되는 가치를 말한다. 교환가치는 사용가치와는 관계없이 값을 치를만한 가치를 말한다. 즉 실제 쓰임에 관계없이 일정한 가격이라는 이유만으로 소비하는 것을 말한다.

와인도 사용가치가 아니라 교환가치의 대상으로 보아야 한다. 남성들은 술을 문화적 기호로 보는 것이 아니라 빨리 취하는 알콜로 본다. 적어도 한국 남성들은 그렇다. 그러나 와인은 이러한 술 문화에 대해 여성들이 부드러운 문화적 봉기를 일으킬 수 있도록 도와주었다.

우리가 와인을 단지 술이라는 물질적 상품으로만 볼 수는 없다. 알코올 주입에 급급한 남성들은 낯설게 보일수도 있지만, 이제 와인은 하나의 문화기호라고 보아야 한다. 알콜 성분이나 와인에 들어있는 성분은 다른 것에도 있다. 와인이 배경으로 삼고 있는 문화권이 갖는 차별성은 소비에서 우월한 지위를 갖는다.

무엇보다 와인을 집에서만 마시는 것이 아니라 와인과 함께 공간적 분위기를 중요하게 여긴다. 삼겹살 와인이 동네 식당에서 잘 팔리지 않는 이유가 여기에 있는 것이다. 여기에서 '공간'은 단순한 공간이 아니라 문화적 취향을 한껏 높여주는 곳이다. 이로써 사람들은 와인을 통해 '술'을 마시는 것이 아니라 '문화적 기호'를 마시는 게 된다. 나아가 와인은 일종의 백로 효과(snob effect)와 더불어 차별화된 문화적 기호 소비의 상징이 된다.

백로 효과는 기존의 문화적 정체성에서 자신을 분리하면서 자신의 개성을 다른 이들보다 높게 설정하는 것이다. 와인에는 수많은 종류가 있으며 그러한 와인은 유럽스타일일수록 더욱 각광받는다. 칠레나 미국보다 훨씬 문화적 전통이 앞서 있고 아우라를 한껏 품고 있는 곳이라 각인되어 있기 때문이다. 만약 이 와인이 아프리카의 열대 우림지역에서 만들어진 제품이라면 이렇게까지 확산되지는 않을 것이다. 물론 프랑스의 경우, 일찍부터 와인을 문화적 기호로 만들어 상품화에 성공해왔다.

그런데 이러한 와인이 막걸리에 무너진다는 사실은 경천동지(驚天動地)할 일인지 모른다. 왜냐하면 막걸리는 와인과 비교할 수 없는 문화기호의 심리를 가지고 있기 때문이다. 막걸리는 서민의 술이라는 의식이 강했다. 여기에서 서민의 술이라는 것은 경제적으로 여의치 않은 사람들이 즐겨 마시는 술이라는 의미다. 하지만 이 서민의 술이 일본에서 고급 바에서 팔리기 시작했다. 사실 와인을 무너뜨린 것은 한국이 아니라 일본이었다. 물론 일본에서는 한국에서 천덕꾸러기 취급을 받던 막걸리를 고급의 술로 탈바꿈시켰다. 어느 순간 막걸리는 남과 차별화 되는 문화적 기호의 소비품목이 되었다. 문화의 기호변동으로만 보면 언제든 막걸리도 쫓겨날 수 있을 것이다.

하지만 지금 소비하고 있는 술은 과거 정말 한국인들이 즐겨 먹던 그 막걸리는 아니다. 그동안 수많은 과학적 연구를 통해 수없이 탈바꿈 한 막걸리다. 그러한 실체적인 변화가 있었기 때문에 문화적 기호로 각광을 받을 수 있었다. 머리가 덜 아프고, 숙취가 감소했으며 다양한 영양성분이 들어간 막걸리는 여성들에게 다이어트와 변비 해소에 효과가 좋은 유산균 술이 되었다.

한동안 외면받았던 막걸리는 언제나 국민 애용주였다는 점에서는 지속성이 있겠다. 무엇보다 물리적 토대가 중요하다는 점을 생각하게 만든다. 결국 막걸리가 와인보다 더 몸에 좋다는 사실이 중요하게 작용했다. 와인 열풍에도 이 심장병예방 효과가 그 역할을 했다. 무엇보다 인간이 문화적 존재로 끊임없이 다른 동물과 차별화하며 우월적 도취를 지향하지만 결국 막걸리의 부활을 통해 생물학적인 존재라는 점을 여전히 간과할 수 없다.

아무튼 와인이 술이어서 프렌치 효과에도 한계가 있듯이 막걸리도 술은 술이다. 한 번 잘못 취하면 낭패를 볼 수 있는 술임은 분명하다.

# ?!.
# 혼자 놀기의 진수

개인화된 사회의 오아시스(Oasis)

> 설과 같은 명절에는 가족과 친척들이 같이 어울리는 놀이를 생각하게 된다. 그런데 몇 년 전부터 명절에 혼자 노는 법에 대한 기사들이 매체에 심심치 않게 보이기 시작했다. 이는 이른바 우리 사회에 나타나고 있는 '혼자 놀기 현상'의 여파라고 할 수 있다. 전통적으로 가족주의가 대세인 한국에서 가족과 놀지 않고 그들은 왜 혼자 노는가. 따라서 혼자 놀기의 사회적 배경에 대해서 짚어볼 필요도 있을 것이다.

명절에 혼자 노는 사람들을 위해서 여러가지 방법을 알려준다는 것인데 어떤 게 있을까 싶다. 방에서 나오지 않으면서 질리지 않을만한 식단을 짜는 방법과 각각의 음식도 소개한다. 내내 누워 지내려면 몸에 무리가 올 수 있다. 엎드려 지내는 게 좋을지, 아니면 눕는 게 나은지. 따라서 '방콕 헬스'에 대해 알려준다. 결린 근육을 풀어줄 스트레칭 운동 방법도 친절하게 소개하기도 한다. 연휴 기간 독파하기 좋은 만화, 영화, 무협지 시리즈 소개는 물론이고 한번 붙잡으면 한나절은 넘길 수 있는 초고난이도 퀴즈들도 소개한다. 초인적인 체력으로 그간 미뤄뒀던 〈미드〉[미국 드라마] 정복을 위해 각종 〈미드〉도 소개한다. 아무리 귀찮아도 얼굴은 씻고 방콕 하라고 최대한 안 씻으면서 피부를 관리하는 법을 다루기도 한다. 각 업체에서도 이렇게 혼자 추석을 보내는 이들을 위해 상품을 준비하는데 명절이 되면 나홀로 족을 위한 상품을 개발해 좋은 반응을 얻고 있다. 각 종 DVD 판매는 물론이다. 혼자 맞출 수 있는 퍼즐게임을 절찬 판매 중이다. 음식 먹으며 혼자 놀기도 빼놓을 수 없다. 혼자 간편하게 먹을 수 있는 즉석잡채, 송편, 떡갈비, 미니 와인 등을 선보이고 있다.

혼자 놀기에 게임만큼 좋은 게 또 있을까. 값싼 게임 이용권이나 인기 게임 타이틀과 영화 타이틀을 할인가에 판매한다. 혼자 놀러가는 이들을 위한 상품들도 있는데 추석 연휴 기간에 해외여행을 떠나는 이들을 위해 추석 특별 할인 쿠폰을 마련하는 관련 업체들이 있기 마련이다. 지역 호텔들도 혼자 여행하며 노는 이들을 잡기에 나섰다. 올해는 젊은 층의 문의가 눈에 띄게 늘었다고 한다. 대부분 다양한 혜택이 포함된 패키지 타입을 선호한다는 말도 들린다.

'혼자 놀기'를 연상하니 예전에 코미디 프로그램이 생각나는데 '혼자 놀기의 진수를 보여주마' 하던 것 말이다.

"천상천하[天上天下], 유아독존[唯我獨尊]. 어차피 혼자 사는 세상, 친구가 무슨 소용입니까?"

죽은 듯 가만히 누워 있는 '시체놀이'에서 부침개 놀이, 이불을 이용한 김밥 말이 놀이, 건전지 놀이, 못 먹는 감 찔러 보기 놀이 등을 선보였다.

당시 '혼자 놀기' 현상이 가장 단적으로 드러난 '디씨인사이드' 같은 인터넷 사이트에는 죠리퐁 한 봉지의 개수나 캡슐약 '콘택 600'안의 알갱이 개수가 '혼자 놀기'의 단골 아이템으로 등장하기도 했다. 각종 인터넷 사이트에 장판무늬 개수 세기, 카페트의 털 세기, 밥알 개수 세기 같은 '혼자 놀기' 비법이 등장했다.

그런데 혼자 놀기 문화의 기원이 어디일까 궁금해지기도 하는데, 98

년 권윤주씨가 탄생시킨 인터넷 만화 '스노우 캣(Snow Cat)'을 '혼자 놀기'의 원조로 꼽는다. '스노우 캣'은 혼자 노는 것을 즐기는 하얀 고양이를 통해 혼자 노는 현대인의 일상을 다루어 대중들에게 인기를 끌었다. 스노우 캣이 혼자 노는 여러 가지 독특한 방법들을 소개했다. 스노우 캣은 우리 주변에서 흔히 볼 수 것들을 가지고 혼자 놀기의 진수를 보여주었다. 무엇보다 작가는 직접 해보고 느낀 점들을 만화를 통해 보여준다. 어처구니없어 하면서도 독자들은 자신도 모르는 사이에 고개를 끄덕이게 되고 재미를 느끼게 된다.

명절에도 '혼자 놀기'를 하는 사람이 많아진 것 같은데 가치관의 변화라든지, 싱글 족이 많이 늘어났기 때문이기도 하다. '600만 싱글족'이라는 말이 있듯이 통계청이 발표한 '인구주택 총조사'에 따르면 다섯 가구 중 한 가구는 싱글이다. 기러기 아빠, 결혼 적령기를 넘긴 남녀, 황혼이혼으로 혼자 사는 노인 등 '싱글족'이 눈에 띄게 늘어나고 있다. 혼자 노는 것에 대해서 젊은 층일수록 거부감이 없는 것이 사실인데 집단적 가치보다는 개인적 가치를 중시하는 측면이 더 커졌다. 디지털 기기의 발달이 혼자 놀기를 부추긴 면도 분명 있다.

혼자 놀기에 대한 우려의 시선도 있는 것이 사실이다. 한편으로 새로운 세대, 그리고 신풍조에 대한 막연한 거부감으로 작용하기도 한다. 또한 혼자 놀기를 결코 생활의 최고 모델로 권하고 있는 것은 아니다. 혼자 놀기 비법을 알려주는 이도 어쩔 수 없는 상황 속에서 견뎌내는 방법을 일러주는 것 같다. 혼자 놀기에 담긴 현대인의 심리는 무엇일까? 디지털 환경의 발달로 소통의 구도는 넓어진 것 같지만, 오히려 현대인의 불안 심리는 더욱 증가한 측면이 있다. 관계의 방법은 넓어진 것 같지만 더욱 좁아지고 있다. 사회적 성취의 모델은 많아진 것 같지만 자신이 이룰 수 있는 것은 많지 않다.

이렇게 넓어지고 많아진 사회 속에서 개인은 끊임없이 소외되고 좌절되는 것을 두려워하게 된다. 끊임없이 불안감을 갖게 된다. '혼자 놀기'는 사회와 단절되거나 그것에 따른 불안의식 그리고 소외를 견뎌내기 위한 개인의 자구책일 수 있다. 본래 놀이는 해방감과 즐거움을 경험하고, 긴장을 해소하는 방식이다. 혼자 놀기는 타인과의 관계에서 오는 소외와 불안을 제거하고, 자신 스스로 타인에 의지하지 않고 고독과 소외를 이기려는 역설적인 유희라고 할 수 있다.

요즘 가족, 친지들이 모인 자리라고 해도 각자 따로 노는 경향이 많아졌다. 명절인데 보드 게임 같은 놀이는 같이 했으면 좋겠다. 명절때 오랜만에 만나는 이들과 함께할 새로운 놀이 몇 가지를 준비해 가면 어떨까. 같이 해야 하는 놀이는 꼭 민속놀이만은 아니다. '사과 길게 깎기', '조상님 이름으로 삼행시 짓기', '동요를 오페라 풍으로 부르기'와 같은 놀이를 제안하기도 하는데 같이 전자오락 하는 것도 문제는 없을 듯하다. 보드게임은 집중력과 논리력을 키우는 학습효과가 있을 뿐 아니라 명절에 온 가족이 모여 즐기기에도 알맞은 놀이이다.

엔큐(NQ·Network Quotient·공존지수)라는 개념이 부각되고 있다. 공존지수는 사람들과의 관계를 잘 운영할 수 있는 능력 지수이다. 어쨌든 놀이가 공존지수를 키워주는 데는 학자들 사이에 이견이 없다. 공존지수가 높을수록 사회에서 다른 사람과 소통하기 쉽고, 소통으로 얻은 것을 토대 삼아 더 성공하기 쉽다고 한다. 놀이성은 이러한 차원에서라도 어울림의 미학에서 그 의미를 더욱 찾을 수 있다. 하지만 오늘날 사회는 놀려고 해도 놀 수 없는 역설적 비극의 상황이 더욱 늘어가는 디지털 사회다. 그러한 사회에서 추석은 하나의 사막 속 오아시스임에는 분명하다.

## 2장

남성과 여성
: 연애와 결혼

K-POP
culture

# ?!.
# 왜 꽃미남들은
# 뱀파이어가 되어야만 하나?

박찬욱의 영화 〈박쥐〉는 뱀파이어가 된 신부 이야기로 유럽 영화제의 문을 두드렸는데, 수상으로 응대를 받았다. 영화 〈박쥐〉가 제62회 칸 국제 영화제 시상식에서 심사위원상을 받은 것은 상징적이었다. 동양이 이제 서양의 뱀파이어라는 문화상징 코드를 적극 수용했다는 증거이기 때문이다. 좋게 보면 보편성의 획득과 특수한 문화적 창작화이지만 부정적으로는 서구식 보편주의와 종교 관념에 대한 예속이라고 볼 수도 있다.

사실 그동안 수많은 뱀파이어 콘텐츠들이 동양권, 특히 한국에서 쇄도했다. 2011년 '트와일라잇' 시리즈의 완결판인 〈브레이킹 던〉이 개봉되어 화제를 모았는데 10일만에 100관객을 돌파했다. 그동안의 흥행성적을 이어간 것이라 새삼 화젯거리로 올리는 것도 민망했다. 그런데 뱀파이어는 이렇게 해외콘텐츠에서만 등장하는 것은 아니어서 요즘에는 한국에서도 아예 자체적인 이야기와 콘텐츠를 창조하기 시작했다.

MBC 〈안녕! 프란체스카〉의 흥행신화는 이런 자신감을 더 부여해주었다. 〈뱀파이어 검사〉는 국내 최초 뱀파이어 범죄수사극이라는 타이틀을 내세웠다. 10주간 동시간대 케이블TV 시청률 1위를 달리기도 했다.

2011년 방영한 〈뱀파이어 아이돌〉은 뱀파리투스 행성의 왕자 빠빠가 지구의 아이돌 그룹 '걸스걸스'를 만나기 위해 자신의 호위무사 뱀파이어들을 이끌고 오면서 일어나는 에피소드를 다루고 있다. 그 뱀파이어들은 하나같이 꽃미남들이다.

100여 년 전부터 예전 브램 스토커의 〈드라큘라〉 이후 공포 호러물에 등장했던 뱀파이어가 이제 스릴러, 연애, 액션, 코믹 장르에 가리지 않고 등장한다. 이전에는 드라큘라는 그야말로 서양문명에서 악마적 세계관을 의미할 뿐이었다. 20세기 중반만 해도 뱀파이어는 검은 연미복을 입고 매력으로 홀린 뒤 목에서 피를 빠는 중년 남성의 이미지였다. 벨라 루고시[1882~1956]는 뒤로 빗어 넘긴 머리와 긴 송곳니, 검은 망토로 이러한 이미지를 각인시켰다.

뱀파이어는 어떻게 악마적 존재에서 꽃미남으로 진화했을까? 우선 그 안에 어떤 요소가 배태하고 있었는지 살펴볼 필요가 있다.

아이들은 공룡을 좋아한다. 비록 티아노사우르스 같이 육식공룡이라도 〈한반도의 공룡〉의 주인공 점박이가 될 수 있다. 다만, 점박이처럼 착한 성정을 가지고 있어야 한다. 물론 이는 모순이다. 육식공룡에게 착한 성정이란 제한적이다. 왜냐하면 자신이 주린 상태로만 있으면 다른 동물을 잡아먹어야 한다. 스피노자의 논지대로 그것은 물질의 이치에 따라 움직이는 것이다. 몸에 양분이 없을 때 공룡은 육식으로 보충하는 유전자를 가지고 있다.

그런데 적어도 어린이들의 공룡에 대한 호감은 그들이 자신들의 편일 것이라는 기대감 때문이다. 공룡은 다른 공룡을 잡아먹어도 사람을 잡아먹지는 않는다. 그도 그럴 것이 당시에는 인류가 없었던 중생대-백악기다. 따라서 공룡이 사람을 먹는다는 연상은 실제로도 가능하지 않다.

인지심리학에서는 사람은 항상 큰 덩치의 존재에 대해서 두 가지 마음을 동시에 갖게 된다고 한다. 여기에서 큰 덩치는 우월함을 내포하므로 경외감을 자아낸다. 다른 한편으로 무서움과 공포다. 큰 이빨은 위압감과 두려움을 낳지만 한편으로 그것에 대한 경외감을 낳는다. 좀비와 뱀파이어는 도대체 죽음을 모르고 초능력을 통해 인간을 위압한다. 한편으로는 무섭기도 하지만 경외의 대상이 된다.

하지만 좀비는 영혼이 없는 시체이다. 즉 정신이 사라져버린 물질 덩어리 기계다. 인간은 이성을 가지고 있으므로 먹어도 되는 음식, 안 되는 음식을 구분할 줄 안다. 하지만 이성, 영혼이 없는 좀비들은 그런 구분을 하지 못하므로 가리지 않는다. 또한 물질 덩어리에 불과하므로 피를 통해 자신의 물질체계에 필요한 양분을 흡수한다. 따라서 그들은 물질의 자동반응 기계이므로 잘 썩지도 죽지도 않는다. 마치 기계의 엔진이나 집적회로장치를 파괴하듯 심장이나 뇌를 제거해야 한다.

이성이나 영혼이 남아 있는 존재가 바로 뱀파이어이다. 뱀파이어의 최고자리에는 드라큘라가 있다. 그들은 음식을 통해 영양분을 흡수하는 것이 아니라 남의 피를 빨아서 영양분을 보충한다. 육체 고기가 아니라 피를 통해 양분을 보충하는 그들은 소화기관에 의지하지 않는다.

더욱이 그들은 사람들이 주로 잠을 잘 수밖에 없는 밤에 활동한다. 인간이라면 당연히 자야하는 시간에 그들은 잠을 자는 인간의 목을 훔친다. 무엇보다 그들에게 물리면 같은 족속이 된다. 끊임없이 다른 사람들의 신선한 피가 있어야 존재를 유지할 수 있다. 그들은 인간에게 무서운 존재임에 분명하다. 차츰 인간들은 그들의 존재를 알게 되었고, 그들을 물리칠 방안들을 마련해야 했다.

뱀파이어는 문화전략을 추구하기 시작한다. 그것이 바로 드라큘라 백작이다. 드라큘라 백작은 잘생기고, 멋진 패션에 품위 있는 매너를 가지고 있다. 그들이 인간적인 매력을 강화할수록 희생자에 다가가는 것이 더 유리해 진다.

그런데 이러한 뱀파이어가 자신들의 적이 아니라 친구라면 어떠할까. 그렇다면 두려운 존재가 아니라 친근한 존재가 된다. 그들은 영혼 불사이며 항상 젊은 상태로 매력적이다. 수많은 여성들을 홀려야 하는 그라면 보통의 매력으로는 가능하지 않을 만큼 뛰어나야 한다.

그 뛰어난 이가 자신을 사랑한다면, 빠져들 수밖에 없다. 매력이 뛰어난 상대일수록 뛰어난 매력의 소유자를 선택할 것이다. 따라서 그에게 선택되었다는 것은 그것 자체가 자신을 매우 높게 평가했다는 것을 의미한다. 하지만 그는 사랑해서는 안 될, 그의 사랑에 빠져서는 안 되는 상대이다.

목숨을 내놓아야 하는 이루어질 수 없는 사랑의 존재이다. 사랑을 얻는다고 해도 스스로 인간이길 포기해야 한다. 그것은 죽지도 살지도 못한 존재가 되는 것이다. 곧 뱀파이어가 되기 때문이다. 물론 긍정의 맥락도 있다. 이는 곧 스스로 강력한 존재가 되는 걸 의미한다. 인간보다는 초월적 능력을 가지고 있기 때문이다.

하지만, 더 이상 평범한 인간이 되지 못한다. 인간의 음식을 섭취하지 않고 남의 목숨을 빼앗고 피를 얻어야 한다. 그들에게 경작과 생산은 의미가 없다. 대신 밤마다 자신의 목숨을 유지하기 위해 끊임없이 살인을 저지르게 된다. 죽고 싶어도 죽을 수 없이 자신의 주변 모든 이들을 자신의 먹이로 삼아야 한다. 심지어 여인을 사랑할 수도 남자를 사랑해서도 안 된다. 만약 사랑한다면 사랑하는 사람을 죽여 자신의 먹이로 삼아야 한다. 사랑하는 사람을 먹을 수밖에 없다니 비극적이다.

더욱이 모든 존재는 그 존재의 특성에 맞을 때 가치와 의미를 갖는다. 따라서 같이 뱀파이어가 된다면 그 둘은 다시 뜨거운 열정을 불태울 수 없다. 왜냐하면 둘은 같은 뱀파이어이기 때문이다. 뱀파이어는 뱀파이어의 피가 필요 없다.

같은 뱀파이어에게는 매력을 느끼지 못한다. 상대를 홀리기 위해 매력을 증대시킬 필요가 없기 때문이다. 매력은 상대를 홀리기 위해 갖추어야 하는 장치였다. 여러이유로 정말 사랑한다면 목을 물 수도 목을 물릴 수도 없다. 만약 그렇다면, 모든 것이 사라진다.

영화 〈뱀파이어와의 인터뷰〉에서 브래드 피트와 톰 크루즈가 연기하는 뱀파이어는 매우 아름답고 지성적이다. 한국의 꽃미남 뱀파이어들은 여기에서 비롯되었다고 해도 과언이 아니다. 여기에서 부각되는 것은 단순히 외모만이 아니다.

무엇보다 언제부터인가 뱀파이어는 인간과 별종이 아니라 인간과 같은 고민을 하고 있는 실존적 존재로 부각된다. 인간의 욕망을 극대화한 그들, 아니 인간이 원하는 것을 가지고도 결국에는 실존적 고민에서 자유롭지 못한 그들을 통해 우리의 삶을 되돌아보게 한다. 많은 경우, 인간의 소박한 삶이 더 낫다는 결론에 도달하기도 한다.

미국 센트럴 플로리다 대학의 코스타스 에프티미우 교수와 소항 간디 교수는 수학적으로 뱀파이어가 존재할 수 없다고 밝혔다. 이미 인간은 뱀파이어 때문에 다 물려죽을 시점이 지났다는 것이다. 이에 반발하는 이도 있었다. 보스니아 헤르체고비나 사라예보대학의 수학자 디노 세이디노비치 교수는 뱀파이어가 식량관리 차원에서 인간을 남겨두었다고 했다.

학술적인 논쟁이 너무 진지하여 실소가 나오기도 하지만 중요한 것은 그 은유와 메타포일 것이다. 그렇지만 이런 뱀파이어는 강자에 대한 선망의식을 무비판적으로 양산한다. 얼굴도 잘생기고 지위나 명예도 있는 완벽한 조건의 남성만을 무의식적으로 선호하게 만드는 문화심리를 강화하기 때문이다.

뱀파이어 소녀와 왕따 소년의 사랑을 그린 〈렛미인〉과 같은 영화는 드물다. 〈트와일라잇〉에서 뱀파이어는 자신의 숙명을 두고 번민을 일삼으며 인간보다 더 인간적이고 금욕적 생활을 이어간다. 철학적 점프가 담겨 있다. 우리의 콘텐츠가 이런 뱀파이어 코드를 차용할 때 성찰과 고뇌가 필요하다. 무엇보다 우려스러운 것은 한국의 독자적인 공포, 호러 캐릭터가 사라지고 있다는 것이다.

뱀파이어라는 캐릭터가 젊은 세대에게는 구미호나 처녀귀신보다는 더 익숙해진 캐릭터이기 때문일 것이다. 이것은 문화적 침습이다. 그렇다면 미래세대는 뱀파이어를 더 선호할 것이고, 이는 전통의 단절이자 문화철학의 단절일 것이다. 앞으로는 우리 것에 대한 무조건적 옹호보다는 뱀파이어처럼 잠재성이 많은 캐릭터와 이야기를 진화시키는 문화콘텐츠 작업이 활발해져야 할 것이다.

# ?!.
# 완소남,
# 꽃미남에 대한 저항

완소남 신드롬과 선호되는 남성상의 변천사

> 언제나 한 시대를 풍미하는 미남 스타가 등장하기 마련이다. 요즘에는 여성들에게 인기 있는 남성상을 나타내는 대표적 말이 '꽃미남'이다. 꽃미남이라는 말로 지칭하지는 않았지만, 각 시대마다 꼽을 수 있는 스타들이 있었다. 60~70년대에는 〈맨발의 청춘〉의 신성일을 꼽을 수 있을 것이다. 7080세대의 남자 배우들은 거의 대부분 마초적 이미지인 남성다움을 가지고 있다고 해도 과언이 아니었다. 70~80년대는 아무래도 강한 남성, 주도적인 남성이 선호되었는데, 이러한 면에는 사회적 배경이 작용하고 있었을 것이다.

한 언론사가 결혼정보회사 듀오의 커플매니저 100명에게 시대별 인기 있는 남성상에 대한 의견을 물었다. 1970대는 '강한 남성'이 인기 있었고, 재벌기업 같은 대기업에 다니는 남성들이 인기를 끌었다. 경제개발, 해외 건설사업 등으로 활기차면서도 도전적인 남성성이 부각되었고, 우직하고 성실한 남성이 인기였다.

1980년대는 70년대 남성의 한계를 뛰어넘고자 했다. 사무실 안의 남성을 선호하게 된다. 우직함보다는 지적이면서 자신의 분야에서 성공한 전문직 남성이 우대받는 시기였다. 이 때문에 열쇠 3개의 '사'자 돌림 남성의 전성기라고도 했다. 전문직 남성들의 이미지는 단정한 양복에 지적인 금테 안경이 상징했다. 전문적인 식견으로 사회를 이끌어가는 능동적인 이미지가 강조되었다. 상대적으로 여성은 남성의 리더십에 수동적인 입장이었다.

그럼 90년대 이후 미남 남성스타들의 변천사는 어떨까? 90년대 남성상도 80년대 남성의 한계를 벗어나고자 했다. 인기 남성상은 단순한 전문적인 사무실 공간에서 벗어났다. 일단 90년대에 많은 인기를 모았던 스타들은 대부분 이목구비 뚜렷한 얼굴이었다. 최민수에 이어 특히 정우성, 이정재는 과묵하고 터프한 이미지였다. 이는 강인한 남성상을 대변했다. 다만, 이정재 정우성을 거치면서 부드러움이 가미되기 시작했다. 〈사랑을 그대품안에〉의 차인표는 낭만과 열정 그리고 부드러움, 터프한 면을 모두 같이 가지고 있었다.

2000년대 들어서면서 미남 스타들도 여러가지 이미지로 나뉘었다. 최민수식의 터프가이는 인터넷 누리꾼의 무수한 뭇매를 맞기도 한다. 특히 마초라는 딱지가 붙으면서 퇴출 되었다. 한층 부드러운 남성상을 선호하게 됐는데 대표적으로 〈호텔리어〉, 〈겨울연가〉 의 배용준 캐릭터가 그 예이다.

한동안 부드러운 이미지와 남성의 육체성이 결합되기도 한다. 즉 꽃미남의 조건으로 '몸짱'이 각광받기 시작하면서 모델 출신 강동원, 조인성, 소지섭 등이 인기를 끌었다. 얼굴은 매우 부드러우면서 몸은 남성성의 극치를 지닌 근육질 남성이 각광을 받기에 이른다. 권상우와 송승헌은 근육질의 몸매와 함께 드라마 속에서 부드러운 순정의 모습으로 많은 사랑을 받았다.

이제 부드러움을 넘어서 모성본능을 자극하는 남성 이미지가 인기를 끌었다. 〈개와 늑대의 시간〉의 이준기, 〈내이름은 김삼순〉, 〈시크릿 가든〉의 현빈, 〈성균관 스캔들〉, 〈뿌리깊은 나무〉의 송중기 등을 꼽을 수 있다.

여성들이 선호하는 남성들의 특징도 강함에서 부드러움으로 바뀐 느낌이 드는데, 왜 이렇게 달라진 것일까? 영화와 드라마 속 남성상의 변화는 여성상의 변화와 맞물려 있고, 연상연하 커플의 득세는 여성의 사회적 지위 향상 속에 두드러졌다. 또한 시대적 상황과도 맞물려 있을 것이다.

과거에는 여성의 수동적인 태도를 강조했다. 이 때문에 신데렐라 콤플렉스만 강조했다. 수동적 위치에 있던 여성들은 강한 남자, 터프 가이를 통해 대리충족을 했을 뿐이다. 하지만 90년대 후반 이후 강하게 앞에서 이끌어가는 남성보다는 여성을 수평적으로 배려해주는 부드러운 남성상이 강세를 보였다. 그만큼 여성의 사회적 활동이나 경제적 독립 수준이 높아지면서 수평적 관계를 요구하게 되었다. 이 때문에 일방적인 마초적 행태는 각광받을 수 없게 되었다.

더욱이 경제적인 기반을 가진 여성층들이 대중문화계에 연하남을 선호하는 경향이 강해지면서 통제 가능한 동생 같은 남성상을 요구하게 되었다. 가수 비가 대표적인 이미지다. 눈웃음 살살치는 남동생 같은 얼굴에 몸은 근육질의 남성성을 가지고 있다.

빈번하게 눈에 띄는 용어들이 있다. 메트로섹슈얼이나 위버섹슈얼, 요즘에는 크로스섹슈얼이라는 개념이 매체에 자주 등장하는데 그 개념 좀 짚어보자.

오늘날 많은 사람들이 섹슈얼 섹슈얼하는데, 메트로섹슈얼은 패션에 민감하고 외모에 관심이 많은 남성을 말한다. 위버섹슈얼은 거칠면서도 감수성을 자극하는 남성을 가리킨다. 단정치 않은 스타일과 툭툭 내뱉는 말투 등 꾸며지지 않은 모습을 강조한다. 영화 〈야수〉의 권상우, 드라마

〈이 죽일 놈의 사랑〉의 정지훈, 그리고 드라마 〈프라하의 연인〉의 김주혁을 들 수 있다. 단정치 않은 스타일과 툭툭 내뱉는 듯한 말투 등 꾸며지지 않은 모습이 '위버섹슈얼'의 전형이다.

'메트로섹슈얼'이 외모에 신경을 쓰지만 '여성스러움'과는 거리를 둔다. '크로스섹슈얼'은 남성 안 여성성을 인정하고 여성성을 적극 내세운다. 따라서 여자보자 예쁜 남자의 개념이 나오게 된다. 이들 남성성 개념들은 주로 광고기획자들이나 마케팅 관계자의 상업적 의도 때문에 고안된 것들이다.

그렇다면 앞에서 살펴본 개념들과 '완소남'은 어떻게 다른 것인가? 인터넷상에서 심심찮게 눈에 띄는 단어들 중 하나는 '완소'란 말인데, '완전 소중한'의 줄임말로 네티즌들이 만들어낸 신조어다. '미모'만으로는 더 이상 매력을 어필할 수 없는 세태를 반영한 듯싶다. 독특한 매력이 멋진 스타들이 바로 완소남이기 때문이다.

완소남은 외모보다는 각자의 개성을 높게 평가한다. 꽃미남과 같이 외모지상주의를 부추기는 신조어가 있는 반면, '완소남'처럼 모두가 동경하는 수려한 외모는 아니어도 친절하고, 겸손하고, 성실한 이라면 소중한 남자가 되도록 하는 말도 생긴 것이다. 단순한 외모가 아니라 인간다움이라는 인격성을 부여하는 것이라고 볼 수 있다.

어떻게 보면, 완소남의 절대적인 기준은 없다. '무한 도전'이다. 분명한 것은 단순히 꽃미남이나 예쁜 남자와는 다르다는 점이다. '완소남 신드롬'은 내면의 진화 없이 비주얼에 치중하면서, 유행만 타게 되는 각종 외모지향의 이미지와 신조어에 저항하는 현상은 아닐까. 다른 외모 차원의 유행어들은 광고사나 기획사, 대중지들이 만들어낸 말인 경우가 대부분인데, '완소남'은 네티즌들이 자발적으로 만든 단어이기 때문에 더욱 의미가 크다.

단순히 개념만 가지고는 가능하지 못할 수도 있겠다. 어떤 스타들을 그 예로 들 수 있을까? 한 케이블 방송에서 완소남을 선발했다. 프리미어 리거 박지성(12위)과 멋진 근육과 투혼의 축구선수 조재진이 순위에 올랐다. 또, 메뚜기 유재석이 완소남에 선정되었고 류승범, 양동근, 하하, 봉태규도 속했다.

그런데 잘생긴 사람이 그래도 많은 것은 사실 아닌가? 1위가 장동건, 3위가 조인성 그리고 강동원 등이었다. 최고의 완소남에 정일우가 꼽히기도 한다. 최대의 완소남들로 평가받고 있는 〈커피프린스 1호점〉의 캐릭터들도 잘생긴 이들이다. 이렇게 보면 훈남이 완소남 보다는 더 의미가 있는 것으로 볼 수도 있다. 그야말로 따뜻하고 부드러운 남자이니 말이다.

전체적으로 이렇게 변화하는 남성상에 대해서 어떻게 정리할 수 있을까? 대중문화의 남성상은 점차 남성성, 여성성을 나누는 인위적인 기준에서 자유로워지고 있다. 이에 따라 남성들도 보다 다양한 매력을 발굴, 연출할 토대를 마련할 것으로 보인다.

완소남(완전 소중한 남자) 트렌드는 몸짱, 얼짱에 이어 예쁜 남자 신드롬 등한국 남성상의 변화의 일면을 보여주고 있다. 그러나 완소남도 외모지상주의에 갈수록 포위되어 가고 있다. 각종 매체에서는 완소남의 기준을 성형, 피부미용이나 화장, 패션으로 삼으려고 한다. 완소남 마케팅도 이러한차원에서 이루어지고 있어서 아쉽다. 훈남(훈훈한 남자)과 마찬가지로 완소남은 외모만이 아니라 전인격성을 강조하는 개념이라는 것을 다시금 되새길 필요가 있다.

# ?!.
# 성균관 유생과 화랑도는
# 왜 꽃미남 천국인가

> 1367년, 공민왕 집권 16년 12월, 숭문관 옛 터에 성균관을 창건했고, 목은 이색을 중심으로 삼아 성균관을 중영, 제2의 도약기를 마련했다. 공민왕은 고려의 중흥을 위해 많은 인재들을 길러내려 노력했다. 성리학적 소양을 가진 관리들은 실무적인 업무능력이 뛰어났기 때문에 이들을 배출하는 것이 왕권강화에 큰 도움이 될 것으로 여겼다. 이에 성균관은 실무적인 기술을 익힌 관리들을 집중 육성한다는 인재상을 갖기도 했다.

하지만 여기에서 길러진 신진사대부들은 고려의 중흥에 머물지 않았다. 결국 정도전을 비롯한 성균관 출신의 신진사대부들은 이성계와 손을 잡고 고려를 무너뜨리고 조선을 세운다. 그들은 고려의 중흥이 아니라 조선의 건국에 매진했다. 성균관을 국비장학생교육기관으로 생각할 수 있다. 엄밀하게 말하면 프랑스의 국립행정학교(Ecole nationale d´ administration)에 해당한다. 고급 행정 관료들을 육성하는 교육기관이기 때문이다.

그런데 드라마 〈성균관 스캔들〉은 이러한 국가통치를 위한 교육기관이라는 딱딱한 이미지와 거리가 멀다. 예쁜 화랑도가 많았던 드라마 〈선덕여왕〉의 데자뷔를 확인하게 했다. 국가와 백성을 생각하는 공적 집단의 구성원이 모두 꽃미남 상품화의 대상이 되고 있기 때문이다. 〈선덕여왕〉에서는 화랑도의 낭도가 있었다면, 〈성균관 스캔들〉에서는 성균관 유생이 있었다. 학습과 훈련, 정진의 조직이라는 이미지가 가득한 이 집단들에 대해서 두 드라마는 모두 꽃미남이라는 코드를 적용했다. 이 때문에 화랑도와 성균관에는 모두 꽃미남들이 가득하다.

이 꽃미남 코드 때문에 〈선덕여왕〉의 화랑은 〈성균관 스캔들〉의 성공을 예견하는 판단 준거가 되었다. 화랑도 속의 여성, 덕만. 성균관 속의 여성, 윤식. 그러나 신분은 전혀 다르다. 덕만은 왕실의 피를 받은 공주, 윤식은 과거 성균관 박사의 딸이었다.

하지만 완전히 다른 것은 아니다. 지극히 낮은 천한 신분은 아니니 말이다. 윤식에게 기다리고 있는 것은 출생의 비밀이 아니라 성정체성의 비밀일 뿐이다. 덕만보다는 한 가지 줄었지만, 결국 '금등지사'에 관한 중요한 비밀의 키워드와 연관되어 있다.

김윤식의 마음에는 신라시대와는 다른 여성적 한(恨)이 배어 있었다. 여성의 사회적 진출을 가로막고 있는 근본적인 사회질서 또는 사상적 이데올로기에 좌절해온 조선 여성들의 한이 담겨있었던 것이다.

어쨌든 호국의 충정으로 몸과 마음을 닦던 신라의 화랑은 꽃미남 집단이 되었고, 위로는 임금을 두고, 아래로는 백성을 아우르는 미래의 목민관 양성소 성균관도 꽃미남 기숙사가 되었다. 〈선덕여왕〉에서 화랑도의 낭도들은 수평적 대등의 존재가 아니라 수직적 불균형의 존재들이었다. 즉 낭도 사이에 계급과 직위가 세분화되어 있고 계파에 따른 권력 경쟁도 치열했다. 〈성균관 스캔들〉에서 성균관 유생들도 학업에만 정진하는 학생들이 아니라 직위와 계파가 존재하면서 경쟁과 암투가 존재한다. 대의와 명분을 중요하게 여기는 이면에 사회적 지위와 명예를 세습하는 기관이라는 면에서 역시 같은 면모를 보여준다. 드라마 〈선덕여왕〉은 화랑도에 그치는 것이 아니라 화랑도를 거쳐서 신라의 왕이 되는 주인공의 이야기를 그렸다. 생존을 위해 화랑도에 들어섰지만, 제왕학을 이루는 중간과정이 된다. 〈성균관 스캔들〉의 주인 김윤식[박민영]은 어머니와 동생을 위해서 과거시험을 대신 치르다가 입교했다. 결국, 병조판서의 집에서 인간답게 살지 못하니 성균관에서 사람답게 살겠다고 말한다.

여성이 전원 남성인 조직 속에서 고군분투한다는 내용도 같다. 여기에 여성이 혼자 변복을 하고 생활한다는 설정도 드라마 〈선덕여왕〉과 〈성균관 스캔들〉에서 모두 확인할 수 있다.

남장여성이라는 복선은 드라마 전개에서 긴장감을 발생시키는 중요한 얼개가 된다. 물론 공통적으로 남성 주인공은 상대가 여성인줄도 모르고, 남자를 사랑하는 자신을 자학하기도 한다. 이는 드라마 〈커피프린스 1호점〉에서도 충분히 대중적 인지도를 높이는 데 활용되었다.

이렇게 꽃미남과 남장여성이라는 코드를 활용하는 것은 아무래도 드라마의 주요 시청층이 여성이기 때문일 것이다. 남성중심인 사회에서 여성이 고군분투하는 장면은 여성들의 한을 대리적으로 풀어내는 점도 있다. 화면 가득 꽃미남들이 등장하는 것은 텔레비전 드라마의 기본 기능인 볼거리의 충족에 충분하다. 여성들이 원하는 이상형의 수많은 젊은 남자들에게 둘러싸여 있는 주인공의 모습은 시청자들을 대신하여 지극한 즐거움을 줄 수 있다. 이는 반대로 남성들에게도 마찬가지이다. 물론 여성들이 남자들이 바라는 대로 등장한다면 엄청난 비판에 직면하게 되겠지만 말이다. 화랑도, 그리고 성균관만이 아니라 앞으로 젊은 남자들만 존재했던 집단이라면 앞으로 얼마든지 꽃미남이 가득한 청춘 사극이 될 것이다.

콘텐츠 소비에서 일정한 한계를 넘어서는 강렬한 쾌감의 경험이 있을 때 그 경험의 이전으로 돌아가는 것이 힘들다고 할 때, 이제는 한 명의 꽃미남만 등장하는 사극은 큰 주목을 받지 못할 수 있지 않을까 싶다. 예전에는 믹키유천 한 명만 캐스팅 했겠지만, 이제는 불가능하다. 여성들도 이제 적극적으로 남성들을 선택할 수 있는 사회문화적 심리와 경제적 토대가 된 것이 사실이기도 하다. 문화적 콘텐츠의 선택권은 더욱이 여성들에게 전권이 맡겨져 있다고 해도 과언이 아니다. 이 같은 현상은 여성들의 경제 · 사회 · 문화적 활동이 증가할수록 더욱 늘어날 것이다.

하지만 〈성균관 스캔들〉과 같은 드라마의 한계는 세대 폭이 그렇게 넓지 않다. 그렇기 때문에 〈선덕여왕〉과는 결정적으로 달랐다. 김윤식에게 성균관은 그야말로 목적이지만, 덕만에게 화랑도 목적 그 자체는 아니었다. 덕만은 왕이 되어야 했고 성균관 유생들은 관리가 되어야 했다. 더구나 국가통치보다는 개인의 실존적인 고민이 더 크다는 점에서 〈성균관 스캔들〉이라는 이름이 붙었는지 모른다. 그야말로 '스캔들'과 '여왕'의 대비였다.

〈성균관 스캔들〉이 진중한 사극을 원하던 시청층에게는 반갑지만은 않았지만, 그것을 염두한 듯 '금등지사金縢之詞'와 '탕평'이라는 진지한 화두와 각 세력들의 치열한 경쟁과 투쟁이 벌어지며 정조와 정약용 등 실제 인물을 등장 시키며 팩션 스타일은 갖췄기 때문에 이 드라마를 단순히 '스캔들'이라는 단어에만 함몰시킬 수는 없겠다.

하지만, 성균관 내부에서 일어나는 소소한 일상과 남녀의 미묘한 심리들이 더 중요하게 다루어지니 해석의 다양성과 극적 전환 면에서 사극의 지평을 새롭게 넓힌 점이 있다. 사극은 진지한 명분과 대의를 중요하게 여기므로, 성균관도 의당 그런 범주에서 다루어져야 할 것으로 여겨져 왔기 때문이다.

다만, 이 드라마에서 앞으로 〈스타워즈〉시리즈에서 아나킨 스카이워커가 제기하는 철인정치-제다이 집단의 허구성만이라고 지적할 수 있다면 금상첨화이겠다. 여전히 〈성균관 스캔들〉은 이분법적 선악구도에서 벗어나지 못하다보니 현대적인 입체적 캐릭터를 보여주는 데 한계가 있다. 무엇보다 고려말 성균관 유생들은 조선이라는 새로운 비전을 꿈꾸었다.

하지만 조선 내내 성균관 유생들이 꿈꾼 비전들은 무엇이었던가. 분명 새로운 꿈이 있었지만, 그것이 제대로 이뤄지지 못해 조선이 망국의 길로 간 것은 아닐까. 이 때문에 청춘 사극 속 김윤식(박민영)이라는 주인공의 근본적인 한계가 아쉬워진다. 더욱이 이선준(유천), 걸오(유아인)는 패기만만하지만 결국 새로운 꿈을 실현시키는 원대한 비전은 이루지는 못했다.

# ?!.
# 한국 남자들은 왜
# 로봇을 좋아하는가?

> 극장가에서는 영화 관람료를 둘러싸고 논란이 벌어지곤 했다. 사실 관람료 인상은 고양이 목에 방울 달기다. 섣불리 인상을 했다가는 물가인상을 시키면서 관객의 호주머니를 털어 자기 배만 채우는 이로 비칠 수 있고, 자칫 불매운동으로 이어질 수 있기 때문이다. 따라서 관련업계 당사자들은 누군가 총대를 메어 주었으면 하고 눈치를 보아왔다. 총대를 맨 사람 뒤에 끼어 가겠다는 심리였다. 또한 자칫 동반 인상은 공정거래법상 담합의 의혹을 받기 때문에 눈치를 볼 수밖에 없는 면이 있다. 물론 물가 등 관람 요금을 인상해야 할 요인은 그동안 꾸준하게 제기 되어왔다. 그런데 이렇게 조심스러운 관람료 인상을 하게 된 데에는 믿는 구석이 있다는 지적이 일었다. 물론 여기에서 믿는 구석이란 청와대와 같은 권력을 말하는 것은 아니다. 영화판에서 믿는 구석은 권력은 소용이 없고 킬러 콘텐츠다.

킬러 콘텐츠는 〈트랜스포머〉였다. 천 원을 인상해도 많은 관객들은 극장 앞에서 장사진을 이루었다. 이상하게도 〈트랜스포머〉는 한국과 일본에서 거의 열광의 도가니 수준으로 인기가 많았다. 〈터미네이터 4: 미래전쟁의 시작〉의 경우에도 정작 미국에서는 그렇게 재미를 보지 않았는데, 한국의 흥행수입이 전 세계 2위에 오르는 기적을 맛봤다.

그러나 미국에서 최고의 인기를 모은 〈스타트렉: 더 비기닝〉은 한국에서 별로 신통치 않았다. 웨어러블 로봇이 등장한 영화 〈아이언맨〉 등도 한국에서는 흥행에 성공했다. 한국인들은 로봇을 참 좋아한다. 이러한 면은 〈로봇 태권 브이〉의 부활이나 로봇 완구를 마니아적으로 조립하는 키덜트족의 활성화를 통해 알 수 있다.

물론 일반적으로 남성은 로봇을 좋아하고, 여성은 인형을 좋아하는 것으로 알려져 있다. 진화심리학에서는 사냥을 하던 문화적 습성이 축적된 결과로 로봇과 같이 외향적으로 통제 가능한 대상을 좋아한다고 한다. 여성은 밖에서 생존의 투쟁을 벌여야 하는 것이 아니라 가정과 공동체 안에서 커뮤니케이션으로 사안들을 풀어야 하기 때문에 인형과 같이 말하는 것을 좋아한다고 본다.

그런데 한국인들이 대개 좋아하는 로봇은 전투용 로봇들이다. 더욱이 그들은 거대한 담론을 입에 달고 산다. 지구를 지키고 악당을 물리친다. 세계평화와 인류의 보호, 우주의 안녕이라는 때로는 황당한 구호들이 일상화 된다. 물론 로봇은 훨씬 더 다양하다. 산업용, 의학용, 나아가 반려용에 이르기까지 갈수록 그 양상은 분화되고 있다. 그런데 일상 속의 로봇보다는 거대한 로봇의 전투를 좋아하는 것은 어느새 아이나 어른이나 같다.

물론 〈트랜스포머〉 시리즈가 인기를 끄는 것은 남자들의 로망을 실현시켜 주었기 때문일 것이다. 강력하면서도 자신의 말에 절대 충성하는 존재, 그 존재를 통해 주인공인 나는 나 자신의 이득이 아니라 세계와 우주의 평화를 이루고 인류를 구원한다. 〈트랜스포머〉의 로봇과 같이 실제 존재인 것처럼 느껴지는 것은 마치 꿈이 실현된 것 같다.

하지만 태권브이처럼 자신의 명령대로 움직이지 않는다. 왜냐하면 인간이 스스로 판단내리는 것은 한계가 있기 때문이다. 그래서 영웅을 기다리고 신을 기다린다. 〈트랜스포머〉의 옵티머스 프라임은 독자적인 사고체계를 가지면서도 약한 인간 주인공을 존중하고 배려한다. 이것은 강력한 존재에게 부족한 인간이 도움이 된다는 자체에서 존재적 가치를 느끼게 한다. 이러한 점은 터미네이터 시리즈에서 여실히 드러났다.

한국인에게 로봇에 대한 이러한 세계구원의 심리가 크다면 그 이유는 무엇일까? 60년대 우주탐험의 영향을 받아 70년대에 로봇 애니메이션이 본격적으로 등장했다. 이때 한국의 아동들은 로봇에 대한 문화적 정체성을 형성했다. 거대한 로봇, 인류의 안전과 세계 평화를 화두에 올리는 것이 로봇이었다.

따라서 소소한 일상에서 인간을 대신해서 어렵고 힘든 일을 해주는 로봇 이미지보다는 막강한 화력을 통해 전쟁을 잘하는 로봇이 최고였다. 그것은 강렬한 경험으로 생애와 문화를 지배하는 강력한 초두효과이었기 때문에 이후에도 그러한 로봇 콘텐츠를 선호하는 경향이 있다. 더욱이 힘에 대한 선망과 경도는 한반도와 일본열도에 갇힌 존재들을 그 거대 로봇에 동일시하면서 열등감을 떨쳐버리도록 했다.

인간은 그것이 로봇이라는 이름이 아니라고 해도 인간을 대신하는 사물을 만들어왔다. 무엇보다 로봇은 인간의 한계를 극복, 보완하기 위해서 만들어져왔다. 영상 콘텐츠가 아닌 현실에서 장애를 입은 사람들의 기능을 나아지게 하려는 데 그 목적이 있다. 실버 로봇, 주방 로봇, 반려 로봇, 소믈리에 로봇도 고안되고 있다.

영화 〈매트릭스 2〉에서 네오와 원로원 수장 의원은 화두에 대해서 이야기를 나눈다. 인간과 기계는 어떠한 관계인가? 적대적인가? 적대적이라고 한 이는 열혈 청년 네오였고, 기계 없이는 못사는 것이 인간이라고 말한 것은 원로원 수장이었다. 원로는 인간과 기계의 화합이 대안이라고 말했다. 문제는 능력이 아니라 감정일 것이다. 여기에서 감정은 인간다움을 말한다.

그런데 어느새 〈트랜스포머〉에서 던지듯이 인간은 로봇보다 비인간적이다. 기계의 시대에 인간의 정체성을 생각할 때 그것이 더 무서운 것이다. 〈트랜스포머〉를 통해 인간이 말하고자 하는 것은 스스로 사라지고 있는 인간성에 대한 자성을 말하는 것인지 모른다. 어쨌든 그러한 인간다움은 일상성 속에서 나온다.

그런 맥락에서라도 소소한 일상의 로봇이 더 필요하며, 그들을 주인공으로 다룬 작품들이 많이 제작되어야 〈도라에몽〉과 같은 킬러 콘텐츠가 나올 수 있을 것이다. 한국은 거대한 로봇으로는 할리우드 시스템을 따라잡을 수 없기 때문이기도 하다. 그런 면에서 실사 영화화되는 〈로보트 태권 브이〉에게 연민이 생긴다.

# ?!.
# 김주원은 길라임을
# 정말 좋아할 수 있을까?

### 여성이 좋아하는 여자와 남자가 좋아하는 여성의 차이

대중문화 콘텐츠는 대중들의 가치를 반영한다. 대중문화 콘텐츠 가운데 가장 선호되는 드라마도 예외는 아니다. 대중문화의 특징 가운데 하나가 현실도피라는 점이 흔히 지적된다. 도피는 매우 부정적인 말로 쓰인다. 대중문화로 도피하는 것이 아니라 현실의 무엇인가를 반영하고 채워주기도 한다. 이에 현실도피는 다른 말로 하면 결핍충족을 말하는 것이다. 현실에서는 충족할 수 없는 점을 대중문화에서 얻는 것이겠다. 드라마의 캐릭터를 선호한다면 현실에서 그러한 캐릭터를 얻지 못했기 때문이다.

캐릭터의 선호는 시공간에 따라 다르다. 대중은 절대적으로 하나의 고정된 실체가 아니다. 시간과 공간에 따라 변화한다. 따라서 미국 대중의 특징과 한국 대중의 특징은 다르다. 이 때문에 한국에서 인기 있는 드라마가 미국에서 인기 있으리란 법은 없다. 또한 미국 드라마가 한국에서 줄기차게 인기가 있는 것 같지만 모든 드라마가 한국에서 인기를 끄는 것은 아니다. 수많은 드라마 콘텐츠 가운데 일부가 그러할 뿐이다. 인기 있는 〈미드〉도 수용자가 여성인가 남성인가에 따라 선호도는 갈린다. 예컨대 〈위기의 주부들〉이나 〈섹스 앤 더 시티〉는 주로 여성이 즐긴다.

드라마 〈시크릿 가든〉의 선호는 여성들이 압도적이다. 여성들의 인기 캐릭터 김주원(현빈)은 '차도남'이나 '까도남'으로 불린다. 차도남은 차가운 도시 남자이고, 까도남은 까칠하고 도도한 남자의 줄임말이다. 이 둘은 별개로 분리되어 있지만 하나로 연결되어 있다. 까칠하고 도도하면서 차가운 도시 남자이다. 개성과 감각을 지니고도 자존심은 강하다. 그런데 중요한 것은 이 남자가 어떻다는 말인가이다. 두 가지 특징이 있다. 하나는 부잣집 출신이라는 점이고, 다른 하나는 가난한 여성 주인공을 사랑한다는 것이다.

가난한 여성 주인공을 사랑하는 것이 왜 이 드라마를 주목하는 여성들에게 어필하는 것일까. 그것은 바로 가난한 여성 주인공과 동일시의 감정이 생기고, 감정이입을 하기 때문이다. 여기에서 중요한 것은 바로 도덕적 · 윤리적 판단이 개입한다는 점이다. 가난하고 주목받는 위치에 있지는 않지만 착하고, 선하게 살면 잘 생기고 잘 살면서 멋진 남성이 자신을 사랑해주리라는 기대감을 충족시킨다.

물론 착하고 선하게 산다는 윤리적 관점은 너무나 상대적이다. 그렇기 때문에 자기중심적 편향이 발생한다. 현실에서 자신을 악당이나 악녀라고 생각하는 이들은 거의 없다. 적어도 선하게 살려고 노력한다고 여긴다. 하지만 현실에서는 악녀와 악당으로 지칭되는 이들이 끊임없이 탄생한다. 자신을 악당이나 악녀라고 부르면 격노한다. 현실에서 악당이나 선한 자나 하나님께 기도하듯이 악당이나 악녀도 길라임에게 자신을 투영한다.

이러한 편향 현상은 '사랑'에서도 발생한다. 드라마 〈시크릿 가든〉에서 김주원은 남들에게는 까칠하고 도도하고 못되게 한다. 하지만 사랑하는 자신의 연인에게는 한없이 자상하다. 남들에게는 막말을 퍼부으면서도 자신의 연인에게는 꼼짝 못한다. 연인이 멋대로 행동해도 그것을 감내한다. 어떤 남자들보다 열정적으로 사랑한다. 물론 그 사랑은 여성들이 생각하는 방식대로의 사랑이다.

이러한 점들은 현실의 연인과 배우자에게서는 얻을 수 없는 결핍된 것들이다. 한 조사에서 김주원과 같은 인물이 직장 상사로 부임한다면 대부분 반대한다는 의견과도 연결되는 점이다. 조직의 상하관계는 연인의 관계가 아니기 때문에 못된 까칠하고 도도한 행태들이 그대로 자신에게 쏟아질 것이기 때문이다. 만약 길라임과 김주원이 백화점 매장의 직장상사와 직원으로 만났다면 달라졌을지도 모른다.

그렇다면 김주원은 평생 배우자로는 어떨지 상상해볼 수도 있다. 이점도 논란이 될 수 있다. 한국의 주부들이 김주원과 같은 캐릭터를 선호하는 이유가 되기도 하는데 이는 한국문화의 특수성에 따른 대중 콘텐츠의 선호 차이와 관련된다. 김주원은 미국 드라마 캐릭터로 선호되지 못할 가능성이 높기 때문이다.

한국의 남성들은 결혼 전에는 열정적으로 사랑해준다. 적어도 자신이 상대방을 얼마나 사랑하고 있는지 그 신호와 상징들을 보여주기 바쁘다. 여성들은 그 신호와 상징들을 통해서 사랑의 정도를 파악한다. 그 사랑의 정도가 결혼 이후에는 더 높아지리라고 생각한다. 왜냐하면 연애기간에는 서로 떨어져 있지만, 부부관계에서는 항상 밀착되어 있기 때문에 사랑의 정도는 더욱 강해질 것이라고 생각한다. 그러나 결혼 이후의 삶은 현실과 많이 다르다.

남성들은 수많은 경쟁 속에서 여성들을 쟁취해야 한다. 무엇보다 일단 자신의 사람으로 만들어 놓는 것이 중요하다. 이 때문에 자신의 평소 행태보다 오버하게 된다. 때로는 다른 남성들과 경쟁에서 이기기 위해서 뻥을 치거나 심지어 사기를 치기도 한다. 빚을 지기도 하고, 없는 자원을 지인들에게서 빌리기도 한다. 자신이 가지고 있는 열정과 에너지를 모두 투입하는 것이다. 이것이 수혜를 받는 여성의 입장에서는 환상적인 기분에 빠질 만하다. 어느 남성에게도 얻지 못한 경험을 만끽할수록 선택한다. 하지만 그 선택은 현재적인 것이 아니고 미래적인 것이다.

일단 결혼에 골인하면 남성들은 오버의 궤도에서 다시 자신의 본 궤도로 안착하게 된다. 이제는 내 여자라는 진화생물학적인 승리의 도취는 안심의 단계를 넘어서서 방관의 단계로 나아간다. 약속들은 하나둘 지켜지지 않는다. 열정의 불꽃은 사그라들기 시작한다. 그러나 그것이 사랑이 식었다는 것을 의미하지는 않는다. 더욱이 한국에는 아직 가부장적인 문화가 많이 남아 있기 때문에 여성에 대한 일임을 용인하는 의식이 아직 많다.

남성들은 약속과 공약에서 벗어날 방도가 많고, 여성들은 그것에서 불리하게 적용될 가능성이 크다. 이러한 현실에서 김주원과 같은 드라마 캐릭터는 여성들에게 열정적인 선호의 대상이 된다. 겉으로는 도도하고 까칠하지만 무엇인가 허점이 있어서 여성들이 통제감을 발휘할 수도 있다. 이러한 점의 허구성도 '구미호와 이승기는 행복했을까'라는 글에서 살펴본 바가 있다. 김주원에 대한 매력도 연애에만 한정되기는 마찬가지일 수 있다. 오히려 그 이후까지 계속 이어진다면 비현실적인 이야기가 될 것이다. 미국에서는 결혼 후에도 더 잘해야 하니 김주원 같은 캐릭터는 덜 선호될 것이다.

김주원과 같은 캐릭터가 결혼 생활에서 위험할 요소는 하나 더 있다. 남들에게는 까칠하고 못되고 공격적이면서 자신의 연인에게는 한없이 열정적이고 매력적이며 사랑스러운 것은 훗날에 역전될 소지가 크다. 즉 사랑과 열정이 진정되거나 이제는 내 여자라는 안주의 심리가 본래의 자신으로 돌아오게 한다. 즉 남들에게 한없이 날카롭게 돌리던 화살이 바로 자신의 아내에게 돌아오기 때문이다. 더욱이 부잣집 도련님이 가난한 자신의 배우자에게 그러한 행동을 할 가능성은 얼마든지 있다.

다만 〈시크릿 가든〉에서는 자신의 목숨을 구해주며 자신의 목숨을 희생한 소방관의 딸이 길라임이라는 설정을 통해 가능성을 열어두었다. 즉 자신의 목숨을 구한 소방관의 딸인 아내에게 설마 김주원이 공격의 화살을 들이대겠는가 하는 점이다. 하지만 도도하고 자존심 강한 김주원의 캐릭터로 봐서는 자신의 도덕적·윤리적 약점을 쥐고 있는 존재가 오히려 불편할 수도 있겠다. 그것은 신경증과 히스테리의 원인이 될 수도 있기 때문이다. 권태기에 김주원의 공격성은 감당할 재간이 없겠다. 더구나 마마보이 기질이 현실이라면 더욱 그러할 것이다.

# ?!.
# '연상-연하' 쿠거족
# 또는 드메족
## 한국 사회 커플들의 이면

>

영화 〈가족의 탄생〉에서 미라(문소리)는 동생 형철(엄태웅)이 데려온 애인을 보고 소스라치게 놀란다. 그 애인-무신(고두심)과 동생의 나이 차이가 무려 20여 살에 이르기 때문이었다. 동생의 애인을 어머니라고 부를 정도인 것이다. 고두심(무신)과 엄태웅(형철)은 이른바 연상녀-연하남 커플인데, 이런 커플을 가리키는 말로 쿠거족과 드메족이 있다. 이 커플은 쿠거족일까, 아니면 드메족일까?

드메족은 19세기 초 파리 드메라는 청년이 연상녀와 로맨스를 벌이던 행태에서 착안한 것이다. 쿠거족은 북미의 고양이과 맹수에서 아이디어를 얻은 것이다. 쿠거가 나이 어린 수컷과 짝짓기를 한다는 말은 아니다.

이 개념은 쿠거가 먹이를 얻을 때까지 어슬렁거리는 행태를 마치 술집에서 끝까지 어슬렁거리다가 남자와 같이 밖으로 나가는 나이 많은 여성에 비교한 것이다. 그 뒤에 어린 남성을 애인이나 반려자로 삼는 여성을 지칭하는 용어로 사용되었다고 한다.

연인 마돈나-가이 리치는 10살, 데미 무어-애쉬튼 커처는 16살 차이

인데, 가히 쿠거족의 선두주자이다. 미국에서는 주로 경제력을 바탕으로 연하의 남성과 결혼하거나 데이트하는 여성들을 가리킨다. 그런데 그 나이 차의 폭이 크다.

이쯤에서 짐작할 수 있게 된다. 남자의 처지에서 연상녀-연하남 커플을 바라본다면 드메족이고, 그 반대라면 쿠거족이 될 것이다. 연상녀-연하남을 가리키는 용어로 드메커플이라는 용어가 한동안 회자되더니, 이제는 쿠거족이라는 말이 더 득세 하고 있다.

여성의 입장에서 쿠거족을 지칭하는 것이니 그럴 만도 하다. 대중문화의 주도권은 가히 여성들이 잡고 있으니 말이다. 하지만 쿠거족이 그렇게 긍정적인 의미만 있는 것은 아니다. 그럼에도 쿠거족은 단순히 나이 많은 여성이 젊은 남성과 어울리는 것을 말한다.

MBC〈달콤한 인생〉의 오연수-이동욱, 〈내 생애 마지막 스캔들〉의 김청-김병세, 〈조강지처 클럽〉의 오현경-이상우 커플, 〈우리 결혼했어요〉의 황보-김현중을 대표적인 예로 들 수 있을 것이다.

쿠거족의 현상에 대한 분석은 몇 가지로 압축될 것이다. 대중문화의 주도권을 가진 여성들의 욕망을 반영한다는 것이 그 가운데 하나다. 대리만족의 수단인 셈이다.

소재주의 탓이기도 하다. 영화나 드라마가 끊임없이 새롭고 이색적이며 때로는 파격적인 설정을 통해 눈길을 잡아두려 하니 당연한 일일 것이다. 쿠거족이 그렇게 일상적인 내용은 아니지만, 불가능한 것도 아니며 그러니 그것을 바라는 욕망은 있기 마련이다.

젊은 남성과 같이 산다는 것은 여러 욕망을 내포하고 있다. 젊은 애인은 자신의 생명력을 의미한다. 아직은 젊고 매력적이라는 것을 의미한다. 젊은 애인은 자신의 나이를 상쇄시킨다. 자신의 능력을 드러낸다는 지적은 가볍다.

성공과 신분상승에 대한 열망을 포장하는 데 이 쿠거족이 이용되기도 한다. 경제적 능력이 있는 여성은 성공한 반열에 있는 것이고, 그 상징이 젊은 배우자인 것이다. 슈퍼우먼의 또 다른 변형인지 모른다.

능력에 외모, 사회적 지위에 젊은 남성까지 소유하고 있으니 말이다. 거꾸로 젊은 남성을 사귀거나 배우자로 삼았다는 것 자체로 사회적 지위와 능력, 외모를 가진 것과 같은 효과가 있는 것으로 등치시킨다.

또한, 심리적인 면에서 비춰볼 때 자아 통제감을 강화시킨다. 나이 많은 애인보다는 자신의 통제력이 가해질 가능성이 높다. 이렇게 대상에 대한 통제력이 강해질수록 본인은 편해지거나 즐거워진다. 특히 한국 사회에서는 서구보다는 나이가 많은 것 자체가 통제력을 증대시킨다.

사람은 통제하려고 할 뿐만 아니라 받음으로써 심리적 평안을 구가하기도 한다. 남성이 항상 여성 위에 군림하려는 존재라는 전제는 여기에서 틀린 것이 된다. 그것은 남녀의 차이가 아니라 성향의 차이다. 남성 중에서도 권위의 틀에서 존재적 평안을 찾는 이가 있다. 이러한 남성은 나이가 많거나 사회적 지위가 있는 여성과 커플을 맺을 수 있다.

이러한 면에서 보면 여성의 경제력 때문에 연상녀를 선택한다는 것은 개인의 성향적 요인을 간과할 가능성이 많다. 남성 가운데에서도 외향적인 일보다 내향적인 일을 선호하는 이들이 있다. 즉, 가정 살림에 재주가 있고 관심이 많은 이들도 있는 것이다. 물론 아이들 낳지 못할 뿐이다.

경제적 능력 있는 여성만이 젊은 남성을 차지할 수 있을까? 많은 조사에서 남성들은 여성의 경제력 보다 외모를 본다는 말이 많다. 10~20살이 많은데 외모가 뛰어난 여성이 몇 사람이나 될까. 경제력과 외모가 작용하지 말라는 법은 없다. 그렇다고 전부라고 볼 수도 없다.

강풀의 〈순정만화〉에는 40대 아줌마와 20대 청년의 로맨스가 나온다. 목도리 노점상 규철과 붕어빵을 파는 은주의 이야기다. 어려운 노점을 운영하면서 둘은 점점 동병상련의 처지에서 인간적인 유대를 갖게 되고 사랑의 감정까지 이어지게 된다.

은주의 살림이 경제적으로 낫다고 볼 수는 없다. 붕어빵이 목도리보다는 많이 팔리기는 한다. 규철이 배고파서 붕어빵을 사니까 말이다. '가족의 탄생'에서 무신(고두심)이 경제력 있는 골드미스는 아니었다.

현실에서는 경제력이 우선이기 때문에 대중문화 콘텐츠에서는 반대의 상황을 설정했는지 모른다. 하지만 그러한 상황을 염원하는 대중심리가 있기 때문에 현실에서 경제력에 관계없이 쿠거족이나 드메족이 탄생할 것이다. 아무리 마돈나지만 그녀의 나이는 이미 50세이다. 39세의 가이 리치에게 아래로 선택권은 얼마든지 폭 넓다.

특히, 무슨 일을 하든지 오래 가려면 맞아야 하는 것은 '마음'이다. 많은 드라마가 경제력 우선주의에만 함몰되는 것은 아니다. 다만, 연상녀와 연하남이 어떻게 마음이 맞는지 묘사하는 데 인색하다.

무엇이 서로의 마음을 통하게 하였는가에 주목하는것이 아니라 한국 사회에서 금기적인 연상녀-연하남 설정 자체로 눈길을 끌려는 데 머물고 만다. 진실이 계층과 성별, 지역, 민족과 국가를 초월하는 것과 같이 사람의 마음 소통에 나이 차이는 부차적인 것이다.

# ?!.
# 사극으로 본 진화 심리학과
# 여성 리더십

> 여성들 가운데는 로봇을 좋아하는 남성을 이해 못하는 경향이 있다. 로봇태권브이에 열광하거나 예술품을 조립하듯 온 신경을 집중하는 프라모델 조립에서 남성들의 진지한 열정은 우습게 여겨지기도 한다. 영화 선택에서도 남성들은 총싸움이나 칼싸움, 주먹싸움이 많은 내용을 선호한다. 그런 면에서 사극은 이전부터 남성의 전유물이 되었다. 사극 하면 칼싸움이나 주먹싸움이 많기 때문이다. 하지만 요즘 사극은 여성들이 더 많이 보는 경향이 있다.

그렇다면 왜 여성들은 사극을 보는 것일까. 화려한 복색이나 장신구가 많이 등장하고 멜로라인이 강화되었기 때문인가. 아니면 여성들이 주인공으로 전면에 등장하기 때문일까. 일종의 여성 리더십이 부각되기 때문일 수도 있겠다. 그런데 이러한 여성 리더십은 〈천추태후〉나 〈자명고〉 등과 비교해볼 때 다른 점이 관찰된다. 그것은 미실과 덕만의 지략싸움에서 드러난다. 사실상 이러한 지략싸움이 당대의 리얼리티를 반영하는 것으로 볼 수 있다.

진화심리학에서는 남성들이 로봇을 좋아하는 이유를 원시 사냥의 본능에서 찾는다. 남성들은 대개 사냥감을 추적하고 획득하는 것이 주 활동 목적이었다. 따라서 어떻게 하면 효율적으로 많은 사냥감을 얻는가에 골몰했다. 이를 위해 더 효과적인 사냥수단을 만들어내기 시작했다. 인간의 물리적 한계를 잘 알기 때문에 그러한 한계를 보충해주는 도구가 필요했던 것이다. 진화심리학자들에 따르면, 그러한 도구들이 진화한 것이 오늘날 남자들이 좋아하는 자동차와 권총, 그리고 로봇임을 알 수가 있다는 것이다.

그런데 여성들은 사냥보다는 마을에 남아서 아이를 키우고 다른 사람들과 지내야 했기 때문에 일찍부터 인적 관계에 익숙해야 했다. 따라서 단순 명확한 목표와 그것을 획득하는 단순한 행위보다는 일찍부터 사람 사이의 행동 분석과 심리 파악, 그리고 그에 따른 대응력을 기르는 훈련을 하게 된다. 미묘한 감정의 변화와 얼굴 표정에 예민하게 반응한다. 물론 뇌 과학에서는 이를 뇌구조의 차이로 분석하기도 한다.

어쨌든 여성들이 남아있는 공간은 적과 아군의 경계가 모호하다. 그것이 때론 바뀌기도 한다. 따라서 항상 그것을 탐지하고 대응해야 한다. 자신이 살아남기 위해서는 자신의 편을 모아야 한다. 이를 위해서 필요한 것이 말과 대화, 수다이다.

여성들은 끊임없이 말하고 대화하면서 사안에 대한 이야기를 나누고 그것을 통해 적과 아군을 구분하고 자신의 편을 만들어 상대에 대처한다. 진화심리학자들의 말이 맞아서인가. 남성들이 즐겨보는 콘텐츠에는 적에 대응하는 의리와 정의의 주인공을 다룬 내용이 많지만, 여성들이 즐겨보는 콘텐츠 중에는 인간관계 사이의 사소한 사안들에 대한 형상화가 많기도 하다.

'궁중암투'라는 말이 있다. 여성들이 정치 배후에서 벌이는 정치싸움을 가리킨다. 부정적인 분위기가 묻어있지만, 이것은 어쩌면 당연한 것인지도 모른다. 부정적으로 볼 필요가 없다는 말이다. 또한 권력에서 밀려난 여성들이나 하는 하찮은 것으로 볼 수도 없다.

고도의 지략과 책략이 필요한 것이기 때문이다. 어쩌면 가장 뛰어난 인류의 정치게임이기도 하다. 여성들이 남자들을 뒤로 움직이는 것이 아니라 고대 정치의 핵심일 것이다. 남성들은 전쟁 그 자체에 더 쓸모가 있는 기계들이기 때문이다. 그렇다면 사극에서 여성 리더십의 현실적인 모습은 어떤 것일까.

한동안 여성의 주체적인 리더십을 강조하면서 말을 타고, 무술 하는 여성들이 사극의 전면에 나섰다. 드라마 〈다모〉를 필두로 드라마 〈주몽〉의 소서노, 〈자명고〉의 낙랑과 자명 공주, 〈천추태후〉의 천추태후를 들 수 있다. 하지만 이들은 오히려 지략과 책략을 보여주지 못하고, 사랑 앞에 힘 없이 무너지는 캐릭터를 보여 주었다.

힘이 뛰어나고 무술은 잘 하지만 결국 사고체계의 합리성과 특출난 점은 없었다. 또한 구체적이고 세세한 일상의 관계들을 해결하기 보다는 관념적인 명분과 정의에 함몰되었다. 그것은 또 다른 남성의 탄생이거나 남성 콤플렉스의 변형이었고, 그것이 정작 여성들을 위한 비전을 준다고 생각되지 않았다.

드라마 〈선덕여왕〉에서는 이러한 모습이 퇴조되었다. 음지의 여성 정치가 전면에 등장했다. 일단 한동안 유행했던 말 타고, 무술 하는 여성들은 자취를 감추었다. 덕만은 사내 아이로 변장하여 살지만, 무술을 그렇게 잘하는 것도, 힘이 남성에 비해 나은 것도 아니다. 항상 부족하다. 하지만 지혜와 명민함으로 삶은 헤쳐 나간다.

모든 남성들을 휘어잡는 미실은 무술을 전혀하지 못한다. 좀 더 세밀하게 말하면 하지 못하는 것이 아니라 하지 않는다. 그렇게 하지 않아도 다른 이들을 얼마든지 지배할 수 있으며, 자신의 의도에 맞게 통제할 수 있기 때문이다.

미실은 언제나 고고하게 앉아 있거나 조용하게 말할 뿐이다. 항상 얼굴에는 웃음이 끊이지 않고, 화를 내는 경우도 거의 없다. 미실이 강력한 힘을 발휘하며 권력의 정점에 있게 하는 것은 바로 관계적 파악과 대응능력이다. 미실의 공간은 궁의 공간이며, 그 공간은 조밀한 사람 사이의 공간이다. 자칫하면 한방에 날아간다.

미실은 미세한 표정과 감정의 변화도 어김없이 파악하고 그것을 분석해 대응방안을 만들어낸다. 그녀는 사람과 사람 사이의 관계를 만들고, 그것을 잘 관리할 줄 안다. 물론 그것은 자신의 생존을 위해서이다. 살아남기 위해서라면, 그렇게 해야 한다. 궁이라는 좁은 공간은 전쟁에 나가서 적만 쳐부수면 되는 것과 다르다. 겉으로는 모두 같은 편이지만 사실은 그렇지 않다.

전쟁이나 사냥에서는 목표물과 싸워야 할 대상은 명확하다. 하지만 집안이나 궁에서는 적과 아군은 시시때때로 변화한다. 때로는 적과 아군의 구분이 잘되지 않는다. 오로지 끊임없는 탐색에 생존의 길이 있고, 그 탐색과 대응 수단 가운데 하나가 대화나 수다이다. 미실은 적과도 언제나 웃으며 대화한다. 그리고 그 대화에서 상대를 파악하고, 상대에게 자신의 존재감을 부각하거나 위협을 가하기도 한다. 미묘한 표정과 부드러운 말 한마디로 상대를 무력화시키기도 한다. 오히려 덕만과 그의 편들은 대화와 수다에 서툴다.

덕만은 자신이 미실과 같아지기를 바란다. 정말 같아지기를 바라는 것이 아니라 미실을 이기기 위해 인간 사이의 현실적 전략들을 추구하려는 것이다. 미실은 인간 사이의 공간 정치학에서 산전수전 다 겪으며 정점에 이른 최고의 베테랑 이다.

미실이 가진 장점은 어쩌면 밖으로만 다니며 사내 같이 산 덕만의 치명적인 약점일 것이다. 외향의 공간에 익숙한 덕만에게 내향의 밀실 공간에서 수십 년 동안 권력자로 살아남은 미실은 거대한 벽일 수밖에 없다. 향후 어떻게 덕만이 미실을 이기게 할 지 그 개연성이 궁금해진다. 최소한 덕만이 미실을 이기게 되는 과정에서 진화심리학자들의 지적은 반영해야 할 필요는 있지 않을까 싶다.

여기에서 여성 리더십의 전형을 다시 한 번 생각해보지 않을 수 없다. 드라마 〈대장금〉과 마찬가지로 여성 리더십은 복잡한 힘의 관계 속에서 얽힌 인간관계를 지혜롭게, 때로는 전략적으로 잘 풀어내는가에 있다. 주체적이고 당당한 여성 리더십이 외향적인 강함에서 나오는 것은 아닐 것이다.

이런 점 때문에 단순히 여성주인공이 등장하거나 물리적 외향의 주체적인 모습만 강조한다고 해서 여성을 끌어들이는 사극이 되는 것은 아니다. 그것은 대중예술 미학 차원의 특징이기도 하고, 시청률과 직결되는 문제이기도 하다.

# ?!.
# 왜 여의사는
# 연예인과 결혼할까

> 드라마 〈내 인생의 마지막 스캔들〉에서 장동철(정준호 분)은 홍선희(최진실)와 마침내 결혼한다. 동철은 첫사랑을 이룬 셈이다. 잘못된 결혼을 버리고 새로운 결혼을 한번이라도 꿈꾸어보지 않은 기혼자는 없을 것이다.

현재의 배우자는 고생만 시키는 존재라면 자신을 좋아하던 첫사랑의 남성과 결혼을 한다면 어떨까 라는 과거형 가정법을 사용하면, 자신을 사랑하고, 사회적 지위와 명성, 여기에 부를 가지고 있는 첫사랑과 다시 결혼하는 꿈을 꿀만하다.

물론 여자들의 판타지가 강하게 개입된 설정이다. 동갑내기 남성이 첫사랑의 대상인 여성을 아직도 잊지 않고 있다는 것은 그렇지 않을 가능성이 높다. 남성은 젊은 여성을 좋아한다는 견해에 동의한다면 더욱 그렇다.

〈내 인생의 마지막 스캔들〉에서는 학교에 다니는 아이 둘이 있는 이혼녀를 끝까지 사랑하고 결혼까지 하는 톱스타가 홍선희의 첫사랑 장동철인 것이다. 이쯤되면 신데렐라라 드라마, 특히 아줌마 신데렐라 드라마라는 말을 충분히 들을 만하다.

여기에서 눈여겨봐야 할 부분은 첫사랑의 직업이 더 이상 전문직인

의사나 변호사, 재벌2세나 비즈니스맨이 아니라 '대형스타'라는 사실이다. 드라마 〈미우나 고우나〉에서 동지(한혜숙)의 첫사랑은 만수(이정길)였고, 그들은 결혼을 하는데 만수의 직업은 대기업 사장이었다.

방영 시기는 비슷하지만, 〈미우나 고우나〉는 새 트렌드를 반영했다기 보다는 올드 드라마였다. 한동안 아줌마의 첫사랑은 많은 드라마의 단골 설정 내용이었지만 별다른 재미를 보지 못했다. 어떻게 보면, 사회적 상황을 반영하지 못했기 때문이었는지 모른다. 〈미우나 고우나〉도 아줌마의 첫사랑이 중심은 아니다. 시대와 사회는 변하고 있기 때문이다.

어느 대학 교수가 한 강의실에서 대학원생들에게, 한 시대의 최고 신랑감은 이대생들의 선호에 달렸다며 현재 이대생들이 선호하는 배우자는 의사나 변호사가 아니라 스타라고 했다. 그리고는 서울대 법과대학에서는 법조인이 되어도 법원이나 로펌에서 월급쟁이 생활을 하기는 마찬가지라고 말했다고 한다.

왜 스타가 최고의 배우자인가? 그 교수의 논지는 1년에 몇 달 일하고, 나머지 기간은 자기 시간을 갖거나 여유롭게 생활을 할 수 있다는 것이다. 더욱이 그들이 몇 달간 버는 돈은 월급쟁이 수입을 능가한다는 것이다. 오늘날 스타들은 과거처럼 무절제하거나, 교양이 없지도 않다는 것이다. 최고의 엘리트들이 결국 몰려드는 곳도 연예계이다. 오늘날 연예계는 인성과 매너가 없는 스타가 장기적으로 살아남을 수 있는 스타시스템도 아니다.

남희석은 치과의사와 결혼했고, 박명수도 마찬가지였다. 박명수는 결혼과 함께 거성이 되었다. 이윤석은 한의사와, 유재석은 아나운서와 결혼했다. 아나운서는 우수한 재원의 여성들이 한 번쯤은 모두 도전해 보는 직종이다. 물론 아나운서들이 최종 꿈꾸는 것도 스타이다.

직장인 아나운서의 수입은 예측 가능하지만, 스타이면서 프리 아나운서인 경우의 수입은 예측이 불가능하다. 스타는 조직에 얽매이지 않고, 자기 자체가 브랜드가 된다. 그들이 벌어들이는 수익은 예측이 불가능하다. 또한 잠재적인 스타들의 향후 브랜드 가치를 가늠할 수 있는 전문가는 없다.

〈개그콘서트〉의 '달인'이라는 개그꼭지가 꾸준한 인기를 끌었다. 달인이라고 알려진 사람을 불러 놓고 실제 달인인지 확인하는 내용이 중심이다. '16년 동안 아무 곳에나 앉아오신 치질 김병만'이라고 소개하면서 뾰족한 물건 위에 앉으라고 한다. '16년 동안 한번도 화를 내지 않은 뚜껑 김병만'이라고 소개하고는 화를 돋운다. 그리고는 달인 아닌 점을 밝혀내고는 쫓아낸다.

달인은 한 분야의 전문가를 이른다. 달인이라는 코너는 전문성이라는 권위에 기대어 뭇사람들의 위에 군림하거나 거드름을 피우는 전문가들의 허위성을 폭로한다. 전문가를 이렇게 희화화하는 것은 사회적으로 이제는 전문가의 시대가 아니라는 것을 의미하는 것은 아닐까.

전문가는 자신의 전문적인 경험과 지식으로 앞일을 예측한다. 하지만 이제 사회는 예측 불가능의 사회로 진입하고 있는 감이 있다. 더구나 디지털 공간의 정보와 상호 소통성으로 과거의 막힌 소통구조와 지식권력에 힘입어 수익을 극대화했던 전문가의 기득권이 붕괴되고 있다.

달인이라는 코너에서 동일한 인물이 수많은 달인으로 등장하는 것은 그만큼 하나의 전문직으로 일평생의 생계를 보장할 수 없는 지점에 이르렀음을 암시하는지 모른다. 이 때문에 최근 전문직 드라마들이 맥을 추지 못하고, 참패하고 있는 것은 아닌가.

상대적으로 〈생활의 달인〉이라는 프로그램이 더욱 선호되는 것은 전문가가 따로 존재하지 않는 것임을 나타낸다. 더욱이 생활의 달인들이 그러한 전문성을 기초로 권위적으로 행동하는 것은 아니다.

영화 〈노인을 위한 나라는 없다〉에서 보여지듯 지금까지의 경험과 지식으로 예단할 수 있는 일은 많지 않다. 언제나 변화는 예측하기 힘들고 돌발적이다. 안주하는 순간 그것은 노화된다. 반대로 부단한 노력은 생물학적인 나이에도 불구하고 노화를 거역한다.

　스타 자체를 전문적인 영역으로 볼 수도 있을 것이다. 스타는 나름대로 그 분야에서 인기를 유지하기 위해 전문적인 노하우가 필요한 것도 사실이다. 그러나 끊임없이 노력하지 않으면 불가해한 수익도 장담할 수 없다. 불확실성 속에서 대박 상품을 만들어 내거나, 정확히 간파하고 참여해야 한다. 그것을 주변 사람에게만 맡겨놓아서는 생명력이 있을 수 없다. 끊임없이 항상 살아 움직이는 대중의 기호에 발맞추어야 한다. 그러한 면에서는 최고의 능력, 달인의 경지를 겸비해야 한다. 이럴 때 박진영이나 이수만과 같이 새로운 형태의 글로벌 기업가의 탄생으로 이어질 수도 있다. 여기에 유인촌이나 김명곤과 같이 국정에도 진출할 수 있으며, 수많은 엔터테이너들이 정치지망을 열망하고 있어, 단순한 비례대표가 아니라 머지않아 한국에서도 배우 출신 대통령이 나올 수 있다는 제기가 있어 왔다. 또한 이러한 면을 생각한다면, 그들은 배우자감으로 뒤처지지 않는다.

　하지만, 예측 가능성이 가늠되기 힘들기 때문에 위험부담이 크다. 이러한 면에서 위험 사회 속으로 자발적 선택이 이루어진다. 위험부담이 클수록 도박성은 커지고, 도박은 승자 독식의 구조를 지니기 쉽다. 이러한 메커니즘에서는 성공하면 본인이 주인공이 되겠지만, 그렇지 않다면, 누군가를 위한 독식구조에 포획된다.

　그러한 면에서 울리히 벡이 말하는 것과는 다르게 한국 사회는 '위험 사회'다. 다만, 같은 점은 한 번 시스템이 오류가 나서 위험이 닥치면 그 피해는 가늠할 수 없고 위험은 평균적일 것이라는 점이다.

　어쩌면 사회는 안정 속에서 예측 가능한 위험을 다루는 달인이 아니라 예측 불가능한 불확실의 위험을 자유자재로 다루는 달인을 원하고 있는지 모른다. 우리가 모두 그것에 만전을 기해 대비하고 있는지 알 수 없다. 알 수 없는 기대감에만 잔뜩 들떠서 위험을 다룰 개인적인 차원의 달인 이전에 시스템의 개선에 대해서는 간과하고 있는 것은 아닐까.

# ?!.
# 나쁜 남자 신드롬
나쁜 남자가 좋은 이유


>

　　아버지를 이야기의 중심에 둔 작품이 많은 것은 익히 회자된 사실이다. 〈에덴의 동쪽〉, 〈타짜〉, 〈일지매〉, 〈바람의 화원〉, 〈쩐의 전쟁〉 등이 아버지의 부재를 극전개의 모티브로 삼았다면 〈엄마가 뿔났다〉의 후속극인 〈금지옥엽〉은 아예 세명의 아버지를 중심축에 두고 있다. 한편으로는 악녀, 팜므파탈에 대응하는 옴므파탈 즉 나쁜 남자가 부각된다는 지적도 있었다. 이 역시 '남자'라는 아이콘이다. 착한 남자, 완소남이 인기를 끌던 것과는 다른 트렌드이다.

　　예컨대, 동방신기의 4집에 있는 '주문'은 이런 내용을 담고 있다. "넌 나를 원해, 넌 내게 빠져, 넌 내게 미쳐, 헤어날 수 없어… 넌 나의 노예." 나르시시즘에 빠져서 오만하다. 잘난 체하는 것은 물론 자신은 마음대로 할 수 있다는 투의 노래도 있다.

　　"내가 바람 펴도 넌 절대 피지마… 가끔 내가 연락이 없고 술을 마셔도, 혹시 내가 다른 어떤 여자와 잠시 눈을 맞춰도 넌 나만 바라봐." 상당한 인기를 끌었던 태양의 '나만 바라봐'라는 노래의 일부이다.

　　이렇게 말하는 자기중심적 경향의 남자들을 좋은 남자라고 부를 리는 없을 것이다. 그나마 매력 없는 남성들이 이렇게들 말하면 아마도 여성들은 모두 보기 좋게 따귀를 날릴 것이다. 그만큼 자신 있다는 말일 것이다. 하지만 현실에서 그렇지 못하기 때문에 차라리 그렇게 말하고 싶은 심리를 노래가 대변하고 있는지 모른다.

나쁜 남자를 좋아하는 심리 요인에는 솔직함이 있다. 인간은 욕망의 존재라는 것을 인정하는 것이다. 즉 나쁜 남자의 요건 중 하나는 솔직함이다. 이민우의 '남자를 믿지마'에서는 "결혼하기는 싫고 연애하기는 좋아. 이런 게 남자야. 나는 나쁜 놈이야"라고 자기 고백을 해버린다. 솔직함은 예측 가능성을 높여준다.

상대방에 대한 예측 가능성은 불확실성을 낮춰주는 것이다. 불확실성이나 예측가능성이 낮을수록 갈등은 증가하고 믿음은 저하되기 마련이다. 예측 가능성과 확실성은 통제가능성의 여지를 증가시켜 즐거움을 준다. 연예는 게임이라고 할 때 적절한 긴장은 흥미를 유발시킨다. 적어도 연애에서 밋밋한 관계는 게임과 같은 스릴을 주지 못하기 때문에 선호되지 못한다는 지적도 있다. 그들은 진정 나쁜 남자들이 아닌게 된다.

나쁜 남자의 아이콘으로 각광 받고 있는 이가 드라마 〈베토벤 바이러스〉의 강마에, 김명민이다. 강마에는 자신이 느끼고 생각하는 대로 표현한다. 그는 할 말은 다 한다."내가 저딴 쓰레기들을 데리고 공연을 해야 된다고! 바로 너 때문에!"라고 말하는 것은 약과다. 이런 말은 좀 세다.

"방금 들은 연주는 쓰레기입니다. 이건 뭐 도저히 참아줄 수가 없네요. 저는 더 이상 브람스를 이 따위 연주로 더럽힐 수 없습니다. 비싼 돈 주고 표 사서 들어오셨죠? 당장 주최 측 가서 환불 받으시고, 그 돈으로 브람스CD를 사서 들으세요. 집에 가서 샤워들 꼭 하시고, 특히 귀에 때를 빡빡 밀어주시기 바랍니다."

직설적으로 말하는 가운데 상대방의 자존감이나 명예는 생각하지 않는다. 예컨대 그가 한 이런 말을 되새기면 확실하다. "니들은 내 악기야. 난 오케스트라라는 악기를 연주하는 거고 니들은 그 부속품이라구. 늙은 악기, 젊은 악기, 울며 뛰쳐나간 똥덩어리 악기, 회사 다니는 악기, 카바레 악기, 대드는 악기… 아니, 니들은 그냥 개야. 난 주인이고. 그러니깐 잔말 말고 시키는 대로 짖으란 말야."

이러한 말을 하는 그가 '똥덩어리'라는 말을 달고 다니는 것이 그렇게 낯설지 않다. 그런데 심한 말을 하는 그에게서 오히려 묘한 매력을 느끼게 된다. 이런 말이 대표적이다. "이기적이 되어야 합니다. 여러분은 너무 착해요. 아니, 착한 게 아니라 바봅니다. 부모 때문에, 자식 때문에, 애 때문에, 희생했다? 착각입니다! 결국 여러분들 꼴이 이게 뭡니까? 하고 싶은 건 못하고, 생활은 어렵고, 주변 사람 누구누구들 때문에 희생했다. 피해의식만 생겼잖습니까! 이건 착한 것도, 바보인 것도 아니고, 비겁한 겁니다!"

그의 악행(?)이 가늠 되지 않지만, 곧 나름대로 선의의 맥락이 있다는 사실을 알게 된다. 물론 할 말을 다하면 결핍의 존재인 인간의 세상에서 누군가 상처를 받기 마련이다. 그러나 상처를 받는 것을 두려워하면 아무것도 할 수 없다고 여기는 강마에게서는 원칙을 강조하면서 실력으로 말하면서도 무엇인가 모를 순수한 열정이 느껴진다.

오히려 그는 실력 있는 이들을 한없이 편애한다. 실력 없는 이들에게는 가차 없이 냉혹한 인간이지만, 실력 있는 이들에게는 훌륭한 리더이다. 강건우의 천재성을 확인한 뒤에 그는 "저런 재능을 갖고 여태껏 뭐한 거야! 저런 병신 같은 게…"라는 말까지 남긴다.

어떻게 보면 그의 논지는 '너 자신을 알라'이다. 우리 사회에서도 예술을 장식으로 하는 경향이 있다는 사실을 비추어 보면 더욱 그렇다. 여기에서 클래식은 우리 사회의 장식적인 무엇인가 그럴듯한 것들을 모두 함축하고 있는지 모른다. 진정한 자신의 발전을 위해서는 자신이 좋아하는 일,

잘하는 일을 해야 한다고 말하며, 그렇지 않으면서 장식적인 효과만 누리려는 행태에 가감 없이 독설을 날리는 강마에이다. 그럴듯함 때문에 본인뿐만 아니라 다른 사람들에게도 치명적인 해를 줄 수 있다는 것이다.

하지만 그는 큰소리만 치는 위선적인 독재형 리더가 아니다. 악기를 기본적으로 다룰 줄 알며, 어느 악기가 어떤 상태이며 어떤 소리가 어떻게 틀어져 있는지까지 정확하게 집어내는 전문가 중의 전문가이다. 흔히 지엽적인 것보다 큰 그림을 보아야 하지만 강마에 같은 지휘자는 나무도 보고 숲도 보면서 숲도 보고 나무도 동시에 보는 혜안을 가졌다.

수많은 악기와 연주자들을 다양성과 통일성이라는 맥락에서 조화를 이루게 해야 한다. 다양성과 통일성은 21세기 세계화의 화두이기도 하다. 무엇보다 강마에는 자신의 이기성에 따라 움직이는 인물이지만 동시에 끝까지 책임을 지는 리더상을 보여준다. 그는 오케스트라 단원이 가짜라는 말을 듣고 확인하러 온 시장에게 이렇게 말한다. "내 악장입니다! 여기 있는 사람들 내 오케스트라 악장이고 내 단원들입니다! 함부로 무시하는 거 나 못 봐줍니다. 이 사람들을 무시할 권리는 오직 저한테만 있습니다."

자기의 이기적인 욕심만 채우고 자신의 조직 구성들을 팽개치는 리더와는 다른 모습을 보여준다. 이러한 모습이 그를 절대 악인이라고 볼 수 없는 이유다. 듣기 좋은 소리만 하는 리더가 조직을 발전시킬 수 있는지는 알 수 없다. 자신을 속이는 리더는 결국 갈수록 구성원을 신뢰하지 못하게 된다. 그러한 태도는 반대로 리더에 대해 구성원이 신뢰하지 못하도록 하는 악순환에 몰아넣는 원인이 된다. 솔직하게 자신의 생각과 지향점을 밝힐수록 그것에 보조를 맞출 수 있다. 또는 그것을 거부하거나 수정·타협하면서 일정한 목표에 다가갈 수 있을 것이다. 그런데 나쁜 남자는 연애할 때만 좋다는 말이 있다. 물론 악녀나 나쁜 여자도 마찬가지다. 강마에가 실제로 조직 안에 현연해 있다면 초지일관 불편할 수 있겠다.

# ?!.
# 평강공주-선화공주의 멸종
빈번한 재벌 2세 선호 콘텐츠의 징후

>

　　한 조사에 따르면, 남성들 사이에서는 골드미스를 기피하는 경향이 있다고 한다. 여기에서 골드미스는 경제적인 능력이 있는 여성을 말하는데, 대개 전문직에 종사하는 미혼여성을 말한다. 물론 전문직 종사자로 고소득을 올리려면 일정한 위치를 차지해야 한다. 남성들이 꺼리는 이유는 몇 가지로 요약된다. 하나는 사회적 지위와 네트워크가 넓고도 깊을 수 있기 때문에 골드미스와 어울리기가 부담스럽다는 것이다.

　　즉 쉽게 말하면 골드미스의 친구나, 선후배는 사회적으로 잘나가는 사람이 많기 때문이라는 것이다. 그 다음으로 드는 것은 까탈스럽다는 것이다. 즉 교육 수준이 높고 취향도 평범하지 않기 때문이다. 보통 골드미스들은 무난한 남자를 선호한다고 말하지만 무난한 수준이라는 것이 보통을 뛰어넘는다는 것이다.

　　선물로 웬만한 이벤트를 준비해도 감동하지 않고, 장소와 공간은 모두 이미 다 섭렵했다. 공연예술작품도 마찬가지이다. 사실 남성 입장에서는 여성을 위한 이벤트와 콘텐츠에 반응이 있어야 흥이 나는 법이다. 더욱이 경제적 수준이나 취향의 수준에 따른 소비를 볼 때 지레 겁을 먹게 된다는 것이다. 주눅이 들고, 심지어 가정 경제를 제대로 이끌 수 있겠느냐고 말한다.

〈시크릿 가든〉에는 까도남(까칠하고 도도한 남자)이 등장했다. 사실 현빈 정도가 되어야 까도남이 귀엽고 예쁘게 보이는 법이다. 정말 최민수나 조재현과 같은 캐릭터가 까도남이라면 재미가 없을 것이다. 나아가 까도남 김주원(현빈)이 돈이 없는 무일푼, 아니 비정규직이라면 쳐다도 보지 않았을 것이다. 김주원이 재벌 2세라는 타이틀을 가지고 있기 때문에 가능한 일이다.

재벌 1세대는 산전수전을 다 겪은 역전의 용사들이 많다. 한국의 경우, 일제시기와 한국전쟁 등을 겪으면서 고생도 많이 해서 무일푼으로 자수성가를 한 경우가 많다. 그 과정에서 부정한 일을 저지른 경우도 있지만 자신의 행동으로 축적을 일구어낸 것은 평가를 받아야 한다. 그런데 재벌 2세, 3세의 경우에는 자신의 혼자 힘으로 이루어내는 경우가 별로 없다. 그것이 경영 승계 실패로 나타나는 경우도 빈번하다. 그들은 자신이 축적하지 않은 것을 바탕으로 비주얼한 생색을 내는 존재로 비치기도 한다.

한국의 특수한 문화 때문에 후계자로 자신의 직계 자식을 임명하는 것이 실제이지만 능력을 중요하게 생각하는 공정한 사회의 시각에서는 마땅하지 않은 일이다. 이 때문에 드라마에서 이를 반영하는 것은 타당하지 않을 것이고 이러한 점은 문화적 인식차이 때문에 해외에서 선호되지 않을 가능성도 있다. 어쨌든 한국에서는 암묵적으로 재벌 2세에 관한 드라마나 영화가 많고 그것이 호응을 받는 것은 가족주의적 승계를 용인하는 문화가 아직 남아 있다는 것이고, 시청층을 고려할 때 아직도 젊은 세대까지 강력하게 용인되고 있음을 알 수 있다. 가족주의적 승계가 과거의 문화이고 앞으로 없어질 것이라고 여기지만, 꼭 그렇지만 않다는 것을 바로 이러한 대중문화 콘텐츠에서 확인할 수 있는 대목이다.

합리적인 서구의 가치관에 바탕을 둔 교육을 받았다고 해도 결국 이러한 후계자들에게 관심을 갖고 있는 것 역시 젊은 세대들의 특징이며 그것은 결국 자기편향적인 원리에 따른 결과이기 때문이라고 분석된다. 무엇보다 여성들의 경우 재벌이라는 단어 자체가 주는 거부감에도 불구하고 로맨스를 꿈꾸고 있는 것은 대중의 욕망을 다시금 재확인시킨다. 이러한 캐릭터에 대한 욕망은 더욱 치열한 경쟁을 예고하는 것이기도 하다.

골드미스 이야기를 하다가 이렇게 재벌 2세 선호 현상에 대해 이야기하는 이유는 바로 여기에 있다. 군청 아나운서 모집에서 수백 명이 지원을 하고 있고 예전에는 인기가 없던 케이블TV나 홈쇼핑 호스트 모델 모집에도 엄청나게 많은 여성들이 몰려든다고 한다.

이를 지적하는 비판자들은 비쥬얼을 너무 중요시하는 문화가 강해지고 있다는 점을 말한다. 물론 내부에 종사하는 사람들은 밝은 면보다는 어두운 면을 더 많이 토로하기도 한다. 결국 보여지는 그럴듯함이 기호의 1순위가 되며 그것은 재벌 2세 등의 부유층 이미지와 맞물린다. 아나운서와 재벌 2세의 공통점은 다른 이들이 만들어놓은 축적물을 바탕으로 화려하게 드러난다는 것이다.

재벌 2세와의 로맨스를 그리는 것은 본능적일 수도 있지만, 한편으로는 여성의 경제적 지위와 권리의 신장과 맞물리고 있는 또 하나의 현상이며 그것은 이미 현실과는 너무 거리가 멀어 콘텐츠를 통한 대리충족 중독의 연속이라는 비극적 결과를 내포하고 있다. 진화심리학적으로 잘생긴 남성은 예쁜 여성보다 적다.

예쁜 여자에 대한 남자의 경쟁보다 예쁜 남자를 향한 여자들의 경쟁이 더 강한 것이다. 여기에 외모도 예쁘고 부와 지위를 함께 가지고 있는 남성은 더욱 드물다. 그것이 바로 재벌 2세라는 직업군이 드라마와 영화에 단골로 등장하고 최근에 더욱 심해진 이유이다. 여성의 사회적·경제적 지위가 높아질수록 그에 상응하는 남성은 희귀해질 것이고 경쟁은 치열해질 것이다.

그것은 바로 남성은 여성보다 더 나은 조건을 가지고 있어야 한다는 심리적 배경이 작용하고 있는 것이다. 그런 면에서 본다면 평강공주와 온달이나 선화공주와 서동의 설화는 이 시대에 존립하기 힘들고 앞으로 더 그럴 것이다. 그것들은 남성이 만들어낸 환타지일지도 모르기 때문이다. 하지만, 능력 있는 남성에 영합하기보다는 잠재성 있는 남성을 발굴하겠다는 평강과 선화가 더 능동적이고 혁신적이다.

# ?!.
# 한국인, 남의 결혼생활에
# 열광하는 이유

＞

　한때 〈일요일 일요일밤에〉의 '우리결혼했어요'라는 코너가 인기였는데 연예인들의 가상 결혼 생활을 통해 흥미를 이끌어 내고 있다. 보통 사람들의 결혼생활에 대한 궁금증은 〈부부클리닉-사랑과 전쟁〉의 10년 장수를 낳기도 했다.

　물론 가상이기는 하지만 젊은 스타들의 결혼생활을 라이브로 보여주니 리얼버라이어티 쇼라고 할만 하다. 이전에 관음주의가 작용하고 있다는 말도 전혀 틀린 말은 아니다. 결혼에 대한 공론화된 장이 없을 때 역시 관음주의는 더 일어날 것이다. 문화 콘텐츠는 간접적인 공론장이 된다.

　드라마 〈미우나 고우나〉의 인기 비결 중 하나도 마찬가지다. 일일드라마의 공통된 주제는 가족이다. 하지만 엄밀하게 말하면 결혼이다. 전통적인 사회에서 결혼의 유무는 매우 중요하게 심리적인 작용을 해서 결혼을 하지 않으면 어른이 아니고 결혼을 하면 어른이다.

　아무리 어리다고 해도 혼인여부에 따라 어른의 기준이 달라졌다. 처녀귀신이 가장 억울한 원혼 귀신인 것은 결혼을 하지 못했기 때문이다. 결혼은 당사자 간의 문제가 아니라 가족과 가족, 가문과 가문 간의 일이었다. 이 때문에 한 사람의 결혼에 전 가족이 달라붙게 마련이다. 이런 내용을 다루면 이로써 가족 드라마라는 딱지가 쉽게 붙는다. 결혼은 순수한 사랑의 결실을 의미하기도 하지만, 그 이면에 순수하지 않은 물질-재산의 관계가 야누스처럼 얽혀 있다.

KBS 일일 드라마 〈미우나 고우나〉의 인기가 40%의 시청률을 넘나들면서 그 인기가 식을 줄 모르고 종방으로 치달았다. 중년 연기자의 중심과 젊은 연기자의 열정적인 태도가 어우러지고, 부담없이 즐길 수 있는 가족 드라마라는 안정적인 콘셉트가 인기 요인으로 꼽혔다.

여기에 좌충우돌이지만 순수한 백호와 발랄하면서도 똑부러지는 단풍 커플의 매력 때문일까. 이른바 '평강공주와 바보 온달형' 멜로 때문만은 아닐 것이다. 아니면, 다양한 가족의 형태가 등장하기 때문일까. 단순히 사랑 찾기나 성공 스토리의 결합이나 출생의 비밀이 전부도 아니다.

적어도 〈미우나 고우나〉는 결혼을 둘러싼 긴장과 논란을 잘 활용하고 있다. 백호와 단풍의 결혼 골인기와 선재-지영의 결혼 불성립은 묘한 대비를 이루면서 극적 긴장과 재미를 주었다. 결국 관심 포인트는 결혼이 이루어지는가, 아닌가이다.

자신의 영달을 위해 사랑-결혼을 버린 인물에게 내려지는 것은 징벌이다. 권선징악은 한국대중들이 선호하는 결말인데, 〈미우나 고우나〉에서도 반복되고 있다. 선재의 악행은 사랑하는 사람을 버리고, 사랑하지 않는 이와 결혼해 영욕을 취한 데 있다.

만수[이정길]와 동지[김해숙]는 재혼에 성공한다. 두 사람 역시 부모님의 반대로 결혼을 하지 못했다. 만수의 어머니 최여사[김영옥]는 더 이상 반대는 하지 못하지만, 재산을 넘보지 않겠다는 각서를 동지에게서 받는다.

신분의 차이를 뛰어넘는 결혼은 단순히 신데렐라 드라마만이 아니라 멜로의 기본 요소이니 전형적이다. 달현[김찬우]와 쏘냐[예바], 미애[이자영]의 삼각

관계도 결혼에서 벗어나지 못한다. 관심사는 잘못된 결혼을 유지할 것인가, 아니면 새로 결혼을 이룰 것인가이다.

종순(김혜옥 분)은 아들 선재(조동혁 분)와 애인 지영(이영은 분)을 헤어지게 만든다. 여기에서 헤어지게 만드는 것은 결혼을 하지 못하게 하는 것이다. 종순은 지영이 며느릿감인데 손찌검까지 한다. 대신 대기업의 딸 수아(유인영 분)를 자신의 아들과 결혼시키려 하는 것이다.

종순의 악랄한 행동은 이른바 사랑, 아니 결혼의 방해다. 이러한 방해는 한국 일일드라마의 단골 설정이자, 전통 세대들의 마음의 상처를 건드리는 것이기도 하다. 결혼은 집안문제였기 때문에 전적으로 결혼 당사자인 개인에게 달려 있는 것이 아니었고, 이 때문에 여러 마음의 상처가 생기고는 했다. 종순의 '어떻게 니 아들이 감히 우리 딸을'이라는 말에는 자녀의 결혼에 대한 분노와 수치심이 담겨 있는데, 이는 자녀의 결혼으로 일어나게 될 현상에 대한 불안감과 공포감의 또 다른 형태의 표출이다.

진실한 사랑과 결혼을 방해하는 악역의 등장은 극의 재미를 더한다. 악역 캐릭터가 극력할수록 드라마를 보는 사람들은 정의감에 차서 더욱 존재감을 느끼며, 어느새 흥미 있게 몰입한다. 악역의 행동에 분노하는 사이 사람은 어느새 자신의 에너지를 그 드라마에 쏟아버린다.

사람은 자신이 에너지를 들인 대상에 대해서 애착을 갖기 마련이다. 계속 주목하기 마련이고, 시청률은 올라간다. 여전히 관심 사항은 사랑을 결혼으로 이루는가, 그렇지 않은가이다. 사랑의 종착역은 반드시 결혼이 되어야 한다. 〈미우나 고우나〉가 초반부터 시청자의 눈길을 잡은 것은 겹사돈 콘셉이었다. 겹사돈을 둘러싼 긴장감과 궁금증, 그리고 논란의 핵심은 역시 결혼이다.

겹사돈은 하나의 금기에 해당한다. 대중문화 콘텐츠에서 금기사항의 위반은 호기심을 자극하고 논란을 불러일으키면서 사회적 관심을 끌기 마련이다. 예컨대, 〈하늘이시어〉에서는 자신의 딸을 입양하는 설정이 논란이 되었고, 〈아현동 마님〉에서는 사촌동생 입양 논란이 있었다. 결혼은 많은 금기 사항과 연결된다.

이상적인 결혼은 무엇인가. 그것을 확정적으로 드러내지는 않지만, 상대적으로 부각시킨다. 이상적인 결혼은 순수한 사랑의 반대 편에 물질적 욕망을 대척적으로 성립시켜야 존재할 수 있다.

종순은 돈이 많은 집의 며느리를 보고 싶어 했는데 이로써 어느새 초반의 예쁜 미소와 푼수 끼가 사라지고, 비현실적인 악인으로 변해야 하는 태생이 된다. 초반의 결혼을 물질적인 관점에서 보는 최여사(김영옥)도 악인이다. 이러한 면에서 순수한 사랑과 결혼의 주인공 단풍과 토지용도변경을 두고 부딪힐 수밖에 없었다.

선재는 펀드매니저로 손해 본 것을 통해 부잣집 덕을 보려 한다. 처음에는 사랑에 고민하지만, 결국 자신의 이익을 위해서 사랑하지 않는 여성과 결혼한다. 그리고 자신의 욕망을 이루기 위해 갈수록 악행을 더욱 저지르게 된다. 순수한 사랑으로 맺어지는 결혼을 의심하는 최여사와 선재가 연결되는 것은 어쩌면 당연한 노릇이다.

한국인의 심리상 선재 같은 인물이 성공하면 안 된다. 이러한 점은 순수한 사랑의 결실인 결혼을 이용하는 등장인물에 분노를 자아내게 만든다. 물론 분노를 자아내는 사람은 정의롭고 윤리적·도덕적인 존재가 될 것이다. 만약 선재가 〈하얀 거탑〉의 장준혁(김명민)이라면 어떠했을까. 무조건적인 악역으로 분하지는 않았을 것이고, 인과응보의 권선징악으로 귀결되지도 않았을 것이다. 장준혁의 관점으로 보자면 〈미우나 고우나〉는 고리타분하다.

물론 〈미우나 고우나〉와 같이 순수한 사랑의 결실인 결혼의 뒤에는 모두 행복하게 살아야 하며, 행복하지 않은 삶은 없어야 한다. 실제로 현실이 그렇지 않기 때문일까. 결혼을 정말 중요하게 생각한다면 〈미우나 고우나〉는 재미있고 드라마틱하다. 행복한 결혼 생활에 대한 선망과 꿈이 있다면 한 번쯤 몰입할 만하다.

하지만 결혼이 그렇게 중요하지 않다고 생각한다면 진부한 설정의 드라마가 될 뿐이다. 그런 심리라면 더욱 결혼이란 것은 가상 리얼리티쇼로 즐길 소재에 머물 뿐이다. 여러 자료를 볼 때 한국인들의 결혼에 대한 생각은 끊임없이 변하고 있는 것만은 사실이다. 순수한 사랑의 결실과 권선징악의 귀결이라는 점에서 볼 때 〈미우나 고우나〉가 그 변화의 지점을 반영하고 있지는 못하다.

# ?!.
# '섹스 앤 더 시티'
# 판타지

> 미국 거리에 여성들이 없다는 말이 우스개 삼아 흘러나왔다고 한다. 〈섹스 앤 더 시티〉 때문이었다. 90% 가까운 주 시청층이 여성이기 때문에 나온 말이다. 어느새 여성의 성과 직장, 일상을 다룬 모든 대중문화콘텐츠의 기원을 〈섹스 앤 더 시티〉로 잡고 있다.

드라마 〈달콤한 나의 도시〉도 〈섹스 앤 더 시티〉의 한국판이다. 흉내 냈다고 말한다면 만든 사람이 유쾌하지는 않을 것이다. 〈섹스 앤 더 시티〉 가 현대 여성들에 대한 대중적 기폭제가 된 것만은 사실이다.

이에 영향을 간접적으로 받지 않은 작품은 있을 수 없을 만큼 신드롬을 일으켰던 것도 사실이다. 더구나 오랫동안 텔레비전 시리즈로 인지도를 높여왔고, 긴 전체 이야기를 압축적으로 알 수 있다는 매력에 영화에 대한 관심은 증가할 법하다. 하지만 한국은 한국이고 미국은 미국이다.

한국에서는 미국의 현실로 읽힐 수 있지만, 미국에서조차 그러한 여성은 존재하지 않는다는 것이다. 대체로 다음과 같은 지적들이 많다. 뉴욕 자체가 최고의 도시적 삶을 의미한다면 그곳의 거주민인 뉴요커 여성들의 화려한 전문직업과 그에 따른 당당함과 자신감은 부러움의 대상이 된다.

4명의 여성들이 겪는 성과 사랑, 우정과 일상을 솔직하게 그린다고 하지만 그것의 포인트를 성과 패션, 일종의 섹슈얼리티와 허영의 소비학으로 보는 시각도 많다.

그러나 한 조사에 따르면 여성들이 〈섹스 앤 더 시티〉에서 부러운 것은 전문 직업과 자신감이 1위를 차지했다. 탄탄한 전문 직업이 있다면 자신감이 넘치는 것은 당연할 것이다.

즉 현실에서는 탄탄한 직장을 갖지 못하는 여성들이 오히려 이런 영화들을 보고 위안삼고 싶어 하는 것일지 모른다. 이를 도피라고도 볼 수 있지만 대중영화가 사람들을 잠시나마 대리 충족시키는 기능이 있다고 할 때 전혀 의미가 없는 것은 아닐 것이다. 중요한 것은 그들이 겪고 있는 대한민국 사회의 환경적 조건이기 때문이다.

초등학교 교사의 70% 이상이 여성인데 여교장의 비율은 10%에도 못 미친다. 경제활동 참여율은 50%에 불과하다. 여성 임금은 남성의 67.8%로 30% 이상 차이 난다. 노동부 조사 결과에 따르면 여성 정규직과 비정규직의 임금격차가 19.8%로 남성[11.6%]에 비해 훨씬 큰 것으로 나타났다.

여성 비정규직에 대한 차별이 더욱 심한 것을 알 수 있다. 70%는 비정규직이다. 경기도 가족여성개발원 조사에 따르면 비정규직 여성 노동자의 95.3%가 승진 경험이 없다고 밝혔다. 직무에 대한 성차별 통념과 불법파견은 여전하다. 여성들이 가장 가고 싶어 하는 공무원이나 교사직은 감축의 대상으로 떠오르고 있어서 현실은 더욱 잿빛이다. 재계약을 위해 성희롱을 참는다는 응답자가 20%에 이른다는 조사결과도 있었다. 유통점에서는 39%나 되었다. 하루 종일 서 있어서 방광염에 걸리거나 하지정맥류에 걸리는 여성도 47%에 달했다.

경제적으로 자립할 수 있는 든든한 직장을 가지고 있다면 풍요로운 삶을 누릴 수 있을지 모른다. 성희롱에 당당히 항의를 하며, 오줌을 누고 싶을 때 누고 자리에 앉을 때 앉을 수 있는 자기결정권을 고민하지 않아도 될 것이다. 거리의 콘크리트 위에서 먹고 잘 필요가 없으며, 이런저런 이유로 노동의 대가를 얻지 못하는 일도 없을 것이다.

〈섹스 앤 더 시티〉의 네 명 주인공처럼 말이다. 오직 그들이 고민하는 것은 일과 사랑, 자아의 성취에 대한 실존적 고민이다. 결국 인간답게 살고 싶은 욕망의 집합체가 〈섹스 앤 더 시티〉이다. 미국식 모델을 선망하는 지구촌 여성의 욕망을 보편적으로 대변하고 있는지 모른다.

그녀들은 자신이 원하는 남성과 연애하고 결혼을 꿈꿀 것이다. 사랑과 일에서 주체가 되는 것이다. 또한 자신이 원하는 음식, 패션을 구가할 수 있을 것이다. 얼마나 기본적인 것인가. 물론 그러한 주인공들의 생활은 미국 여성들도 꿈꾸는 것이며, 세계의 상품 소비 자본주의와 밀접하게 연결되어 있다.

무엇보다 스스로 충족하는 자아만족이 아니라 상품과 대상을 통한 즐거움의 충족에서 벗어나지 못한다. 그것은 언제 착륙할지 모르는 원주민들의 비행기와 같은 물신의 판타지임은 여전하다.

현실이 어렵다고 언제까지 현실에서 도피하는 〈섹스 앤 더 시티〉 안에만 있을 수는 없는 노릇이다. 환상적인 골드미스론도 뉴요커 여성에 버금갈 만큼 하나의 팝콘영화와 같은 동등한 지위를 지닌다. 그러나 팝콘이 밥이 될 수는 없다.

한국적 현실에서는 여전히 상상이나 도피가 아니라 리얼리티의 액션이 필요하고 그것이 현실을 조금씩 바꾼다. 누군가 바꾸어 놓은 길에 무임승차하는 버릇은 정치인에게만 있는 것은 아니다. 현실에서 〈섹스 앤 더 시티〉는 없다.

# ?!.
# 아빠의 정체성을
# 찾습니다

> ### 똥오줌 못 가린 아빠들 : 출생의 비밀과 아빠의 심리

아이의 똥오줌을 가려준 부모의 고생과 보살핌을 드라마에서까지 지워버릴 필요가 있을까?

80년대 반쪽이의 만화집 〈민주주의를 위해 포기하세요〉를 보면 20대 여성이 아이 포대기를 허리 뒤로 매고, 대성통곡하며 전화하는 장면이 나온다. "엄마 나 이렇게 살아야 돼?" 자신의 신세가 한탄스럽고도 울화통이 터기도 했던 모양이다. 어린 아이의 똥오줌을 치우느라 정신없을 애 엄마의 일상이 그림 한 컷으로 압축되어 있었다.

갓난아기의 아빠는 그림에 등장하지 않는다. 언제나 아빠는 부재중이다. 아이에 대한 갖은 뒤치닥거리는 고스란히 엄마의 몫이다. 사실 입양을 선호하는 서구 사람들 중에는 아주 갓난아기보다는 어느 정도 자란 아이를 입양하는 경우가 많다.

갓난 아이 보기는 정말 전쟁이기 때문이다. 언제 똥오줌을 쌀지 모르며 그것을 하루에도 몇 번이나 다 치워내야 한다. 배고프다고 언제 울지

알 수 없고, 시도 때도 없이 아프며, 밤에도 잠을 자지 못하게 만든다. 잠시도 눈을 뗄 수 없는데 방금까지 멀쩡하다가도 어떻게 움직일지 알 수 없는 것이 갓난아기이기 때문이다. 이러한 단계를 건너뛴다면 아이를 키울 만도 할 것이다.

MBC 〈주몽〉에서 해모수는 유화 부인이 임신한 사실도 모른다. 그러나 20여 년 해모수가 갇힌 동안 유화 부인은 주몽(송일국)을 건장한 청년으로 길러낸다. 물론 해모수는 주몽의 똥오줌을 받아본 적이 없다. 그럼에도 단지 자신의 자식이라는 이유로 감격해 한다. 그 아버지에 그 아들인가. 주몽 역시 유리의 얼굴을 보지도 못한다. 주몽이 떠난 뒤 예소야(송지효) 홀로 갖은 고초를 겪으며 유리를 키워낸다. 물론 주몽도 유리의 똥오줌을 받아낸 적이 없다. 주몽도 다 자란 유리를 보게 된다.

MBC 〈발칙한 여자들〉에서 정석(정웅인)은 부잣집 딸과 결혼하기 위해 조강지처인 송미주(유호정)를 버린다. 송미주는 이미 아이도 있는 상태였다. 정석은 아이의 똥오줌을 가려본 적도 없다. 그러나 세월이 흘러 송미주는 다 자란 고교생 정현준(김범)을 데리고 나타난다. 물론 정석은 자신이 버린 생각은 하지 않고 아들 주위를 어정거린다.

KBS 대하드라마 〈대조영〉에서 대중상(임혁)은 자신의 아이 조영(최수종)의 똥오줌을 받아내기도 전에 생이별을 한다. 고구려에 해가 되는 운명이라 연개소문이 그를 죽이기 위해 중간에 끼어들었기 때문이다. 아이러니하게도 조영은 연개소문의 손에서 자라나게 되고, 어느 날 갑자기 청년으로 장성한 대조영이 아버지라고 부르며 나타난다. 드라마 초반부에 이미 대조영의 어머니는 갖은 고생을 다하다가 비명에 운명을 달리 한다.

SBS 〈서동요〉에서 위덕왕(정욱)은 하룻밤 사랑으로 장(서동, 무왕: 조현재 분)의 아버지가 된다. 위덕왕 역시 서동의 똥오줌을 받지 않으며, 그 역할은 서동의 어머니 연가모(이일화)의 몫이었다. 어느 날 세 번째 왕자, 청년 서동이 위덕왕 앞에 등장하는 것이다.

SBS 〈눈꽃〉에서 유건희(이재룡)는 이강애(김희애)와 결혼해서 다미(고아라)를 낳았음에도 집안의 반대로 다른 여성과 결혼을 하고 다른 아이의 아버지가 된다. 물론 그도 다미의 똥오줌을 모른다. 어느새 다미는 숙녀로, 대중스타로 성장해 유건희 앞에 나타난다. 부정적이건 긍정적이건, 사태는 심각해지고 아버지와 자식이라는 이유로 관계는 급진전 된다.

SBS 〈게임의 여왕〉에서 이신전(주진모)은 아버지 복수를 위해 강재호(한진희)의 딸 강은설(이보영)에게 접근한다. 전략적인 접근이었지만 그것도 모르고 강은설은 임신한다. 이신전은 아이를 없앨 것을 종용한다. 강은설은 아이를 지웠다고 말하지만, 실제는 출산을 했다. 이신전이 사고 때문에 일어난 기억 상실로 방황하고 있는 사이 강은설은 둘의 아이 여름이를 묵묵히 키워낸다. 그리고 이신전 앞에 여름이는 떡하니 놓여진다. 이신전 역시 여름이의 똥오줌 한번 가린 적이 없다. 자기 자식이라고 하니까 아들이 된다.

영화 〈내 생애에 가장 아름다운 일주일〉에서 박성원(김수로)은 병원에서 자신의 딸인 진아와 뜻하지 않게 대면한다. 역시 박성원은 자신에게 아이가 있었는지조차 몰랐으니, 똥오줌을 보았을 리도 없다. 처음에 박성원은 부정하지만 처음부터 진아는 쉽게 그를 따른다.

그렇다고 이런 드라마에서 어머니가 아이를 키우는가 하면 그렇지도 않다. 드라마에서 아이 키우기 전쟁은 거의 등장하지 않는다. 어린 부부가 아이를 키운다는 〈원더풀 라이프〉 정도가 전부이다. 영화 〈세 남자와 아기바구니〉 같은 설정도 찾기 힘든 것이다. 여성 주인공이 아이를 낳고는 어느 날 갑자기 어린 아이는 다 자라 있다. 즉 한국 드라마에는 육아 과정이 거세되어 있다. 더구나 난생 처음 보는 아버지, 자식 간의 관계가 현실성 없이 전개되기 일쑤이다. 처음에는 물론 낯설다가 곧 아버지와 아들의 관계로 익숙해진다. 그 이유는 오로지 피를 나누었다는 이유 하나이다.

당연히 아이와 부모의 관계는 혈연적·유전적인 요인만으로 그 관계가 성립되는 것은 아니다. 그것은 시간과 공간 속에서 대면에 따른 접촉 기억의 공유에 따라서 형성된다. 따라서 〈소문난 칠공주〉에서 출생의 비밀이 밝혀지면서 설칠(이태란)이 자신을 키워준 어른(박인환)에게 하루아침에 아버지가 아닌 원수라면서 격하게 대하는 것도 오버였다. 〈하늘이시여〉 같이 다만 익숙함만 느낄 뿐이지 보통 어머니인지 아버지인지 가늠하기 힘들다. 즉, 낳아준 사랑보다 키워준 사랑이 더 깊을 수 있다. 혈연관계라는 이유만으로 관계가 쉽게 익숙해진다는 설정은 안이하다.

아기가 거세되어도 나름대로 다른 접근은 자유롭게 허용될 수 있을 것이다. 영화 〈포레스트 검프〉에서 제니가 포레스트 검프에게 자신의 아들인 검프 2세를 소개하자, 포레스트는 자신과 이름이 똑같다고 반가워한다. 그리고 제니에게 "애 엄마가 되었구나" 하며 아쉬움의 말을 건넨다. 수십 년간 제니를 사랑했지만, 결국 제니는 다른 사람의 아내가 되었다고 생각했기 때문이다. 그러나 제니는 검프 2세라는 이름은 아버지의 이름을 딴 것이며, 그 아버지가 바로 포레스트 검프라고 말한다.

제니도 역시 몰래 아이를 낳아 키웠고, 어느새 아이는 난데없이 똥오줌을 가리는 초등학생이 되었다. 이에 검프는 기뻐하기보다는 놀라면서 두려워한다. 자신과 같이 정신 지체인이지 않을까 싶었기 때문이다. 제니는 너의 잘못은 없다고 말한다. 그리고 아이는 매우 똑똑하다고 말한다.

포레스트는 〈아이 엠 샘〉의 샘(숀 펜)과 같이 아버지의 역할을 잘할 수 있을지 몰라 부담감을 느낀다. 자기 자식이라고 무조건적으로 집착하는 모습과는 거리가 멀다. 둘의 관계가 부모 자식 관계라며 갑자기 친해지는 관계로 급진전되지도 않는다. 더욱이 제니가 곧 불치병 때문에 죽음으로써 온전히 남은 양육은 포레스트의 몫이 된다. 이 때문에 〈포레스트 검프〉

는 페미니즘적인 요소가 가미된 영화라고 평가하는 이도 있다.

드라마 속 한국의 아빠들은 두렵거나 부담감을 느끼는 내색이 없다. 물론 아이의 똥오줌을 받아내며 아이 때문에 밤잠을 설치는 과정에도 있을 수 없다. 무엇보다 한국 드라마에서 갓난아기들은 산부인과에서만 존재하고, 집에 온 갓난아기와 갓난아기 기르기는 거세 된다. 현실에서 아이는 자신의 똥오줌을 가려준 부모의 고생과 보살핌을 아예 기억조차 못한다. 그렇다고 드라마에서까지 지워버릴 필요는 없지 않을까.

## 아빠가 왜 필요해?

한국에 미국과 같이 어머니날과 아버지날이 따로 있다면 아마 아버지날은 없어질지도 모른다. 아이들이 아빠 하면 떠올리는 이미지는 은행이라는 말이 있다. 엄마하면 떠오르는 이미지에는 식당, 미장원, 도서관. 세탁소, 병원을 떠올린다. 그만큼 엄마는 아이들에게 다방면에 영향을 미치는 존재이지만, 아빠는 그저 돈을 벌어오는 기계쯤인지 모른다. 하지만 이마저도 위험한지 모른다. 요즘에는 여성들이 경제적으로 더 우월한 지위에 오르는 경우가 많아졌으니 말이다.

"도대체 아빠가 왜 필요한 거예요?" "아빠들은 돈을 번다." "우리 집 돈은 전부 엄마가 버는 걸요." "아빠는 운전을 하지." "울 엄마도 할 수 있어요." "아빠는 고장 난 물건을 고친단다." "그건 엄마도 할 수 있다니까요."

《아빠가 길을 잃었어요》라는 책의 일부 내용이다. 아빠는 과연 필요한 것일까? 아버지의 위기를 대변하는 말이다. 아빠만이 할 수 있다던 일들은 이제 엄마가 다 해낸다. 가정에서 독특한 아버지의 역할은 줄어드니 아버지의 역할에 의문점이 생기는 것은 당연한지 모른다. 더욱이 아빠들은 가정에 있지 않고 직장에 더 매달려 있으니 말이다.

신화 속에만 있는 것으로 여겨졌던 '아마조네스', 즉 여자만 존재하는 세계의 시대가 도래할 것이라는 보도도 있었다. 영국과 독일 연구팀은 세계 최초로 인간의 골수(骨髓)에서 인공 정자를 만들어 냈다. 남성 정자가 없이도 임신을 할 수 있게 된 것이다. 동정녀 마리아 같이 임신할 수 있지 않겠냐는 말도 들린다.

정말 연구 결과대로라면 직장과 가정에서 갈수록 자리를 잃는 마당에 생물학적 아버지의 위치에서도 밀려날 듯 싶다. 아버지의 모습은 이제 권위주의, 가부장적인 옛 모습과 거리가 멀다. 아버지 하면 퇴출, 소외, 기러기라는 이미지가 떠오른다. 김승현 회장과 같이 무모한 아버지가 있기도 하지만 말이다. 그런 아버지는 아마도 과거 힘 있는 아버지의 마지막 잔영일 것이다. 영화 〈플라이 대디〉에서 딸을 보호하기 위해서 싸움의 기술을 습득하는 아버지의 모습이 더 현실적이다.

최근 영화에서는 사회와 가정에서 역할을 못하기는 하지만, 가부장 혹은 무기력한 이미지에서 벗어난다. 직장 생활이나 성공을 위해서 고군분투하고, 가정에 소홀한 아버지와는 거리를 둔다. 대중문화 속 아빠들은 점차 가족 가치에 더 주목하고 있다. 사회적으로 이런 아버지상에 목말라 하기 때문일 것이다.

이 때문인지 많은 영화, 드라마가 '아버지' 이야기를 다루고 있다. 영화 〈우아한 세계〉(한재림 감독, 송강호 주연), 〈아들〉(장진 감독, 차승원 주연), 〈눈부신 날에〉(박광수 감독, 박신양 주연), 〈날아라 허동구〉(박규태 감독, 정진영 주연), 〈파란 자전거〉(권용국 감독, 양진우 주연) 등이 대표적이다. 아버지의 정체성을 찾고자 하는 길찾기쯤인데, 그만큼 위기의식을 반영하는 것이기도 하다.

최근에 노무족이 등장하고 있다. 노무족은 'NO More Uncle'의 약자다. 일본의 레옹 족에서 비롯한 것인데, 업계에서는 노무족 마케팅에 총력을 기울이고 있다. 자기 계발에 적극적이어서 패션과 미용에 관심이 많은데. 무엇보다 이들은 가족과 잘 어울리고 부드럽고 수평적인 가족 관계를 중요하게 여긴다고 한다.

엠니스라는 말도 이 아버지의 역할 찾기와 연관된다. 노무족은 엠니스의 아류라고 지적하는 이도 있다. '엠니스(M-ness)족'은 '전통적 남성의 특징인 힘, 명예, 품격에 여성적인 특징인 애정 어린 양육, 소통성, 협력을 조화시킨 남성상'을 의미한다. 예컨대, 육아 등에 관심이 많은 차인표형이고, 그 반대는 최민수형이라고 표현하기도 한다.

특히 이러한 흐름은 한국만이 아니라 아시아 국가 아빠들의 고민을 반영하는 것이라는 지적도 있었다. 미국의 시사주간지 〈타임〉은 '아빠들의 딜레마'라는 제목의 기사에서 아시아 아빠들이 이중고를 겪고 있다고 했다. 직장 일과 아빠의 역할을 제대로 하지 못해 죄의식을 느낀다는 것이다. 공동 육아에 대한 부담감이 증가하면서 딜레마가 커졌다는 지적도 했다.

무엇보다 아빠의 역할이 무엇인지 정체성에 혼란이 온 것이다. '권위적 가부장적으로 대하지 말라, 수평적인 관계를 가져라, 부드러워라.' 이렇게 되면 어머니와 아버지의 역할에 어떠한 차이가 있는지 혼동이 되기도 한다. 여기에 생존 경쟁의 강도가 심해지는 가운데 갈 길 잃은 아버지의 역할도 멋지게 해내야 하는 것이 부담을 크게 한다.

어쨌든 한국의 아빠들이 풀어야할 과제이다. 그렇지않으면 정말 아마조네스의 시대가 도래할 지 모른다. '도대체 아빠는 왜 필요한 거죠'는 동화책에만 존재하는 것이 아니라 현실이 될지 모른다. 그렇다고 지금 어머니에 대한 처우가 나아졌다고 보기는 좀 그런 것 아닌가 싶다. 여전히 어머니들이 가사와 육아의 대부분을 담당하고 있으니 말이다. 아버지들이 과거의 권위가 그리워 아버지의 위기론을 증폭시키고 있는지도

모른다. 아직도 정치적 사회적으로 담론의 주도권은 남성이 쥐고 있으니
말이다.

# ?!.
# 〈사랑과 전쟁〉,
# 한국 부부의 심리

> 10년동안 방송된 뒤 종영했다가 다시 찾아온 〈부부클리닉-사랑과 전쟁〉하면 왠지 선정성이라는 단어를 연상하는 경우가 종종 있다. 다른 프로그램에 비해 성(性)과의 전쟁일 만큼 자극적인 내용인 경우가 많았다.

이런 점 때문에 우호적이었던 방송관련 시민단체가 적(?)으로 돌아서기도 했는지 모른다. 이 때문에 이혼으로 치닫는 사랑의 전쟁은 결국 성문제 때문이라는 도식을 낳게도 했다. 성매매, 성폭행, 성희롱, 간통, 근친, 스와핑, 잠자리 횟수와 부부갈등, 성도착증, 성인 나이트클럽 부킹, 총각파티, 몰래카메라, 밀회, 옛 애인과 동침 등등 이루 헤아릴 수 없다. 3류 잡지에나 나올듯한 일들이 공중파 방송에서 드라마로 극화되는 것에 대한 거부감도 존재했다. 이럴 때 불륜의 아이디어 뱅크, 불륜의 정석, 불륜의 백과사전이라고 할만하다. 이러한 성적인 요소 때문에 청소년들이 즐겨보는 프로그램 중에 하나라는 지적도 있었다.

성적인 요소가 들어가야 성인이라는 딱지를 붙이는 한국에서 〈사랑과 전쟁〉은 성인드라마의 전형일것이다. 이런 성인드라마에 음주장면이 나오는 것은 당연지사일 것이니 매년 음주 장면이 최고 많은 드라마에 뽑히는 것은 당연해 보인다.

하지만 이러한 점들 때문에 평균 시청률 18%대를 유지해온 것은 분명 아닐 것이다. 불륜은 각인 효과가 강하기 때문에 몇 번 방영된 것이 매번 불륜이 나온 것으로 인식되는 심리적 경향도 있다. 성문제보다 의미 있는 것들이 더 많이 다루어진 것은 사실이다. 혼수문제, 게임·주식중독, 기러기 아빠, 매 맞는 아내, 성형중독, 고부갈등, 여성의 경제력, 치매 걸린 아내 등이 대표적이다.

선정성과 말초적 자극성은 있고 클리닉 없는 프로그램이라는 딱지가 붙기도 하지만 스타급 연기자가 아닌 조연급 연기자만으로 시청률이 제법 높은 이유는 무엇일까? KBS 〈부부클리닉-사랑과 전쟁〉의 인기 요인에는 여러가지가 있겠지만 그 이유는 간단하다. 시청자 특히 부부들의 가려운 부분을 긁어주었기 때문이다. 그것은 부부의 앞날에 대한 불확실성과 불안심리에 적절하게 부응했기 때문에 가능했다. 이러한 점은 미혼자나 이혼자에게도 통하는 요소다. 다가오는 결혼에 대한 잠재적 불안 심리이거나 지나간 결혼 생활에 대한 사후적인 검토 차원에서 유효하기 때문이다.

일단 〈사랑과 전쟁〉의 부부, 또는 가족 구성원들은 모두 문제 있는 이들이다. 그들의 문제요소들은 모두 이혼갈등으로 이어진다. 가정을 지키고자 하는 시청자라면 어떠한 상황과 요소가 이혼으로 이어질 수 있는지 눈여겨볼 수밖에 없다. 이 과정에서 자기반성이나 성찰도 하게 된다. 〈사랑과 전쟁〉은 예방주사와 같을 수 있겠다.

인생에 있어서 매우 중요함에도 사랑하는 법, 결혼 생활을 잘하는 법을 교과서나 학교에서 아무도 가르쳐 주지 않는다. 부부 생활에서도 경쟁에서 이기라고 가르치는 것이 제도 교육의 한계이다. 우리나라의 이혼율이 높은 것은 이러한 점 때문인지도 모른다. 갈등 상황에서 어떻게 그것을 해결해나가야 하는지에 대한 교육은 많이 없다. 어느 누구도 가르쳐주지 않는 사안들을 〈사랑과 전쟁〉은 구체적인 사례별로 압축해서 영상으로 잘 보여준다. 제도 교육의 허점과 우리 사회의 무관심 사이에서 〈사랑과 전쟁〉은 영상 결혼생활 상담소 기능을 한다.

〈사랑과 전쟁〉은 반면교사의 역할을 한다. 〈사랑과 전쟁〉에 등장하는 이들은 자기의 결혼 생활과 비교의 대상이 된다. 자신의 이야기라 맞장구칠 수도 있고, 제 발 저리기도 한다. 일종의 준거점 역할을 해주고 있는 셈이다. 물론 드라마는 극단적인 상황을 설정했기 때문에 오히려 비현실적이 되기도 한다. 현실에 바탕을 두었지만 현실적이지 않아 실제적이지 않는 것이다. 하이퍼 리얼리티는 비현실적이 되는 것과 같다.

사람들은 극단적 현실로 치달을수록 자신들은 아직 문제가 없다는 안도의 숨을 내쉬기 마련이다. 우리보다 더한 부부들도 있구나 싶게 만들기 때문이다, 웬만한 보통 커플들의 문제는 드라마상의 부부가 가진 문제점에는 미치지 못하고 만다.

아직까지 일반적으로 부부 생활은 기나긴 여정이다. 멀고 먼 길에 나선 항해는 언제나 처음 가는 길이다. 따라서 불안한 것은 너나 할 것 없이 마찬가지다. 끊임없는 선택과 대안 가능성 앞에 고민은 있기 마련이다. 이러한 불안과 번민의 와중에 불행한 극단의 사례는 심리적 위안감을 준다. 그 위안감이 〈사랑과 전쟁〉의 시청률을 이끌어낸 한 요인이 되기도 한다. 이혼율이 증가하는 사회, 아니 세계 1위의 이혼국가라는 보도가 나올 때마다 〈사랑과 전쟁〉의 생명은 더 길어진다.

그러나 이러한 심리적인 효과는 단 한 가지 전제가 성립해야 한다. 그것은 바로 실제 사실에 바탕을 두었다는 전제이다. 만약 실제 사실에 바탕을 두지 않았다고 한다면 그렇게 눈여겨볼 필요가 없을 것이다. 또는 시청자의 마음을 사로잡을 현실성을 구현해내지 못했을 것이다. 〈사랑과

전쟁〉의 리얼리티 때문에 이혼과 결혼 문제만을 다룬 미니시리즈나 단막
극은 종말을 고하게 되었다. 웬만해서는 〈사랑과 전쟁〉의 리얼함을 넘지
못하기 때문이다. 사실감은 거친 면이 많아야 생명력이 있다. 이 때문에
코믹하거나 판타지 요소를 강화해야 그나마 버틸 재간이 생겼다. 만약
〈사랑과 전쟁〉이 모두 사실에 기초하고 있다면 '현실이 어떠한 픽션(꾸며낸
이야기)보다도 상상을 뛰어 넘는다'는 사실을 부인하기 어렵게 만든다. 상상
할 수 없는 일들이 벌어지는 게 현실이 아닌가.

다만, 소재의 리얼리티가 장점으로 꼽히지만 3분의 2 정도가 사실에
기반을 두고 있다. 출처가 어디인지 알 수가 없다. 막연하게 사실이라고만
전제한다. 보도 기사가 사실을 전제로 하지만 얼마나 허구적인 경우가 많
은가. 많은 상황이 특수한 현실이라 일반인들에게 일어나지 않으므로 허
구성은 탄로날 가능성이 없이 센세이션만 일으킬 수 있다. 물론 드라마는
성공한다.

〈사랑과 전쟁〉은 리얼리티를 강조해야 하기 때문에 잘 알려진 배우
일수록 허구라는 사실을 강하게 만든다. 따라서 잘 알려지지 않은 배우
일수록 각광 받는다. 재연배우의 영역을 확실하게 확인시킨 것이 〈사랑
과 전쟁〉인 셈이다. 그러나 역설적으로 〈사랑과 전쟁〉의 인기 덕에 잘 알
려질수록 배우는 배제될 가능성이 많아진다. 각인이나 낙인효과도 발생
해 다른 드라마 영역으로 진출하지 못하고 〈사랑과 전쟁〉의 테두리에 갇
힐 가능성도 많다. 이혼녀, 불륜녀의 딱지가 붙기 때문이다. 이혼해야 사
는 여자의 비극이라고 해야 할까. 유지현, 이시윤, 김예령, 김혜옥 등은 너
무나 익숙하지만 낯선 경계인이다.

〈사랑과 전쟁〉의 공로는 연애 이야기가 아니라 결혼 생활 이야기에
대한 담론을 풍성하게 만들었다는 점에 있다. 그 중요성에 비해 부부 생활,
결혼 생활은 단지 친구들끼리 사석에서 나누는 정도에 불과하다. 한국의

일상 문화에서 카운슬러를 통해 상담을 받기조차 어려운 것이 현실이다.

정도 차이의 문제이겠지만 다른 사람, 부부의 사생활에 관음증 심리라고 비판할 수도 있을 것이다. 그럼에도 〈사랑과 전쟁〉은 이러한 은밀 속에 갇힌 현실적인 이야기들을 양지로 꺼냈다. 공론의 장으로 부부 생활, 결혼 생활을 이끌어냈다고 볼 수 있다. 스스로 저렇게 행동하지 말아야 한다는 암묵적인 깨달음이 일어나면 〈사랑과 전쟁〉은 일단 성공한 셈이다.

일종의 특화 시장 전략의 성공이라고 볼 수도 있다. 대개 드라마에서 부부 생활은 피상적이거나 다른 가족들의 이야기에 묻혀버리고 만다. 하지만 〈사랑과 전쟁〉은 부부 생활을 적나라하게 조명한다. 따라서 좁지만 넓은 포지셔닝 전략이었다는 점이 증명된 것이기도 하다.

〈사랑과 전쟁〉은 시청자의 참여가 매우 중요하게 작용하는 드라마이기도 하다. 배심원의 판결은 또 하나의 기준 역할을 하면서 동시대 한국인들의 상식을 확인한다. 쌍방향 소통의 차원에서 소재는 많은 부분 시청자의 사연에서 얻기도 하고 배심원 판결도 시청자가 한다. 드라마 가운데 유일하게 상품을 주는 〈사랑과 전쟁〉이라는 자찬은 가볍지만 진중한 의미를 준다.

소통의 차원에서 보자면 솔루션 프로그램의 개가라고도 볼 수 있다. 기존의 솔루션 프로그램의 한계를 뛰어넘었다. 한계는 전문가의 견해라는 이름으로 이루어지는 획일적인 해법의 강요 문제였다. 물론 공존의 룰, 가정을 지키기 위한 원칙의 정립이라는 지향점은 같다. 이런 면에서는 보수적이라는 비판을 면하기는 어렵다. 그 같은 보수성은 공중파 방송이라는 면을 생각하면 이해 못할 일은 아닐 것이다.

예컨대, 일부에서는 법원 조정위원들의 역할에 대한 비판이 쏟아진다. 즉 하는 일이 없다는 것이다. 그들이 기껏 하는 일이란 4주 후에 보자는 식의 간단한 말뿐이라며 전문적인 조언이나 처방이 필요하다고 지적

한다. 그러나 〈사랑과 전쟁〉의 공로는 그 하는 일이 없음에 있다. 우리는 항상 무엇인가 개입해야만 문제가 해결된다고 생각한다.

그러나 스스로 느끼게 만드는 것이 중요한 때가 많다. 임상심리에서도 의사가 완벽한 멘토링을 해주는 것보다 스스로 느끼도록 만드는 것이 중요하다. 이 점에서 〈사랑과 전쟁〉은 시청자들이 스스로 생각하도록 만든다. 잘못하면 어줍지 않은 전문가들의 말보다 훨씬 가슴에 와 닿는 담론들이 시청자 게시판에 오가는 것은 〈사랑과 전쟁〉이 만들어낸 담론 소통의 효과다. 이혼 여부에 대한 판단을 통해 우리 시대의 사랑과 부부, 그리고 가족관계에 대한 성찰들을 얼마나 이끌어내는가가 중요하며 전문가의 지식을 주입하는 것은 부차적이다. 스스로 느껴서 행동하도록 만드는 것이 최상의 해법이 된다.

가슴에 맺힌 것을 털어놓는 것만으로도 효과는 있다. 〈사랑과 전쟁〉을 통해 이루어지는 시청자들의 대화는 오히려 큰 효과를 낼 수도 있다. 하지만 〈사랑과 전쟁〉이 매우 절대적 효과를 낳는다고 단정 지을 수는 없다. 다른 대안적 프로가 없기 때문이다. 상대적이다.

또한 솔루션 프로의 요소를 애써 생각하지 않는다 하더라도 〈사랑과 전쟁〉은 드라마는 소모품이라는 인식을 바꾼 드라마이기도 하다. 다만 과연 현실에서 얼마나 유용성을 주는지는 생각해보아야 한다. 현실적 유용성이 있기 때문인지 하나의 엿보기 심리 차원에만 머물고 마는지 따져보아야 하는 점도 있기 때문이다.

다른 드라마에 미친 영향을 빼놓을 수 없다. "한국 드라마의 모든 소재가 〈사랑과 전쟁〉에 있다."는 말을 떠올리면 더욱 그렇다. 〈사랑과 전쟁〉에 드라마의 모든 소재가 들어 있다는 말은 긍정적인 의미로 읽히기도 하지만 부정적인 의미도 지니고 있다. 1999년 10월 22일 첫 선을 보인 뒤 한국 드라마의 폐해를 그대로 보여주는 내용들이 〈사랑과 전쟁〉에 모두 들어있다는 말이기 때문이다. 삼각관계, 불륜-외도, 이혼, 혈연주의, 출생의 비밀 등등을 떠 올리면 쉽게 이해할 수 있다. 좋게 말해, 부부 갈등 아니 가족 갈등의 모든 소재들이 〈사랑과 전쟁〉에 담겨 있다고 해도 지나친 말이 아닐 것이다. 부부 갈등 혹은 이혼의 종합선물세트라고 불리는 이유다. 이 때문인지 다른 드라마에서 차용을 하는 일도 벌어진다.

MBC 〈앞집 여자〉나 KBS 〈애정의 조건〉은 사랑과 전쟁에서 소재를 얻었다는 혐의(?)를 받았다. 〈사랑과 전쟁〉에서 방영되었던 내용과 겹치는 설정이 이들 드라마에 들어 있었기 때문이다. 유사 드라마, 재연 드라마라는 사이비(?)가 원조 드라마의 뿌리가 되는 역현상이 일어나고 있는 것이다. 하지만 이렇게 말하면 오류일 수 있다. 독특한 형식면에서 보자면 독자성을 가지고 있기 때문이다.

〈사랑과 전쟁〉이 꾸준히 주목 받는 이유 중 하나는 바로 이 독특하고도 모호한 형식때문이다. 드라마라고 보기에는 문제의식이 강하고 완결된 구조가 아니라 열린 구조이며 리얼리티가 강하기 때문이다. 리얼리티라는 면에서 재연 다큐라고 보기에도 모호하다. 논픽션도 픽션도 아닌 그 경계의 어름에 있다. 〈사랑과 전쟁〉은 이른바 경계성 콘텐츠(Borderline contents)이다. 그 경계선은 집과 집 사이, 기혼자와 기혼자사이에 있어서 일종의 소통의 창구 역할을 하기도 한다.

한편으로 전문직 드라마가 아니라 전문 테마 드라마의 입지를 굳혔다고 볼 수 있을지 모른다. 사랑보다는 이혼이라는 하나의 테마를 가지고 총 10여년 동안 매주 이야기 보따리를 펼쳐 왔기 때문이다. 〈사랑과 전쟁〉의 시청률은 지속성의 힘일 수도 있다.

〈사랑과 전쟁〉에 시청자들이 당연하게 기대하는 바가 형성되었고, 매주 그 기대치를 어느 정도 채워준다. 그 기대치는 다양한 상황을 통해 변화를 주기 때문에 변화하는 대중의 기호에도 어느 정도 부합한다. 더욱이 드라마의 시청층이 30~40대일 때 이혼은 그들에게 기대 충족의 큰 요소가 된다. 또한 가족적 갈등보다 개인주의적인 갈등이 증가하는 상황의 반영은 중요해 보인다.

단순, 간결, 명확성은 〈사랑과 전쟁〉의 장점이다. 한 가지 내러티브와 주제 상황, 하나의 인물 갈등 구도는 매주 완결되어 맺는다. 명확한 상황과 캐릭터를 여러 입장을 균형 있게 보여주는 것은 타당하다. 하지만 장점은 곧 단점이 된다.

〈사랑과 전쟁〉의 인물은 중간이 없다. 아주 착하거나 아주 악하거나 아주 문제적이거나 문제가 없거나. 어디 사람이 그럴까. 평면적인 인물형에 고전적 전개 구조를 가지고 있음을 부정할 수 없다.

또한 어디까지가 사실이고 어디까지가 진실인지 알 권리가 시청자에게도 있을 것이다. 어디까지가 진실인지 내레이션이나 자막으로 표시할 수도 있을 것이다. 사실의 적시가 왜 필요할까? 왜냐하면 시청자들은 실제 자신들의 삶과 비추고 견주어 부부 또는 가족의 앞날의 방향성을 가늠할 수 있기 때문이다.

극적인 구성을 위해서 지나치게 사안을 단순화하거나 이분법적인 구도를 즐겨 사용하는 것은 사실을 왜곡할 수 있다. 〈사랑과 전쟁〉에는 갈등의 원인 제공자가 반드시 등장한다. 대개 선과 악이라는 명확성을 통해 시청자의 주목을 끈다. 물론 이러한 구도는 이러한 실제 사실을 바탕으로 했다는 암묵적인 전제를 통해 교묘하게 시청자들을 속이는(?) 행위가 된다. 현실은 그렇게 단순 명확하지 않기 때문이다. 사람의 성격이나 심리도 마찬가지이다.

요컨대, 상황의 지나친 단순화는 장애요소가 된다. 세상에 딱 부러지게 요약할 수 있는 사안이 얼마나 될까? 한 시간 안에 그 수십 개월 또는 몇 년에 걸친 상황과 애환, 갈등이 반영될 수 있을까? 그 상처의 치유도 마찬가지다. 따라서 특수한 사례일수록 간단화의 문제점이 드러날 가능성이 없으므로 더욱 선호된다. 일반적인 소재보다는 특수한 사례를 선택할 여지는 더욱 높아진다.

이런 차원에서 〈사랑과 전쟁〉이 장수 프로그램이 될수록 소재 고갈의 딜레마는 여전하다. 이 때문에 아무리 주목을 받는다 해도 트랜스젠더나 씨받이 같은 소재들이 지속적일지는 알 수 없다. 소재주의 차원에 머물 여지는 언제나 방송에 존재하기 때문이고 이는 더욱 〈사랑과 전쟁〉이 장수할수록 강화될 수밖에 없다. 갈수록 특이하고 일반적이지 않은 소재를 택할 여지는 더욱 증가할 수밖에 없다. 황당하고 엽기적인 소재라는 비판은 이때 쏟아지기 마련이다. 2001~2002년에는 30%, 2006년까지 20%대, 2011년에는 〈사랑과 전쟁 2〉로 새롭게 구성됐지만, 최근에는 10%이하의 시청률을 기록하는 것을 보면 더욱 모색이 필요한 시점인 듯싶다.

반면에, 외국인[이주민] 여성들이 많이 등장했으면 하는 바람을 가져본다는 것은 다문화가정 차원에서 하나의 희망일지도 모른다. 그러나 그것이 적잖은 갈등을 불러일으킬 가능성은 언제나 잔존한다. 이성애 혹은 혈족 중심의 가족보다는 영화 〈가족의 탄생〉과 같은 범주까지 확장할 여지는 얼마든지 있다. 물론 한국사회의 인식단계와 발맞추어 갈 문제이기는 하다.

드라마는 대리만족물일 뿐이라면 〈사랑과 전쟁〉은 이혼을 방지하는데 도움이 되는 지침서다. 이혼 후의 현실을 부각할수록 더욱 그렇다. 어떻게 보면 〈사랑과 전쟁〉의 상황은 부부 사이에만 해당되는 것은 아니다. 사람 사이의 문제이기 때문이다. 결국 인간관계의 맺고 풀기의 문제이기 때문이다. 공존의 룰은 결국 관계의 문제에서 비롯한다. '사랑과 전쟁'을 '관계와 전쟁'으로 바꾸어야 할지 모른다.

〈사랑과 전쟁〉은 '문제'에서 탄생해서 성장했다. 결국 발목을 잡을 것도 그 '문제'일 것이다. 문제가 없거나 문제적이지 않으면 사랑과 전쟁의 생명력은 떨어진다. 끊임없이 문제적 상황을 설정해 내야 한다. 한편으로 문제적 진단은 그 대상에 대한 선입견을 낳는다. 〈사랑과 전쟁〉을 통한 결혼에 대한 부정적인 선입견의 형성은 여전히 우려되는 점이다. 부부의 생활은 문제 덩어리의 삶인가. 아무리 예방주사라지만 그것조차 거부반응을 일으키는 사람은 있듯이 결혼에 대한 알 수 없는 공포심, 결혼 생활 염려증을 만들어내지 않을지 말이다. 하지만 그것은 부부 생활만의 문제가 아님을 알 수 있다. 다양하고 섬세해지는 가치관과 그 가치관이 부딪히는 관계에서 비롯되는 것이기 때문이다.

그런데 갈수록 갈등상황은 명확하게 드러나는 문제점에서 비롯하는 것이 아니다. 미묘하고 복잡하고 선뜻 이해할 수 없는 내용도 많다. 그만큼 가치관의 변화가 크고 그 미세한 차이들에 따른 갈등상황도 분명 다종하고 양적으로 증가하고 있다. 그것을 〈사랑과 전쟁〉이 다룰지는 여전히 생각해 볼 문제이다. 섬세한 가치 판단과 심리묘사는 〈사랑과 전쟁〉의 방식으로는 그려내기에 한계가 있기 때문이다. 또한 시청자가 그것을 감내할 여력이 되는지 되묻게도 된다.

마지막으로 한 가지 궁금해지는 것은 헤어진 그들이 과연 어떻게 살아가고 있는지다. 거꾸로 헤어지지 않았는데 잘 사는가에 대한 궁금증도 여전하다. 〈사랑과 전쟁〉의 목적은 그것에 있지 않기 때문에 더욱 보고 싶다.

# ?!.
# 가족이 주는
# 리얼 웃음코드

〈거침없이 하이킥〉의 김병욱 피디는 경제 권력의 이동에 따른 가족 관계의 전복이 〈거침없이 하이킥〉의 웃음을 발생시킨다고 했다. 이러한 점은 우리가 인식하던 기존의 관계를 벗어나는 것이므로 깨는(?) 느낌을 주기에 충분하다. 하지만 경제 권력 소유에 따른 가족 관계의 권력적 서열 자체에서 웃음이 나오는 것은 아닐 것이다. 〈거침없이 하이킥〉의 웃음 유발은 웃음 발생의 기본 원칙인 기대불일치 이론에 철저한데서 나온다.

기존의 권력자라고 할 수 있는 대상들이 사실은 유아적이거나 어처구니없는 심약한 존재라는 사실을 알게 되면 희극은 충분히 생명력을 갖게 된다. 경제 권력의 소유 여부는 웃음의 직접적인 요인이 아니라 관계 전복을 설명하는 하나의 개연성 내지 명분이다. 시부모-아버지-선생은 권력자이지만 며느리-엄마-학생-아이는 약자이다. 하지만 이 관계는 〈거침없이 하이킥〉에서 전복된다.

〈거침없이 하이킥〉의 등장인물들은 상식적인 가족 구성원에서 벗어난다. 이러한 점은 〈순풍 산부인과〉, 〈웬만해선 그들을 막을 수 없다〉 그리고 〈똑바로 살아라〉에서 일관되게 유지되는 것이다. 전복적인 캐릭터와 그들의 관계를 설정하면 나머지 극 전개나 에피소드, 극중 연기는 자연스럽게 생명력을 가지면서 양의 피드백을 그리게 된다.

권력자 이순재와 나문희는 겉으로는 권위가 있지만, 실권이 없다. 권위를 가지고 있으면서도 자녀들을 위해 봉사하기보다는 자기 실속을 챙긴다. 며느리에게 절절매는 것은 전적으로 경제권이 없기 보다는 제도 교육의 정도에서도 비롯한다. 박해미는 언제나 자신의 지식으로 판단, 결정을 좌지우지한다.

이는 정보화 시대의 구세대가 겪는 지식권력에 밀려나는 사회의 자화상이다. 며느리 위에서 자신의 지식과 경험으로 군림하는 시어머니상의 전복이다. 이럴 때 며느리들은 대리적 통쾌함을 느끼는데 이때 시어머니는 보편적이 아니라 특수한 사례이어야 한다. 그렇지 않으면 일반의 시어머니들이 불쾌하게 여길 수 있기 때문이다. 그래서 〈거침없이 하이킥〉은 한의사 집안이라는 특수한 가정을 설정했다.

박해미는 겉으로는 며느리지만, 명석함으로 실권을 장악하는 캐릭터로 언제나 당당한 며느리이다. 그런데 아무도 그러한 며느리를 미워하지 않는다. 미워해도 그 심각성은 가벼운 웃음으로 희석된다. 이러한 상황은 현실에서 일어나는 통상적인 모습을 전복시키면서 다양한 웃음을 유발하는 기본 토대가 된다. 기본적으로 박해미를 제외하고는 유아적인 캐릭터다. 희극에서 유아적 캐릭터는 항상 웃음 유발의 대상이 된다. 사람은 자신보다 못한 사람을 보고, 자신이 우월하게 여기면서 웃음을 일으킨다. 그래서 개그 프로그램에서는 유아적인 내용, 어처구니없고 유치한 행동들이 등장한다.

정준하는 역시 박영규와는 같지만 다른 이미지로 등장한다. 박영규가 나르시시즘의 유아적인 캐릭터라면 정준하는 천진난만한 유아의 캐릭터다. 박영규가 투정에 질투가 가득한 욕심쟁이라면, 정준하는 작은 것에

만족하면서 낙천적인 캐릭터이다. 소시지 하나라도 물고 있으면 행복하다. 그러나 정준하는 실업자라는 이유로 구박당하거나 비참하지 않다. 남성다움, 가장다움에 대한 콤플렉스로 애써 남편과 가장으로서 권위를 찾으려 하거나 군림하려 하지 않는다. 이 또한 보통 일상에 볼 수 있는 인물의 전복이다.

신지는 자유분방한 캐릭터로 도저히 며느리라는 캐릭터와는 맞지 않는다. 최민용은 학교에서는 미친개(?)이지만, 가정에서는 고민 많은 아이 아빠이자, 아들일 뿐이다. 윤호는 형인 혜성에게 반말을 일삼는다. 공부를 잘하는 혜성은 외면 받고 공부 못하고 놀기 좋아하는 윤호가 사랑을 받는다.

서민정은 보통의 학교 선생님이라고는 볼 수 없다. 푼수를 떨고 언제나 헤픈 웃음을 연발한다. 선생님의 권위라는 것을 생각할 수 없고 고등학생보다 더 유아적이다. 상대적으로 고등학생인 윤호가 어른스럽다. 어른과 아이의 경계가 허물어지고 선생과 학생의 관계도 전복된다. 희극 혹은 시트콤에서나 가능한 설정을 〈거침없이 하이킥〉에서는 십분 발휘하고 있는 것이다. 사실 그 외의 다양한 에피소드는 이러한 설정 속에서 덧붙여지거나 가지를 칠 뿐이다.

그들은 서로에게 무한하게 봉사하고 희생하는 가족이 아니라 〈안녕 프란체스카〉의 가족과 같이 이기적이고 이해 타산적이며 자기 욕망에 충실하다. 이로써 가족은 '이러해야 한다'는 교훈적인 작품들을 전복시킨다. 이런 면에서 현실적이다. 하지만 현실적이면서 또한 비현실적이다.

현실에서 시아버지와 시어머니 그리고 남편의 권위가 과연 얼마나 잔존하고 있는지 생각해볼 수 있기 때문이다. 현실에서 이미 권위가 상실한 대상을 희화화하는 것은 웃음이 반감된다. 또한 등장인물 사이 관계의 전복성은 이번 시트콤에서만 갑자기 등장한 것만은 아니다. 많이 본 캐릭터와 인물설정이다. 이는 김병욱 피디의 전작들에서 쉽게 추출할 수 있다. 이럴 때 폭발적인 호응은 사실상 기대하기 힘들다.

이렇게 중구난방으로 튀는 가족들이 붕괴되지는 않는다. 각자 욕망에 충실한 구성원들로 이루어진 가족이 붕괴되지 않고 유지되는 것은 서로에 대한 신뢰와 사랑이 이미 확고하기 때문이 아닐까 싶다. 예를 들어 투정부리기, 상대를 비하하는 농담은 보통 사이가 아니면 할 수 없는 것처럼 말이다. 이런 면은 어쩌면 비현실적이면서도 누구나 꿈꾸는 이상적 가족 관계일지도 모른다.

# ?!.
# 인간의 미래와
# 트랜스포머

>

　더 이상 로봇 애니메이션은 없다. 영화 〈트랜스포머〉의 결론 아닌 결론이다. 옵티머스 프라임과 디셉티콘의 대결은 큐브(흥행)를 두고 벌이는 실사 영화와 애니메이션의 싸움인지 모른다. 디지털 시각 효과는 이제 애니메이션 효과를 정복했다. 그것이 선한 세력이 악의 세력을 이긴 것을 의미하는지는 알 수 없다. 그러나 적어도 영화 〈트랜스포머〉에서는 옵티머스 프라임의 선의와 진정성을 갈파하는 데 초점을 맞춘다.

　영화가 더 이상 없다고 주장하는 것이 또 하나 있다. 영화 〈트랜스포머〉는 더 이상 인간과 기계 사이의 디스토피아는 없다고 말한다. 큐브를 찾아 우주를 지배하려는 디셉티콘을 막으려는 선의 세력의 리더인 옵티머스가 보이는 가치관은 영화의 중심 코드일 뿐만 아니라 기계와 인간의 관계에 대한 완결된 깔끔한 정리다. 그는 너무 진보된 이성을 가진 존재로 보여 계몽 군주로 보이기도 한다.

　기계와 인간 사이의 디스토피아가 없는 이유의 출발은 기계 로봇은 인간이 만든 것이 아니라 외계의 문명에서 오히려 인간이 힌트를 얻은 것이기 때문이다. 적어도 영화 〈트랜스포머〉의 가정은 그렇다. 더 이상 로봇은 자신의 주인인 인간과 적대적 관계에 빠질 일이 없어진다. 또한 인간에게 로봇은 더 이상 인간 소외의 증상도 아니고 언제인가 주인인 자신들을 파괴할 공포의 대상이 되지 않는다.

또한 영화 〈트랜스포머〉는 인간과 기계에 대한 논쟁 하나를 꺼내든다. 기계와는 다른 인간은 무엇인가라는 물음이다. 플라톤이나 데카르트는 인간이 육체와 구별되는 신성하며 비물리적이고, 불변하는 마음을 가지고 있기 때문에 다른 존재들과 구별된다고 했다.

그러나 과학은 이러한 믿음을 깨트렸다. 김경욱의 소설 《천년의 왕국》에 이러한 대목이 있다. "해부학은 인간의 존재에 대한 종교적 해명을 뿌리 째 흔들었다. 머리는 영혼의 집이 아니라 쭈글쭈글한 덩어리를 담은 그릇이었고 심장은 마음의 온상이 아니라 온몸에 피를 공급하는 펌프에 불과했다." 인간의 기계적 속성을 드러내주는 말이다.

크릭(Crick)은 "우리의 즐거움, 슬픔, 소중한 기억, 포부, 자신의 개성에 대한 인식 자유의지 등 이 모든 것들이 실제로는 신경세포의 거대한 집합 또는 그 신경세포의 연관 분자들의 작용에 불과하다. 즉 우리들은 뉴런 덩어리들이다."라고 말했다. 이러한 맥락에서 정기도도 《레이첼의 눈물》에서 "인간은 뉴런 덩어리이고, 인간도 일종의 기계"라고 했다.

리처드 도킨스는 《이기적 유전자》에서 "인간은 유전자의 생존을 위한 기계, 즉 유전자로 알려진 이기적 분자를 외부세계로부터 완전하게 보존하기 위한 거대한 로보트"라고 했다. 인간은 하나의 물리적 기계, 로보트에 불과하므로 인간의 이성과 마음조차 존재할 수 없게 된 것이다.

하지만 인간은 무기물을 통해 유기체를 구성하고, 물질에서 이성, 정신 현상을 만들어낸다. 육체와 이성, 마음은 둘일 수 없다. 인간의 몸이나 로봇의 몸이나 다를 바 없다. 로봇의 몸에서 이성이나 마음 현상이 나오지 말라는 절대적 진리는 없을 것이다. 따라서 영화 〈트랜스포머〉에서 로봇이 이성을 지닌 고도의 생명체로서 움직이는 것이 전혀 얼토당토하지 않은 일인지 모른다.

〈트랜스포머〉는 금속성 체험을 제공한다. 그것은 인간의 원초적인 관절의 움직임과 닮았다. 오히려 인간의 몸은 약하기만 하다. 끊임없이 자신의 외부 수단을 통해 자신을 보호한다. 그것 중의 하나가 기계, 로봇이다. 로봇이 인간에 합치한 것이 '사이보그'라면 트랜스포머는 로봇 자체의 정체성을 유지하고서 인간을 능가하고 있다. 사이보그들은 인간이 되지 못하는 한(恨)을 달래지만, 트랜스포머들은 우월한 위치에서 인간을 보듬고 아우르려 한다. 인간에 대한 콤플렉스가 없기 때문이다.

무엇보다 〈블레이드 러너〉의 기계-사이보그보다 트랜스포머들은 더 인간적이다. 물론 선한 트랜스포머들이다. 인간이 학습시키지 않아도 생명을 중요하게 여긴다. 선험적인 그들은 이점에서 인간에서 비롯한 터미네이터보다 낫다. 터미네이터는 인간의 모습을 뒤집어쓰고 있지만 인간 같지 않다. 트랜스포머들은 기계의 몸을 하고 있지만, 기계 같지 않다.

〈블레이드 러너〉의 레이철처럼 인간적인 모습은 아니지만, 오히려 더 인간적이다. 비밀프로젝트팀 요원-인간들은 비인간적이다. 로봇이 잡혀가는 장면에서 인간은 잔혹하고, 로봇은 애처로운 연민의 생명체가 된다. 로봇은 인간의 친구 이상으로 인간보다 진화된 존재다. 진화된 존재가 진화되지 않은 존재를 보호한다.

인간 진화의 종착역은 이 트랜스포머인지 모른다. 이성과 마음은 현재의 인간보다 더 뛰어나고, 인간적이며 사물에 대한 자유자재의 스캐닝을 통해 변신하면서 물리적인 강고함도 막강하게 보여주기 때문이다. 인간 한계의 극복이자 진화의 목표인지 모른다.

다만, 현실적으로 이 영화에는 교묘한 유전자가 숨겨져 있는지 모른다. 아날로그적 향수는 디지털 기법을 통해 탄생한 이 영화의 요체인데,

전투 로봇을 친구 삼는 것은 외계인을 친구 삼는 것과는 다른 열광적 정서를 내포한다. 그래서 이 영화가 소년 소녀들의 꿈의 실현이라고 하는지 모른다. 자동차 로봇 범블비(Bumblebee)가 소년 윗위키(샤이어 라버프 분) 곁에 남겠다고 한 이유가 된다.

그 꿈 자체는 선과 악의 이분법에 근거한다. 악의 세력을 막는 선하고 막강한 로봇이 나의 친구라니 신나는 일이 아닌가. 영화는 줄거리도 단순 명확하고 볼거리는 충만한 가운데, 로봇 만화의 핵심인 명확한 선악 구도에서 벗어나지 않았다. 그 선한 세력은 각종 막강한 첨단무기로 무장한 국가-미국의 군대와 동일시된다. 무기들은 자국이 아니라 세계평화를 지키기 위한 선한 세력의 수호 군대이다.

7월 4일 미국 독립기념일에 개봉할 만큼 영화에서 모든 세상의 중심은 미국이다. 일본에서 태어난 트랜스포머는 어느새 미국인들을 지키기 위해 곳곳에서 스캐닝을 하고 있다. 지구를 지키는 것은 미국이기에 영화는 미국식 이기적 유전자를 옮기기 위한 하나의 기계적 육체인지 모른다.

3장

섹슈얼
리티

K-pop
culture

# ?!.
# 너도나도 여고생 교복 입고
# 섹시댄스, 왜?

> ## 섹시한 여고생 패션의 심리

2011년 12월, 서울대병원 수술부 송년회의 댄스 논란이 있었다. 논란의 핵심은 자율이 아니라 타율이라는 이의제기였다. 최고의사결정자들은 의례적인 행사였기 때문에 댄스를 지시했고 여러차례 수행한 관리자들은 수용했다. 하지만 3년에 한 번씩 치러지는 행사인지라 신입에 속하는 간호사들에게는 강제적 · 타율적인 행사로만 비쳤다.

한 달 동안 피곤한 몸으로 댄스를 준비하는 간호사들의 고충이 담겨있었다. 전체 조직 화합이라는 명분은 이를 더욱 부추기고 말았다. 화합과 잔치를 위한 자리라면 그로 인해 고통을 받는 이들이 있으면 곤란할 것이다. 자율과 타율 논란 속에서 행사는 예정대로 진행이 된다 하지만 씁쓸한 여운을 남기게 되었다.

문제는 관행화가 낳은 무감각이었다. 무엇보다 왜 여성만이 이러한 댄스를 준비해야 하는가이다. 그것도 이브닝드레스를 입고 말이다. '간호사'는 병원이라는 직장에서만 존재적 이름의 의미와 가치를 갖는다. 그들은 직장 구성원이지 무희나 댄서가 아니다. 우리는 이러한 사회적 역할에 대한 범주적 존립 근거를 쉽게 간과한다. 더욱이 서울대병원도 여성 '관리자들'이 용인했다.

비슷한 맥락에 있는 사안 가운데 하나가 교복이다. 교복은 학생의 상징인데 웬일인지 학생이 아닌 이들이 더욱 난리다. 그들은 교복을 입고 섹스어필의 댄스를 추어댄다. 물론 그들은 성인 여성들이다. 2006년 7월, 영화 〈다세포 소녀〉의 여주인공 김옥빈이 교복차림으로 섹시한 댄스를 추는 영상은 인터넷 포털 1위로 치달았다. 그 뒤 교복차림의 여고생 트렌드는 어디서나 볼 수 있게 되었다. 일본 교복 댄스의 내재화 현상이었다.

2011년 9월 MBC 에브리원 〈복불복쇼 2〉에서 배우 강예빈은 타이트한 교복 상의와 짧은 하의를 입고 나왔는데, 컨셉은 그야말로 섹시였다. 4월 12일 인터넷 방송 〈라이브스타〉는 '교복특집'을 내보냈는데 섹시한 포즈와 야릇한 표정을 잘 연출했다는 스텝들의 평가가 그대로 언론에 노출되었다.

2011년 7월, 김사랑은 깊게 파인 블라우스와 초미니 사이즈의 스커트로 등장했는데, 그 복장도 섹시한 교복이었다. 이렇게 각각의 연예인들은 교복 패션을 자신의 성적 어필을 위해서 스스럼없이 착용한다. 그 선두에 있는 이들 가운데 하나가 걸 그룹이다. 2010년 세 번째 미니음반 발매 쇼케이스에서 걸스데이(Girl's Day)가 교복으로 섹시한 춤을 드러냈다.

이는 더 이상 연예인들에게만 해당하는 것은 아니다. 그것이 일상의 댄스 문화로 쉽게 전이 되고 있는 것이다. 2011년 12월 1일, 인삼공사 치어리더들이 여자 프로배구 인삼공사와 도로공사의 경기에서 스쿨룩 패션으로 댄스를 추었다. 여기에서 스쿨 룩은 교복패션을 말한다. 2011년 8월 4일 삼성과 넥센의 경기에서 삼성 치어리더가 섹시댄스를 추었다. 물론 교복 패션을 하고 말이다. 그래도 이들은 전문 댄서들이다. 최근 충격적인 것은 골퍼들이 나설 줄은 꿈에도 몰랐다는 것이다.

2011 볼빅 한국여자프로골프(KLPGA) 대상 시상식에서 여성 골퍼들이 짧은 교복 패션으로 걸 그룹 씨스타의 '쏘 쿨' 댄스를 추었다. 다행히 이 행사에 참여한 선수들은 서울대병원 간호사들과는 달리 문제제기를 하지 않았다. 여기에서 다행이라는 점은 논란을 일으키지 않았을 뿐이라는 점 이다. 타율적인 조치인지는 알 수 없고, 불만이 있던 골퍼들이 있었을 수 도 있다. 여성 골퍼들의 여성다운 매력을 드러내려고 한 모양이다. 놀라운 것은 교복댄스에 대한 무감각일 뿐이다. 하지만 그것이 우리의 자화상이 라고 한다면 놀랍지도 않을 것이다.

교복은 학생들이 학교 안에서 입도록 만든 제복이다. 또한 그 교복을 입는 사람의 자격요건은 학생이다. 학생은 학교에서 공부하는 사람이다. 따라서 학교 안에서 공부하는 사람만 교복을 입을 수 있다. 그 교복이 섹 시함을 드러내는 단골 소재로 사용되는 것은 그 본질을 호도한다. 그들은 공부하는 사람들도 아닐뿐더러 학교 안에 있는 이들도 아니다. 나는 공부 하는 사람이라는 상징과는 아무 관련이 없다. 오히려 성적 이미지의 존재 로 자신을 판다. 무엇보다 여학생을 하나의 성적 소모품으로 전치시키면 서 범죄욕망을 부추긴다.

무엇보다 남성교복은 아예 배제되고 여성 교복, 즉 여학생 교복만 섹 시한 컨셉으로 상품화되는 것은 결국 누구를 위한 포지셔닝인지 드러난 다. 여학생이 가지고 있는 순수성을 성 상품화하는 것이다. 무엇보다 이를 통해 여성에 대한 편향된 인식을 조장하기 때문에 여성들이 이러한 교복 섹시 댄스에 무감각하다는 것은 더 우려스럽다. 여성들이 같은 젠더 안의 여성들을 편향화시키기 때문이다.

그래서 서울대병원 댄스만이 아니라 스스로 교복 댄스녀가 되는 현 상은 더욱 여성의 내재화 차원에서 경계가 필요한 현상이다. 타율이 아니라 스스로 섹시한 교복을 입고 댄스를 추는 것이야말로 같은 성인 여성은 물론 여학생들을 성상품화로 내몰게 하는 짓이기 때문이다. 수없이 이루어지고 있는 여학생에 대한 성 농간에 책임이 없을까 의문이다. 교복을 섹시 컨셉으로 부풀려 자신의 상품화를 위한 수단으로 삼는 성인 여성들은 방송 출연을 금지시켜야 한다.

## 유아성욕증 촉진의 미디어

매체가 만드는 사회 문화 이미지들이 '아동성욕증'을 부추기는 것으로 일찍부터 학계에 보고되어 왔다. 이 때문에 유엔경제사회이사회인권위원회는 1998년 1월 상품 카탈로그나 패션쇼 모델로 어린 아이를 쓰는 것을 신중하게 고려하고 통제해야 한다고 주장했다.

우선, 10대 소녀가 성인 옷을 입는 모델이 되면, 사춘기 전 마른 몸매가 성적으로 가장 이상적이라는 인상을 줄 수 있기 때문이다. 유엔경제사회이사회인권위원회의 권고에 따르면 무엇보다 중요한 것은 이런 10대의 상품화 때문에 아동 성욕증 환자가 자신이 정상이라고 잘못 생각하게 한다는 지적이다.

또한 10대 아동모델은 자신들이 성적 특성을 갖는데 '어른들이 동의한다'는 이런(비정상적인) 메시지를 자연스러워하고, 자신들이 성인으로 성숙된 것인 듯 받아들인다는 것이다. 이 때문에 문제의식을 서로 못 느낀다. 어린이들은 자신들이 인정받은 것으로 좋게 여길 뿐이다. 이런 아동 사진들을 보는 그의 또래들도 그것을 당연한 것으로 받아들여 현혹된다는 것이다. 이 같은 일련의 과정은 아동성욕증 환자를 더 촉발하고 아동매매춘과 학대, 착취를 자연스러워하게 된다는 것이다.

이 때문에 서구 유럽사회에서는 아동 몸의 매체 이용에 신중을 기하고 있다. 영국사진작가협회는 '아동착취와 대중매체에 관한 포럼'을 개최하고 사진작가가 아이를 속옷차림으로 촬영하는 것을 피해야 한다 고 제안했다. 1997년 Calvin Klein사는 10대가 도발적으로 포즈를 취한 광고를 회수하기도 했다.

실제로 유럽에서는 속옷광고 카탈로그가 아동성욕증 환자 집에서 대량 발견되기도 했기 때문이다. 따라서 이에 대한 규제도 하고 있다. 광고 사진 하나에도 세심하게 신경 쓰고 있는 것이다. 이는 고프만(Goffman, E.)이 지적하듯이 광고가 남녀 이미지를 제공해주는 삶의 반사실적 상업주의 현실을 만들고, 또한 여성을 성적 도구로 전락시킨다는 인식이 확산되었기 때문이다.

그런데 한국은 여기에 대한 인식이 거의 없는 듯하다. 그야말로 아무런 제한없이 쏟아져 나온다. 광고, 영화, 드라마, 대중가요 등에서 10대는 당연하게 성인 이미지로 포장되어 나오는 나라가 한국이다. 우리는 무차별적으로 10대의 성적 이미지가 횡행하는 매체 환경 속에서 거의 무감각 속에 있는지 모른다. 당국은 아동이 성인모습으로 포장되어 나와도 음란하지만 않으면 된다는 인식 수준이다.

10대를 겨냥한 잡지와 광고는 그야말로 유엔의 경고를 무색케 한 지 오래다. 온통 성적 이미지화의 전시장이기 때문이다. 대중가요는 텔레비전을 통해 더 생동적이고 사실적으로 다가온다. 한 명의 10대가 나오는 것도 아니다. 10대의 여자 가수들이 그룹으로 나온다. 그것도 소위 섹시한 성인 이미지와 행동을 흉내내며 떼거리로 나온다. 광고는 어떠한가. 현란한 테크노댄스를 추면서 프린터 광고를 하던 여성은 당시 분명 10대였다.

텔레비전 경연대회에서는 여자 초등학생들이 집단적으로 섹시한 댄스를 추었다. 각종 신동 장기 자랑 프로그램에서는 춤 신동은 대개 여자 아이들로 섹시한 댄스를 추기 일쑤이다. 6살 때 박지윤과 백지영의 춤을 완벽하게 추었던 구슬기 양이 대표적예이다. 섹시라는 단어는 물론 섹시댄스를 유치원생도 추는 나라가 되었는데 말리기는고사하고 신동이 나왔다고 좋아하는 사회가 되었다.

여기에 일조하는 것은 드라마도 예외가 아니다. 학교를 소재로 다루는 드라마에서도 10대가 그야말로 성인 여성의 성적 매력을 물씬 풍기게 연출하는 것이 기본이다. 여고생은 너무나 날씬하고, 심지어 섹시하게 나온다. 〈눈꽃〉의 고아라도 그랬거니와 드라마 〈궁〉과 〈궁S〉에서는 여고생들인지 성인인지 알아볼 수 없을 정도의 화장과 의복을 보여준다.

사실 드라마에서 이 정도는 약과인지 모른다. 〈돌아와요 순애씨〉에서 박미선이 원초적 본능을 흉내 내도 되지만 〈거침없이 하이킥〉에서 강유미가 원초적 본능을 흉내 내는 것은 다른 문제일 수 있다. 강유미는 엄연히 미성년의 고교생이고, 박미선은 성년의 아줌마 역할로 나왔으니 같을 수가 없다. SBS 〈스타킹〉과 같은 프로에서는 어린이들이 몸에 짝 달라붙는 옷을 입고 댄스를 추는 장면들이 여과 없이 방송된다. 신동 경연 프로그램에서도 이와 같은 일은 너무 많다.

교복에서 S라인을 강조하는 광고가 논란의 도마에 오른 적이 있다. 짧은 치마에 각선미를 자랑하는 교복을 대기업 교복 업체는 대대적으로 광고했다. 여기에 여학생들의 외모는 소녀가 아니라 성인 여성을 능가한다. 학생들을 대상으로 한 교복 광고에서 섹시라인, S라인을 강조한 교복이 활개를 쳐온 것은 어제 오늘이 아니다. 그렇기 때문에 많은 여학생들이 무리하게 다이어트 하는 데 일조하고 있는 것은 아닌가.

스페인에서는 너무 마른 모델은 물론 너무 마른 마네킹조차 추방한다고 했다. 스페인에서 가장 많이 팔리는 사이즈는 40~42[한국 사이즈 66에 해당]인데, 매장과 광고에 사용되는 모델의 사이즈는 36[한국 사이즈 44에 해당]이었다. 한국에서도 교복 또는 10대의 옷을 입고 있는 마네킹은 너무 말랐다.

이런 사회문화적 이미지를 10대는 물론 기성세대 대부분이 당연한 것으로 받아들이고 있기까지 한데, 이는 세계적 흐름과 너무나 다른 한국의 현실이다. 이런 매체 사회문화 속에서 원조교제와 같은 아동성욕증 표출·조장과 아동매매춘은 일탈 확장되는 것은 아닐까.

법제적 접근도 중요하지만, 매체 사회문화적 차원에서 생각해 볼 문제이다. 무엇보다 10대의 성적 이미지화와 상품화의 매체 문화에 대한 사회적 기준과 규준을 만드는 것이 필요하다. 최소한 방송은 유엔의 권고를 반영해야 할 것이며, 국내 기업들도 해외 기업의 사례를 고려해야 할 시점이다.

# ?!.
# 대종상 영화제의
# 노출 의식(儀式)

〉

　해마다 영화제에 등장하는 여배우들은 노출을 한다. 예컨대, 대종상 영화제의 여배우들은 풍만한 가슴이 돋보이는 도발적인 드레스를 입고 레드카펫을 밟는다. 가슴선이 깊이 드러난 아찔한(?) 드레스 차림으로 섹시한 몸매를 뽐냈다. 당연히 이러한 스타 노출에 대한 비판도 있다. 왜 영화제에서 배우들은 노출을 하는 것일까.

　길베르의 말대로 스타의 노출은 수많은 잡지들의 생계수단이다. 매체뿐만이 아니다. 연구 집단에게도 밥을 준다. 예컨대, 마돈나의 노출증은 많은 학자들을 먹여 살렸다. 학자들의 연구 소재로 많이 다루어졌기 때문이다. 아니, 이제 스타의 노출증은 문화 산업 전체를 먹여 살린다.

　대개 노출증이라고 하면 성기의 노출에 한정하는 경향이 있었다. 그러나 모델, 배우, 작가 등 예술가들은 끊임없이 몸을 드러내야 한다. 이는 단순히 몸의 일부가 아니라 자아를 끊임없이 드러내는 것이다. 특히 보이는 몸은 노출의 아이콘이다. 그것이 그들의 속성이자, 숙명인지 모른다. 왜 노출을 하는 것일까? 정신적이나 도덕적으로 문제가 있기 때문일까?

　인터넷 네이키드 뉴스에 응시했던 미국 여성은 옷을 벗는 행위가 자신에게 자유와 재미, 일종의 반항적인 감정을 느끼게 한다고 말했다. 즉 일종의 힘을 느끼게 한다는 것이다. 성적 매력은 존재의 의미와 힘을 상징한다.

이렇게 노출은 '주목'과 연결된다. 주목받는다는 것은 존재감을 인정받는다는 것이다. '관심경제'(attention economy)라는 말도 있다. 예컨대 불황기에 미니스커트가 유행하는 사회 심리는 존재감을 몸에서 찾는 심리로 볼 수도 있다. 불황은 개인들의 삶을 위축시킨다. 삶의 위축은 존재감의 위축이자 상실이 된다. 자아통제감은 사라진다. 한편으로 멋진 다리의 드러냄은 존재이유가 된다. 자아 통제감의 상승이다. 보는 이들은 육체적 매력을 통해 생물학적 생기를 얻는다.

노출은 존재감을 인정받는 동시에 그것은 힘을 발휘하기 시작한다. 노출이 있는 한, 사람들의 시선은 사로잡힌다. 노출은 사람들을 지배하기 시작한다. 특히 여성의 노출은 남성의 시선에 굴복하는 것 같다. 남성들의 성 상품화에 놀아나는 듯이 보인다. 하지만, 곧 여성의 노출은 남성들을 지배한다. 결국 노출은 파워인데, 남성을 지배하는 힘이자, 돈을 지배하는 권력이 된다. 황진이가 자신의 몸을 통해 남성을 휘어잡은 것은 반드시 그녀의 기예만이 아니라 육체의 힘도 컸다. 무수한 동서고금의 여성들이 몸을 통해 권력을 뒤에서 좌지우지했다.

그러나 무조건적 노출이 힘을 가지는 것은 아니다. 미국 심리학회의 지적대로 거꾸로 자존감의 저하, 섭식장애, 우울증, 불안을 야기하게 된다. 단순한 노출은 인격성을 포함하지 않는다. 노출한 스타의 지속성은 인격성에 바탕을 둔다. 하나의 몸 덩어리 자체는 얼마든지 있기 때문에 끊임없이 소모적인 상품처럼 소모하다 버려진다. 이러한 심정이 들 때 부정적인 심리 상태가 심화되는데, 이는 일반인들뿐만 아니라 스타들에게도 나타난다.

단지 주목을 끌기 위한 행동은 진정한 존재감은 물론 생명력을 오래 갖지 못하게 한다. 미니스커트가 유행에 그치는 이유다. 또한 그것은 스타의 노출이 지니는 근본적인 속성이다. 길베르는 에로티시즘에 크게 기대는 스타들은 대중들 앞에서 자신의 몸을 내놓을 때마다 점점 더 접근할 수 없는 존재[저네]가 된다고 했다. 노출을 적절하게 구사할 때 가능한 일이다. 반면, 롤랑 바르트는 여성이 벗음과 동시에 성이 해체된다고 보았다. 지나친 노출에 대한 경고다.

예컨대, 마돈나는 스스로 벌거벗는 척하지만, 자신의 벌거벗은 몸을 가리거나, 소도구를 이용해 그 몸에 대한 사람들의 관심을 방해하면서 몸의 가치를 높였다. 물론 그녀의 몸은 이를 통해 더욱 수많은 암호와 그에 따른 다의성을 가졌다. 당연히 마돈나는 나쁜 여자다. 그녀가 이러한 방식으로 일부러 대중의 애를 태우기 때문이다. 마돈나의 몸은 어디에나 존재하고, 자신의 몸을 드러내는 것처럼 보이지만, 결코 자신의 베일을 벗지는 않는다. 이것이 그녀가 세계적 스타로 살아남은 배경이다. 다른 것은 몰라도 마돈나에게서 배울 점이다. 노출이 쉬운 것 같지만 어려운 이유이다.

즉 노출은 당장에 눈길를 잡아 끌기는 쉽지만 관심경제의 차원으로 오래 머물게 하기는 어렵다. 2011년 대종상영화제에서 노출패션으로 대중적 눈길을 크게 사로잡았던 오인혜는 정작 영화 흥행에서는 실패하고 말았다. 더욱이 작품의 흥행에 직접적으로 연결되기는 어렵다는 것이다.

# ?!.
# 레이싱 걸과
# 걸(girl)의 심리

몇 해 전 한국여성개발원이 방송 미디어의 성차별적인 언어를 조사 발표해 화제를 낳았는데, 이 가운데에 '레이싱 걸'이라는 단어도 포함되어 있었다. 레이싱 걸이 아니라 경주 도우미라는 단어를 써야 한다는 것이었다. 그녀들이 소녀가 아닌데 왜 '걸'이라는 명칭을 붙이는지 모를 일이겠다. 좀 생각해보면 모를 일도 아니다.

대중문화에서 젊음과 미모는 최고의 상품 가치를 가지고 있다. 이 젊음과 미모를 상징하는 말이 '걸'이다. 특히 '걸'이라는 단어는 섹슈얼리티로써 여성성을 나타내는 단어이다. '걸'이라는 말이 들어간 단어 중에 '레그 걸'이 있는데 섹시한 포즈의 사진에서만 존재하는 여성을 가리킨다. 일종의 달력 걸이다. 달력에 수영복 차림으로 포즈를 잡고 있는 여성들을 연상시킨다.

여기에 '핀업 걸'이라 불리는 이들도 있다. 대개 잡지 같은 곳에 등장하는 여성들인데 남성들이 그 사진을 찢거나 오려서 벽에 핀으로 고정시켜놓기 때문에 붙여진 이름이다. 대형 브로마이드도 이에 속한다. 이들의 공통점은 모두 이름이 없다는 사실이다. 이름을 얻으면 인기 연예인이 되고 그 단계를 지나면 스타가 된다.

레이싱 걸이라는 이름은 처음부터 그녀가 지닌 인격이 아니라 섹슈얼리티를 기반으로 한다. 이런 점이 모델과는 다르다. 이름이 본래 타자적인 측면이 강하다고 할 때 '걸'이라는 말은 남성 쪽에서 붙이는 단어일 수밖에 없다.

레이싱 걸이라 불리는 여성들은 본래 모터쇼에서 차량에 대한 전문적인 설명을 하고, 차 모델에 대한 홍보가 그들의 임무이다. 하지만 그러한 역할보다는 많은 사람들의 눈요깃거리가 된다. 여기에서 눈요깃거리는 여성들의 눈요깃거리가 아니라 남성들의 눈요깃거리이다. 남성들이 주로 자동차의 고객이기 때문에 남성들의 시선을 사로잡기 위한 방편이 바로 이 여성들의 임무가 된다. 자동차라는 물건 자체가 아니라 다른 요소, 즉 여성의 섹슈얼리티를 통해 상품판매 촉진에 나선 판매자들의 마케팅 방법인 것이다. 레이싱 보이가 등장하지 않은 것은 이 때문이다.

처음부터 단추가 잘못 끼워졌다. 모델이나 도우미가 아니라 3류 잡지의 레그 걸이나 핀업 걸 방식으로 도입한 것이 결국 모터쇼의 격 자체도 낮추었다. 그래서 모터쇼를 찾는 이들도 그녀들의 설명보다는 몸에 더 관심이 많았다. 반대로 몸에 관심이 많은 사람들이 모여들었다. 격이 낮은 홍보수단에 소모적으로 이런 여성들이 쓰였다. 인터넷 공간은 레이싱 걸의 존재를 확실하게 알리는 공간이었다. 수많은 사진들이 레이싱 걸이라는 이름으로 난무했다.

디지털 마초주의는 그들의 전문적인 면보다는 섹슈얼리티 안에 그녀들을 가두었다. 그들은 모델이 아니라 하나의 상품으로 전락했다. 이럴 때 그녀들이 자아실현을 이루는 직업 영역으로서 인정받지 못한다. 물론 이 과정에서 포털 미디어를 중심으로 한 확산의 증폭도 크게 역할을 했다.

최근 레이싱 걸에 대한 관심이 집중되면서 웬만한 연예인 뺨치는 인기를 얻고 있다. 팬클럽도 많고 그 인기에 힘입어 연기에 도전하는 여성들도 보인다. 하지만 대중적 인식은 그렇게 좋지만은 않다. 일부 여성들이 자신들을 레이싱 모델로 불러달라고 요구했다. 그녀들은 상당히 자부심을 지닌 채 활동하고 있지만, 모델로 인정해주기 보다는 디지털 공간의 레그 걸이나 핀 업 걸로 인식되고 있다.

근본적으로 레이싱 걸이건 모델이나 도우미이건 그녀들을 부정하고 못마땅해하는 주장도 많다. 성상품화 때문이다. 패션쇼는 여성의 옷을 파는 것이지만, '레이싱 걸'은 남성의 상품을 파는 데 불과하다는 것이다. 이러한 관점은 고전적으로 맞다. 하지만 두 가지를 놓치고 있다.

하나는 자신의 모델 영역으로 여기고 성실하게 활동하고 있는 여성들을 좌절하게 한다. 그들이 나름대로 전문적인 영역으로 발돋음하려는 소망들이 짓밟힌다. 그들이 성을 팔아 생활을 영위하는 사람으로 취급되는 인상마저 준다. 두 번째는 고급문화와 대중문화를 나누어 대중문화를 천박한 문화로 만든다. 이른바 엘리트적 이분법에 따른 운동론 견해만을 강화한다. 상품화라든지, 천박하다는 논쟁은 현실을 전혀 반영하지 못한다. 손바닥으로 가린다고 없어지는 것이 아니다.

레이싱 모델이나 도우미는 단순히 섹시한 포즈만을 취하는 것이 아니라 남성의 전유물로 여겨지는 차를 변화시킬 필요가 있다. 이제 과거와 같은 방식은 대중적인 관심을 끌기에 역부족이다. 행사에 충성도 높은 고객을 확보할 단계이다. 전문적인 지식이나 역할, 홍보 역량을 강화시켜 주는 것이 중요할 것이다.

외부 인식의 개선도 중요하다. 그에 상응하는 만큼 레이싱 모델계 내부에서도 집단적인 움직임이 필요하다. 모델로서 체계성과 질서를 마련하는 것이 중요할 것이다. 지금처럼 중구난방으로 휘둘리다보면 '걸'이 '모델'이나 '도우미'가 되기에는 넘어야 할 산은 여전히 많아질 것이다.

물론 그녀들이 레이싱 걸에 머문 것은 분명 외부적인 요인에서 비롯한다. 차 앞에만 서면 벌거벗도록 하는 것은 그녀들의 자의보다는 그것을 요구하는 이들의 몫이기 때문이다.

그런데 이것이 어찌 여성들에게만 해당될까. 호스트바가 존재하는 점에서 그렇다. 여성이 자동차의 주요 구매층이 된다면, 레이싱 보이가 생길지도 모를 일이다. 물론 그들은 남성의 육체를 보지 않고 다른 면을 볼 수도 있을 것이다. 다만, 레이싱 보이나 레이싱 걸이나 모두 성평등의 관점에서 긍정적으로 볼 수는 없을 것이다.

# ?!.
# 여성 연예인들이
# 헌혈 부적격자인 이유

> 2011년 7월, 영국의 '섭식장애 예방'을 주장하는 시민단체들이 영국의 인기브랜드 탑샵(Topshop)에 거세게 항의했다. 공식 온라인 사이트에 호주출신의 모델 코디 영(18)을 메인모델로 세웠기 때문이다. 시민단체가 보기에 코디 영이 '제로 사이즈'(가장 작은 몸매치수)모델이었다. 즉, 그녀가 너무 말랐다는 것이다.

"제로사이즈 모델은 무리한 다이어트를 해 자신의 몸을 망칠 뿐 아니라 소녀들에게 그릇된 미적 가치관을 심어줘 거식증을 유발할 수 있다."

이러한 한 시민단체의 주장에 대해 탑샵 측은 "이 모델은 4~8사이즈로, 각도와 의상 탓에 말라보이지만 사실 문제가 없다."고 했다. 하지만 시민단체는 영국의 4사이즈가 미국에서는 제로사이즈에 해당한다고 반박했다. 시민단체는 좀 더 건강해 보이는 모델을 기용하여 사회적 책임을 다하라고 주장했다. 그렇다면 여기에서 사회적 책임은 무엇일까. 사회적 책임은 바로 마른 모델로 인해 일어나는 불미스러운 일을 방지하라는 것이겠다.

2006년 이탈리아 청소년부 장관과 패션연맹 회장은 너무 마르거나 어린 모델은 배제하는 규정에 서명했다. 스페인 마드리드 패션쇼에서도 체질량지수(BMI) 18(키 172㎝에 몸무게 53㎏ 정도)에 미달하는 모델의 출연을 금지시켰다. 이후 독일에서도 마찬가지 일이 일어났다. 세계보건기구(WHO)는 BMI 18.5 이하를 저체중으로 규정하고 있는데, 브라질 모델 아나 카롤리나 헤스톤이 거식증으로 사망한 사건을 계기로 적정체중 이하의 모델의 패션쇼 출연을 금지시켜야 한다는 운동이 전세계적으로 일어났다. 이탈리아의 밀라노시와 패션 디자이너들은 연령 하한선을 16세로 정하고 키가 175cm인 경우 체중이 최소한 55kg이상이어야 한다는 '체적지수'를 규정했다.

앞선 세계 각지의 움직임은 모델의 건강을 지키기 위한 것만은 아니다. 마른 몸의 영향이 패션 모델계에만 그치지 않고 일반인들의 몸매 모델로 작용하기 때문이다. 일반인들이 모델의 몸을 의식해서 몸매 관리 하는 경향이 큰데, 직접 이러한 모델을 보지는 않는다. 모두 미디어를 통해 모델의 몸을 인지한다. 따라서 미디어 속 몸매와 실제 몸매의 괴리가 발생한다. 영양 상태와 이미지는 부합하지 않는다. 요컨대, 미디어 속의 몸매는 실제적으로는 저체중에 비정상적인 몸인데도 불구하고 정상적인 것으로 여겨지게 한다. 이 때문에 정상 체중인데도 불구하고 비만으로 인식하게 만든다.

한 조사에서 서울지역 여고생들의 평균 몸무게는 54.07kg, 키 162.45cm로 저체중 14.1%, 표준체중 60.5%, 비만 5.4%로 나타났다. 그런데 35.2%가 자신이 비만이라고 여기고 있었다. 즉 자신이 저체중 또는 정상 체중인데도 불구하고 비만이라고 여기는 비중이 많은 것이다. 네티즌들에게 이상적인 체중이 몇 kg이냐고 물었더니 여성은 45kg를 선택했다. 연예인은 일반인들이 갖지 못한 점을 지닌 것으로 자신의 인기를 누린다. 이 때문인지 여성 연예인들의 몸무게는 45kg으로 동일하다. 165cm

의 연예인이든 172cm의 연예인이든 모두 45kg이라고 공표한다. 그렇다면 실제로 수치를 따져본다면 어떨까?

BMI[Body Mass Index: 카우프 지수]에 따르면 156cm에 45kg도 18.49로 저체중인데, 172cm에 45kg은 15.21로 매우 심각한 저체중이다. 예를 들면 165cm에 45kg인 전도연이나 문근영, 김태희는 BMI 16.53으로 심한 저체중이고, 167cm에 45kg인 김지수, 임수정도 16.14로 저체중이다. 168cm에 45kg으로 밝힌 성유리의 경우에도 15.94로 저체중인데 키가 크고 45kg에 가까울수록 심각한 저체중인 것이다. 요컨대, 여성 연예인들이 모두 심각한 저체중인데 이를 정상적인 것이라 일반 여성들에게 강박하고 있는 셈이다.

사실 공개적으로 여성 연예인들의 실제 몸무게를 재는 일은 없을 것이다. 이 때문에 여자 연예인들의 몸무게는 모두 허위일 가능성이 높다. 도저히 정상적인 생활을 못할 수준의 키에 비례하는 몸무게를 내세우기 때문이다. 무엇보다 이들은 영화나 드라마, 또는 광고를 찍을 때는 철저하게 관리된 45kg의 몸무게로 나온다는 사실이다. 왜냐하면 미디어에 적합한 이미지로 나타나야 하기 때문이다. 그러나 작업이나 작품이 끝나면 다시 일상에서는 45kg과 먼 생활을 한다.

하지만 이러한 이미 찍은 미디어 이미지는 일반 여성들에게 심각한 영향을 미친다. 몸매 모델로 작용하기 때문이다. 일반 여성들이 무리하게 다이어트를 하게 만들고, 저체중인 자신의 몸이 비만이라고 여기게 만든다. 이 때문에 많은 20~30대의 여성들이 골다공증이라든지 기본적인 영양소의 부족으로 헌혈 부적격 판정을 받기도 한다.

대한적십자사의 '2004~2006년 헌혈자 현황'에 따르면 헌혈 부적격자는 2004년 전체의 41.05%, 2005년 43.39%, 올 들어 10월 말까지 43.04%로 상승했다. 이러한 결과는 여성 10명 중 4명은 헌혈 부적격자라는 말이다. 부적격 원인을 보면 절반 가까운 45.0%가 저비중 때문이었다. 저비중은 영양부족과 체중미달을 의미한다. 대한적십자사가 국회에 제출한 자료를 분석해 공개한 자료에 따르면, 5년간 헌혈 부적격자 중 가장 큰 비율을 차지하는 저비중으로 인한 부적격자의 수는 43%가 증가했고 2007년 전체 여성 헌혈 부적격자의 70%가 저비중이었다. 다이어트 등으로 인한 영양 불균형이 주된 원인으로 꼽혔다. 한 민간 대형병원이 여성 1,860명을 대상으로 조사한 결과에서 20대 여성의 골다공증·골감소증 비율이 5년 전보다 2.5배 증가했고 20대 여성 10명 중 3명 이상이 골감소증이나 골다공증 환자였다. 부산 혈액원의 자료에 따르면 2009년 여성 헌혈지원자의 42.2%가 헌혈 부적격자 판정을 받았다. 다이어트는 미디어의 모델에 견주어 이루어지는 경우가 많다. 이럴 때 상당한 인과 관계가 있음에도 이러한 결과에 미디어나 연예인들은 대개 책임이 없는 것으로 여겨진다.

헌혈은 이런 이상적인 몸 체형을 염두하는 다이어트가 얼마나 위험할 수 있는지 경고 한다. 특히 그것이 이미지 속 모델을 의식한 것이라면 더욱 위험할 것이다.

한 조사에서 남성들은 45kg의 체중을 지닌 여성이 여자 친구였으면 좋겠다고 했다. 그러나 결혼 상대자가 45kg이라고 하면 다시 생각할 것이다. 45kg은 미디어 이미지 속에서는 보기 좋을지 모르지만 실제에서는 심각한 문제들을 낳기 때문이다. 출산이나 2세에게도 부정적임은 틀리지 않다.

더욱이 여성 연예인들도 고통을 받고 있기는 마찬가지이다. 자신의 몸을 비정상적으로 학대하면서 활동을 해야 하기 때문이다. 비단 꼭 45kg은 아니어도 날씬한 몸을 유지하기 위해서 건강을 심각하게 해치는 경향이 많다. 그러한 사실이 공론화 되지 않았을 뿐이다. 연예 산업에 종사하는 여성들의 체중을 따로 조사하거나 영양상태를 체크한다면 경악할 만한 결과가 나올 가능성이 크다.

그렇다면, 여성 연예인들 모두 헌혈 부적격자이다. 더욱이 나이가 들어감에 따라서 젊은 시절의 무리한 다이어트가 치명적인 악영향을 줄 가능성은 이들에게도 상존한다. 마른 몸 경쟁은 미디어 자본이나 다이어트 산업 자본에게만 이익을 줄 뿐이다. 반면, 이대로라면 개인을 넘어서 국가적으로 엄청난 후유증에 시달릴 날이 멀지 않았다.

해외의 모델계가 너무 마른 몸의 모델을 퇴출시키는 점은 단순히 먼 나라의 이야기만은 아니다. 당장에 동아시아에서 다이어트가 가장 심한 나라가 대한민국이다. 그것은 미디어의 집중도가 다른 어느 나라보다도 높기 때문일 것이다. 미디어가 다양화 되면서 그 영향력은 더욱 커질 것이며, 특히 영상 이미지 효과는 몸에 대한 가공적 이미지를 통해 실제 여성들의 몸과 마음을 압박할 가능성이 많다. 시각적 비주얼을 추구하게 만드는 동시에 생리학적 결핍을 부추길 가능성이 높다. 이는 반대로 출산 장려라는 공공적 정책과는 상충될 것이다. 지나친 다이어트가 청소년기부터 이루어질 경우, 아이를 임신하지 못하는 상황에 이르게 하고 임신을 하더라도 유산에 이르게 할 가능성이 높다. 출산을 한다고 해도 건강한 태아를 출산하거나 육아에 긍정적이지 않을 가능성도 있다. 따라서 마른 체형의 모델이 활동하는 것은 국가의 건강한 사회구성원을 보듬는 것을 어렵게 만들 수 있다.

앞으로 지나치게 마른 몸매의 여성 연예인이나 모델은 각종 미디어에 출연을 제한하는 것을 검토할 필요가 있다. 영화, 방송, 광고계에서 공통적인 규정을 마련하는 것이 필요하다.

# ?!.
# 더 섹시해진
# 김연아라고?

>

　"더 섹시해진 김연아쇼" 한 경제신문의 기사 제목이다. 어디 경제신
문뿐인가. "김연아 새 갈라쇼는 섹시하게" 살구빛 신문도 이렇게 달았다.
다른 신문은 또 이렇게 제목을 달았다. "이번엔 섹시 연아!" 이렇게 말하
는 폼을 보니 무엇인가 문제점이 있는 것으로 대하는 것 같다.

　정말 원론적인 이야기다. 섹시(Sexy)라는 말이 너무나 무감각하게 사
용되고 있다. 단순히 예쁘다, 매력 있다는 단어로 쓰이는 양상을 보인
다. 초등학생들도 자신이 '섹시하지 않냐'고 말한다. 도대체 섹시라는 말
의 어원을 잊은 것일까? '섹시한'은 '성적 충동을 일으키게 하는 뜻'을 가
지고 있다. '색시'를 어원으로 둔 '색시한'이 분명 아니다. 색시는 새악시
를 어원으로 삼고 있기 때문이다. 'a sexy novel'은 음란 소설을 뜻한다.
'attractive'나 'glamorous'라는 말도 결국 성적인 면에서 그렇다.

　그렇다면 섹시 연아는 '성적 충동을 일으키는 연아'라는 뜻을 가지고
있다. '섹시한'을 '색정적'으로 번역하기도 한다. 색정적인 김연아라는 말
을 감추기 위해 섹시한 김연아로 바꾼 듯 하지만, 그렇다고 순화될까.

　심지어 '섹시 퀸 연아'라는 중앙 일간지의 기사 제목도 보인다. '성적

충동을 일으키는 여성 가운데 으뜸 여성', '성적 충동을 일으키는 여왕 연아'라는 뜻이 된다. 이런 제목도 볼 수 있다. "검은색 톱 입은 섹시 연아… 7,000여 관중 열광" 이를 다시 풀어보면 7천여 관중이 성적 충동을 받았다는 말일까? 고루하게 볼 수도 있지만 김연아에게서 바라는 것은 결국 이런 것인가? 여자니까 말이다. 어떤 스포츠 신문은 이렇게 제목을 달았다. "술 한 잔 김연아의 '섹시한 고백'" 이를 풀어보면, 성적 충동을 일으키는 고백이라는 말쯤 된다. 또 하나, 이건 별거 아닐 수 있지만 마찬가지이다. 쌩얼이 공개되면서 김연아의 얼굴은 화장을 하지 않아도 예쁘다는 기사가 쏟아졌다. 쌩얼이건 아니건 외모로 평가하기는 여전히 마찬가지이다.

김연아는 예쁘지 않다. 이렇게 말하는 것은 진짜 예쁘다, 아니다를 말하는 것은 아니다. 또한 예쁘고 예쁘지 않고는 상대적인 것이다. 무엇보다 그녀의 외모가 아니라 피겨 실력을 말할 뿐이기 때문이다. 김연아 선수에게만 해당하는 것은 아니다. 다른 선수들에게도 섹시라는 단어를 쓴다면 은반 위의 피겨는 성적 충동을 일으키기 위한 행위인 것일까?

무엇보다 이는 여성들을 위한 단어는 아닐 것이다. 여성들이 동성애자가 아닌 바에는 말이다. 여성들도 '연아 섹시하지 않냐'라고 쓴다면 이보다 맞지 않는 말도 없다. 결국 남성 중심적인 단어인데, 여성들에게 관련 없이 사용된다. 어떤 시사 잡지의 관련 기사는 "김연아, '승냥이들 아이스쇼로 오라~'" 이렇게 말하기도 한다.

왜 여성 선수들을 외모로만 이야기해야 할까? 국제대회에서는 더욱 여성 선수들의 외모를 평가하는 것이 일상화되어 있다. 이쯤에서 이명박 대통령의 말이 생각난다. 장미란 선수에게 한 말.

"내가 본 역도 선수 중에 네가 제일 예쁘다."

외모에 대해서 언급하는 것에 대해서 아예 금지해야한다는 말은 아니다. 균형성과 본질에 대한 문제이다. 스포츠 능력과 역량을 평가해야 하는 자리에서 그것을 외면하기 때문이다. 더욱이 단순히 예쁘다고 말하는 수준이 아닌 섹시라는 단어는 분명 오버이다.

어디 이런 스포츠 선수들에게만 해당될까? 어쨌든 대한민국은 섹시 콤플렉스에 걸린 모양이다. 섹시라는 말을 듣고 싶어 환장한 것 같다. 그 것은 여성성의 권력화를 통해 남성을 지배하겠다는 의미는 아닐 것으로 보인다.

마돈나처럼 섹시 아이콘을 통해서 남성 주류질서에 대한 문화 상품 전략을 사용하면 모르겠지만, 단순한 상품화는 마돈나의 섹시함이 가지 는 최소한의 의미와는 관련이 없다. 아니 마릴린 먼로 같은 배우에게나 쓰면 알맞다. 김연아가 마릴린 먼로는 분명 아니다. 김연아가 페미니즘 후 예들처럼, 섹시함을 무기로 부와 지위를 얻은 것은 더군다나 아니다. 김연 아와 피겨는 섹시함을 강조하는 남성의 성적 판타지와 거리가 멀다.

마지막으로 은반 위의 요정이라는 단어를 생각해보자. 왜 사람들은 남자들은 은반위의 요정이라고 부르지 않는가. 이미 피겨 스케이팅은 여 성 차별적인 요소가 있다는 주장에는 여성을 섹슈얼리티 관점에서만 접 근하는 문제를 내포하고 있는 것이다.

# ?!.
# 백마 판타지

영화 〈나의 결혼 원정기〉에서 농촌의 총각들은 중앙아시아를 헤매이며 자신들의 짝을 찾아 나선다. 만택(정재영)은 서른여덟의 노총각이지만 마흔여덟 두식(박길수)은 스무 살의 영계를 찾아다니는 속물이다. 이 영화에서는 베트남이나 캄보디아가 아니라 우즈베키스탄이라는 지역을 배경으로 삼고 있어 이채로웠다.

중앙아시아 여성과의 결혼이 증가하는 이유 가운데 하나는 문화 심리 때문이다. 그것은 긍정의 심리만은 아니다. 자칫 현실 착오를 통한 부정적인 결과도 생겨날 수 있기 때문이다. 현실과의 괴리가 클수록 그럴 가능성은 많다.

물론 이 지역의 여성과 결혼하는 남성들이 갑자기 생긴 것은 아니다. 눈에 띄는 증가는 심리적 거리낌이 상대적으로 많이 없어진 점을 나타내 주는 것인지 모른다. 요즘에는 국제결혼에 대한 심리적 거부감이 없어지는 추세라 다(多)문화 가족이라는 조어까지 생겼다. 물론 이 말은 한데 융합이 아니라 가족 구성원 사이에 서로 섞이지 않는 문화를 상징하고 있다.

일부에서는 독립국가연합 여성과 결혼하는 현상이 한국 남성들이 가지고 있는 백인 여성에 대한 선망과 환상에 따른다는 지적이 있다. 더구나 이 지역의 여성들은 체구가 아담해서 한국인 여성과 같은 체형을 보인다. 외모는 백인 여성이지만 전체 체격은 한국 여성과 같아 부담이 덜하다는 말이다.

물론 한국인들은 근대화를 서구에서 찾았기 때문에 백인에 대한 선망 의식이 있는 것도 사실이다. 일종의 후광효과인 셈이다. 문명이 선망의 대상이 되면, 그것을 일군 사람들도 선망의 대상이 되는 것이다. 물론 그것은 정확하게 일치하지 않는다. 비판적으로 보는 측면도 분명하다. 맹목적인 선망은 자학적인 비판으로 이어지기도 한다. 구별짓기, 차별화된 문화적 소비로 이들 여성에게 접근하고 다른 이들에게 과시하는 남성들도 있다.

다만, 인지 심리학자들은 인간은 검은색보다는 하얀색에 더 호감을 갖기 때문에 이런 백인에 대한 선호를 인종적 편견과 분리해서 본다. 한국인들의 백인에 대한 맹목적 추종이라는 자학적 관점으로만 보지는 말자는 것이다.

그것보다는 단일민족으로 오랫동안 살아온 한국인들이 불행하다는 점이 여기에도 연결된다. 그동안 한국인들은 백인을 포함해 다양한 민족, 인종과 접촉하지 못했다. 이는 그들에 대한 편견을 강화한다. 이 편견은 부정적인 면일 수도 있고 긍정적인 면일 수도 있다. 긍정적인 면에서 편견은 지나친 환상을 갖는 것이다.

특히 백인 여성들을 직접 접하지 못하고, 간접적인 매체를 통해서만 접촉한 이들에게는 더욱 심할 수 있다. 특히 대중문화 매체에서 백인 여성들에 대한 섹슈얼리티 측면에서 환상을 가질 때 문제가 발생할 수 있다는 것이다.

많은 남성들이 이들 중앙아시아의 여성들과 환상을 가지고 결혼하는 예가 많다. 환상이 많으면, 현실을 직시하게 될 때 관계가 제대로 유지되기 힘들다. 실제로 중앙아시아 여성들과 한국 남성들이 이혼하는 사례가 많이 늘어나는 것도 사실이다. 대개 환상의 깨짐에서 비롯하는 측면이 많다.

물론 가장 근원적으로는 살아온 환경이 다르고 가치관, 문화, 언어가 다르다는 점이 치명적으로 작용한다. 사실 같은 문화와 언어를 공유한다는 한국 사람끼리 결혼해도 이혼하는 경우가 많은 것을 비교해 보면 이해하고도 남는다. 한국 남성들이 가지고 있는 환상을 빼고도 다시금 생각해 볼 점도 있을 것이다.

중앙아시아 여성과 한국 남성의 결혼에는 한국 남성들의 경제력과 현지 여성들의 경제력에 대한 선망이 결합되고 있어 전형적인 혼테크가 되고 있다. 그렇다고 무조건 경제력만을 우선하는 것이라고 현지 여성들을 절대적으로 규정할 수는 없다. 한편으로 이 경제력 때문에 현지 여성들은 자존심을 강화하는 심리적 메커니즘을 만들어 낸다. 이들 여성들이 경제력에 종속되지 않으려는 것이다. 그러한 이미지에 저항한다. 그럼에도 한국 남성들이 자신들의 경제적 우월함을 과시하면 신뢰 상실과 결혼 생활의 불화를 낳는다. 이른바 '팔려 왔다'는 딱지 붙이기의 치명성이다.

한편 한국 남성들은 이들 여성에 대해 한국 여성들에게서 느끼지 못하는 순수함, 따뜻함을 느껴서 결혼한다고 말한다. 외모만 보고 결혼한다는 비판을 모면하기 위한 말일 수도 있다. 하지만, 일단 이들의 국가는 사회주의 국가이기 때문에 개인보다는 사회, 다른 이들을 배려한다. 자본주의화나 본격적인 산업화를 거치지 않았기 때문에 공동체적 정서가 많이 남아 있다. 이는 동남아시아 여성들의 정서와 같은 맥락이다. 이런 점이 남성들의 과거에 대한 향수를 자극한다. 이는 여성의 사회적 성격(Social Character)이 다르다는 점을 말한다.

그러나 자칫 이러한 점이 남성의 가부장적인 가치관에 맞는 여성을 찾기 위한 방편이 된다. 한국 여성들은 자기 권리 주장이 강하지만, 이들 지역의 여성은 그렇지 않다는 것이다. 남성에게 순종적인 여성을 강요하는 것은 또 다른 불화를 낳는 것이 된다. 자신의 잘못된 인식체계를 바꾸지 않고 그것에 대한 복종을 강요하는 셈이 된다. 결국 이것도 환상의 지나침에 따른 결과인지 모른다. 자신의 문화에 맞는 배우자를 찾아 세계를 떠도는 것은 자신에게도 좋은 결과로 나타나지는 않을 것이다. 파랑새는 여기에 있을 수 있다.

기시다 슈의 말대로 사랑은 기본적 환상이지만 결혼은 환상만을 가지고 유지되지는 않는다. 왜 동남아시아가 아니라 중앙아시아로 가는 것인가는 단순한 개인의 기호에 환상이 작용하고 있음을 부정할 수 없다. 물론 독립국가연합이나 동남아시아 여성들이 한국과 한국인에 대한 지나친 환상을 갖는 것도 경계의 대상이다. 특히 한류를 통한 이미지의 과잉은 현실착오적일 수 있다.

한 가지 더 덧붙일 것은 다문화 가족 정책이 모두 결혼 이후에 맞추어져 있다는 것이다. 심지어 기본적인 사귐의 과정도 없는 경우가 대부분이다. 그런 과정은 반대로 사기를 당하는 노총각들을 양산하고 있다. 이는 반 다문화 정서를 초래하고 있다. 그들이 결혼하기 전에 미디어, 시민단체, 국가가 할 일은 없는 것인지 다시 생각하게 된다.

# ?!.
# 이미지와 섹스하는
# 시대의 음악

## '쏠림' 안에 블루오션 있나

> 《욕망하는 기계》에서 박명진은 "할리우드 키드들은 '나는 사유한다. 고로 존재한다.'를 '나는 이미지와 섹스한다. 고로 존재한다'로 바꾸었다. 이 섹스의 황홀경은 새털보다 가볍다고 했다."라고 했다.

호모 비디오쿠스(videocus)의 사회에서는 청각보다 시각적 이미지가 사람의 인식 체계를 사로잡는다. 그렇다보면 청각적 요소가 중요하게 평가되어야할 대상인데도, 시각에 압도당해 제대로 평가받지 못하는 일이 벌어지고는 한다. 그러나 이미지가 범람하면, 그 이미지에 압도당하는 가치가 있기 마련인지라, 역설적으로 그 가치를 찾고자 하는 이들도 생겨날 수밖에 없다.

비주얼 중심의 음악 프로그램은 음악 그 자체에 대한 감상을 가로막는다. 또한 음악만 음미할 수 있는 채널도 찾기 힘들다. 매체가 보이는 복합성 추구의 한계점이다.

그런데 최근 한 라디오 방송사가 음악만 틀어서 청취율을 200% 가까이 끌어올린 사실이 알려졌다. 하루 평균 180여 곡, 한 시간당 10곡 이상을 틀었다. 물론 이는 비주얼이 없는 것만이 아니라 수다가 음악을 압도하는 전례와 다른 점이었다. 많은 청취자들은 음악 자체를 음미할 수 있어 좋다는 평가를 내렸다. 처음에 음악 프로그램이라고 해도 음악만 있는 것이 아니라서 연예인들의 각종 수다가 곁들여지는 현실과는 다른 시도라 위험부담이 있었다.

토크와 음악을 곁들여 동시에 청취자를 잡겠다는 생각은 자칫 음악을 원하는 대중들의 기호에 반할 수 있다. 물론 중요한 점은 사람들이 고전의 반열에 올랐다고 여기는 음악들의 선곡에 있다. 텔레비전 음악 프로그램은 음악 자체만을 음미하고자 하는 이들을 내쫓았다. 이미지와 충실하게 섹스하는 데 치중하기 때문이다. 박명진의 말대로라면 이미지와 나누는 강요된 섹스에 질린 이들, 음악과 사유하고 싶은 사람들이 내몰리는 셈이다.

물론 수다 자체가 문제는 아닐 것이다. 수다 혹은 토크의 온전한 매력도 없는 것이 더 문제다. 각종 오락 프로그램에서 수다가 넘친다. 비판 이전에 비주얼의 시대인데 여전히 청각, 즉 말에 주목하고 있는 것이다. 수다를 잘 떠는 연예인이나 스타가 생명력이 긴 시대다. 사람들은 수다 프로그램들을 욕하면서도 본다. 라디오 프로에서 수다가 압도적으로 많이 차지하며 상위 청취율을 차지하는 프로도 역시 말, 청각 때문이다. 토크 프로는 이미지의 포위에서 해방을 갈구하는 이들이 잡은 동아줄인지 모른다.

하지만, 텔레비전은 역시 수다도 비주얼에 치우친다. 이미지를 이기기 위해 토크는 수다로, 수다는 이미지를 이기기 위해 감각적이게 된다. 요즘에는 현란한 이미지뿐만 아니라 각종 자막이 범람한다. 자막은 시각화된 텍스트다. 이 때문에 본질적인 메시지, 내용보다는 그 자막 이미지에 사람들의 시각과 인식 체계가 포위된다. 정신은 피곤하다. 말이 지니는 여운과 그에 대한 음미 할 순간을 주지 않기 때문에 더욱 그러하다.

라디오의 힘은 이러한 이미지 섹스의 범람이 심할수록 고유한 생명성이 강해진다. 다매체 시대의 현란한 비주얼은 라디오의 미래를 암울하게 한다. 하지만 청각으로 온전하게 그 가치를 평가받을 수 있는 것이 무엇인지 생각해보면, 아무리 다매체 시대라고 해도 라디오 스타는 나올 수밖에 없을 것이다. 어디 청각이나 라디오만 그럴까.

요즘 캘리그라피(Calligraphy, 손 글씨)가 유행한다고 한다. 디지털 범람에 대응하는 아날로그적 향수라고 볼 수 있을 것이다. 경제학적으로 보면 희소성의 법칙일 수도 있을 것이다. 대개 캘리그라피가 개성적인 여유와 정감이 묻어나온다는 지적이 많은데, 컴퓨터로 사라진 손 글씨가 화려하게 부활하고 있는 것이다. 또한 디지털 시대의 역반응으로 여유와 정감의 코드는 70~80문화를 관통하여 새로운 시장으로 자리 잡은 지 오래고, 그러한 코드에 충실한 이들은 충성도 높은 고객으로 등장하고 있다. 그들은 그것과의 접촉에서 황홀경을 느끼기 때문이다. 어떻게 보면 범람과 쏠림 안에 또 다른 블루 오션이 있는지 모른다.

# ?!.
# 깨진 창문과
# 자유

>

　골목의 한 건물 유리창 한 쪽이 깨어졌다. 주인은 그 유리창을 보수하지 않고 그대로 두었다. 그러자 다시 유리창 하나가 더 깨어졌다. 그리고 곧 유리창은 더 깨어졌다. 사람들은 유리창을 깨었을 뿐만 아니라 그곳에 낙서를 하고 쓰레기도 버리기 시작했다. 심지어 그곳에 노상방뇨를 하기 시작했다.

　처음에는 유리창 하나만 깨어졌지만 점차 그곳은 사회적 일탈행동을 해도 되는 도시의 공간이 되었다. 1982년 제임스 윌슨과 조지켈링은 이러한 현상을 깨진 유리창(broken windows)이론이라고 이름 붙였다. 이론은 실제 반복적 효과를 이루어내야 성립한다. 그럼 실제로도 효과가 있을 것인가. 테스트가 필요했다.

　1980년대 초반만 해도 뉴욕의 지하철은 범죄의 공간이었다. 아무리 경찰력을 동원하고 통제력을 가해도 뉴욕 지하철의 불명예는 씻을 수가 없었다. 뉴욕 지하철의 컨설턴트로 고용된 조지켈링이 뉴욕 지하철에 권고한 것은 무엇이었을까. 그것은 놀랍게도 청소였다. 1984년부터 1990년까지 뉴욕 지하철은 청소를 열심히 했는데 그 일차적인 타깃은 바로 낙서였다. 이 낙서를 지우고 청결한 환경을 만들자 점차 범죄가 줄어들기 시작했다. 노상방뇨를 하지 않았고 노숙자도 없어지기 시작했으며, 무임승차도 줄어들기 시작했다. 나중에는 강도와 절도, 성범죄도 사라지기 시작했다.

이렇게 효과를 보면서 1990년, 조지 켈링은 뉴욕시 대중경찰국 윌리엄 브레튼의 자문관이 되어 단순히 지하철이 아니라 뉴욕시 전체의 대중교통 공간에 이러한 조치를 취하게 된다. 이것이 다시 효과를 보면서 1993년 줄리아니 뉴욕 시장과 뉴욕 경찰국의 하워드 사피르는 깨진 유리창 이론을 확장한 제로 관용 정책(zero tolerance)을 뉴욕시 전반에 확장시켜 실행했다. 결과적으로 뉴욕시의 범죄는 10년 동안 계속 하강곡선을 그렸다.

뉴멕시코의 앨버커키, 매사추세츠, 네덜란드 등지에서도 비슷한 사례가 있었다. 이런 깨진 유리창을 두고 논란이 많은 것은 사실이다. 〈괴짜 경제학〉의 스티븐 레빗은 뉴욕의 범죄율 감소는 낙태의 허용으로 미혼모 자녀가 줄어들었기 때문이라고 분석하기도 했다. 하지만 초반부에 지하철 공간의 범죄 감소는 분명 깨진 유리창 이론의 설득력을 높여주었고 이는 아직도 유효하다.

뉴욕 지하철로 돌아가서 낙서를 생각해보자. 이 낙서는 단순한 낙서가 아니다. 낙서에는 그래피티라는 그림예술도 포함되어 있다. 뉴욕에 이렇게 그림낙서가 많은 이유는 바로 미국의 자유주의와 연결되어 있다. 시민은 누구나 표현의 자유가 있고 나아가 예술 창작의 다양성도 보장해주어야 한다. 낙서는 바로 이러한 차원에서 보장될 수 있을 것이다.

그러나 공공 공간에서 이러한 논리들은 전혀 다른 사회과학적 결과를 낳게 되었다. 시민의 표현과 창작의 자유를 매개하는 낙서와 그래피티들은 범죄를 방조하는 환경을 조성하는 데 일조하게 되었던 것이다.

사람은 자신의 행동을 실행할 때 주변을 탐색하고 다른 사람의 행동을 주의 깊게 고려한다. 자신의 내적 규범과 외적 규범을 일치시키려 한다. 이때 사람들은 어떤 실마리(clues), 신호(signal)를 찾는다. 예컨대 사람들은 쓰레기가 떨어져있고 그것이 치워지지 않는 지저분한 환경이되면 일탈행동을 해도 괜찮다고 여긴다.

건물의 창문이 깨어져 있으면 방치된 공간이라고 생각한다. 따라서 사소한 깨진 창문 하나가 사람들의 사회적 일탈을 부추기게 된다. 뉴욕 지하철도 마찬가지였다. 낙서들을 방치했고 이것을 방치된다는 의미로 종국에는 일탈 공간이라는 신호가 되었다. 그러나 지하철은 시민들이 누구나 이용하는 공공의 공간이었다.

이는 물리적 공간에만 해당되는 것이 아니다. 인터넷은 자유의 공간이다. 하지만 자유에는 책임도 따른다. 표현의 자유에는 그에 따른 사이드 이펙트도 생각해야 한다. 각 개인의 의사표현의 자유가 사회과학적 메커니즘과 결합하여 전혀 다른 결과를 낳을 수도 있기 때문이다. 사이버 공간에서도 깨진 유리창 이론은 충분히 적용될 수 있다.

이러한 경과들을 살펴본 이유는 나체논란사진 때문이다. 방송통신심의위원회의 한 위원이 나체사진 삭제 결정에 항의해 자신의 홈피에 해당 사진을 올렸다. 이 사안은 법리적인 측면과 창작의 자유측면의 프레임에 갇혀있는 전형적인 사례일 뿐 사회과학적 메커니즘은 도외시한 전형적인 사례이다.

인터넷 공간에 자신들의 나체사진을 마음대로 올리는 것은 문제가 될 수 없어 보인다. 자신의 건물이나 자동차의 유리가 깨어져 있건 낙서를 마구 해놓았건 상관이 없어 보인다. 하지만 현실의 결과는 그렇지 않았다. 자신의 블로그에 나체사진을 올리는 것이 과연 음란함을 유도하는 것인가 이것은 다른 문제이다.

인류 보편적으로 많은 문화권에서 성적인 나체사진은 사회적 일탈을 상징하는 사회적 시그널이다. 다만 예술적 인정을 통해 그것을 품격 있게 필터링 하려할 뿐이다. 그것은 제도와 권위를 통해 한정된다. 그것을 통과한 것들이 바로 한 논객이 제시한 작품들이다. 또한 시간이 지나면 그러한 작품들은 당연히 반열에 올라간다.

그 심의위원은 나체가 그려진 회화작품을 들어 인터넷 공간의 나체사진도 허용되어야 한다고 주장했다. 하지만 그 작품들은 이미 유명한 사람들의 작품일뿐만 아니라 회화적으로도 예술품이라고 평가된 작품들이다. 더구나 그 작품들은 실제 모습을 찍은 사진이 아니다. 만약 지하철 공간에 그러한 나체회화들을 걸어놓는다면 문제가 생기지 않을 것이다.

문제는 사소한 것들의 방치가 주는 사회 네트워크상의 신호적 의미다. 지하철 공간에 나체사진을 붙이고 나체그림을 그려놓는다면 깨진 창문이 된다. 개방의 인터넷 공간은 사적인 공간이 아니다. 자신의 비밀 공간, 특정들의 공유공간에 한정하는 것과는 다른 문제이다.

특정 공간이 아니고 공개된 공공의 공간에 자신의 나체 또는 사람들의 나체를 마음대로 올려놓는다는 것은 전체적으로 볼 때 이후에 탈규범의 방치에 따른 일탈의 공간임을 선포하는 것과 같다. 규범은 실질적인 효과 이전에 상징적인 효과가 크다. 따라서 해당위원이 제기한 나체 사진이 성적인 욕망을 일으키느냐 하는 관점은 매우 지엽적이고 단선적인 판단기준이다. 다만, 사전에 그러한 행위를 막기보다는 사후에 관리와 적절한 조치를 취하는 방편을 세우는 것이 표현과 창작의 자유에 반하지 않을 것이다. 지하철의 낙서는 단순히 지저분하기 때문에 지우는 것이 아님을 기억해야 한다.

# ?!.
# 생존을 위한
# 성형문화

>

　예쁜 여성들을 좋아하는 남성들이 지배하는 회사에서 못생겼다고 규정된 여성이 살아남는 방법은? 답을 찾기는 쉽지 않다. 하지만 그녀는 얼굴을 대대적으로 고치고 살을 살인적으로 뺀다. 이제 완전 미인, 그녀 앞에서 남자들은 찍 소리도 못한다. 상급자들은 그녀를 키워주기 바쁘다. 완전한 미모를 통해 회사에서 승승장구하는 그녀의 본질은 달라진 것이 없다. 마침내 최고의 자리에 오른다. 그녀는 미련 없이 멋지게 복수했다는 듯 그 자리를 박차고 나온다.

　이 하나의 판타지 같은 내용은 일본 만화의 줄거리이다. 단지 외모 때문에 차별받고 박해받는 여성이라면 한번쯤 꿈꾸어 볼만도 하다. 더욱이 사랑도 쟁취하고 사회적 성공을 거두는데 외모는 중요하게 작용하니 말이다.

　만화의 모티브와 같이 지금의 외모가 아니라 더 멋진 외모라면 어떨까? 이러한 궁금증은 여성과 남성을 떠나 보편적인데 영화 〈미녀는 괴로워〉는 이러한 기본적인 궁금증에 기초하고 있다. 얼마나 많은 여성들이 이 살과 외모 때문에 자신의 꿈을 접어야 했는가 생각할수록 〈미녀는 괴로워〉에서 강한나(김아중)는 대변신을 통해 복수와 멋진 인생을 펼칠 것 같다. '미녀는 괴로워'라니 미녀에 대한 편견을 해소시켜주는 역할도 하지 않을까 싶었다. 성공해도 미모 때문에 성공했다는 평가를 듣고, 영혼보다는 자신의 몸을 원하는 남성들이 많은 바에야 누구를 믿겠는가. 괴로운 일이다. 그래서 차라리 미모를 강력한 무기로 삼아 꿈을 이루는 데 사용할 뿐인지 모를 일이다.

강한나는 살기 위해서 전신 성형을 하고, 거짓말같이 대변신에 성공한다. 남성들의 시선을 한몸에 받으니 날아갈 일이었다. 그러나 그렇게 멋진 인생이 펼쳐지지 않는다. 강한나가 아니라 제니라는 새로운 인생을 위해 아버지를 부정하게 되고, 사랑하는 한상준은 성형한 자신을 멀리한다. 정작 성형에 대한 죄책감으로 그렇게 부르고 싶었던 노래도 부르지 못한다. 그야말로 '(성형)미인은 괴로워'가 된다.

영화에서 성형 미녀가 행복해지기 위해서는 두 가지가 필요하다. 하나는 착한 마음씨다. 다른 하나는 능력이다. 강한나는 노래는 잘 부르지만, 외모 때문에 '아미'의 노래를 묵묵히 불러주는 '얼굴 없는 가수'였다. 대신 '아미'는 미모는 뛰어나지만 노래도 못 부르고, 성격도 좋지 않았다. 강한나에 동일시를 느끼면서 눈물을 글썽이는 우리는 바로 능력 있고, 마음은 착하지만 겉모습 때문에 외면받고 소외받은 사람들이다. 이른바 예쁜 것들과 예쁜 것들을 편애하는 모든 것들에 상처를 입은 사람들이다.

하지만 엄밀하게 그 상처는 어쩌면 남이 아니라 자신 스스로 입힌 것인지 모른다. 친구 김현숙(박정민)이 미남 바람둥이 영업사원을 사랑했듯이, 강한나는 한상준이라는 아주 뛰어난 외모의 남자를 사랑했다. 예쁜 것들을 혐오하지만, 그것들을 사랑한다. 우리 안의 이중성이다.

또한 영화는 예쁜 여자들은 일반적으로 성질도 더럽고 무능력하다는 편견을 재생산한다. 아미는 결국 편견에 희생당하는 또 다른 우리들이다.

무엇보다 영화의 긍정적인 결론은 성형과 다이어트를 무조건 거부하길 피한다. 즉 능력과 착한 마음씨 위에 얼굴을 고치면 된다는 메시지를 전달한다. 여기에 하나가 더 있다. 솔직히 말하라, 성형했다고 말이다. 그러면 사람들이 긍정적으로 열광해줄 것이다.

반대로 마음이 착하지도 않고, 능력도 없고, 외모도 안 되는 사람들은 성형해도 절망적이다. 여기에 솔직하지도 못하다면 최악이다. 하지만 이들 기준은 얼마나 주관적이고 상대적이며 나르시시즘 적인가. 우리 모두는 자신이 착하고 나름대로 능력이 있지만, 외모 때문에 차별받는다고 여기지 않나?

그러나 고운 마음씨에 능력이 있어도 현실은 녹록하지 않다. 전신 S 라인 수술이 5~6천만 원이 든다니 돈을 부지런히 모아야 하겠다. 현실에서 영화와 같이 폰 섹스 테이프를 무기삼아 성형외과 의사를 위협할 수는 없다. 강한나처럼 폰 섹스 아르바이트를 해서라도 벌거나 그 와중에 성형외과 의사의 약점을 잡으면 금상첨화겠지만 사실 위협에 넘어가는 어리숙한 의사도 없을 것이다.

강한나가 지방 흡입으로 47kg을 감량하는 것이 불가능하다는 사실을 다시 되새길 필요는 있다. 전신을 맡길 만큼 성형 의학을 신뢰하기도 힘들다. 잘못하면 목숨과 같은 돈은 돈대로 날리고, 생사람 잡을 수도 있다.

2012년 1월, 강유미가 양악 수술을 받고 공연장에 참가한 사진이 화제가 되었다. 재능이 있음에도 불구하고 외모 때문에 차별과 설움을 받던 그녀가 일견 복수를 한 셈이 되었다. 한국에서는 성형이 거의 생존을 위한 수단에 이르는데 그것이 비단 외모로 평가받는 사회문화적인 요인 때문이다. 이렇게 외모로 판단되는 상황은 두 가지 요인 때문에 더 심화된 측면이 있다. 하나는 미디어 환경이고 다른 하나는 경제적 상황이다. 한국은 갈수록 미디어의 영향력이 강화되고 있다. 스마트폰 환경은 사람들을 미디어와 더 실시간으로 밀접하게 만들었다. 미디어는 간접 매개물이기 때문에 실체보다는 미디어 이미지를 더욱 실재감 있도록 만든다. 사람들의 미의 기준은 미디어에서 보여주는 것이 된다. 무엇보다 성형이 일상문화로 자연스럽게 번진 것에 이런 미디어의 역할이 컸다. 한국은 서울을 중심으로 대중문화가 형성된다. 미디어 영향력은 모두 서울을 중심으로 형성되어 있다. 서울 가운데에서도 새로운 트렌드는 강남을 중심으로 형성되기 마련이다. 이러한 성형이 미디어 이미지를 통해서 일반화되기에 알맞다. 무엇보다 심리적 장벽이 무너지게 되었다. 97년 외환위기 이후 평생직장의 개념은 무너졌다. 조직과 공동체는 개인의 운명을 지켜주지 않았다. 따라서 개인은 생존을 위해서 자신의 모든 가용 대안을 모색해야 했다. 그 가운데 하나가 바로 성형이었다. 개인의 생존을 위해서 약간의 성형은 용인되었다. 살아남기 위한 몸부림 가운데 하나였다. 살아남기 위한 것이라면 남녀 불문일 수밖에 없고 성형열풍이 남성에게까지 옮겨 붙는 것은 이 때문이다. 한편으로 성형은 그동안 한국사회에서는 금기의 대상이었다.

한편으로 금기였기 때문에 금기를 위반하고자 하는 욕망은 더욱 커졌다. 금기를 위반한 사람들에게는 금기 때문에 차지하지 못하는 이득이 올 수도 있었다. 당장에 약간의 손을 본 이유로 대중적 선호나 인간적 호감도를 증대시킬 수 있었기 때문이다. 하지만 이러한 성형이 일반화되면 사람들은 성형했는지를 금방 알아볼 수 있기 때문에 오히려 반감을 가질 수 있을 것이다. 한국이 지금 성형이 일반화되고 있지만 그 일반화의 정도가 심해지면 사람들은 인공적인 미인에 금방 식상해할 뿐만 아니라 반감을 갖게 마련이다. 한국의 성형 열풍은 아직 그 단계로 가는 노정에 있음은 분명하다. 금기는 반드시 그에 대한 시장의 수요를 낳는다. 성형의 범람은 필연적으로 그 가치를 떨어뜨린다.

다만, 그 중간의 시기가 문제가 될 것이다. 수많은 배우들이 성형수술을 했다. 그러나 그 처음에만 주목받았을 뿐 결국에는 사라져갔다. 이러한 예는 무수히 많은데 결국 콘텐츠, 자기만의 내용이 없는 경우에는 성형의 방편도 소용이 없는 것임을 여실히 보여주었다.

성형의 영향은 일시적인 플라시보 효과라는 점을 사전에 인지하는 것이 무엇보다 중요하다.

# ?!.
# 한국인이 황진이를
# 선호하는 심리

## 화려하지만 다시 소외되는 기녀들

> 2000년대 이후 온통 황진이 열풍이라고 하면 지나친 말일 정도로 소설은 물론이고 드라마, 영화, 뮤지컬에 이르기까지 황진이가 빠짐없이 등장하고 있기에 일찍부터 많은 매체들이 주목했다. 김탁환의 '나, 황진이' (2002년), 전경린의 '황진이'(2004년), 북한 홍석중의 '황진이'(2002년)가 소설로 선보였고 이를 바탕으로 드라마와 영화, 뮤지컬이 방영, 혹은 제작되었다. 또한 〈해어화〉라는 드라마가 조선시대 기녀학교를 통해 기녀의 인간적인 다양한 측면을 보여주었다. 황진이 혹은 기녀 열풍에는 원인이 있기 마련이다. 단순히 과거의 관점이나 내용이 반복된다면 대중문화에서 주목의 대상이 되지는 못할 것이다. 무엇이 달라졌을까?

과거 이태준, 박종화, 정비석 등이 소설 황진이를 그려냈고, 도금봉, 김지미, 장미희, 이미숙 등 당대 최고의 여배우들이 드라마와 영화에서 그녀가 되었다. 대개 그 속에서 황진이는 당대의 지식인과의 자유분방한 사랑을 나눈 수준 높은 기녀였다. 반드시 요부는 아니더라도 성적인 이미지에 지식의 수준도 높은 천박하지 않은 기녀라는 선에서 그쳤다. 그러나 요즘에는 당당하고 주체적인 여성이라는 관점에 종합예술인이라는 시각을 강화하고 있다. 가부장적 남성 질서에 당차게 맞선 여성으로 그려지기도 한다. 성공한 여성상으로 보려는 경향도 있다.

황진이를 떠나서 기녀에 대해서 주목하고 있는 이유는 그만큼 기녀가 문화적 상품으로서 가치가 있기 때문이다. 기녀문화가 문화적 상품으로 각광을 받는 원인에는 몇 가지 이유가 있다. 한국만의 특수성과 비극성이다. 여기에 사랑과 멜로의 요소가 전형을 이룬다.

중국이나 일본을 보아도 기녀들만큼 예술적 혹은 예능적 기능을 가지고 있는 이들이 없다는 것이다. 학술적 식견, 그림, 음악 연주, 시창작력 등 문화예술인의 성격이 그 예이다. 이는 문화콘텐츠 작업에서 다양한 볼거리와 소재를 제공한다. 여기에 기녀들의 삶이 극적이라는 것도 관심의 대상이다. 재주가 뛰어나지만 신분 한계 때문에 양반과의 사랑이 이루어질 수 없는 비극성 때문이다.

황진이를 비롯한 기녀를 바라보는 관점이 변화하고 있는 것은 사실이다. 이전에 기녀는 요부, 또는 섹시한 이미지를 강조했다. 과거에 기녀들은 천박하게도 보였다. 그러나 기녀들은 여전히 사랑과 로맨스의 주인공이다. 양반 지식인들과의 멜로 라인에 갇혀버린 기녀들이고 황진이다. 멜로 라인이 없으면 기녀들은 존재할 수 없는 것인가?

드라마 〈황진이〉 같은 작품들의 경우에도 서경덕과 지족선사를 배제한다지만 여전히 또 다른 양반가 남성들과의 사랑, 멜로에 갇혀 버린다. 무엇보다 한 번쯤은 생각해야 할 점이 황진이는 수많은 기녀들의 대표성을 가질 수 없는 특수한 사례라는 것이다. 일반적인 기녀들은 황진이 같은 저항적 행동을 할 수 없는 처지에 있었다. 대부분의 기녀들은 쓰다 버려지는 소모품이었다. 더욱이 그들에게 진정한 사랑이 찾아온 경우가 얼마나 될까?

대중문화를 지배하는 나르시시즘과 주체성을 활용한 또 다른 여성의 상품화가 황진이를 비롯한 기녀 문화 소재의 대중문화 작품들에서 보인다. 실제와는 너무나 다른 삶이나 사회적 지위가 현대적 관점으로 비약되고 있다. 그들의 태생적 고통과 사회적인 모순에 따른 비극은 중요한 문제가 아니게 된다. 그동안 기녀들에 대한 삶이 구체적으로 조명된 적은 없었다. '당당하고 주체적인 황진이!' 이것이 기녀들의 대표적 담론으로 대두되는 것은 문제인 것이다.

　　황진이는 그래도 신분적으로 나은 처지의 출신이 아니었던가. 진사(進士)의 서녀(庶女)출신이었기 때문이다. 기녀들은 원칙적으로 관기(官妓)로 국가에 소속된 공노비였다. 일단 기적(妓籍)에 오르면 노비에서 벗어날 수 없었다. 신분은 예속, 세습되어 양반과 결혼해도 아들은 노비, 딸은 기녀가 되었다. 늙거나 병이 나 기녀를 못하면 딸이나 조카, 여자아이를 사서 대신하게 넣어야 했다. 흉년이 들면 여자아이는 기녀로 팔려갔고, 사화에 휩쓸려 기녀가 되는 여성도 많았다. 대개 이러한 기녀들의 태생적인 고통들이 외면되고 기녀 하면 우리는 대개 황진이 같은 인물만 떠올린다.

　　또한 대중문화 열풍에서 기녀를 다루고 있는 것은 이미 기녀 제도를 용인하고 있다는 데서 출발한다. 따라서 기녀 제도 자체에 대한 문제의식은 어느새 희석되었다. 결국 국가에서 엄격하게 지배질서를 위해서 기획하고 관리하고 만들어낸 상품이라는 측면이 매우 강하다. 황진이 담론은 성리학적 국가에서 나타난 스타 시스템의 원형일 것이다.

　　황진이가 그렇게 양반들을 휘어잡았던 것은 성리학적 지배 질서 속에서 여전히 존재하고 그러한 가치 질서에 부합하는 예능과 지조가 있었기 때문이다. 즉, 지조 있는 예술적 사랑을 보여준 것이기 때문이다. 황진이의 말이나 생각은 여전히 양반 지식인들이 좋아하는 취향과 기호들을 대변한 것이어서 그들이 열광한 것이지 일반 민중, 백성들의 삶과 생각을 반영해서가 아니다. 그들이 당대의 수많은 백성들의 삶과 무슨 관련이 있다는 말인가. 이매창[李梅窓], 송이[松伊], 소춘풍[笑春風], 승이교, 성산월, 계생, 상림춘, 설매 같은 유명한 기녀들도 마찬가지이다.

요컨대, 현재의 기녀 열풍은 기녀들의 삶을 외면하고 다른 형태로 여성을 상품화하고 있다. 대중문화에서 언제 한번 기녀들의 한과 고통을 제대로 다룬 적이 있었는가 생각해 볼 시점이다. 오늘날 대중문화는 기녀 제도의 불합리성과 모순을 지적하기 보다는 여성의 성공수단으로 삼는다.

비극도 화려하게! 화려한 의상, 장신구, 현란한 기예뿐만 아니라 양반과의 넘어설 수 없는 사랑도 아름답게 보인다. 그러나 양반들이 과연 기녀들을 얼마나 사랑했을까. 지배질서 속의 고통을 외면하는 한 기녀들은 다시 대중문화 속에서 현대에도 화려하게 소모되고 소외된다.

드라마 〈황진이〉의 공헌은 섹시한 요부의 이미지에서 황진이를 구출해 그녀를 건전한 사랑을 나눈 예술인으로 그리려 한 점이다. 여기에 아이의 등장을 통해 모성까지도 부가하려는 것은 역사적 왜곡 논의와는 별도로 일단 기존의 작품들과 차별적이었다.

하지만 애초에 예상되었듯이, 드라마 〈황진이〉는 처음부터 끝까지 정신적인 세계보다는 시각적 이미지에 종속되었다. 황진이의 옷에만 1억 원에 육박하는 돈이 들만도 했다. 여기에 종합 예술인의 진면목을 보여준다는 이름으로 갖은 한국 무용이 동원되었다. 현대화된 의상과 한결 고급스럽게 다듬어진 춤사위는 가히 황진이의 이미지를 새롭게 하는데 충분했다.

하지만 그것은 그야말로 눈요깃거리였다. 그녀의 예술은 화려한 기예에 매몰되었고, 예술인으로서 깨달음은 물론 사유와 공간, 그리고 담백의 미학이 현란함 속에서 길을 잃었다. 무엇보다 황진이의 의미가 몸짓으로만 드러나는 데 있다고 여기게 만들었다. 가슴 아프게도 미디어에 복원되는 황진이가 처음부터 근본적으로 가지고 있는 한계인지 모른다.

또한 황진이는 처음부터 멜로에 기생(寄生)했다. 어머니 현금의 멜로에서 탄생한 황진이라 그런 것인지 은호와 벽계수, 김정한과의 멜로가 중심이었다. 잘생긴 젊은 남자들과의 로맨스가 중심이니, 이 또한 다분히 시각적이다. 나이와 신분을 초월한 교감은 원조 교제감이라도 되어 보인다. 이렇게만 이야기하면 섭섭한 면이 크다. 양반이나 벼슬아치들에게 대차고 똑부러지게 자기표현을 하는 모습에서 당당하고 주체적인 여성의 모습도 보이기 때문이다. 그러나 황진이의 가능성은 겉으로 이렇게 쉽게 인식되는 단순한 이미지가 아니었다.

처음 제작진은 서화담 등과의 교감은 줄이고, 주체적인 여성의 모습을 보이겠다고 했지만, 아예 멜로의 새장 속에 갇혀 버렸다. 황진이(하지원)가 자신이 조선 최고의 기녀라는 점을 내세우는 것에 실망하는 서화담 수준이라니, 정말 동반 하락이었다.

당대 지식인들을 갖고 논다는 황진이를 중심으로 세계와 삶에 대한 치열한 대결은 없고, 난데없는 오기의 몇 마디의 조롱과 냉소, 반전의 수사만이 난무했다. 질서에 대한 저항의 바탕도 대부분 아버지에 대한 분노에 기댄다. 황진이의 인식론적 세계관은 아버지의 부적절한 처신이 그 기반인 것이다. 황진이의 격을 떨어뜨리는 것은 춤사위 외에 학문적·사상적·세계관적 성찰과 담화는 보이지 않는 데서도 드러난다. 결국 황진이를 단순한 여성성으로 퇴보시켰다.

처음부터 조선시대의 인문학적 소양을 무시하고, 그것을 반봉건적인 가부장적 질서의 소산이라 타도의 대상으로 여기는 태도에서 한걸음도 벗어나지 못했기 때문에 드라마 〈황진이〉는 결국 춤사위와 멜로로 도피해 들어갈 수밖에 없었다. 영혼과 정신적 교호의 실종은 현 시대의 인문교양과 상상력으로는 형상화 시킬 수 없기 때문에 벌어진다. 이는 드라마

〈주몽〉에서 작가들이 고구려 건국에 임하는 주몽의 정신세계를 상상하지 못하는 것과 같았다. 주몽이 고조선 복원이나 유민 결집을 반복하여 강조하는 이유다. 결집해야 하는 이유는 한나라의 핍박 때문이라고만 강변하는 이유를 알 수 있다.

인문학적 상상력의 부재는 결국 이미지와 멜로에 기생하게 만든다. 이는 비단 〈황진이〉나 〈주몽〉에만 해당되는 것은 아니다. 영화나 뮤지컬, 드라마에서 온통 사극 열풍이다. 역사물이 대중문화의 트렌드를 주도할 것은 명확해 보인다. 그럴수록 현대인의 인문교양으로는 상상할 수 없는 부분을 어떻게 형상화 하는가가 매우 중요해진다. 그렇지 않으면 시청률에 상관없이 작품을 현대의 무협물이나 식상한 멜로수준으로 전락시킬 것이다. 무엇보다 역사를 관통하는 사람들의 마음을 놓치게 될 것이다.

# ?!.
# 스폰서 문화
## 정치인과 연예인의 공통점

> 박연차 리스트와 장자연 리스트는 연예인과 정치인의 공통점을 생각
하게 만들었다. 연예인과 정치인의 공통점은 모두 스폰서를 가지고 있다
는 점이다. 그 스폰서의 공통적인 점은 대개 무엇인가 바란다는 점이 있
다. 정치인에게는 이권을 바라고, 연예인에게는 서비스를 바란다. 여기에
서 서비스는 대중문화 상품이 지니는 좋은 작품이나 연기가 아니라 물리
적인 서비스이다. 특히, 여자 연예인에게는 흔히 성 접대라는 단어가 붙는
다. 잠자리 즉 '캐스팅 카우치'(Casting Couch)다. 정당한 후원이 아닌 바에야 모
두 반칙이다.

흔히 정치인은 돈 앞에 영혼을 팔고, 연예인은 몸을 판다는 말이 있
다. 하지만 이 말은 모두 틀렸다. 둘 다 영혼을 판다. 몸을 파는 것은 이전
에 이미 영혼을 파는 것이다. 아니 더 하나가 있다. 모두 생명을 파는 것이
다. 정치적 생명을 팔건, 활동의 생명을 팔건 생각하기 나름이지만 정작
자신의 진짜 생명까지도 단축시킨다.

후원을 받는 이유는 고비용 때문이다. 고비용 정치구조를 타파해야
한다는 말이 대표적일 것이다. 그럼 연예계는 어떠한가. 두 가지 의미가

있을 것이다. 화려한 연예 생활에는 그 아우라를 위해 많은 품위 유지비가 들어간다. 무명의 기간이 길거나 또 다른 장래를 위해서 그 비용은 개인 혼자만으로 감당하기에는 버거울 것이다. 물론 일부는 개인의 욕망 그 자체를 채우기 위해서 후원체제를 이용할 것이다.

그렇다면 고비용을 들이고 얻는 것은 무엇인가 묻지 않을 수 없다. 또한 문제는 능력 있는 신인들이 후원에 의지할 수밖에 없는 고비용 구조이다. 여기에서 비용은 단순히 돈이 많이 들어가는 문제가 아니라 생명과 영혼까지도 담보로 잡혀야 하는 고질적인 시스템이다. 실력과 재능으로 승부를 걸어야 하는 이들에게 달려드는 스폰서는 돈과 명예, 권력만을 내세우는 그들의 후원으로 승자의 순간을 기다리며 비상하기를 바란다. 하지만 그 비상(飛上)은 비상(砒霜)이 된다. 즉 독약이 된다.

고 장자연 씨의 자살 사건을 두고 문건 속 리스트가 연일 매체의 중심에 있었다. 리스트의 몇 명만이 문제는 아닐 것이다. 결국 우리 사회의 잘못된 관행과 인식, 제도적 시스템의 모순이 생명을 앗아가는 결과를 낳았기 때문이다. 화려한 불빛은 불나방의 생명을 빼앗는 것처럼 화려한 조명 아래 대중연예계는 수많은 생명을 빼앗으면서 마치 모든 이들의 영생과 꿈을 이루어주는 것처럼 허장성세를 부린다.

사회 경제적인 양극화 현상이 심해져서 그런지 승자독식이라는 말이 매체에 자주 오르내린다. 승자독식은 많은 자원을 특정한 이에게 집중시키는 것이다. 예컨대, 승자가 모든 것을 혼자 먹어치운다. 본래 먹는다는 것은 자기 것으로 만드는 소유의 의미가 크다. 100명이 같이 골고루 나누어 먹을 수 있는 떡을 혼자 차지하면 99명은 굶주림에 시달리게 된다. 골고루 나누어 갖지 않는 문화에서는 착실하게 결실을 축적하기보다는 대박의 환상이 횡행하게 되고 근실한 노동은 천대받는다. 독식의 달콤한 열매는 크고, 그것을 손에 넣지 못하는 처지는 매우 비참하므로 수단과 방법을 가리지 않고 승자가 되기 위해 반칙도 일삼게 한다. 실력보다는 편법이 더 우선되기 쉽다.

이런 승자독식이 강한 곳이 연예계이다. 많은 스타 지망생들은 후원자 잡기를 열망한다. 후원을 통해 대형 스타로 파이를 독식하는 꿈을 꾸지만, 현실은 그렇게 녹록하지 않다. 그들이 갖는 것은 후원자의 달콤한 독이 묻은 돈이다. 조금씩 먹은 수은에 어느새 중독되어 있는 자신을 되돌아보면 너무 늦다. 처음에는 승자가 되기 위한 약간의 고통으로 생각하지만, 결국 영원한 고통이 된다. 자신의 정당한 노동으로 얻지 않는 달콤함 뒤에 독이 없는 경우는 거의없다.

한국 사회에서 사회적으로 승자라고 여기는 이들은 스폰을 통해 접대를 당연시 하는 인식이 굳어졌다. 기형적인 성공 과시 문화 가운데 하나가 여자 연예인 스폰 문화다. 마치 자신의 지위를 과시하기 위한 수단이다. 과거 지난한 과정을 보상받는 기제가 된다. 해당자들은 우리만 갖고 그러냐고 하지만, 잘못된 문화적 행태는 이제 끝을 내야 한다. 원래 그런 권력자들을 이용하는 것도 문제이다. 그것에 영합하는 것도 무감각해져 있다. 정책 효과에도 의문에도 불구하고 성매매 단속이 그 불법성이나 인권 문제에 대한 경각심과 인식을 전환시켰듯이 이번 사건은 이러한 당연시 되는 풍토에 대한 일갈이며, 일벌백계의 사례가 되어야 한다.

무엇보다 문제는 왜 기형적인 스폰서 문화가 발생하는가 하는 점이다. 현재 대중연예계의 시스템 구조는 약자들이 강자에게 착취되는 구조를 고착화 시키는 점이다. 공정하지 않은 것이다. 표준계약서나 등록제, 불공정 관행 타파가 이루어지기 위한 법적 노력은 중요하다. 또한 공정하지 않은 상황을 명분삼아 이용하는 행태도 문제이다.

악순환의 구조적 착취는 생명에 대한 착취이다. 승자의 독식의 구조를 용인하거나 묵인하는 한에서 악순환은 반복된다. 후원 문화를 그것을 용인 방관 영합하는 행태가 된다. 승자가 되려면 어쩔수 없다는 무기력함이 그 심리적 배경에 있다. 그럼 이러한 구조에서 승자는 행복할까? 화려한 스타들의 영생은 달려드는 수많은 불나방들의 생명으로 연명될 것으로 보이지만, 그것은 승자의 저주와 같다. 1등에게는 천국이 열릴 것 같지만, 오히려 그렇지 않은 것이다. 설령 1인자가 되어도 그 끝은 승자의 저주이며, 고 최진실 씨의 자살 사건도 승자의 저주인지 모른다. 혼자만의 승자가 아니라 강자와 약자, 스타와 무명이 같이 살 수 있는 상생의 수평적 승자의 문화가 연예 매니지먼트계에 형성되어야 한다.

고비용 저효율의 낭비적인 현재의 연예 기획과 후원 문화로는 한국 대중문화가 도약할 수 없으며, 한류도 사상누각(沙上樓閣)에 불과하다. 수많은 영혼과 생명을 갉아먹으며, 유지되는 연예 시스템은 공정한 시장의 룰이 지켜지지 않는 기형적인 반칙의 경제와 같다. 무엇보다 재능 있는 사람들이 자신의 능력을 제대로 펼칠 수 있는 풍토를 만들어야 한다. 이것은 정치권이 해결해야 할 과제와도 같다. 우리 정치가 선진사회의 견인차로 이행해 가는데 필요한 것이 편법과 반칙을 일삼는 스폰 문화를 바꾸는 것이라는 것을 부정할 수 없다. 정치가 무소불위로 이권을 챙겨 줄 수 있는 정치 독식의 시대는 갔다. 정치인이든 연예인든 진정한 스폰서는 대가 없는 팬과 스타의 관계, 지지자와 대표자의 관계이어야 한다.

4장

# 미디어와
# 콘텐츠
## 그리고 대중문화

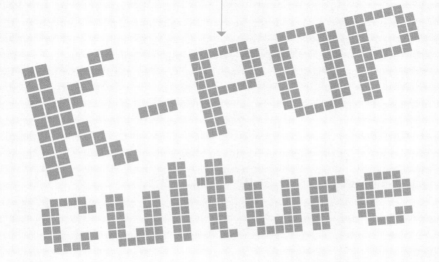

# ?!.
# 미래 콘텐츠는
# 도파민 분비에 달려있다

> ## 왜 미스터리 콘텐츠인가

MBC 〈거침없이 하이킥〉은 시트콤에 미스터리 요소를 가미해서 호응을 받았다. 옆집에서 의문의 살인사건이 일어나는 설정은 웃음을 주안점에 두는 시트콤에서는 보기 드문 것이다. 또한 단발성 에피소드로 끝나는 것이 아니라 시종일관 궁금증을 풀어가는 설정이었다. 종국에는 유미가 북한의 간첩이라는 설정으로 미스터리를 맺는다. 슈퍼 주니어는 미스터리 코믹극 〈꽃미남 연쇄 테러사건〉을 통해 데뷔하는데 이는 〈거침없이 하이킥〉의 DNA를 받은 것으로 보인다.

드라마 〈한성별곡-정〉은 의문의 살인 사건을 추적해가는 방식을 사용하고 있다. 〈8일〉도 정조의 암살 미스터리를 다뤘다. 물론 이러한 유형의 작품들이 앞으로 정치 미스터리 물을 표방했던 〈영원한 제국〉과 유사했다. 또한 〈별순검〉도 의문의 사건들을 추적해가는 미스터리 요소를 기본으로 해서 열렬한 호응을 받았다. 미국 드라마에 영향을 받는 것은 사실이다. 〈CSI〉, 〈프리즌 브레이크〉, 〈크리미널 마인즈〉 등은 미스터리 스릴러를 표방했기 때문이다. 이에 영향을 받은 드라마 〈히트〉가 가장 대표적인 작품일 것이다. 심지어 연극 〈조선형사 홍윤식〉을 1930년대 〈CSI〉라고 하는 것도 미드의 영향 정도를 나타내는 것이다.

미스터리물은 신비 또는 공포 요소가 큰 역할을 하는 작품이다. 괴기·환상·범죄 소설을 포괄하여 미스터리물이라고 하는데 스릴러를 구분해서 말하기도 한다. 스릴러는 공포를 주는 데 초점을 두는 데 반해 미스터리물은 수수께끼를 논리적으로 풀어가는 점을 중요하게 여긴다. 미스터리 스릴러는 궁금증을 일으키는 공포의 대상이나 사건을 해결해 가는 과정을 그린다고 할 수 있다.

텔레비전 드라마에서만 이러한 작품들이 붐을 일으키고 있는 것은 아니다. 한국 영화가 할리우드 영화에 고전하는 가운데 코믹 조폭 영화는 줄어들고 미스터리 스릴러 장르는 인기를 끌고 있다. 〈그놈 목소리〉, 〈극락도 살인사건〉이 300만 명과 200만 명의 관객을 동원해 흥행 성공 했다. 〈검은 집〉은 흥행관객 150만 명을 넘으며 역대 공포영화 흥행 5위에 올랐다. 영화 〈궁녀〉는 조선시대를 배경으로 궁에서 일어난 의문의 죽음을 파헤치는 미스터리물이다. 〈죽어도 해피엔딩〉은 동시에 한 여배우에게 프러포즈를 하고 죽어나가는 네 남자들의 미스터리를 담았다.

또한 미국 드라마의 단골소재인 의학 미스터리를 영화에 적극 반영하고 있다. 해부용 시체 〈카데바〉를 통한 살인사건의 공포 설정 대신 미스터리를 풀어가는 데 초점을 맞춘 〈해부학교실〉, 수술 중에 일어나는 마취가 깨어나는 '각성 현상'과 연속 살인사건을 그린 미스터리 스릴러 물 〈리턴〉, 일제 침략기 경성의 병원에서 발생한 의문의 죽음을 그린 〈기담〉 등이 의학 미스터리 스릴러이다.

미스터리물의 범람은 여름이라는 특수한 상황 탓도 있지만 불안한 사회라는 점을 방증한다고도 볼 수 있다. 여기에 새롭게 각광을 받고 있는 팩션 스타일이 가세한 면도 있다. 어떻게 보면 퀴즈 프로그램이 춘추전국시대를 맞고 있는 것과 맥락이 닿아 있는지 모른다. 미스터리는 하나의 수수께끼 풀이이기 때문이다. 하지만 미스터리는 단순한 사실을 맞추는 것이 아니라 구성된 상황의 퍼즐 맞추기이다. 물론 대중문화의 기본 속성은 무엇인가 의미 부여하는 것이기 때문에 미스터리물은 당연해 보인다. 평범한 사실을 신비한 무엇이 있는 것처럼 만드는데 미스터리 기법보다 나은 것은 없다. 이러한 점은 과학의 시대에도 환타지가 각광을 받는 것과 그 성격이 같아보인다. 물론 과학의 이름을 빌린 환타지가 오히려 설득력을 더하면서 과학이 환타지에 종속되는 모양새를 보인다. 최근의 미스터리 스릴러도 과학을 수단화 하고 있는 모습이다.

이러한 미스터리, 또는 미스터리 스릴러물은 한동안 계속 이어질 전망인데 미스터리 스릴러인 미국 드라마에 마니아들이 드라마와 영화계에 가득 포진하고 있기 때문이기도 하다. 이는 미스터리물의 열풍이 미드에 크게 영향 받은 결과임을 말하는 것이다. 이 때문에 한국 영화의 스릴러가 미국 영화와는 다른 정서를 가지고 있듯이 드라마와 영화에서 이루어지는 미스터리물이 어떠한 결과를 낳을 지는 두고 보아야 할 것이다. 더욱이 〈미드〉의 잔상효과나 후광 효과 때문인지 한국적 현실에서 독자적인 미스터리 물의 생명성이 있는 것인지 아직은 가늠하기 쉽지 않기 때문이다. 한편 무조건 하이브리드를 추구하는 것은 잡탕이 될 수도 있다. 드라마 〈히트〉 같은 결과가 될 수도 있기 때문이다.

## 스릴러가 뜨는 이유

몇 년 전부터 극장가에서는 공포물을 별로 찾아볼 수 없었다. 대신 영화 〈이끼〉, 〈아저씨〉, 〈악마를 보았다〉, 〈이웃사람〉 같은 스릴러물이 여름을 장식하는 현상이 일었다. 스릴러물의 부각은 여러 가지 측면에서 분석되고 있다. 사실 공포물이나 스릴러물이 사람을 긴장 후 이완의 단계에서 안도와 청량감을 주는 면에서는 공통적이다. 하지만 공포물은 무서움을 많이 주는데 집중해야 한다. 하지만 관객이 무섭게 느끼지 않는다면 실패할 수밖에 없다.

스릴러물의 특징은 잔인함과 그로 인한 긴장감에 있다. 특히 이러한 차이는 한국 영화가 원혼 소재를 애용할 때 확연하게 차이가 났다. 원혼 이야기를 많이 다룰 때 그것은 곧 양식과 미학의 빈곤에 빠지기 쉽다. 그동안 공포물이 식상해진 탓도 있는 것이다. 공포물은 적은 제작비로 상대적으로 큰 수입을 올리는 장르로 각광받았기 때문에 한동안 여름 기획 상품으로 만들어졌다. 하지만 그 기획력이 바닥을 드러내면서 한철장사로 전락, 관객들의 외면을 받은 셈이 되었다.

더욱이 세대론의 관점에서 원혼을 풀어내는 방식은 달라져야 할 필요성이 커졌다. 이전의 세대와 달리 한(恨)의 정서가 그렇게 진지하지 않다. 〈내 여자 친구는 구미호〉와 〈구미호-여우누이뎐〉의 코드에서 알 수 있다. 앞의 작품은 경쾌 발랄한 코드로 구미호를 해석하고 형상화하지만, 뒤의 작품은 진지한 한의 정서에 충실하다. 반응은 앞의 작품에서 더 뜨거웠다. 코드는 이렇게 달라졌다.

외화를 기준으로 볼 때 공포물과 스릴러에서는 '살상(殺傷)'이 전면에 등장하고 있다. 그리고 이것은 점차 한국 영화에도 자주 시도되고 있다. 공포는 살상의 잔혹함에서 비롯한다. 한국형 스릴러의 기폭제가 되었던 〈추격자〉는 극장판보다 감독판이 훨씬 잔혹했다. 본래 잔혹 스릴러라는 새 장르를 표방한 작품이었다.

여기에서 살상은 동물과 인간의 관계에서보다 인간과 인간 사이의 살상이다. 무엇보다 초자연적인 현상이나 동식물의 엄습, 심령적 현상은 부차적이 되었다. 공포는 이제 일상으로 내려왔다. 공포의 근원은 일상 곳곳에 숨어있을지 모르는 살인마다. 공포는 사람과 사람 사이에 있다. 공포는믿었던 사람에게서 갑자기 엄습하기 때문에 항상 경계경보를 놓치지 말아야 한다.

현대사회는 '위험 사회'가 아니라 '의심 사회'가 되었다. 그것을 외면하는 내가 파괴될지 알 수 없다. 누군가 나를 해칠지 모른다는 강력한 불안과 경계 심리는 사람 사이를 소외시킨다. 이 때문에 한국 영화에도 잔혹 스릴러가 주목받고 있는지 모른다.

사람의가치는 돈의 수치로 정량화되어 파편화 되거나(영화〈아저씨〉), 이유없는 순간적 쾌락의 수단(영화〈악마를 보았다〉)이 될 뿐이다. 믿고 의지했던 사람은 갑자기 등에 칼을 꽂는다(영화〈이끼〉). 극단적인 살상의 대결은 액션 영화인 〈아저씨〉에도 등장하기에 이르렀다. 사회적인 메시지가 강한 영화 〈이끼〉에도 인간의 몸을 잔인하게 해하는 간헐적인 장면들이 영화적 자극을 배가시켰다.

현대인은 원혼 풀이와 같은 대의적 코드보다는 자기 개체성의 유지와 보존, 안녕을 중요하게 생각한다. 따라서 공포와 스릴러는 육체성의 보존 혹은 파괴에 집중한다. 보존 혹은 파괴에서 긴장과 이완이 발생하면서 청량감과 재미를 남긴다. 영화의 특수효과는 잔혹성을 더 부각하는 데 총동원되고 있다. 영화에는 어느새 한번에 간단히 끝내는 총보다는 칼과 도끼, 망치와 같이 인간의 몸을 산산이 난자해내는 도구가 더 많이 동원된다.

보는 사람이 고통을 연상하고 그 해당자에 감정이입을 할 수 있도록 음향을 최대한 살리는 것도 시각적 효과와 같이 중요하다. 실제감이 높은 인간의 '부분 인형'은 실제 배우의 신체 부위와 매우 같아야 한다. 물론 시각적 특수효과는 이러한 인간의 부분 신체가 현실과 다르지 않음을 보여주어야 한다.

이는 〈악마를 보았다〉의 결말에서 최민식의 머리를 어떻게 부분 신체화했는지 확인하면 된다. 그렇게해서 육체의 지각화를 관객들 스스로가 상상하고 동일시를 느끼도록 해야 한다. 물론 이러한 잔혹성이 힘을 얻으려면 인간이 가지고 있는 자기개체성 유지와 보존의 심리에 충실해야 한다. 관객들은 영화 속의 사람 육체가 잔인하게 해체될수록 긴장하고 곧 영화와는 달리 안온한 현실에 편안해 한다.

잔혹 스릴러가 많아진 것은 공포물의 동서양 경계가 사라지고 있다는 징후인지도 모른다. 서양은 동물이 등장하는 공포물이 많고 동양은 원혼이 등장하는 식의 분석이 더 이상 먹히지 않을지 모르겠다. 하지만 적어도 〈이끼〉에는 약자의 감수성이 있고 〈아저씨〉에는 약자의 감수성과 함께 한국 특유의 정적인 요소가 강하다.

〈악마를 보았다〉는 가족주의적 요소가 강한 잔혹극이었다. 이러한 점들은 한국적 문화요소가 강하게 배어 있음을 알 수 있다. 한국의 잔혹 스릴러는 공동체적 정서에서 개인주의적 정서로 이동하는 그 중간 단계적 과도기에 있다. 그런 면에서 아시아와 유럽-아메리카 문화 충돌의 가교 역할을 할 수 있는 가능성을 잔혹스릴러에서도 짐작하겠다.

## 인터넷 상호성의 참여 콘텐츠와 통제감 충족

미래 콘텐츠는 시청자들의 적극적인 해석 참여 유도의 함의가 무엇인지 생각해야 한다. 스토리를 통해 우리는 대체 현실이라는 소우주 세계를 만든다. 그렇게 만들어진 세계에 사람들은 깊이 빠져들게 된다. 콘텐츠 소비에서 한 가지 분명한 사실은 사람들이 몰입 하고 싶어 한다는 사실이다. 한검음 더나아가 우리 모두는 스토리에 참여해 나름대로 역할을 떠맡아 자신만의 스토리를 만들어하고 싶어 한다. 갈수록 허구와 사실, 또한 사실 사이의 경계만 모호해지는 것이 아니라 작가와 청중, 엔터테인먼트와 광고, 스토리와 게임의 경계마저 모호해진다.

2007년 유명한 조커의 전화 게임인 〈와이 소 시리어스〉를 보자. 배트맨의 숙적인 조커의 심복이 되겠다고 자원한 이들 수천 명에게 이메일이 발송되었다. 메일에는 암호가 숨겨져 있었고, 이 암호를 추측하여 알파벳을 조합하고 인터넷상에서 놀이동산 게임을 찾도록 했다. 놀이동산 게임에는 제과점 주소가 있고, 제과점을 찾아가 케이크를 받게 했다. 그 케이크를 칼로 자르니 휴대전화, 충전기, 메모, 전화번호가 들어있었다.

여기에 카드 한 장도 들어 있었다. 그 카드는 조커였다. 참여자들은 마치 조커와 같이 은행을 터는 공범자가 된 것이다. 이런 케이크 사냥을 지켜본 사람은 무려 140만 명이다. 이에 영화 〈다크 나이트〉는 33주 동안 10억 달러로 어떤 배트맨 영화보다 성공했다. 사람들이 적극적으로 참여할 수 있도록 한 것이 매우 큰 홍보 효과와 이에 따른 극장 수입을 낳았다. 또한 이런 이야기 콘텐츠는 저작자와 관객들 사이에 오가며 양방향으로 흐르지도 않고 사방으로 퍼져나간다.

또 하나의 경우는 게임 기획자 와이즈먼의 사례이다. 2001년 4월 영화 개봉 12주 전에 영화 예고편과 포스터 엔딩 장면에 감각기계치료사라는 직함을 등장시켰다. 워낙 글씨가 작았는데 일부러 그것을 노렸다. 이 단어에 대한 사람들의 검색이 이루어지고 온라인 토론장이 만들어졌다. 48시간 내내 150명이 토론했다. 영화가 개봉될 무렵 세계 300만 명이 참여했다.

이런 사례에서 중요한 것은 사람들이 궁금해하는 과제들이 쏟아져 나온다는 것이다. 그것은 모호한 무엇인가 궁금증을 일으킬 만한 내용들을 남겨준다. 통상 다른 드라마들의 경우에는 미해결 문제들을 남겨두지 않으려고 한다. 하지만 드라마 〈로스트〉는 모호하게 남겨두는 것들이 많았다. 그리고 일부러 무슨 뜻인지 설명하지 않는다. 사람들은 궁금증이 생기고 이를 혼자만 간직하지 않는다. 다른 사람과 이야기를 나누려고 한다. 이때 직접 만나서 이야기하기도 하지만, 인터넷을 통해서 이야기를 나눈다. 이러한 이야기를 많이 나눌수록 사람들은 인터넷 검색을 많이 하게 되고, 그러한 정보를 잘 전달해주는 사이트나 출처는 크게 각광받는다.

인터넷에서 화제가 많이 되고 이야기가 활발하게 오갈수록 시청률이나 영상 콘텐츠 판매량은 늘어날 수밖에 없다. 정보의 개방이 아니라 정보의 통제 덕분이다. 〈로스트〉의 경우에도 정보를 보일듯 말듯 억제하는 것이 몇 달 동안 시청자의 애간장을 녹였다. 그러한 정보 억제가 쌍방향의 환상을 만들어낸다. 〈로스트〉의 성공은 그러한 정보의 엄격한 통제의 덕분이다.

드라마 〈뿌리깊은 나무〉는 전형적인 팩션 포맷(faction format)을 가지고 있다. 역사적 사실에 기반을 두되 진실을 추적해가는 전형적인 방식이기 때문이다. 이러한 전형적인 팩션은 추리과정을 서사전략으로 삼기 때문에 시청자들이 함께 생각할 여지를 많이 준다. 왜 학사들은 죽어나가고 누가 죽이는가. 그 죽이는 사람들은 누구인가. 주인공들의 추리들은 맞는 것인가.

혼자만 추적해 가기에는 모호하고 아리송한 대목들이 많이 있다. 드라마의 주인공들이 사건과 진실을 파헤치기 위해 추적을 해가듯이 시청자들도 같이 추리를 수행한다. 드라마는 대화의 단골메뉴이다. 이 때문에 사람들과 같이 사무실이건 식당이나 티타임 공간에서 이러한 추리들을 펼쳐 내보일 수 있다. 모호함과 정보의 통제는 그만큼 참여의 폭을 넓히기 때문에 그 자체가 이미 입소문 홍보 효과를 나타낸다.

그럴수록 우리는 도파민의 분비를 통해 강한 즐거움과 쾌감을 느낀다. 도파민은 쾌감 자체보다는 쾌감을 바라는 충동과 밀접하다. 마약은 이런 쾌락을 바라는 충동을 커지게 한다. 도박이나 게임과 마약 중독이 같은 이유다. 도파민의 역할과 중독만큼이나 밀접한 관련이 있는 행동은 바로 학습이다. 도파민 시스템은 감정적 반응을 통한 학습이다. 논리나 이성, 선형적인 사고와는 전혀 무관하다.

그래서 오히려 강력한 위력을 발휘한다. 하나하나의 단서가 되는 지식이나 정보들을 학습하여 결과를 맞출 수 있도록 이끌어갈수록 몰입감은 증대한다. 스토리텔링의 위력이 여기에 있다. 특히 두뇌에서 가장 많은 도파민이 분비되는 것은 보상 받을 확률이 50:50일 때다. 여기에서 보상이란 자신들의 짐작대로 이야기 결과가 나오는 것이다. 맞을듯 말듯 할 때 몰입은 커지고 지극한 즐거움을 느끼게 된다.

드라마 〈뿌리깊은 나무〉와 같이 지식과 정보의 단서들을 적절하게 제공해가면서 진실을 추리할 수 있을 것 같은 기대감을 주게 되면 사람들의 몰입을 이끌어내는 데 무리가 없어진다. 대체적으로 지금까지 성공하고 있다. 한글 창제를 둘러싼 암살 미스터리는 사람들의 추리를 가능하게 한다. 한글창제를 반대한 세력에 대한 배경지식은 충분히 각인되어 있는 상태인 것이다.

하지만 구체적인 사건들은 모호하다. 만약 아예 한글 창제와 반대 세력에 대한 배경 지식이 없다면 추리력은 떨어지고 몰입감도 저하될 것이다. 사실에 픽션의 가미가 이루어지며 효과를 발휘하는 대목이다. 즉 대중의 눈높이에서 적절하게 모호성에 따른 맞출듯 말듯한 심리를 잘 활용하고 있다. 대신 픽션은 진실을 말하기 위한 허구에 멈춰야 한다.

이런 참여적 해석과 스토리텔링이 어찌 드라마에만 해당되겠는가. 조직의 운영이나 국정운영, 정책과정도 마찬가지일 것이다. 민주적 참여

스토리텔링에 국민과 시민들이 언제나 참여하고 싶어하기 때문에 더욱 그러한 점이 적용되어야 한다.

# ?!.
# 교복 없는 세대의
# 문화적 상상력

영화 〈써니〉의 문화 코드와 세대 소통

> 아무도 영화 〈써니〉의 흥행을 생각하지는 못했다. 스타도 하나 없고, 그렇다고 시각 특수 효과나 대단한 티켓파워의 연출자도 없었다. 이럴 때 철저하게 대중정서의 관점에서 분석하지 않을 수 없다. 영화 〈써니〉의 흥행 요인을 정리할 때 복고 코드라는 분석이 많다. 학창시절의 추억을 담고 있다는 점에서 충분히 의미 있는 지적이다. 나미의 '빙글빙글', 보니엠의 '써니', 기차여행이나 음악다방, 그리고 최루탄과 가두시위 등은 이를 더욱 구체적으로 말해준다. 비슷한 시기에 개봉한 영화 〈위험한 상견례〉에서도 복고 코드를 차용하여 대중적 흥행을 이루어냈다는 점은 추억의 상품성을 충분히 입증한다.

영화 〈위험한 상견례〉와 〈써니〉의 공통점은 80년대를 배경으로 삼고 있다는 점에서 일맥상통하는 면이 있다. 다만, 써니는 그동안 잘 다루지 않았던 세대를 다루고 있다. 그 세대는 지금 21세기 문화지형도를 움직이고 있는 이들이기도 하지만, 그동안 대중 영화에서 사회문화사적으로 잘 부각되지 않았다. 교복이라는 상징성이 없었기 때문이다.

지난 세대를 다룬 복고 영화에서 학생들의 이미지는 검정교복으로 굳어져 있다. 심지어 80년대를 배경으로 한 영화에서도 이런 교복은 빈번하게 노출된다. 그렇지만 1982년 교복자율화조치가 이루어지면서 1983년부터 학생들은 교복을 벗어던지기 시작한다. 그리고 검정교복 대신에 캐주얼 복장으로 등교한다. 이른바 교복 자율화 세대가 등장한다.

교복의 폐지는 다양한 개성 발현의 기회를 박탈한다는 취지에 따른 것이다. 신군부 군사독재정권이라 불리는 제5공화국에서 이런 조치가 내려지는 것은 아이러니하지만, 이미지 쇄신이라는 점에서는 유효한 전략이기도 했다. 1982년의 야간통행금지 폐지도 마찬가지였다. 하지만, 교복자율화는 그 민주적 교육 가치에도 불구하고 끊임없는 논쟁의 도마에 오르내린다.

반대하는 사람들은 학생과 비학생의 구분을 모호하게 만들고 학교와 경찰의 통제력을 잃게 해 탈선을 조장한다는 주장을 제기했다. 87년 6·10민주항쟁을 겪으면서 오히려 일선학교에서는 학생들에게 교복을 착용시키게 된다. 90년대 초반에 웬만한 학교에서는 교복을 지정한다. 이로써 교복 자율화 찬성자들은 입지를 잃게 된다.

영화 〈써니〉는 짧고도 길었던 교복자율화 세대 여고생들의 일상을 다루고 있다. 교복자율화 세대 여고생들은 이제 중년을 넘어섰지만, 그동안 검정교복에 밀려 소외되었다. 이전 교복 세대와는 다르게 헤어와 패션, 화장에 대한 관심이 크고 스타와 노래, 영화, 잡지 같은 대중문화 매체에 더 적극적인 세대이다. 영화 속 7명의 여고생들은 작가와 미스코리아를 꿈꾸고 성형과 헤어패션, 댄스와 음악에 빠져있다. 대한민국의 대중문화가 지금 한류현상을 일으키는 것은 바로 교복 자율 세대에서 기인하는 바가 크다.

자율성과 창조성을 중요하게 지향하는 것이 교복자율화의 근본취지

이기 때문이다. 이전의 386세대가 검정교복 세대로 통제받은 중·고등학교 경험으로 정치 지향적이라면 교복자율화 세대는 교복 없이 캐주얼 룩으로 중·고등학교 시절을 보낸 상대적으로 자율과 다양성의 문화적 세대라고 할 수 있다. 역설적으로 전두환 정권과 노태우 정권은 이 교복자율화 세대가 대학에 진입하면서 더욱 강력한 학생운동의 저항에 직면하게 된다. 하지만 그들은 본질적으로 자신들의 개성과 문화적 취향을 중요하게 생각했고 한국 사회에 중요한 영향을 미치기 시작한다. 예컨대, 서태지나 박진영은 모두 교복자율화 세대로 중고등학교를 보냈다. 문화인의 젊은 주력꾼들이 그렇다.

그런데 영화에서 보이듯이 이들은 개성과 자존감을 중요하게 여기기 때문에 이들은 사회와 가족과의 갈등을 일으킨다. 단순히 사회를 전복시키거나 혁명을 꿈꾸지는 않는다. 일정하게 사회문화의 문화적 향유를 받고 자란 세대이기 때문이다. 더욱이 그들이 꿈꾼 것은 바로 자신들의 성공이고, 사회적 향유였다.

영화에서 〈써니〉의 멤버들의 행복한 삶을 지켜준 것은 가족도 국가도 아니었다. 춘화라는 친구였다. 춘화는 가족도 없이 성공한 사업가였고, 자신의 재산을 친구들에게 나누어준다. 친구의 실적을 올려주고 재산을 물려주는가 하면, 평생 할 일을 보장해주고, 재활을 도와준다. 나미(유호정)와 진희(홍진희)의 삶은 남편에게 전적으로 의지하고 있다. 독립적인 삶을 추구하는 이들의 삶은 성공하지 못했다. 그들이 여성이기 때문이라는 지적이 나올 수 있다.

그런데 이것은 여성에게만 해당되는 것이 아니다. 끼인 세대의 특징이라고 할 수 있다. 자율과 창조성을 지닌 세대이지만 사회적 기득권을 미처 구가하지 못하거나 그것에서 배제된 교복자율화 세대의 소외성을 추억과 복고 코드를 통해 보여주고 있는 영화가 〈써니〉이다. 그들에게 믿을 것은 이제 가족의 전폭적인 지원도 아니고 국가의 복지정책도 아니며 자신들의 힘으로 헤쳐 나가야 하는 것이었다. 그것이 한편으로는 그들의 사회적 우울을 낳았지만, 한편으로는 춘화와 같이 하이리스크 하이리턴의 결과는 낳을 수도 있었다.

386세대와 달리 그들은 개인의 행복과 가치의 실현을 중시하고 돈과 물질에 대한 욕망을 숨기지 않는다. 다만, 그것을 오로지 혼자 차지하겠다는 개인주의적 욕망이 아니라 친구라는 집단적 욕망으로 풀어내고 있다. 개인의 욕망적 성취만을 강조하는 작금의 사회 코드에 지친 사람들에게는 열광을 낳을 만한 점이다. 그렇게 교복자율 세대의 풍경은 이렇게 지금의 현실적인 문제와 고민에서 별개가 될 수 없는 실제성을 확보한다는 점에서 영화 〈써니〉는 단순히 복고 코드로만 볼 수 없는 점이 있다.

써니의 이야기는 예전의 이야기가 아닐 것이다. 지금 교복이 없는 세대들이 일반 사복을 입고 다닌다면 어떤 일이 벌어질까. 아마도 문화적 진보가 더욱 활발하게 일어나지 않을까 싶다. 그것이 더 이상 이 영화가 과거가 아니라 현재와 미래로 통하는 것이라는 이유이다.

# ?!.
# 슈스케와 대중민주주의 그리고
# 언더독과 밴드웨건의 심리

>

1936년 미국 대통령 선거에서 당시 민주당 후보였던 루스벨트가 공화당 후보 랜던에게 패한다는 예측이 지배적이었다. 하지만 개표결과는 정반대로 나왔다. 열세였던 루스벨트가 강력한 당선 후보자 랜던을 이겨버린 것이다. 이 선거 사례는 '언더독 현상'을 설명할 때 즐겨 사용되고는 한다.

'언더독 효과'(Underdog Effect)는 이길만한 사람을 지지하기 보다는 이기지 못할 것 같은 이를 지지하는 현상을 말한다. 즉, 약자를 지지해서 결국 승리자로 만든다. 그래서 숨겨진 승리자라는 말도 같이 따라붙는다. 이와 반대로 이길만한 사람을 밀어주는 현상은 편승효과라고 규정된다. 이를 밴드웨건 효과(Bandwagon Effect)라고 일컫는다. 사람들이 음악대에 몰려든 사람을 보고 다시 모여들어 큰 흐름을 이루듯이 이는 많은 사람들이 선호하는 것에 편승하는 군중심리 현상을 말한다.

2010년 6월 2일, 지방선거 개표결과 주요 언론사나 여론조사기관의 사전 여론조사는 어김없이 빗나갔다. 2010년 지방선거에는 이른바 '언더독 효과'가 작용했다는 분석이 있었다. 선거 1주일 전 발표한 여론조사와 실제 득표율의 차이가 너무 크게 나타났다. 여당이 압승을 하리라 생각했지만, 결과는 야당의 선전이었다. 이때의 언더독 효과 주장은 될 만한 사람들을 밀어주는 것이 아니라 이른바 동정표, 연민표가 작용했다는 주장인 셈이다. 2012년 총선에서도 야당의 압승을 경계해야한다는 주장이 맞아들어 새누리당이 사실상 이겼다.

〈슈퍼스타K 2〉 결과에도 밴드웨건 효과가 아니라 언더독 효과가 나타났다는 분석이 있었다. 여성들의 전폭적인 지지를 받은 존 박은 이른바 꽃미남으로 예선에서 결승까지 승승장구했다. 〈슈퍼스타K 1〉에서도 결국에는 외모가 뛰어난 후보가 우승했었기 때문에 대세는 존 박이었다. 하지만 결과는 허각이었다. 그는 얼굴이 꽃미남이 아니고 몸도 그렇게 빼어나지는 않다. 하지만 가창력만큼은 자신이 있었다.

허각이 우승하게 된 분석 가운데 아저씨들이 허각을 지지했기 때문이라는 지적이 있었다. 여성과 아저씨로 대결을 몰고 간 것이지만, 허각에게 동정 또는 연민의 표가 작용했다는 것을 능히 짐작할 수 있다. 더구나 허각의 가족사가 크게 감정을 동요시켰다. 사실 이 부분은 노래실력과는 관계가 없다. 허각에 대한 동정적 지지는 자발적인 공유감이 무의식적으로 남녀노소를 불문하고 형성되었기 때문에 가능한 일이었다.

〈슈퍼스타 K〉의 명분은 실력이 있는 사람이면 누구나 자신의 꿈을 이루는 것이다. 하지만 외모가 부족하다고 떨어지는 것은 불공정한 일이다. 그 불공정을 참지 못하고 바꾸려는 행태가 집단적으로 가능했던 것, 즉 허각의 우승은 문자 투표 반영비율이 60%나 되기 때문에 능히 가능한 일이었다. 〈슈퍼스타K 2〉에서 허각이 우승을 함으로써 내년에는 수많은 지원자가 더 늘어날 것으로 예측된다. 올해의 슈퍼스타 K의 흥행은 내년까지도 담보할 수 있게 된다.

하지만 언더독 효과가 우승한 사람에게 반드시 긍정적인 효과를 나타내기는 힘들었다. 우승자는 대중가수로 활동하게 되는데 그 활동의 영역은 철저한 상업의 공간이라고 할 수 있다. 상업의 공간에서는 동정이나 연민의 감정으로 버틸 수만은 없다. 뭔가 빼어난 결과물을 항상 보여주어야 한다. 언더독 효과로 정치에 진입한 정치인들이 급격한 지지자 이탈을 낳는 것도 이 때문이다. 폴 포츠를 많이 언급하지만, 과연 허각이 같은 비교의 대상인지 따져 볼 필요는 있다. 한국의 대중가요시장은 영국과는 많이 다르다. 환경적 요건을 고려하는 것은 한국인의 심리와도 맞닿아 있겠다.

이준익 감독은 대한민국 국민들 대부분이 루저라고 했다. 그렇기 때문에 루저 영화를 계속 만든다고 했다. 〈슈퍼스타 K〉를 움직이는 심리는 바로 강자를 이기는 자신들의 대표자 '약자의 영웅'을 기다리는 마음이다. 한국인들은 유난히 약자를 배려하는 마음이 강하다고 한다. 그것은 나라 자체가 약자의 경험을 많이 가지고 있기 때문이라는 분석이 많았다.

2010년 〈파이낸셜타임스〉는 "한국은 더 이상 약소국이 아니다"(South Korea is no longer the underdog, FT 2.25)라고 지적한 바 있다. 약소국은 아닐지언정 아주 강자도 아닐 것이다. 여하튼 한국 사회에서 약자의 심리는 한국의 사회문화 · 경제 · 정치적 현상을 분석하는 데 중요하다. 다만, 약자에 대한 배려와 포용은 훌륭한 미덕이고 도덕적 · 윤리적으로 옳은 행동으로 이어질 가능성이 많다.

하지만 반드시 그런 것만은 아니다. '언더독 현상'은 비합리적인 판단과 행위를 낳을 수 있으며 장기적이지 못한 한계가 있다. 단기적으로는 그 사람을 위하는 행동인줄 알았는데 그렇지 않은 경우도 많다. 무엇보다 정치와 정책에서 부메랑 효과를 낳을 수 있다는 점을 항상 생각할 필요가 있다. 그것이 '밴드웨건 효과'도 그렇지만 언더독 효과로 스타가 되는 이들이나 정치계에 등극하는 이들의 근본적인 한계이자 화두가 되며 이는 대중 민주주의의 과제이기도 하다.

# ?!.
# 강호동처럼 행동하지 말고
# 유재석 같이 행동하라?

같고도 다른 캐릭터 심리

>

2011년 1월 11일, KBS〈승승장구〉에 출연한 이경규는 유재석보다 강호동이 더 오래 갈 것 같다고 밝혔다. 강호동이 유재석보다 장수할 것이라고 본 이유는 욕을 많이 먹기 때문이라고 했다. 물론 욕만 먹는 MC가 인기 많은 프로그램의 진행을 계속 유지할 수는 없을 것이다. 이경규의 말은 인기도 있지만 안티도 있어서 욕을 더 먹은 사람이 오래 살아야 하지 않겠느냐고 말했다. 이는 비단 욕 먹으면 오래 산다는 농담조의 말만은 아니었다.

강호동의 리더십은 배가 순항할 때 빙산의 출현을 의식하고 다른 더 좋은 조건의 배로 갈아타는 경향을 보인다. 이는 종편으로 옮겨가려했던 사례에서 알 수 있었다. 순항의 경력은 다른 배로 옮기는 데 유리하게 작용한다. 반면, 유재석의 리더십은 배가 순항할 때는 물론이고 배가 빙산에 침몰할 때까지 계속된다. 배가 침몰되어도 배와 같이 가라앉을 리더십이다. 예컨대,〈무한도전〉과 같이 함께 산화할 리더십이다. 중간에〈무한도전〉이라는 배를 버리고 다른 데로 옮겨가지는 리더십이다.

이런 스타일의 차이는 유재석을 안티 없는 착한 진행자, 강호동을 안티가 따르는 악동 진행자라는 타이틀을 얻게 한다. 그렇다면, 이 둘은 왜 이런 차이가 나는 것일까. 성격의 차이라기보다는 그들의 태생적인 특징 때문이다. 유재석은 오로지 개그를 위해 존재하는 듯싶다. 그가 오랜 무명 생활을 보내야 했던 이유는 너무 개그 자체에 함몰되었기 때문이다. 개그의 본질, 혹은 완벽한 개그에 대한 예민함은 그에게 울렁증과 무대공포증을 갖게 했다. 마음이 초연한 사람이 더 무대에서 잘 웃기고 자신이 준비한 바를 잘 전달하는 법인데, 유재석은 초기에 그러하지 못했다.

개그맨 출신이 아닌 천하장사 강호동에게 개그는 하나의 도전과제였다. 수많은 시합 가운데에 하나이며 승리를 위한 하나의 게임 과정에 불과했다. 승리를 위해서라면, 아니 패배하지 않기 위해서라면 갖은 방법을 자신과 분리해서 적용해야 한다. 승리, 그것은 다른 말로 성공을 말한다. 강호동은 많은 인터뷰에서 최고, 1등에 대한 열망을 시시때때로 내비쳤다.

겉으로 보기에 유재석은 이런 1등과 최고의 열망과는 거리가 멀다. 그보다 유재석은 한 번만 기회를 주신다면 매번 마지막인 듯이 최선을 다하고, 언제든 내려갈 준비가 되어 있다고 했다. 이러한 발언은 매우 겸손해 보이지만, 끊임없이 도전을 힘차게 해가는 적극적인 모습과는 거리가 있다. 하지만 그에게 웃음 만들기는 자신이 평생 가야할 길로 생각하고 있는, 이른바 소명의식을 가지고 있는 것이다. 그에게 다른 욕심은 없어 보인다. 오로지 개그맨 유재석으로 남고 싶어 한다.

강호동에게 개그는 사회적 · 경제적 성공을 위한 수단이고, 그 수단을 위한 전략과 테크닉은 그 진정성과는 관계없이 작동했다. 개인이야 어찌되었든 프로그램의 적절한 캐릭터로 일정한 시청률이 산출된다면 무엇이 문제이랴 싶은 시대정서도 뒷받침되었다.

요컨대, 강호동이 안티를 갖는 이유는 개그 이외의 욕심이 빈번하게 노출되기 때문이다. 개그 자체가 아닌 것을 욕망하기에 그의 오버센스가 부담스러운 상황에 이르는 것이다. 종편과 〈1박 2일〉, 〈무릎팍 도사〉 하차 논란은 그 어름에 있었다. 그에게는 이제 새로운 도전을 부르는 환경이 주어졌고, 그것은 타이밍 문제가 되었다.

안티를 갖는다는 것은 반응을 말하는 것이다. 공론장에서 찬사만 일색인 대상은 밋밋해진다. 찬사만 이끌어내는 활동과 언행은 곧 식상해진다. 김제동이 아름다운 말만하더니 사회적 비판을 부가한 이유이기도 하다. 안티의 성장은 논란의 성장이다. 논란은 인지도의 성장이고, 안티가 있음은 앞으로의 성장 가능성을 의미한다. 이미 강호동은 하차와 활동중단 선언으로 인해 더 많은 지명도를 얻었다. 유재석은 잠잠한 사이에 말이고 그는 다시 지상파 방송에 복귀했다.

심리학자들이 연구한 결과에 따르면 사람은 네거티브에 더 큰 반응을 보인다고 한다. 그것은 긍정성은 사람의 인식구조에 두드러지지 않고 평탄한 감정 상태에 이를 뿐이기 때문이다. 안티가 없음은 지금 정상이라도 하락을 의미한다. 그것은 유재석과 강호동의 현재 포지션을 말한다.

더욱이 착한 사람들은 실수나 잘못을 용서하지 않기 때문에 언행을 조신하게 되고, 이렇게 되면 창조적인 행태가 위축된다. 이는 악역으로 출발한 배우가 훨씬 넓은 스펙트럼을 가지면서 장수한다. 김갑수, 송강호, 김윤석 등을 보면 알 수 있다. 유재석은 배려와 자기희생의 리더십이지만, 강호동의 역할은 파워 생성과 조절에 있다. 강호동이 대차고 들이대는 행태를 해도 당장은 그의 포지션에 해가 되지 않는다. 상대를 통제하고 분위기를 전환시키는 그의 파워 핸들링은 자칫 눈살을 찌푸리게도 한다. 하지만 원래 그렇게 인지도를 쌓아왔기 때문에 비호감을 나타내는 이들이 있어도 치명적인 약점이 되지는 않는다. 웬만해서는 둔감해진다. 무엇보다 방송은 가치가 아니라 인지도에 좌우되는 자본주의 시스템이다.

엔터테이너의 세계는 플랫폼이다. 수많은 사람들이 자신의 이익을 위해 인지도를 얻으려는 각축장이다. 그런 면에서 유재석과 강호동의 비교는 의미가 적어 보인다. 하지만 엔터테이너에 대한 소명의식이 있는 이들이 버티고 있기 때문에 그 중심과 정신 계보가 이어지며 수많은 국민들이 계속 웃음을 얻을 수 있는 것이다.

# ?!.
# 새드엔딩 드라마를 싫어하는
# 대중심리

> ### '자명고'가 눈물을 흘리는 이유

　드라마 〈자명고〉는 〈내조의 여왕〉에게 완패할 조건을 많이 가지고 있었다. 〈자명고〉의 대사는 압축적이다. 〈내조의 여왕〉은 그렇지 않다. 날아다니는 대사들이다. 꽂히는 말들이 아니라 입에서 놀아나는 말들이며 잠깐 귀를 간지럽게 하고 곧 사라진다. 〈자명고〉의 대사들은 뼈를 깎는 결과물로 만들어졌다. 골분이 묻어나는 것 같아 섬뜩했다. 맞다, 〈자명고〉는 섬뜩하다. 왕권과 국가 경영을 둘러싸고 형성되는 살벌한 생존투쟁의 현장을 생생하게 그리고 있는 듯싶다. 그래서 〈자명고〉는 너무 진지했다. 〈내조의 여왕〉이 회사원들의 고군분투를 다룬다지만, 그것은 정말 생존에 내몰린 느낌이 나지 않는다. 어찌되었건 그들의 진지한 고민들은 김남주의 대사든 오지호의 어리바리한 행동이든 가볍게 한 숨 덜고 넘어갈 뿐이기 때문이다.

　문제는 시청자들이 그러한 진지함보다는 가벼운 코드에 더 눈길을 주고 있다는 점이다. 〈자명고〉만이 아니라 드라마 〈남자의 이야기〉도 너무 진지할 뿐 아니라 낡은 시대적 리얼리즘의 코드를 전면에 내세웠다. 작가의 욕심이 많은 경우, 대중적 선호와 배치되는 경우가 많다. 〈자명고〉는 낡지 않은 이야기이지만, 대중들이 원하는 것과 배치되고 작가주의에 더 연연해하는 느낌이 든다. 〈내조의 여왕〉은 작가주의와는 거리가 멀다. 단순한 소모 콘텐츠이다. 그냥 청량음료 마시듯이 보고 버릴 수 있는 드라마이다. 오늘날 시청자들이 그러한 드라마를 찾고 있는 것이다.

왜 그럴까? 사실 〈자명고〉 처지에서는 억울한 일이다. 매우 오랫동안 그리고 제작 기간에도 농밀하게 전혀 다른 차원의 사극을 선보이고 있음에도 반응은 시원찮기 때문이다. 쉽게 만든 드라마가 더 인기가 있으니 말이다. 그러나 반드시 시청자들을 탓할 필요가 없다. 또한 불황이기 때문에 가볍고 유쾌한 콘텐츠를 찾는 것이라고만 할 수도 없다. 본질적인 문제가 도사리고 있을지 모르기 때문이다. 드라마를 매우 심도 있게 만든다고 반드시 대중적 콘텐츠가 되는 것은 아니다. 때로는 쉽게 만들 필요가 있다.

이는 왜 대중문화가 유치한지, 나아가 왜 드라마, 특히 통속극이 유치할 수밖에 없는지와 관련된다. 이는 미드가 인터넷에서는 매우 높은 환호를 받는데, 정작 공중파 방송에서는 외면을 받는지와 관련이 된다. 또한 미드를 흉내 낸 드라마들이 전부 망하는 이유와 같다. 존 피스크의 말대로 대중매체는 과잉정보성을 띠면 대중들에게서 외면을 받는다. 너무나 많은 내용, 많은 메시지, 영상문법과 미학을 담으면 오히려 역효과가 난다. 그 이유는 간단하다.

텔레비전은 그 나름의 매체 속성이 있다. 텔레비전을 대하는 대중은 고도의 집중력을 투여하지 않는다. 그것은 학력이나 교양과는 관련이 없다. 매체 자체의 특성과 그 매체가 놓여있거나 영향을 미치는 환경이나 공간이 그렇다. 텔레비전은 많은 사람들이 오가는 거실이나 안방과 같은 공개된 장소에 놓여있으므로 고도의 집중력을 요하지 않는다.

그러나 인터넷이나 컴퓨터는 다르다. 혼자서 집중할 수 있다. 그것이 인터넷상에서 마니아 드라마가 선호되는 이유이다. 이점은 〈미드〉가 인터넷상이나 컴퓨팅에서는 선호되지만, 막상 텔레비전에서 방영되면 별로 반응이 나오지 않는다. 물론 이에 대한 변수는 여러 가지가 있기 때문에 따로 분석해야 할 부분이 많다.

요컨대, 〈자명고〉는 너무나 농밀하다. 그것은 진지하고 압축적이고, 복합적인 관계 속에서 고도의 지략싸움으로 연결되어 있다. 따라서 높은 집중력을 요구하고, 그것 뒤에 오는 쾌감은 장쾌하다. 하지만 그것에 몰입할 만한 여건을 갖지 못했다. 결국 제작진은 심도를 기울였음에도 불구하고 대중적 외면을 받는 일이 벌어진다.

〈자명고〉에 대해서 쉽게 악평을 할 수 없는 이유가 거기에 있다. 〈내조의 여왕〉은 인기에도 불구하고 너무 허점이 많아서 평가하기에는 한계점이 많다. 더욱이 라면에, 웰빙 식단에 내려질 평가를 내리기에는 견강부회가 될 수 있다. 패스트푸드는 패스트푸드만의 특징이 있을 뿐이다.

이는 〈자명고〉에만 해당하는 것은 아니다. 역량 있는 많은 제작진들이 드라마 혹은 텔레비전 매체의 속성을 무시하고 자신만의 작품 세계를 만들어 무리하는 경우가 많다. 그러한 무리는 대중에 대한 공격과 불신 그리고 자학으로 이어질 수 있다. 드라마나 텔레비전 콘텐츠는 독립영화가 아니다.

매체적 특성이나 그것을 이용하는 사람들에게 적절하게 맞춰주는 것이 필요하다. 아니 그렇지 않다면, 마니아 드라마로 시청률을 기록하면 안 된다. 번번이 〈롬(Rome)〉과 같은 드라마를 의식하지만, 그것은 정작 그들 나라의 텔레비전 방송보다 인터넷에서 세계적으로 마니아들의 인기를 끌었을 뿐이다.

이는 대중문화의 속성을 말하는 것이다. 〈미드〉를 흉내낸 국내 드라마들이 모두 망하는 이유가 여기에 있다. 그것은 매체적 특성과 그것을 이용하는 범주의 문제와 관련되어 있는 것이다. 미드는 한국 드라마의 절대적인 대안이 아니다. 예컨대, 〈미드〉는 너무 보편적이다. 당연하다. 세계시장을 겨냥했기 때문이다. 따라서 한국인 시청자들이 공통적으로 몰입할 요소가 적다. 〈미드〉를 흉내 내면 소수의 시청률만을 바라보아야 한다. 무엇보다 미드의 거대한 세트와 특수효과는 생각할 수도 없기 때문에 더욱 그렇다. 미드는 인터넷에만 있어야 하는 역설적인 현상이 벌어진다. 하지만 한국 드라마가 그럴 수는 없다. 그렇기 때문에 〈아내의 유혹〉이나 〈하얀 거짓말〉, 〈내조의 여왕〉 등이 더 시청률을 가져간다. 단순 명쾌한 틀 거리에서 확연하게 전개되는 것일수록 그러한 가능성이 크다.

물론 〈자명고〉를 이러한 '정보과잉성' 관점에서만 볼 수 있는 것은 아니다. 시청자와 제작진 사이의 편차가 존재한다. 기대불일치 현상이 일어나고 있다. 대중의 기대점에서 벗어나 〈자명고〉는 너무 독창적인 내용으로 치달았다. '정보과잉성'에 기대불일치 현상까지 벌어진다면 시청률면에서 이는 좋지 않은 결과를 낳을 수밖에 없다.

낙랑공주와 호동왕자의 사랑 이야기가 중심이 아니고, 자명을 등장시킨 것은 대중적 불일치의 치명적 시작이다. 더욱이 이들의 관계를 설명하기 위한 사전 단계가 너무 지난했다. 그것도 권력집중적인 관점에서 과잉이다. 그것은 마치 드라마 〈대왕세종〉이 정치적 담론의 과잉으로 스스로 붕괴된 것과 같은 유사한 현상을 만들어 낼 수 있다. 몇 작품을 쓰면 자꾸만 대가가 되려고 한다. 자신의 명예보다 대중을 생각해야 하는 대중예술가임을 망각한다.

사극의 캐릭터와 그들이 엮어내는 치밀하고 생물학적인 갈등구조, 대사 구현의 스타일만 신형이고 다른 면들은 모두 정통 사극처럼 지리하니 부조화가 아닐 수 없다. 드라마 〈천추태후〉와 같이 극적 승부가 아니라 드러내고자 하는 메시지를 강하게 노출시키면, 몰입을 할 수가 없다. 〈천추태후〉도 기획 컨셉은 대상감이었지만, 그것의 매체적 전달에서 기대불일치와 과잉성이 몰입을 방해했다.

〈자명고〉와 같은 드라마의 대안은 압축성을 풀고, 과잉성을 해소하며, 시청자들이 원하는 기대구도와 결말로 스피디하게 진격해가는 것이다. 그것이 연기력과 캐릭터들의 실제적인 갈등구조, 뼈를 갈아 만드는 제작의 노고가 빛을 볼 수 있는 최선이 아닐까.

## '추노' 죽음의 행렬은 왜 멈췄나 : 삶의 희망 선호의 심리

드라마 〈추노〉의 제17회에서 왕손이와 최장군은 부활했다. 한동안 인터넷에서 그들의 생사가 논란을 빚기도 했다. 그들만이 아니라 많은 인물들이 갑자기 죽음을 맞으면서 논란이 이어졌다. 그들의 부활 때문인지 추락 또는 답보 상태였던 시청률은 상승했다. 송태하와 이대길의 철학적 세계관적 대담은 의미가 있었지만, 식상하고도 장황하던 차에 왕손과 최장군의 부활이 새로운 서사 구조를 기대하게 만들었다. 같은 연출자의 이전 작품인 드라마 〈한성별곡-정〉의 어두운 그림자가 떨쳐지는 인상이었다.

대부분 등장인물의 죽음으로 결말을 맺은 〈한성별곡-정〉은 그 잔인함의 비극적 서구 구조에 혀를 내두르게 했다. 단지 잔인하기 때문이 아니라 대중적 기대감을 배제해버렸기 때문에 〈한성별곡-정〉은 참신한 구조에도 불구하고, 대중에게서 버려졌다. 〈한성별곡-정〉과 같은 스타일은 시청률에 목숨을 걸어야 하는 지상파 방송사 시스템에서는 죽음을 맞을 만했다. 그렇다면 〈추노〉는 그와 같은 스타일로 그릴 수 없다. 하지만 제작진의 스타일을 아예 죽일 수는 없는 노릇이다. 이러한 죽음에 대한 의식은 대중이 바라는 것이 무엇인지 생각할 수 있게 한다.

사실 〈추노〉는 〈한성별곡-정〉과 같이 8부작은 아니라고 해도 적은 분량으로 압축적으로 만들 필요가 있었다. 이러한 점은 〈추노〉의 스토리 전개가 매우 이완되어 있다는 인상에서 쉽게 추측할 수 있다. 텔레비전이라는 매체는 대중적 수용미학의 특성을 갖기 때문에 많은 정보량을 담지 않아야 하지만, 느리게 진행시키는 것은 다른 문제이다. 지나치게 느리게 진행되면 또 다른 역효과를 낳아서 시청자를 이탈하게 만든다. 즉 대중 몰입도가 떨어지게 된다.

예컨대, 의식적 메시지를 부각시키려는 듯 서사 구조는 후반부로 갈수록 산만해졌다. 정치에 대한 입장도 마찬가지이다. 노비들의 봉기와 테러는 황철웅과 영의정 이경식(김응수 분)에 직접적으로 맞닿아 있어야 했다. 그러나 내적 완결의 작법이 아쉬웠다. 그 원인은 다양해 보이지만, 시청자의 기대감 불일치에서 비롯한다.

멜로를 생각해보자. 드라마 〈추노〉가 초반부에 흥미를 자극했던 것은 촬영, 편집기법과 함께 멜로였다. 이는 특히 여성 시청자를 잡아두기 위한 전략이었다. 지금 많이 부각되고 있는 정치담론의 선명성 투쟁은 부차적인 것이었다.

우선 누가 뭐라 해도 〈추노〉의 주인공은 이대길(장혁)과 언년(이다해)이다. 이대길과 언년이의 사랑은 멜로의 기본 속성을 잘 가지고 있다. 시청자들의 궁금증은 이대길과 언년이의 만남과 사랑이다. 〈추노〉는 언년이와 대길의 사랑이 이루어지지 않을 것임을 일찍 내비쳤다. 결국 송태하(오지호)와 언년이가 혼인을 하기에 이르는 장면은 전체 방영분중 절반이 남았음에도 이미 김을 다 빠지게 만들었다. 즉 대길과 언년이의 사랑이 이루어지기를 바라는 시청자들을 이탈시키기에 충분했다.

이 드라마의 허점은 언년이가 이대길의 생사에 대해서 전혀 모르고 있다는 점이었다. 만약 언년이가 이대길의 생존에 대해서 약간의 언질을 받은 적이 있다면 더 흥미롭게 전개될 것이었다. 이대길의 생존을 믿지만, 옆에 있지 않고 언제나 옆에 존재하는 이는 송태하이기 때문에 갈등과 번민이 일어날 것이다. 적어도 멜로의 기본 공식을 살려서 이루어질 수 없는 사랑의 비극을 부각하려면 송태하가 매우 매력적인 인물이어야 한다. 하지만 〈추노〉에서 송태하는 네티즌들에게 거의 언급이 되지 않는 답답하고 평면적인 인물에 불과했다.

이러한 인물에 열광하는 것 자체가 문제일 것이다. 시청자가 송태하를 사랑하게 해야 언년이의 행보가 설득력을 갖는데 송태하는 시청자들이 사랑하기에 결격 사유가 너무 많다. 그의 사랑, 꿈, 좌절, 고통, 재탄생은 관념적이고 추상적이다. 더구나 혼자 살아가겠다며 올곧게 떨쳐나간 언년이는 내내 수동적이고 의존적인 모습을 보인다. 즉 아름답고 예쁘게만 보이려 하는데, 이는 여성 시청자들에게는 마이너스다.

한편 이대길은 사실상 언년이를 사랑한 죄로 인생 막장에 이르렀다. 그럼에도 불구하고, 언년이에 대한 사랑, 그리고 슬픔이 가득 차 있다. 드라마는 이러한 약한 자에 대한 대중 연민과 동일시를 무시했다. 차라리 송태하가 악역이었어야 했다. 즉, 악역이지만 이다해가 목숨을 빚졌거나 어쩔 수 없이 그를 따라야 하는, 그를 선택하지 않으면 이대길이 죽는 결정적인 실마리가 있어야 했다. 물론 이대길이 언년이를 오해하면서 갈등이 깊어져야 한다.

즉 언년이가 정말 송태하를 사랑하는 순간 이 드라마는 우습게 되는 것이다. 그러한 우습게 되는 점을 이 드라마는 대길과 언년이의 출생의 비밀을 출구전략으로 삼으려 했다. 물론 멜로는 송태하와 이대길의 세계관 충돌과 연합을 이끌어내기 위한 하위 장치일 뿐이었다.

다행히 주인공들이 대부분 죽음을 맞이하는 비극적 서사 양식은 보이지 않았다. 결국 이렇게 돌아선 것에 대해 획일적인 서사 구조라고 비난해서는 타당하지 않다. 이렇게 비극적 양식을 선택하는 이유는 삶의 본질을 드러내려는 것이다. 셰익스피어의 말대로 사람은 밝은 무대 위에서 자기 세상인 듯 엄청나게 떠들지만 곧 캄캄한 무대 아래로 내려가야 할 제한적인 존재이다. 대부분 루저로 끝날 수 있다. 석세스 스토리가 창궐하는 한국 사극에서 〈한성별곡-정〉과 〈추노〉의 비극적 양식은 의미가 있을 수도 있다. 왜 사람들은 비극적 결말을 싫어하는지 알 수 있다. 대중들이 겪는 현실은 너무나 비극적이다. 그렇기 때문에 텔레비전 사극을 통해서 위안과 희망을 얻으려는 것이다. 대중은 한 여자를 죽도록 사랑한 대길이 행복해지고, 자신을 버리고 사회구조의 변화를 바라는 이들이 소기의 목적이라도 달성하기를 바란다. 왜냐하면 현실은 그렇지 않다는 것을 시청자들은 너무 잘 알고 있기 때문이다. 죽음의 행렬만이 능사는 아니다. 드라마 〈자명고〉는 선진적인 대본 구성과 파격적인 연출, 미드 시스템을 적극 받아들였음에도 비극적 결말의 예견으로 일관해서 결국 수용자의 외면을 받았다.

〈추노〉에서 벌어지는 정치적인 선명성 투쟁도 '기대불일치'의 상태에서 허우적거린다. 리얼리즘 드라마가 추상적 엘리트 드라마가 되고 있다. 사실 각 주체들의 정치적 · 계급적 가치관을 동등하고 균형있게 다루는 것은 극의 몰입을 떨어뜨린다. 정치적 · 계급적 세계관의 투쟁이 아니라 수용자를 향한 주인공의 위치를 명확하게 잡았어야 한다. 이대길을 사회 의식 차원에서 계몽하려는 송태하의 정치 개혁 의식은 관념적이고 좌절스럽다. 이미 실패가 예견된 역사적 사실에 바탕을 두고 있기 때문이기도 하다. 대길의 소박한 희망이 현실적이고, 그것의 추이가 더 부각되어야 했다.

황철웅과 이경식의 담론은 송태하의 세계관보다 더 하위에 있어야 했다. 처음부터 이대길을 절망적 세계관의 소유자로 만든 것이 대중 미학에 어긋났다. 무엇보다 노비와 선비(송태하 세력 포함) 사이에서 간극을 메우며 가장 혁신적이고 개혁적인 인물이 이대길이었어야 한다. 노비봉기군이나 선비들도 현실적이지 못하고 추상적인 노선과 수단을 선택하고 있기 때문이다. 오히려 매우 현실적이어서 냉혹한 이경식과 황철웅과 맞붙을 수 있는 것은 이대길(천지호 포함)이었다. 하지만 이대길은 현실 도피적이고 자폐적이다. 만약 이러한 점들을 생각하지 않는다면 〈한성별곡-정〉과 같이 〈추노〉는 엘리트 무의식으로 대중을 계몽하려는 속성을 지닌 콘텐츠가 될 뿐이다.

### '지붕킥 동반 죽음' 누굴 가르치려 드나 : 새드엔딩 논란과 대중심리

드라마 〈추노〉에서 왕손이와 최장군을 살려내는 연출자의 노력은 시트콤 〈지붕 뚫고 하이킥〉의 결말에서는 주요 주인공의 비극적 죽음으로 여지없이 무너졌다. 어느새 사극 전문 연출자의 입지를 확고하게 다진 이병훈 PD는 "석세스 스토리는 한국의 시청자들이 가장 선호하는 코드"라고 말한 바 있다.

반대로 이를 피해간다면 텔레비전 매체에서 성공할 수 없다는 것이다. 이러한 점은 한국의 사극들이 모두 천편일률적으로 해피엔딩으로 끝나는 획일적 결말의 맥을 이어왔다. 이는 한국의 고대소설이 대체적으로 권선징악과 행복한 결말을 보여주기 때문에 전통의 맥(?)을 이었다고 볼 수 있을까?

비극적 결말을 보였던 드라마 〈한성별곡-정〉과 〈자명고〉는 모두 시청률 확보에서 참패했다. 물론 이러한 드라마는 영화와는 다른 장르적 특성을 보인다. 영화는 목적의식이 강하기 때문에 비극적 결말과는 관계없이 흥행에 성공할 수 있다. 하지만 드라마는 목적의식이 약하고, 대리만족이나 유희적 관점이 매우 강하다고 하겠다. 〈지붕뚫고 하이킥〉의 전략은 비극적 결말을 감추고 희극적 장치를 적극 활용했다는 점이었다. 만약 비극적 암시를 내세웠다면 결과는 참담했을 것이다.

다만, 〈지붕 뚫고 하이킥〉은 다른 장르와는 다른 특징 때문에 비극적 결말이 주는 충격이 클 수 있었다. 무엇보다 우선 생각해야 할 점은 〈지붕 뚫고 하이킥〉이 시트콤이라는 사실이다. 시트콤은 유리 속의 유희 공간이다. 아무리 슬픈 일도 시트콤이 펼쳐지는 공간에서는 모두 유쾌한 상황으로 그 맥락이 달라지고 만다.

따라서 주인공의 죽음이라는 비극적 결말은 처음부터 수용자들이 기대하는 바가 아니다. 하지만 〈거침없이 하이킥〉, 〈순풍산부인과〉, 〈웬만해선 그들을 막을 수 없다〉에서 주인공이 죽음을 맞은 적이 있기 때문에 〈거침없이 하이킥〉에서 보인 죽음 자체가 그동안 보여 온 김병욱 시트콤의 맥락에서 벗어난 것은 아니다.

그런데 어떤 점이 다르게 작용하고 있었던 것일까. 〈지붕뚫고 하이킥〉에는 여성주의와 계층의식이 결합한 상태에서 현실도피와 대리충족의 심리가 작용하고 있었다. 더구나 사랑의 주인공들이 동반의 비극적 결말을 맞은 것은 또 다른 현상이었다. 이지훈을 둘러싼 신세경과 황정음의 구도는 이러한 점을 확인하는 데 압축적이었다.

신세경은 신(新)빈곤층 젊은 여성을 대변하고 있었다. 반면 황정음은 비록 현실에서 우울한 처지였지만, 살아남아 결국 성공 스토리를 이루어 낸다. 처음부터 신세경은 비극적 삶을 잉태하고 있었고, 어쩌면 이는 한국의 사회 모순을 드러내주는 것이기도 하다. 비극적 캐릭터에 자신을 투영하는 황정음의 인기는 바로 한국의 많은 여성들이 대리 투영하는 캐릭터였기 때문이었다. 이지훈과 황정음의 로맨스는 이러한 대중심리를 반영한 것이다.

하지만 신세경을 외면한다면, 너무 현실 안주적이인 스토리가 된다.

더욱이 한국 사회에는 신세경과 같은 이들이 의외로 많다. 신세경이라는 캐릭터는 소수자의 반영에 관한 것에 한정되지 않았다. 비극적 결말은 자원을 고르게 분배했다. 신세경이 죽음을 통해 이지훈을 가졌고, 황정음은 이지훈을 잃었는지 모르지만 살아남아 현실적인 성공을 갖게 되었다.

연인이 인생을 바꿀만한 존재는 아니지 않은가. 현실에서 먹고 사는 문제를 안정적으로 해결하는 것은 물론 개인의 자아실현과 성공이 현대 젊은 여성의 더 큰 소망이 아닌가. 처음부터 그러한 꿈의 성취와 성공을 가질 수 없었던 신세경은 자신이 정말 갖고 싶었던 이지훈을 가졌다. 결말은 대중들이 원하는 것이 현실적인 조건의 무용함이라는 인상을 주었다. 이지훈은 최고의 조건들을 가지고 있지만 결국 한순간에 죽음을 맞이한다. 모든 이들이 부러워할 조건들도 죽음 앞에 무용하며 결국 황정음처럼 끝까지 살아남아야 한다.

하지만 사람의 마음이 어디 그러할까. 신세경, 황정음, 이지훈은 동시대를 살아가는 우리의 자화상이다. 어차피 유희의 공간인 시트콤에서 수용자가 욕망하는 것은 현실적 판타지이다. 그러나 그것은 충족되지 못했다. 기존의 김병욱표 시트콤보다도 더 극단적인 논란에 휩싸인 이유이다. 현실적 욕망이 너무 투영된 인물들이 한순간에 비극적 결말을 맞았기 때문이고 그것은 수용자의 꿈과 욕망이 박탈된 것과 같다.

〈지붕뚫고 하이킥〉은 99%의 희극에 1%의 비극의 구성비를 보였지만, 1%가 100%를 대변했다. 우리가 사는 현실이 어차피 비극적 요소가 강하다는 점을 인식하는 수용자라면 당연히 해피엔딩을 원하겠다. 연출자가 계몽군주처럼 시청자에게 현실을 새삼 일깨울 필요는 없다. 누가 누구를 가르치려 드는가 싶기 때문이다.

# ?!.
# 아웃라이어와 콘텐츠 철학
## 1만 시간의 힘, 아웃라이어와 우보(牛步)철학

통속극 〈아내의 유혹〉에서 지적 장애인 역을 맡은 아나운서 오영실이 화제였다. 인기를 반영하듯 국민 고모로 불렸다. 10여 년 전 프리선언을 했지만, IMF 외환 위기가 닥쳤고 일이 없어진 오영실은 극단 유씨어터에 들어가 연기를 배우기 시작한다. 10여 년 뒤 그녀는 아나운서가 아닌 일약 연기자로 화려하게 변신해 돌아온 셈이 되었다.

미국 플로리다 주립대 심리학의 앤더스 에릭슨 교수는 '10년 법칙'을 주장했는데 오영실은 이에 부합해 보인다. 10년 법칙은 한 분야에서 최고의 결과를 내려면 10년 정도의 시간이 필요하다는 것이다. 앤더슨 에릭슨 교수는 천재는 이미 존재하는 것이 아니라 만들어지는 것이라고 했다. 그는 1990년대 초 천재적인 바이올리니스트와 그렇지 않은 연주자를 비교했다. 훌륭한 연주자들은 20세가 됐을 무렵부터 1만 시간의 연습을 한 것으로 나타났다. 신경학자 다니엘 레비틴(Daniel Levitin)도 최고의 전문가가 되려면 1만 시간의 연습량이 필요하다고 했다. 뇌가 진정한 숙달에 이르기 위해서는 그 정도의 시간은 필요하다는 것이다.

그는 가수 스티비 원더(Stevie Wonder)등과 작업한 록음악 프로듀서이며,

맥길 대학교(Mcgill University)교수로 인지 음악 지각(cognitive music perception) 분야의 최고 권위자이다. 그가 말한 주장의 핵심 가운데 하나는 천재적 능력보다는 노력이 중요하며, 그것은 뇌를 해당 분야에 익숙하게 하는 것인데, 어릴수록 더 유리하다고 했다.

1만 시간은 10년간 3시간씩 노력해야 함을 의미한다. 앤더스 에릭슨의 연구에 따르면 예술과 과학 분야에서 뛰어난 이들의 IQ는 일반인 수준보다 약간 높은 115~130이었다.

최근 이 같은 내용을 담은 책 『아웃라이어』(Outliers)를 출간한 말콤 글래드웰은 최근 미국의 허드슨 강의 기적도 1만 시간, 10년 법칙과 관련이 깊다고 했다. 체슬린 설렌버거 기장에게 1만 9,000시간의 비행 경험이 있었기 때문에 155명의 목숨을 구할 수 있었다는 것이다. 빌 게이츠와 비틀스의 성공도 결국 많은 연습 때문이었다고 했다.

수학자 앤드루 와일즈는 페르마의 마지막 정리를 풀기 위해 7년의 시간을 투입했다. 미국 금융위기 요인 가운데 하나는 충분히 금융 경험을 하지 못한 이들이 너무 많이 올려 들었다는 점을 들기도 했다.

하지만 그가 강조하고 싶은 것은 단순히 개인의 노력만이 아니라 환경의 중요성이다. 여기에서 환경은 문화적 환경을 말한다. 개인이 어떠한 문화적 환경에 처해져 있는가에 따라 좋은 결과의 성취 여부가 달라진다는 것이다. 한국의 학생들이 미국에서 좋은 성적을 보이는 것은 교육열이 높은 문화적 환경 때문이라는 것이다.

천재라 불리는 사람들도 그들에게 맞는 사회문화적 환경을 갖지 못하면 평범하게 살아갈 수밖에 없다. 또한 사회문화적 환경이 갖추어져 있다고 해도 자신의 노력이 그만큼 많이 따라야 한다. 6세에 작곡을 시작한 모차르트도 쓸 만한 작품을 만들어낸 것은 21세 이후 였다.

무엇보다 사람들이 가진 능력은 다르다는 점이다. 1983년 미국 하버

드대 교육심리학자 하워드 가드너 교수는 지능을 언어지능, 논리 · 수학지능, 공간지능, 신체 · 운동지능, 음악지능, 인간친화지능, 자기성찰지능, 자연지능 등 8개로 나누었다. 그는 사람마다 각 지능에 맞게 자기 전문 분야를 살리는 것이 중요하다고 주장했다. 한국의 입시 교육은 논리 · 수학지능만 우선시 하는 교육 문화의 산물이기 때문에 획일성을 낳기에 충분하다.

누구나 훌륭한 천재가 될 수 있기 때문에 천재를 무조건 기다리는 것이 아니라 그들의 재능을 더 발휘하게 만드는 문화적 환경을 만드는 것이 중요하다. 반대로 너무 일찍부터 천재와 둔재를 나누는 교육 제도는 바람직하지 않을 것이다.

각자 다양한 능력을 살릴 수 있도록 기회를 주고 배려하는 문화가 중요하다. 무엇보다 쉽게 실패자라는 낙인을 찍지 말아야 한다는 말도 할 수 있다. 누구나 재능을 발휘할 수 있도록 기회를 주는 문화를 만드는 것도 중요하다. 이는 경제 불황기일수록 더 고려해야 할 사항이 아닌가 싶은 것이다.

〈아내의 유혹〉에서 열연하는 오영실의 예도 이러한 점을 알려주었다. 반대로 한 사람의 노력만이 아니라 그를 둘러싼 많은 사람들의 협조가 필요하다는 것을 다시금 떠올릴 필요가 있다.

만약 각 지역의 네트워크가 없었거나 축협 관계자의 협조가 없었다면, 영화 〈워낭소리〉는 없었으며, 그러한 네트워크는 10여 년간 발로 뛴 활동의 결과물이었다. 오영실의 성공적인 데뷔는 극단 사람들의 적극적인 네트워크가 없었다면 불가능했을 것이다. 앞으로 이러한 중층적 학습과 능력의 발휘는 한국 사회의 발전을 위해서 중요하다.

《아웃라이어》는 말콤 글래드웰의 전작들과 매우 달라 보인다. 하지만 공통점이 있다. 《티핑포인트》나 《블링크》는 한순간, 직관, 단기적 노력에 따른 성과를 중요시하는 것처럼 보이지만, 그 뒤《아웃라이어》에서는 많은 시간과 노력이 불연속, 비선형적으로 존재하는 중층성이 강조되어 있다. 결론적으로 단순 인과관계의 산출물만을 얻으려는 산업시대의 포드 시스템은 이제 퇴색하고 있다는 점을 다시금 일깨운다.

1만 시간의 힘, '아웃라이어'의 전형의 상징은 소일지 모른다. 얼마 전까지도 쥐처럼 영리하게 재빨리 움직이는 것이 디지털 시대에는 좋다고 했지만, 결국 소처럼 우직하게 성실하게 움직이는 것이 큰 힘이다. 쥐가 1등을 한 것도 소의 힘 때문이었다. 디지털공간의 짧은 호흡은 오히려 긴 호흡의 콘텐츠를 불러 일으키고 있다. 또한 저성장시대, 불황의 끝을 향해 소처럼 성실하게 1만 시간, 10년간 한 발 한 발 준비해 나가야 할 시점이다. 그 뒤에 티핑포인트가 올 것이며, 진정한 가치를 한순간에 알아볼 수 있는 블링크의 힘을 갖게 될 것이기 때문이다.

# ?!.
# 군중 숫자 신드롬

> 고(故) 김수환 추기경을 조문한 군중의 숫자가 많은 매체를 장식했다. 덩달아 김구, 박정희 등 역대 최고의 조문 군중 사례를 언급했다. 조문 군중의 숫자를 통해 위인의 순위를 매기게 만드는 행태도 보인다. 한쪽으로 『안철수의 생각』이 출간 2주만에 50만부를 돌파했고 『아프니까 청춘이다』가 7달 만에 100만부를 돌파했다. 조정래의 소설 『태백산맥』이 200쇄를 돌파한다는 소식도 있었다.

이러한 숫자들은 구매를 자극한다. 한국은 몇 만 명이 움직였는가가 매우 중요한 나라이다. 한국에서 빈번하게 언급되는 '신드롬'은 바로 이 군중의 규모와 밀접하다. 어떤 때는 그러한 군중의 규모를 자기의 이해관계에 맞게 해석하고 확대포장하거나 왜곡하기도 한다. 이른바 군중 상품화와 마케팅 전략이라고 불리게 되는 이유이다.

《고래가 그랬어》의 발행인 김규항은 2002년 월드컵 광장 열풍이 불자, 지식인들을 향해 이렇게 말했다. "한국의 지식인들은 군중만 많으면 흥분하고 과대평가한다." 중요한 것은 군중의 수가 아니라 숫자에 상관없이 어떤 군중이냐가 중요하다고 말했다. 군중 자체를 부정하는 것도 문제일 수 있다. 자칫 민주주의를 부정할 수 있거나 또다른 엘리트주의에 빠질 수 있기 때문이다.

다만, 한국 사회는 군중 규모 수에 매우 민감하게 반응하고, 그것이 판단과 행위에 관한 가치의 내용이나 내용물 평가의 기준이 된다. 사람이 많으면 옳은 일을 하는 것이며, 그렇지 않으면 그른 일을 하는 것이 된다. 한 사람 한 사람의 선택을 고려하는데 인색하다. 그럴수록 군중 동원의 상품화 현상이 일어나고 이러한 군중에 배치된 행동을 하거나 판단을 내리는 사람을 배제시켜 버린다. 이를 공동체적 문화 혹은 집단주의 문화의 특성으로 풀어보기도 한다. 그것은 유교주의 때문만이 아니라 산업화와 농업사회의 혼재의 사회성격이 바탕이 된다. 무엇보다 큰 요인은 집중성이다.

한국에서 흔히 볼 수 있는 현상은 쏠림 현상이다. 흔히 한국인들은 냄비 근성이 있기 때문에 이러한 현상이 일어난다는 발언에서 민족성이 운운된다. 사회 전체의 특정 현상을 민족성이라는 생물학적이지도, 사회적이지도 않은 개념으로 풀어낼 수만은 없다. 그것은 한국의 사회적 구조와 밀접하기 때문이다. 한국은 좁은 지역에다가 중앙집권적이면서 서울 중심으로 수직하방적인 사회경제 구조를 가지고 있다. 모든 것은 서울로 집중되어 있고, 방송, 기업, 금융이 몇 개의 단위체로 집중된다. 따라서 쉽게 특정현상에 몰입과 집중현상이 강해지고 사람들도 쉽게 영향을 받게 된다. 거꾸로 몇몇 경제, 사회 단위체가 신경을 쓰지 않으면 그 열기는 사그라들기 쉽다. 이는 일본이나 미국, 그리고 유럽과는 매우 다른 구조이다.

이러한 사회 문화 속에서는 군중 동원을 통해 '먹튀'를 하거나 포퓰리즘의 행태가 증가할 수밖에 없다. 심지어 몇몇 단위체를 장악하면 권력을 쉽게 얻거나 자신의 목적을 달성할 수 있다는 망상을 갖기 쉽다. 반대로 이러한 상황에서는 권력 장악이나 방송 장악과 같은 단어들이 쉽게 통용된다.

그런데 군중의 수는 상대적인 효과를 가진다. 영화 〈워낭소리〉가

100만 관객 동원에 이르게 되었는데, 사실 100만은 주류영화에서는 별스럽지 않지만, 독립영화라는 타이틀에서는 같은 숫자가 아니다. 이 100만이라는 숫자 때문에 여러 논란이 일었다. 처음부터 이 영화의 개봉관 수가 늘어난 것은 영화를 본 군중의 수가 모든 판단의 기준이 된 데 있었다.

독립영화 사상 가장 많은 관객을 동원했다는 식의 보도는 최고주의의 또 다른 형태이기도 했다. 관중이 많으면 최고인 것은 물론 아니다. 이것이 독립영화인들이 우려하는 바이다. 또한 수익의 숫자가 이들을 괴롭히고 있다. 이충렬 감독이 토로했듯이, 관객 수가 몇 만 단위로 올라갈 때 만나는 이마다, 보도를 전해 듣는 이마다 관심을 갖는 것은 수익에 관한 숫자다. '이제 독립영화도 돈이 된다.'라는 인식에 갇히는 것을 우려하게 된다. 이 때문에 〈워낭소리〉는 독립영화가 아니라는 말도 나온다. 독립영화는 대중적 성공을 거둘 수 없기 때문이란다. 관객 수의 역설이다. 자본에서 자유로운 것이 독립영화인데 〈워낭소리〉는 많은 관객을 동원해 자본 수익을 내기 때문이라는 것이다. 이 때문에 독립영화의 정체성에 대한 논란으로 이어지고 있는 것이다. 방송용으로 제작되었기 때문에 독립영화가 아니라는 주장까지 제기 된다.

마치 〈워낭소리〉의 감독이 독립영화의 대변인인 것처럼 비치는 것에 우려를 보내는 독립영화인도 있다. 전혀 틀린 말은 아니지만 결국 이는 작품 그 자체 내용 그대로 평가하지 못하고 군중 수, 숫자에 압도당한 것에 다름 아니다. 오히려 대중성과 독립영화의 간극을 이어주며 또 다른 창작적 소재라면 다양성과 자본성에서 자유로운 독립영화에 부합한 것으로 볼 수 있다. 더구나 〈워낭소리〉의 감독 등에게 독립영화의 장구한 고난의 행군을 통해 단순히 이익을 챙기려한 의도는 없었다. 대중이나 독립영화 제작자나 〈워낭소리〉관련 숫자에 연연하면 패착이 된다. 마찬가지로 영화 〈피에타〉의 60만의 의미는 가볍지 않다.

2009년 EBS〈한영애의 문화 한 페이지〉가 최종 폐지 결정 되었을 때 EBS 측은 폐지 이유를 퀄리티가 낮기 때문이라고 밝혔다. 퀄리티의 기준을 두고 말이 많았다. 시청자가 많지 않기 때문이라는 설명 때문에 더욱 그러했다. 이는 결국 자살골이었다. 수많은 EBS제작진들에 자괴감을 주었다. 수많은 군중을 몰고 다니지 않으면 결국에는 퀄리티가 낮은 것일까? 대대적으로 성공한 EBS〈한반도의 공룡〉은 2.89%였다. 그러나 대내외적인 평가는 대성공이었다. 어린이 가운데 이 프로를 보지 않은 이들이 없을 정도다.

《르몽드》의 발행부수는 40만 부에 불과하다. 최근에는 30여만 부로 줄었다. 하지만 200만 명 이상이 열독한다. 그 숫자에 상관없이 미치는 영향력은 대단하다. 사회적으로 영향력 있는 이들이 빼놓지 않고 보기 때문이다. 2011년 기준으로 조선일보는 181만, 중앙일보는 131만, 동아일보는 124만부를 발행하고 있다. 문제는 겉으로 드러나는 숫자가 아니라 그것이 미치는 영향과 의미들이다. 문화 프로그램들이 미미해 보여도 어떤 사람들이 그 프로그램을 보는가가 중요하다. 그것은 창작성과 아이디어 창출에 큰 기여를 한다. 21세기는 창조력의 시대, '크리에이티브 경제'라는 말을 반복할 필요가 없다.

군중의 규모에 관계없이 의미 있는 것들은 존재한다. 될 것 같은 것은 반드시 수익을 많이 내는 것이 될 수 없다. 정부가 특히 불황의 와중에 할 일은 수익의 숫자와 군중성에 관계없이 의미 있고, 가치 있는 것들이 생존할 수 있도록 뒷받침하는 것이다. 그것을 볼 줄 아는 혜안과 선별 능력이 어느 때보다 중요한 시기이기도 하다. 그 과정에서 많은 사람들을 모을 수도 있고 그렇지 않을 수도 있다. 정말 자신의 혜안과 판단을 믿는다면, 군중의 수나 대중적 성공에 연연해하지 않을 것이다. 그것이 공공의 영역에서 해야 할 역할이다.

# ?!.
# 음악 개그의 매력과
# 개가수

>

    이제 음악이 아니면 개그가 진행될 수 없다. 지상파 3사에서 개그 삼국지의 본격화가 이루어진 힘에는 음악 개그의 힘이 작용하고 있다. 80년대 장두석이 본격화 시킨 음악 개그는 세월의 변화에 따라 다양해 졌다. 음악 개그는 전적으로 개그맨의 음악적 재능에 달려있다. 따라서 음악 개그의 다양화는 개그맨들의 음악적 재능이 크게 뒷받침되고 있음을 뜻한다.

    개그맨의 가창력은 이제 특별한 장기도 아니며, 오히려 웃기는 능력 외에 개그맨이 갖추어야 할 하나의 필수 요건이 되고 있다. 가수 뺨치는 노래와 춤 실력으로 음반을 발매하는 사례도 늘어가고 있는데, 개가수<sup>(개그맨 가수)</sup> 현상의 증가는 음악개그의 경험과 노하우를 바탕으로 하고 있다. 음악 개그는 개그맨들의 실력을 발휘하는 무대이자, 새로운 활동 영역을 뻗어나가기 위한 도약대가 되고 있기 때문이다. 하지만 음악 개그의 활성화는 개그맨들에게 노동의 강도는 증가했지만, 그에 상응하는 대우는 별로 나아지지 않았음을 의미하고 있다. 우선, 이러한 음악 개그에는 몇 가지 유형으로 나누어 볼 수 있다.

**❶ 반전 개그**

반전 개그는 전반부의 흐름을 노래를 통해 반전시켜 웃음을 유도한다. 〈개콘〉의 "뮤직 드라마"는 슬픈 연기 중에 갑자기 우스운 랩을 한다. '야야야 브라더스'는 멕시칸 풍의 노래로 상황을 반전시켜 웃음을 자아내려 한다. 즉, "아야야야야~ 야야야야오~"라는 단순한 멜로디로 흥을 일으킨다. 〈개그야〉의 '크레이지'는 뛰어난 가창 중 순간순간 변하는 톤이 포인트다. 〈보이스 포 맨2〉도 진지한 노래 뒤에 반전을 노리는데 다만, 관객을 지목해 익살스러운 노랫말로 웃음을 자아낸다.

**❷ 립싱크와 모방 유형**

노래를 직접 부르지 않고 입모양만 모방하는 유형과 다른 가수들의 창법과 몸짓을 흉내 내는 유형으로 나눌 수 있다. 〈개콘〉'봉숭아학당'에서 루치아노 파바로티를 패러디한 '빠박로티'가 전형적이다. 〈개그야〉'뮤직스토커'는 스토킹 혐의 진술 가운데 대중가요의 한 부분을 립싱크로 대사하는 것이 포인트다. 80년대부터 이러한 개그는 많이 시도되어 왔다. 이는 90년대에도 이어졌는데 명확한 간인 주었던 것은 '허리케인 블루'였다. 1996년 김진수와 이윤석은 '허리케인블루'라는 듀오를 만들고 '퀸', '스틸하트' 같은 록 그룹의 격한 몸짓이나 표정을 노래에 맞추어 과장하여 흉내 냈다. 〈웃으면 복이와요〉의 '하나 되어'는 모창 종합선물세트였다. '아마데우스'는 출연 개그맨이 직접 노래를 부르지 않고 클래식 음악에 맞춰 얼굴표정으로 웃기는데 이러한 개그에서는 과장된 액션과 표정 연출이 핵심이다.

**❸ 노래 변형 개그**

93년 MBC 〈웃으면 복이와요〉'블랙커피'는 진지하게 노래를 부르지만, 전혀 화음이 맞지 않아 웃음을 터뜨리게 했다. 〈웃찾사〉 '4가지 합창단'은 동요의 '예의 없는' 가사를 개사해 합창단이 다시 불러보는 형식이었다. 〈개콘〉 '고음불가'는 인기가요의 노래 중에 이수근의 저음이 끼어들어 웃음을 유발한다.

❹ 노래, 음악 화법 개그

음악 개그의 원조라고 일컬어지는 80년대 KBS 〈쇼 비디오자키〉의 '시커먼스'에서 이봉원과 장두석이 일정한 상황을 노래로 전개시키고, 마지막에 "망했다 망했다"라는 후렴구를 넣는다. 〈웃찾사〉에서 정만호, 윤성한의 '싸쓰' 듀오는 "파~파파~파파" 리듬조의 말을 통해 개그를 진행시켰다. 정만호, 윤성한은 이 개그가 '시커먼스'의 현대적 버전이라고 밝혔다.'바디밴드'는 요즘 유행하는 '음악개그'과 '슬랩스틱 개그'의 합성판이다. 대사는 전혀 없다. 단지 코와 배를 이용해 음악을 연주, 웃음과 더불어 감탄을 절로 자아내게 한다. 〈보이즈 포 맨2〉는 일정한 상황을 설명하는 노래들이 극전개를 이끌어 간다.

❺ 브레이크 또는 인터벌 형

이러한 개그에서는 중간 중간에 음악을 섞어 넣는 방식을 말한다. 장두석의 〈아르바이트〉, 〈부채도사〉를 원조로 잡을 수 있다. 〈웃찾사〉의 '나몰라 패밀리'가 대표적 예이다. 중간 중간에 쉴 새 없이 랩을 쏟아내지만, 비단 랩에만 해당하는 것이 아니라 다양한 장르는 물론 모사도 불사한다. 〈폭소클럽〉의 '화니 지니'도 여기에 속하는데 사실 많은 음악 개그의 장르가 이렇게 개그와 음악을 중간에 혼합하는 형태이다.

'크레이지'도 여기에 속하며 "맨발의 코봉이"에서의 '콩팥댄스'와 함께하는 '콩팥송', '누나누나'에서 현영의 '누나누나' 송, '이건 아니잖아'에서 '이건 아니잖아'는 반복적 리듬감의 노래며 이 자체가 유행어가 되었다. '나몰라 패밀리'는 랩, 댄스, 그리고 성대 모사를 통해 그야말로 혼성 음악 개그를 보여준다.

❻ 뮤지컬 개그

〈개콘〉의 '뮤지컬'은 영화 속 한 장면을 그리듯이 하나의 완결된 작품을 지향한다. 아무래도 뮤지컬 열풍에 힘입었다. 노래가 우선이며 상황은 노래에 맞추어 극적으로 구성된다. 하나의 극적 완결성, 감수성 짙은 대사, 여기에 의외의 상황으로 웃음을 유발시킨다. 하나의 발라드에 맞추어 완결된 설정을 보이는 것이 흥미롭다. 출연진은 개그맨이 아니라 뮤지컬 배우이다.

코믹 뮤지컬 배우라는 색다른 캐릭터를 통한 '뮤지컬'은 하나하나가 작품이므로 한 주에 하나의 작품을 만들어 낸다는 생각에 더 감탄이 터져 나온다. 음악 개그도 1회성 소모품이 아니라 감동을 남기는 작품이라는 생각이 들게 만든다. 다른 작품들은 진지하게 흐르다가도 실없는 소모하게 만들지만, '뮤지컬'은 상황 자체의 웃음을 통해 진지한 여운을 유지하기 때문이기도 하다.

개그에서 음악은 단순히 흥을 돋우는 수단이었지만, 이제 음악은 개그의 전개 도구일 뿐만 아니라 하나의 음악극 형태를 취하고 있다. 개그맨인지 가수인지 구분이 되지 않고, 여기에 자유자재로 노래와 춤 솜씨까지 선보인다. 예전에는 음악이 개그에서 양념이었다면, 이제는 주재료가 된 것이다. 여기에 작곡까지 하며 독자적인 뮤지컬을 만드는 경지에 이르게 될 날도 멀지 않아 보인다.

그러나 지금 너무나 많은 음악 개그가 중구난방, 우후죽순이다. 대중문화는 희소성이다. 장르로 존속한다고 할 때 어떻게 차별화 시킬 것인지는 여전히 과제다. 과제는 또 있다. 개그맨들의 재능 수준과 창작 수준은 음악 개그에서 한층 높아졌지만, 한층 높아진 수준에 비해서 개그맨들에 대한 대우는 여전히 참담하다.

아무리 공을 들여도 개그는 1회로 소모되고, 주목을 받지 못하면 개그맨은 버려진다. 가장 강렬한 즐거움을 제공하고도, 강력하게 소외된다. 더욱이 근래 방송 3사의 무한 공연 경쟁 시스템에서 적자생존의 시스템은 너무나 개그맨의 노동 강도를 강화하고 있기 때문이다. 무한 경쟁 시스템이 한계가 있음을 비공개 코미디, 비공연 코미디 형식의 재도입에 대한 검토를 통해 인지하는 것이 중요할 것이다.

어쨌든 이런 음악개그를 통해 실력과 경험을 연마한 개그맨들이 개가수(개그맨 가수)라는 이름으로 큰 인기를 끌고있다. 이는 어느날 갑자기 만들어진 것이 아니고 음악 개그를 통한 오랜 숙성기간이 있었기 때문에 가능한 것이었다. 그들은 개그맨이기 때문에 사소하고 하찮은 것을 노래로 다루면서 세상의 본질을 담을 수 있었다. 이는 'UV'와 '용감한 녀석들'을 통해 충분히 알 수 있다. 개그맨이기 때문에 무엇이든 시도 할 수 있다. 어차피 그들은 가볍고 하찮게 대접 받으며 욕을 먹는 일이 다반사이니 말이다.

# ?!.
# 광장세대와
# '록페'의 전설과 진화

> 영국 남서부 서머싯 주의 옛 도시 글래스톤베리Glastonbury)는 전설의 고장이었고, 그 전설의 영광을 다시 만들어준 것이 음악 페스티벌이었다. 오랜 옛날 글래스톤베리는 아더왕의 안식처였고, 1191년에는 아서왕의 유해가 실제로 발굴되었다. 더 거슬러 올라가면 1세기경 아르마티아의 요셉이 예수의 성배를 가지고 정착했다는 전설도 전해진다.

이러한 전설들이 유구하게 전해지는 덕에 이 고장 사람들에게는 성스럽고 정결함의 정체성이었고, 이 지역민들도 이를 큰 자부심과 긍지로 여기고 있었다. 엄숙하고 차분한 글래스톤베리는 농촌의 정서가 묻어나는 고요의 명상 지역으로 각인될 법한데, 어느 날 도발과 광기, 충동, 일탈, 젊음의 공간으로 탈바꿈하게 된다. 역시 음악 페스티벌 때문이었다. 하지만 우연히 시작된 그 페스티벌은 글래스톤베리를 옛 퇴락의 땅에서 새로운 세계의 중심으로 자리매김하게 했다.

어느새 글래스톤베리에, 퇴락의 땅에 모여들기 시작한 히피들은 단순한 히피들이 아니라 젊은 음악인들이었다. 그러나 정중함과 고풍스러움을 중요하게 생각하는 지역주민들은 이들을 배척했다. 하지만 단 한 사람만은 그들을 외면하지만은 않았다. 그가 바로 서머싯의 젊은 농장주 마이클 이비스였다. 그는 히피들에게 자신의 농장 일부 지역에 기거할 수 있도록 했다. 그가 다른 뜻이 크게 있었던 것은 아니었다. 다만, 음악에 관심이 있어서였다.

1970년 9월 19일, 지미 핸드릭스가 죽고 나자 마이클 이비스는 그를 추억하기 위한 작은 음악축제를 열기로 한다. 그것이 바로 글래스톤베리 페스티벌의 시작이었다. 단 하루 동안만 자신의 150에이커에 이르는 농장의 문을 열고 그곳을 무대 삼아 음악축제를 연다. 1파운드만 내면 팝과 포크 가수들의 공연을 볼 수 있도록 했고, 이때 1500명의 사람만이 모였다.

하지만 지금은 15만 명이 해마다 4일간 400여 개의 공연을 한다. 1파운드 했던 티켓 가격은 125파운드가 되었고, 발생한 수익의 일부인 135만 파운드가 각종 자선기금으로 쓰인다. 해마다 전세계 음악 팬들이 한 번쯤 가보고 싶어 하는 세계 대표 축제가 되었다. 이 축제로 인해 다시 한 번 글래스톤베리는 성스러운 곳이 되었다. 문화 부족장들인 히피들이 전세계에서 이 성스러운 땅을 밟기 위해 방문하려 하기 때문이다. 우연히 단발 행사로 삼으려 했던 농장주 마이클 이비스도 지금과 같은 결과를 낳으리라고는 생각하지도 못했다.

글래스톤베리의 사례는 음악페스티벌의 모범적인 모델이 된지 오래이다. 가장 특징적인 것은 이러한 방식의 음악축제가 기존의 음악공연이 가진 한계들을 뛰어넘고 있다는 것이다. 기존의 음악공연은 단 몇 시간에 끝이 난다. 길어봤자, 하루정도면 충분했다. 공연은 막힌 공간에서 이루어지는 콘서트 방식이 많았다. 젊은 열정을 뿜어내기에는 그 무대가 협소했다.

또한 음악 공연은 대부분 도시에서 이루어졌다. 도시 출신이 아닌 사람들이 도시에 밀집했을 때는 도시 공간에서 이루어지는 화려한 무대가 제격이겠지만, 도시 인구가 폭발적으로 증가한 산업화의 완숙기에는 오히려 도시탈출을 염원할 수 있겠다. 음악 페스티벌은 그런 일상 공간에서 탈출하고 해방하려는 자유와 일탈의 심리에 많은 부분 기대었다.

한국에서도 7월 말과 8월 초에는 록 페스티벌이 열린다. 인천 드림파크에서 열린 인천펜타포트를 시작으로, 10월의 '지산 밸리 록 페스티벌'로 이어져 음악 팬들을 흥분하게 했다. 이들 음악 페스티벌의 특징은 바로 '캠핑 페스티벌'이라는 점이다. '플레이그라운드 뮤직 & 캠핑 페스티벌'은 춘천의 중도를 배경으로 음악·캠핑·영화·미술 등 다양한 장르를 접하는 복합 문화 축제인데, 아예 캐치프레이즈 가운데 하나가 "2박 3일 동안 놀아보자!"이다.

이러한 캠핑 페스티벌의 음악 공연 참가는 자연친화적인 여가활동과 맞물리는 음악 페스티벌 문화라고 할 수 있다. 글래스톤베리의 무대가 농장이었던 점은 이제 낯설지 않고 오히려 당연한 것이라는 점을 애써 이야기하지 않아도 되는 이유다. 즉, 국내에서도 야외에서 자연을 즐기면서 국내외 음악가들의 음악을 만끽하려는 문화가 자리를 잡고 있는 것. 그렇기 때문에 각 지방에서 추진하고 있는 오토 캠핑장은 음악 페스티벌을 간과할 수 없는 지경에 이르렀다.

젊은이들은 단순히 캠핑만 하는 것이 아니라 음악을 비롯한 각종 다양한 문화장르들을 만끽하려 하기 때문이다. 아울러 가족단위의 참가자들도 음악 페스티벌에 참여하고 있는 추세이다. 음악 페스티벌 행사장에는 캠핑존이 반드시 들어서야 하고, 그에 따르는 부대시설이 필수적이다. 화장실은 물론 냉난방에 샤워시설을 갖추어야 한다. 이러한 점은 과거 애호가들이 음악 페스티벌에 참여하던 것과는 다른 풍경이기는 하다.

무엇보다 이렇게 여러 날 새면서 즐기는 음악 페스티벌은 일탈성이라는 단순한 저항 심리나 의식의 차원에서 벗어나고 있다. 글래스톤베리나 여타 다른 음악 페스티벌이 주류사회에 대한 저항의 목적이 있었다면,

이제 음악 페스티벌은 즐거움과 유희성의 요소가 강화되고 있다. 또한 육체는 피곤하더라도 정신적인 충전을 하면서 다시금 도시생활에 필요한 에너지를 충전하는 목적까지 겸비하게 되었다. 이는 공연 관람 행태가 많이 달라진 점에서 잘 알 수 있다.

가만히 의자에 앉아서 공연을 보는 규격화된 관람 행태는 없지만, 또한 격정과 괴성의 몸짓으로 무대를 향해 적극적으로 반응만 보이는 공연 행태와는 거리를 두기 때문이다. 열정적인 몸짓과 공연을 보는가 하면 한편으로는 자연의 향기를 마음껏 들이킬 수도 있다. 모로 누워서도 보고, 양반다리로 앉아서 볼 수도 있다.

음악 공연 중간에 배가 고프면 먹으면 되고, 수다를 떨고 싶으면 그렇게 하면 된다. 힘들면 그냥 아무 데나 쓰러져서 자도 된다. 마음에 맞는 사람들끼리 즉석에서 춤을 추어도 된다. 대개 서양의 음악 페스티벌이 열정적이기 때문에 우리도 그렇게 해야 한다는 강박적 콤플렉스에서 벗어난 느낌이다. 자유분방 그 자체라고 볼 수 있다. 서양인과 달리 한국인들은 일탈보다는 점잖은 공연관람행태를 보이기 때문에 이러한 캠핑형 음악 페스티벌은 충분히 달라진 문화풍경이면서, 새로운 문화접합의 한 사례라고 할 수 있다.

캠핑의 미덕은 즐거운 공간에서 누구나 친구가 될 수 있다는 것. 이런 음악 페스티벌에서는 세계 각지에서 온 사람들, 그리고 유명 가수들과도 운이 좋으면 격의 없이 어울릴 수 있다. 때문에 단순히 친구나 가족끼리 떠나는 좁은 범위의 휴식 문화와는 차원이 다르다. 이러한 것이 가능한 것은 2002년 이후 붉은 악마 응원 문화에 익숙한 광장 세대 문화 때문이라는 지적도 있다. 음악페스티벌이 열리는 곳은 하나의 커다란 광장인 셈이다.

더욱이 그 광장은 이제 세계인과 소통하는 통로가 되고 있는 것이다.

결국 이러한 음악 페스티벌의 참여자들은 자유롭고도 여유 자적하면서도 주체적으로 자신들의 음악을 듣고 표현하면서 정형화된 음악 페스티벌 참여를 우리식대로 바꾸어 새로운 문화로 융합해내고 있다. 다만 글래스톤 베리처럼 전설을 이어 다시금 전설을 만드는 음악 페스티벌이 필요하다.

# ?!.
# 영화 속 한국 대통령과
# 미국 대통령 차이

## 우리 대통령들은 '굿모닝'한가

>

　드라마 〈이산 정조〉가 한참 방영될 때, 달라진 사극 속의 군주 캐릭터
가 화제에 올랐다. 군주는 더 이상 최고 권력자가 아니라는 것. 군주는 사
랑을 욕망하고 번민하는 존재이며 로맨스와 멜로의 한가운데 있었다. 현
대인이 성공을 꿈꾸듯이 군주는 석세스 스토리를 만들어가는 고군분투의
존재이기도 했다.

　군주는 한 나라의 최고 권력자로 자신이 가진 힘을 과시하는 존재가
아니라 조직의 리더일 뿐이었다. 조직의 리더는 권력을 행사하는 존재이
기도 하지만 조직을 이끌어가야 하는 막강한 책임의식과 부담감이 주어
지기도 한다. 무엇보다 이전보다 군주를 바라보는 시선이 정치역학이 아
니라 인간적인 측면에 기울어있다.

　이러한 흐름은 최근 대통령을 담고 있는 문화콘텐츠에서도 이어지고
있다. 사실 대통령을 적극적으로 반영한 대표적인 문화콘텐츠는 할리우
드 영화들이다. 세 가지 흐름이 있다.

　우선, 〈대통령의 연인〉(The American President, 1995)과 같이 인간적인 관점에

서 대통령에 접근하는 분류가 있다. 대통령 앤드류 셰퍼드(President Andrew Shepherd: 마이클 더글러스 분)는 환경문제 전문 로비스트인 시드니 웨이드(Sydney Ellen Wade: 아네트 베닝 분)에게 사랑에 빠지고 만다. 대통령은 홀로 딸을 키우는 아빠로 등장해서 로비스트와 사랑에 빠지고 만 것이다. 이와 비슷한 한국 영화로는 〈피아노 치는 대통령〉(The Romantic President, 2002)이 있다.

다른 분류로 영웅형 대통령이 있을 수 있다. 통상적인 정치 혹은 국정 리더와는 차별화되는 것이기도 하다. 〈인디펜던스 데이〉(Independence Day, 1996)의 경우, 외계인의 침입에 맞선 대통령이 단순히 지휘를 하는 것이 아니라 직접 전투기를 몰고 싸움에 나선다. 〈에어 포스 원〉(Air Force One, 1997)에서 대통령역의 해리슨 포드는 악당들과 대결하는 액션 영웅이었다. 미국 영화 사이트 '무비폰닷컴'의 조사에 따르면 가장 멋진 대통령에 해리슨 포드가 뽑혔다.

세번째로는 차분한 리더의 모습을 보여주는 대통령 유형이다. 〈딥 임팩트〉(Deep Impact, 1998)에서 대통령 역의 모건 프리먼은 흥분이나 지나친 기대감을 부여하는 오버액션을 하지도 않았고, 절망적인 분위기에서도 침착함을 잃지도 않았다. 이런 대통령 영화들은 현실의 대통령보다는 대통령에 투영된 대중심리가 더 중요할 것이다.

할리우드 영화에는 이러한 심리와는 관계없이 작가주의적 작품도 있다. 올리버 스톤의 〈닉슨〉(1995), 〈JFK〉(1991), 〈W〉(2008)는 대통령을 다루었지만 이런 영화에서는 대중심리와는 관계없이 사(史)적 리얼리티와 그에 관한 직접적 해석을 강조했다. 론 하워드의 〈프로스트 VS 닉슨〉도 마찬가지다. 한국 영화에서 임상수 감독의 〈그때 그 사람들〉도 이러한 분류에 넣을 수 있을 것이다.

영화 〈굿모닝 프레지던트〉는 위와 같은 유형들을 적절하게 섞으면서 대통령에 대한 대중심리를 담으려고 했다. 그렇기 때문에 사(史)적 리얼리티는 융합된다. 전직 대통령과 현직 대통령, 여당과 야당, 민주화 세력, 산업화 세력의 경계를 불분명하게 하면서 그것 사이에서 인간적인 대통령의 모습을 재구성하려 했다. 재구성 속에서 드러내고자 한 것은 이러한 대통령이었으면 좋겠다는 대중적 심리의 공약수이다.

〈굿모닝 프레지던트〉는 세 명의 대통령이 등장한다. 늙은 대통령 김정호(이순재)는 민주화운동을 한 경력을 지녔고 겉으로는 근엄한 이미지를 품고 있지만, 사실은 인간적인 면이 많은 대통령으로 등장한다. 더구나 기부하겠다는 약속 때문에 복권 당첨액 244억을 두고 고민하는 모습을 보인다. 결국 그는 전액 기부하면서 소박한 살림살이만 지닌 채로 퇴임한다.

차지욱(장동건)은 젊은 꽃미남 대통령이다. 그는 젊은 대통령답지 않은 강한 민족주의자다. 영화 〈한반도〉의 대통령을 보는 듯하다. 남북한의 신뢰를 우선하고 일본에게는 강력하게 "우리는 굴욕의 역사를 가지고 있지만 굴욕의 정치는 하지 않습니다!"하는 등 강력한 리더십을 보여준다. 더구나 시민에게 자신의 신장을 이식시켜주기도 한다. 하지만 짝사랑하는 여성에게는 한없이 약한 남자이며, 긴장을 하면 방귀를 뀌고, 주사기를 무서워하는 평범한 인간이다.

한경자(고두심)는 최초의 여성 대통령이다. 조화와 균형감각을 통해 특유의 리더십을 발휘한다. 하지만 속을 썩이는 남편의 아내이다. 최창면(임하룡)이 친구들을 데리고 와서 청와대에서 술판을 벌이거나 귀농을 꿈꾸며 산 토지가 정치 스캔들로 비화되면서 이혼선언에 이르는 과정은 인간적인 설득력을 갖는다.

〈굿모닝 프레지던트〉는 이렇게 대통령 개인의 인간적인 면만 다루는 것이 아니라 그를 둘러싼 가족의 이야기를 다룬다. 정치권력적인 측면에서 거리를 두면서도 대통령이 되고 싶어하는 현대인의 선망의식을 은연중에 자극한다. 그들은 대통령직에서 물러나고도 다시 평소의 일상으로 돌아올 뿐 정치적 역학 속에 있지 않다. 인간적이고 서민적이며, 국민과 나라를 생각하면서도 그들의 삶을 위해 참 성실하게 살아낸다. 그들이 시민이다.

어떻게 보면 현실 속에서 존재하지 않을 것 같은 대통령들이다. 마지막 내레이션에서 우리가 대통령을 특별한 존재로 여기고 있다고 하지만 그렇게 여기는 것보다는 특별한 존재로 행동하기를 바라고 있다. 그런 점에서 자칫 이 영화는 팝콘 영화로 끝날 가능성이 있다. 하지만, 이러한 캐릭터에 시민적 호응이 크다면, 현직이나 잠재적 대통령에 임할 인물들이 참조해야 할 것이다.

중요한 것은 영화에서 보듯이 대통령직은 한시직이고, 그 자리의 주인공은 끊임없이 교체된다는 점이다. 영화는 대통령 3명의 교체를 통해 권력무상의 메타포를 보여주고, 대통령은 절대적 존재가 아님을 드러낸다. 특히 대통령은 교체되어도 청와대에 남아 있는 요리사를 통해 이를 부각시킨다. 절대 권력화에 대한 환상을 거두라는 메시지다. 자칫 영화에서 그리는 대통령 캐릭터와 그들의 행보가 미국식 대통령 같이 느껴지기도 하지만 막강한 대통령의 권한과 대통령직을 향한 과잉의 사회문화 풍토가 지배하고 있는 현실을 우회적으로 집어내기도 한다.

대통령에 관한 문화콘텐츠들이 연극, 출판, 영화, 방송에 등장할 때, 대통령이 인간적인 면이 있겠지만 정치적 역학 속에 있고, 최고 정책가의 수장이다. 그것이 일반 시민이나 국민에게 직접적인 영향을 미치고 더욱 중요할 것이다. 이런 점을 생각한다면 너무 인간적인 면에 치우치거나 연성화되는 것도 경계해야 할 필요가 있다. 부시 대통령 집권기에 대통령을 반영하는 영화들이 그의 정책적 행보를 우회적으로 꼬집었다. 국정운영을 잘 좀 하라는 뜻이다. 짚어내고 드러내야 할 점을 지적하는 것은 비단 대통령을 위한 것이 아니라 시민과 국민을 위한 것이다. 이명박 정권이

들어서면서, 대통령은 비판의 대상에서 제외되었다. 드라마 〈아이리스〉에서는 핵무기를 가지려는 리더십의 대통령이 등장하기도 했다. 과거 대통령의 모습을 그리는데 그쳤다. 영화와 드라마에서 대통령은 비판의 대상이 되지 못했다. 대통령에 대한 비판을 법률적으로 엄격하게 재단하려는 이명박 정권의 움직임 때문에 위축 된 탓이다. 이 때문에 나꼼수와 같이 인터넷을 통해서만 비판할 수 있게 되었다. 어디에서도 듣지 못하는 대통령에 대한 비판은 많은 시민들에게 통쾌함을 선사했다. 대통령이 잘못했을 때 얼마든지 비판하는 나라가 민주공화국이다. 또한 이를 억지로 막는다면 오히려 문제를 크게 만들 뿐이다. 결국 대한민국은 대통령의 나라가 아니고 모든 주권은 국민에게서 나오는 민주공화국이다.

# ?!.
# 〈태권 V〉 부활의 문화심리

>

    어느 시사회장에서 〈로보트 태권 V〉의 주제곡이 나오자 40~50대들이 따라 불러 젊은 층들을 놀라게 했다. 사실 주제 음악이 터져 나올 때면 나이든 세대나 젊은 세대나 벅찬 감격을 느낀다. 〈로보트 태권 V〉가 31년 만에 디지털 필름으로 복원되어 전국 170개 극장에서 개봉됐다. 아날로그 작품이 디지털 작업을 통해 극장에 선보이는 것은 이례적인 일이다. 그만큼 사회적 의미를 가지고 있기 때문일 것이다.

    매번 언급될 때마다 최대의 관심 중 하나는 〈로보트 태권 V〉 표절 논쟁이다. 일본의 마징가를 흉내 냈다는 것이다. 그러나 사실 이러한 지적은 문화에 대한 오해에서 비롯한다. 문화는 끊임없이 영향을 받는다. 일본의 애니메이션도 결국 미국이나 유럽의 영향을 받아 탄생했다. 다시 영화 〈매트릭스〉도 일본의 〈공각기동대〉에 영향을 받았다. 문제는 얼마나 차별화 시키는가에 있다.

    〈로보트 태권 V〉는 사무라이 문화의 마징가와는 달리 칼이나 무기가 아니라 무술을 통해 상대방을 제압한다. 이것이 세계 최초의 무술 로버트라고 하는 이유이다. 여기에서 무술은 다른 것이 아니라 태권도를 기본으로 했다. 제작진은 실제 태권 동작을 그대로 실사하여 영화에 반영했던 것이다.

또한 이순신 장군을 모델로 했다는 것이 정설이다. 광화문 앞의 이순신 동상 얼굴은 로보트태권 브이와 많이 닮았다. 따라서 일본의 마징가를 모델로 했다는 것과 다른 맥락을 지닌다. 여기에 사물과 인간, 기계와 인간의 합일도 차별점이다. 로보트인 태권 V와 인간인 훈이 함께 일체될 때 가공할 힘을 발휘한다. 이는 신과학에서 말하는 사물과 인간의 정신 감응을 말하는 것이다. 할리우드에서는 80년대에 들어 이런 유형의 SF영화들이 쏟아져 나왔다.

내용적으로 볼 때도 한국적 색채가 강하다. 이러한 색채는 한국적인 것에 머무는 것이 아니라 세계성과 맞닿아 있다. 단순히 권선징악을 주제로 할 뿐만 아니라 상대방을 절대적으로 파괴하지만은 않는다. 악당을 개과천선시키거나 선한 세력으로 만들어 낸다. 이는 드라마 〈대장금〉이나 〈상도〉, 〈허준〉에서 주인공의 선한 의지와 행동으로 악인을 감명시키고, 자신과 같은 편으로 만드는 것과 같다. 이를 통해 세상을 파괴가 아니라 선한 세상으로 개선하는 데 초점이 맞추어진다. 절대적인 적은 없으므로 포용과 관용이라는 세계시민정신도 보인다.

이러한 과정에서 인간적인 고뇌와 감수성이 더해진다. 약자에 대한 배려와 이를 이루기 위한 정의감이 주제 의식을 이룬다. 이 때문에 테마 음악이 나올 때 같이 가슴이 벅차진다. 이러한 점들은 일본 애니메이션에서 보이는 빈번한 단순 파괴를 통한 쾌감을 느끼게 하는 죽음의 본능-타나토스가 아니다.

〈로보트 태권 V〉 부활은 이러한 의미에서 여전히 세대 간을 넘어서 같은 코드를 공유하고 있다. 한류 작품들이 아시아에서 호응을 받는 이유는 이러한 정적인 감수성이기 때문이다. 충분히 한국의 심적 미의식을 충분히 농축하고 있고, 이는 한류 문화의 원형으로 볼 수 있다. 단순히 7080

세대의 향수를 자극하는 문화 상품을 넘어서서 보편성도 지닌다.

〈로보트 태권 V〉에는 외모 콤플렉스 때문에 지구를 멸망시키려는 천재 물리학 박사 카프가 등장한다. 1976년이나 2007년이나 외모 지상주의는 여전하다. 외모 지상주의는 콤플렉스를 지닌 본인이나 다른 사람들을 괴롭게 할 뿐만 아니라 사회 전체에도 악영향을 준다는 점을 느끼게 한다.

〈로보트 태권 V〉는 가난하고 어려운 당시 시대 상황에서 우리도 언젠가는 잘 살 수 있다는 꿈과 희망을 준 영웅이었다. 그것도 한국인과 한국인이 만든 태권 V가 세계 평화를 지킨다는 내용은 자긍심을 주기에 충분했다. 수많은 어린이들이 이 만화 영화를 통해 과학자의 꿈을 키우기도 했다.

입장료 500원에 문화연필을 선물 받으며 보던 만화 영화 속 영웅은 하나의 신화가 되어가고 있다. 비록 세계 10대 무역국이 된 오늘에도 영웅을 기다리는 마음은 여전하다. 그것이 배타적 민족주의가 아니라 스스로 나보다는 남을 배려하는 측면이라면 부정적으로 볼 이유는 없다. 이는 세계의 중심임을 선포한 고구려 사극의 방향성을 생각해보게도 한다. 지금의 고구려 사극은 자민족중심에만 치우쳐있고 세계시민정신이나 세계 리더십을 보여주고 있지 못하기 때문이다.

세대는 변해도 한국적 감수성과 문화 심리는 여전하다. 부모와 자녀들이 극장에서 태권 V를 통해 세대차를 넘어 코드를 맞추어간다면 그것이 아날로그 〈로보트 태권 V〉가 디지털로 복원된 이유라고 할 수 있을 것이다.

# ?!.
# 웨어러블(Wearable)
# 로봇의 매력

영화는 대중의 꿈과 결핍된 현실을 픽션을 통해 채워준다. 로봇은 그동안 다른 존재로만 생각되었다. 하지만 스스로 로봇의 능력을 갖출 수 있다면 더욱 그 즐거움은 배가되지 않을까. 곧 자신이 영웅이 되는 것이다. 영화 〈아이언맨〉은 그런 영웅이야기다. 영웅 이야기를 통해 사람들의 결핍을 채우고 꿈을 대리 충족시킨다. 영웅담론과 관련해 볼 때 한국의 문화 콘텐츠에도 던져주는 시사점이 있다. 이를 키워드 별로 요약해볼 수 있는데 대개 심리적인 요인에 초점을 맞추어 보았다.

❶ 영웅 탄생의 과정과 개연성

고전적인 영웅론에서 영웅의 피는 남들과 다르다. 즉 영웅은 본래 정해져 있다, 슈퍼맨처럼.그러나 '영웅은 태어나지 않는다. 다만 만들어질 뿐이다.'라는 영화 카피는 영웅은 이미 사전에 정해지는 것이 아니라 자신의 노력으로 된다는 의미를 담고 있다.

정해지지 않고 우연히 영웅이 되는 경우도 있다. 스파이더맨이 대표적이다. 원래 영웅이 아니었지만 환경적 요건과 내적인 고통과 번민 때문에 영웅이 되기도 한다. 바로 배트맨이다. 대중들은 영웅의 탄생을 기다리며 결국 자신의 영웅 욕망을 대리 충족한다. 누구도 그가 영웅이 되리라 생각하지 않았던 아이언맨은 자기 스스로 영웅이 된다. 그러나 아이언맨은 자신이 동기를 부여하며 스스로 자신이 기계 장비를 만들어낸다. 더구나 엑스맨의 영웅들처럼 유전적인 결함을 가진 존재도 아니다. 만약 그가 나라면, 아니 우리라면 나와 우리스스로 영웅이 될 수 있다. 인간의 이성과 주체성의 꼭대기 위에 아이언맨이 있는 것이다.

**❷ 개과 천선형 영웅**

'아이언맨'은 자기 행위에 대한 속죄를 통해 인간이 지닌 이성의 힘으로 영웅이 된다. 하이테크 철갑 슈트가 바로 그 산물이다. 대개 본래부터 영웅은 착하다. 그래서 비현실적이다. 사람이라면 완전무결할 수 없다. 하지만 항상 할리우드 영웅들은 죄라고는 하나도 짓지 않는 선인들이다. 문제는 외부의 악당에게서 일어날 뿐이다. 현실속 인간 에게서 태어난 영웅이라면 그럴 수 없다. 〈아이언맨〉은 그러한 점을 뒤집는다. 속죄 각성의 토니 때문에 악인은 규정되고, 그들을 처단할 명분과 설득력을 얻는다. 이른바 속죄 각성의 영웅 탄생이다.

**❸ 위대한 인간의 힘**

영화 〈스피드 레이서〉에서 디지털 자동화된 거대 생산체제에 대항한 주인공은 아버지를 중심으로 한 가족이었다. 인간의 손으로 대규모 생산체제를 이긴다는 설정은 무력해진 인간존재의 회생을 의미한다. 인간이 만들어낸 생산체제-기계가 오히려 인간의 통제를 벗어나고 오히려 인간을 소외시키며 인간 존재 자체를 위협하는 상황을 인류는 분명 공포스럽게 느꼈기 때문이다. 〈스피드 레이서〉뿐만 아니라 〈아이언맨〉도 그 공포를 덜어준다. 토니스타크(로버트 다우니 주니어)는 누구의 도움을 받지도 않고, 스스로 만든 슈트로 하늘을 날고 악당을 쳐부순다.

**❹ 기계의 긍정과 포용**

인간의 근육의 힘으로 영웅이 되어야 하는가. 기계는 인간성을 철저하게 파괴하는 것이기 때문에 인간영웅은 전적으로 근육에 의존하기 쉽다. 기계는 인간성을 위협하는 대상이 되기 쉽다. 더욱이 악당과의 결투는 대부분 근육에 의존한다.

인간적 영웅을 드러내기 위해서 〈아이언맨〉은 제목 그대로 기계를 부정하지 않는다. 기계는 인간이 만들어냈으며 그것을 인간이 이용하여 소기의 목적을 달성하는 데 충실하면 된다. 그것이 기계디스토피아에 대한 반격이다. 기계를 긍정할 때 더 다양한 이야기는 펼쳐질 수밖에 없다. 기계와 인간의 통섭이다. 인간의 한계를 인간이 만들어낸 기계를 통해 극복한다.

**❺ 비주얼의 향연**

시각적 효과가 보는 이들을 몰입시키는 것은 당연한 이야기이다. 블록버스터에는 화려하고 역동적인 볼거리가 중요하다. 여기에 영화적 리얼리티와 캐릭터의 개성을 위한 CG가 사용되었다. 현재에 존재하는 기술이 아니기 때문에 기술적인 상상력을 현실감 있게 불러일으키는 특수효과를 창조해야 했다. 상상을 현실감 있게 만들어내는 대중적 욕구에 아이언맨의 제작 의도는 부합했다.

**❻ 아날로그의 향수**

영화는 기계공학을 인간의 손에 되돌려 놓고 있다. 동굴에서 별로 장비도 없는데 뚝딱 뚝딱 만들어내는 것은 아날로그 향수를 자극한다. 대장장이의 근육과 땀은 불빛에 이글거렸다. 실제로 가능한지는 검증해보아야 하겠지만, 옛날 방식대로 거푸집으로 부품을 만들고 망치로 두들기는 장면을 통해 가장 인상적인 장면은 동굴 탈출 장면일 수밖에 없다. 인간이 근육과 땀으로 만들어낸 로봇은 디지털 시대에는 상상하기 힘든 것이다. 상상하기 힘들수록 그것을 재현할 때 흥미로움을 느낀다.

### ❼ 멀티플레이어 시대
주인공 토니는 최고경영자(CEO)이자 억만장자이면서 천재 과학자이다. 어렸을 때부터 주어진 교과 공부를 잘했을 뿐만 아니라 기존의 기술 이론 체계들을 뛰어넘는다. 흔히 천재들은 이론만을 세우지만 토니는 직접 만든다. 과학자이자, 공학자이며 논객이자 행동가이다. 여기에 잘생기고, 부드러우며 자유분방하여 여성들에게는 매력 덩어리이다. 공부만 한 수재의 이미지를 벗어나 유머와 재담에도 뛰어나다. 다만, 아쉬운 것은 물리적인 강건함은 갖지 못했다. 물론 '아이언맨'이 되면서 완벽한 다중지능 인간이 된다. 남·여성에게 모두 흥미로운 대상이다.

### ❽ 명품과 욕망의 대리 충족, 명품
주인공은 토니 자체가 명품일 뿐만 아니라 그가 사는 집과 자동차 비행기, 그리고 의상과 장비에 이르기 까지 명품이 아닌 것이 없다. 물론 많은 대중들에게 그것은 철저하게 결핍된 것들이다. 정말 어두컴컴한 공간에서 탄생하는 빈민형 영웅과는 차별화된 모습을 보인다. 인간의 신분상승에 대한 욕망을 거부감 없이 반영시킨 재주가 할리우드 상업 영화의 은밀함에 고개를 가로젓게 한다.

**❾ 캐릭터의 힘**

사람들이 등장인물에 매료되는 것은 그가 가지고 있는 인간적 혹은 인격적인 품성에 대한 신뢰에서 비롯한다. 군수업체의 사장이나 천재, 공학도라고는 생각할 수 없을 정도로 인문적이다. 여기에 미워할 수 없는 얼굴이다. 우수에 찬 눈빛과 여린 감수성은 바람둥이와 영웅 사이를 넘나든다. 인간의 모든 성격을 아우르지만, 악인이라고는 볼 수 없는 캐릭터다. 더구나 호기심과 장난기로 똘똘 뭉친 그는 중년의 캐릭터로 보이지 않는다. 무엇보다 언제라도 대화가 통할 듯싶다. 영웅의 캐릭터들은 언제나 무겁고 진지하고 무엇인가 대의명분에 차있다. 과연 이들은 대화 상대자로 적절할 것인가 의문이다.

**❿ 자아통제감**

무엇보다 자신 스스로 철갑 슈트의 설계, 제조, 조작을 마음대로 한다. 누군가 만들어놓은 기계를 조종한다는 것은 덜 재미있고 덜 신난다. 만약 그 기계가 고장이라도 난다면 다른 영웅들은 멀쑥하게 쳐다만 보아야 한다. 또는 그 기계를 만든 박사가 죽었다면, 말짱 도루묵이다. 자신이 원하는 것을 무엇이든지 할 수 있다면 그것에서 인간의 즐거움은 극대화를 이루기 마련이다. 그것이 자기 스스로 통제감을 행사할 때 느끼는 쾌감의 원천이다. 〈트랜스포머〉에서는 인간이 로봇에게 개입할 여지는 제한되어 있었다. 〈트랜스포머〉보다 〈아이언맨〉은 자아가 스스로 통제한다는 느낌은 강하고 그것은 배의 즐거움을 준다.

**⓫ 인류의 영원 꿈, 비행**

인간이 새를 보면서 한없이 부러워한 것은 비행이다. 이러한 비행의 꿈을 이루기 위해 인간은 비행기를 발명했다. 하지만 비행기는 인간의 몸과는 다른 형태를 지니고 있으며 항상 인간이 비행기를 '탄다.', '조종한다.'라고 말해야 했다. 아이언맨과 로보캅이 다른 점은 로보캅이 날지 못하고 아이언맨은 '난다'는 점에 있다. 비행기와 인간이 하나가 된 상태로 볼 수는 없다. 하지만 〈아이언맨〉은 기계와 인간이 하나가 되어 하늘을 난다. 탱크보다 강하고, 비행기보다 빠르다. 대기권 밖에서도 활동할 수 있으니 픽션이지만 짜릿하다. 더욱이 로보캅은 자신의 의지와는 관계없이 로봇이 되어야 하는 비극적 주인공이지만, 아이언맨은 자신이 원하면 언제든지 인간의 모습으로 돌아온다. 아니 언제나 인간이다. 유쾌하고 발랄하다. 그러나 인간적 비장미는 없다.

**❷ 내 인생의 멘토는 자신**

영웅 이야기의 전형적 모델에서는 영웅의 스승이 등장하기 마련이다. 〈아이언맨〉에서는 따로 스승이 등장하지 않는다. 스승이라고 한다면 아버지 정도일 것이다. 하지만 직접적이지는 않다. 정말 스승이라면 탈출에 목숨을 바친, 동굴에서 토니를 도와준 공학 박사 정도일 것이다. 전반적으로 그는 스스로 깨닫고 자신이 앞으로 해야 할 일을 정한다. 테러리스트에게 납치되어 탈출하는 과정에서 깨달음을 얻고 하이테크 철갑 슈트를 개발하고 심지어 자기 스스로 아이언맨에 이른다.

**❸ 사회학적 가치의 한계**

그러나 이 영화는 순수하게 대중심리차원에서 수용자의 몰입을 이끌어내는 데는 성공했지만, '죄의식'을 없애주었다. 마치 토니가 죄의식을 없애면서 새로운 최강의 무기를 만들어내는 것처럼. 군수산업과 테러리스트와의 연계, 미국의 아프가니스탄 무기 수출은 너무나 잘 알려진 사실이다. 이런 식이기 때문에 결국 아쉬움을 더한다. 테러리스트의 욕심과 군산복합체의 욕망이 아랍사태의 근본은 아니다.

영화의 갈등 발생의 중심은 군수산업 자체의 문제가 아니라 그 안의 이사진들이다. 악을 처부수는 무기가 필요하고, 핵심은 선한 사람이 그것을 움직이는가에 초점이 맞추어진다. 아이언맨의 철갑 슈트처럼. 예컨대, 영화에서 토니 아버지 때부터 회사의 파트너였던 오베디어[제프 브리지스]가 군수산업 문제해결의 걸림돌이 될 뿐이다. 그가 움직이는 철갑 슈트는 파괴의 대상이 된다. 그는 악하다. 자신의 욕망 추구에만 충실하니 말이다. 그러나 무엇이 선이고 무엇이 악인지 경계는 뚜렷하지 않다. 토니도 자신의 욕망에 충실하다. 그가 사용하는 에너지는 지구 환경 파괴의 대가이다. 단지 토니를 막기 때문에 악인가. 그를 막으면 죽여도 되는 것이 선인가.

'아이언맨'의 철갑 슈트도 결국 무기의 하나인데 영웅 한 사람이 첨단 무기를 사용해서 그 군산 복합 구조를 바꿀 수 있을지 의문이다. 그것은 미국 대중의 욕망과 긴밀하게 맞물려 있기 때문이다. 군산 복합체와 군수 경제의 모순을 해결하는 것도 군수업체의 사장이라 미국 사회의 죄의식을 알만은 하다. 결국 '아이언맨'은 미국 대중의 죄의식을 씻는 영웅이다.

토니가 자신의 목숨이 위태롭지 않았다면 그는 영원히 '아이언맨'이 될 수 없었을 것이다. 그런 면에서는 자기중심적인 영웅일지 모른다. 대개 할리우드 영웅 이야기들이 인간중심적인데 이 영화도 그 범주에서 벗어나기는 힘들다. 철갑 슈트만 있으면 문제 해결이 이루어진다고 본다면 그것은 또 다른 영웅의 물신주의를 조장한다. 윤리적 변신이 슈트 한 벌로 합리화될 수는 없을 뿐더러 그 물신은 인간만을 위한 것이다.

여전히 주인공 토니의 세계에 대한 성찰은 구체적이지 않고, 막연하다. 무기는 어떤 사람이 쓰는가가 중요할 뿐이다. 깊은 성찰이 없는 이유는 그의 사회적 배경 때문이다. 〈아이언맨〉 같은 영화를 볼 때 영웅조차도 특권층에서만 나올 수밖에 없는 것인가. 분명 서민형 영웅은 아니다. 긍정적인 면에서 '메디치 효과' 차원의 영웅이라면 다소 위안이 될 것이다. 그럼에도 서민의 정서를 아이언맨은 얼마나 알까. 자수성가형 영웅은 아니니 말이다.

무엇보다 '아이언맨'은 한국에서 절대적인 영웅이 될 수 없다는 치명적인 한계도 있다. 그는 모든것을 갖춰 완벽한 영웅이기 때문이다. 인간적인 약점이 있는 영웅이 한국에서 선호되는 심리를 이해할 필요가 있다. 다만 그가 심장이 약하다는 사실이 그나마 한국인들의 정서적 배려와 연민을 자극하고 있다.

한국의 영웅 관련 문화콘텐츠에 시사점은 있다. 한국의 영웅은 끊임없이 외부 탓을 한다. 영웅이 되는 과정도 자신이 아니라 음모와 협잡에 따른 것이다. '아이언맨'은 자신의 죄를 뉘우치고 영웅으로 탄생한다. 여기에 기독교적 모티브가 느껴지지만, 한국의 영웅들이 이 점을 처음부터 아예 배제할 필요는 없을 것이다. 외부의 적을 탓하기 전에 자기 스스로 반성과 성찰하는 가운데 영웅이 된다.

# ?!.
# 〈무한도전〉속
# 개구쟁이 문화심리

> 개구쟁이도 철학이 있다. 문근영, 키덜트, 원더걸스와 소녀시대, 아역 연기의 화제는 모두 어린 시절의 순수성을 지향하는 성향을 대변한다. 이러한 성향은 오락 프로그램에서 최고의 시청률을 자랑하고 있는 〈무한도전〉에서도 엿볼 수 있다.

〈무한도전〉은 어린 아이들의 가장 전형적인 오락 형태인 개구쟁이 짓이 중심이된다. 그것을 고상하게 리얼 버라이어티라고 부르지만 다른 오락 프로그램에서 리얼 버라이어티를 표방함에도 불구하고 〈무한도전〉만큼 시청률이 나오지 않는 것은 개구쟁이 짓을 채 인식하지 못했기 때문 아닌가 싶다.

〈무한도전〉은 예측을 불허하는 도전 주제와 상황의 전개로 각본이 거의 필요 없으며, 출연자들의 순간적인 기지와 자연스러운 협업으로 만드는 버라이어티 쇼라고 볼 수 있다. 그런데 이들의 행동은 아이들의 개구쟁이 짓과 닮았다. 아이들의 개구쟁이 짓은 누군가 시켜서 성립되는 것이 아니라 자연스러운 순간적 협업에 따라서 이루어진다.

개구쟁이들의 놀이와 장난은 큰 해가 없는 짓에 한해서 재미있다. 더

재밌있게 하는 것은 개구쟁이 짓을 하는 아이들 자체가 재미있어하기 때문이다. 〈무한도전〉의 출연진이 그렇다. 개구쟁이들이 주는 웃음은 밀실의 개그가 아니라 공개된 개그이다. 단순히 말장난을 하는 것이 아니라 노동개그, 땀의 몸개그가 된다.

어른은 논리와 이성을 중요시한다. 하지만 아이는 비논리적이고 감정적이다. 어른은 절제와 우회성을 중요하게 생각한다. 그래서 직접적으로 말하거나 감정표현을 하지 않고 이성적·논리적·합리적으로 행동과 사고 하려 한다. 아이는 엉성하고 예측이 불가능하며, 일관적이지 않다.

그러나 어른들의 행동과 말은 어느 정도 짜임새와 예측 가능성을 가지고 있다. 반면에, 아이는 직접적으로 자신의 느낌을 표출한다. 어른들의 놀이는 건물 내부로 들어가거나 은밀하지만, 아이들의 놀이는 외부 공간을 필요로 한다.

어른에게 도전 대상은 거창하지만, 아이들에게 도전 대상은 거창하지 않다. 일상 자체의 모든 것이 다 놀이의 대상이 되고, 도전의 대상이 된다. 눈싸움에서 높은 곳에서 뛰어내리기, 영화와 만화 주인공 흉내 내기도 모두 진지한 도전의 대상이 된다. 그 별것 아닌 도전에서 이긴 이는 위대한 이가 된다. 그러한 존재가 되지 못해 안달한다. 진지하지 못한 것을 진지하게, 거창하지 않은 것을 거창하게 삼을 때 보는 이들은 웃음을 터뜨린다.

하지만 어른의 눈에 그것은 하찮고도 쓸데없는 일이다. 이러한 아이들의 대표가 개구쟁이들이다. 〈무한도전〉의 핵심은 개구쟁이에 있다. 요컨대, 리얼 버라이어티는 개구쟁이 쇼다.

개구쟁이는 자유분방하다. 개구쟁이는 천방지축으로 뛰어다니는 걸 좋아한다. 고무줄 놀이, 말뚝박기에 정신없는 동네 개구쟁이는 어디라도 상관없다. 친구들을 놀려주고 웃겨 주기도 한다. 뒤집어지고 엎어지면서 함께 뒹굴었던 개구쟁이들, 사람들은 개구쟁이를 좋아한다. 그들은 때때로 황당하고 어이없고 의미 없는 말과 행동을 하는 것 같지만, 개구쟁이는 편안함을 준다. 개구쟁이들은 천진난만하고 밝다.

그러나 개구쟁이들은 꽃미남이나 모범생과는 거리가 멀다. 못 말리는 개구쟁이 천방지축 개구쟁이들인데도 재미있어 한다. 공부보다는 산과 들로 뛰어 다니는 것을 더 좋아하는 개구쟁이이기 때문에 우려하는 것은 학부모들이다. 당연히 어른의 시선에서 보면 무한도전의 인물들은 산만하고, 소모적이고 비일관적으로 보인다.

개구쟁이 또래들이 개구쟁이 짓을 하면 별로 재미가 없다. 당연한 것이기 때문이다. 하지만 나이가 많은 이들이 개구쟁이 짓을 하면 재미있다. 〈거침없이 하이킥〉에 등장하는 모든 어른들은 개구쟁이와 다름없다.

개구쟁이들에게는 넓은 공간이 필요하다. 〈무한도전〉의 도전 공간은 개구쟁이들의 놀이터이다. 〈무한도전〉의 개구쟁이들은 별것 아닌 것들을 도전 과제로 삼는다. 하찮은 것에 의미를 크게 부여한다. 그리고 작은 성취를 대단한 것으로 만들고 자랑한다. 개구쟁이처럼 자지러질 듯 웃는다. 개구쟁이 성격들이면 항상 뭘 해야 따분하지 않을까를 열심히 고민한다. 보는 사람들도 즐거워한다. 철없는 동네 개구쟁이들이라고 보면 꾸짖고 싶어지고 채널을 돌리거나 그들이 나오는 프로그램을 보고 있는 자녀들을 나무라고 싶어진다. 개구쟁이처럼 미워할 수 없는 이들로 생각해버리면 다소의 일탈이 있어도 상관없고, 아무리 막말을 토해내도 용서해버리고 싶어진다.

그런데 대개 개구쟁이들은 남자아이들만 속한다. 방송사의 오락 프로그램들은 이 개구쟁이들이 장악했다고 해도 지나친 말이 아니다. 여자아이들은 말괄량이들이다. 그러나 방송에서 말괄량이들은 사라졌다.

〈해피선데이〉의 '여걸 파이브'는 말괄량이들이었다. 그러나 개구쟁이들만 있고 말괄량이들은 없었다. 〈하이파이브〉는 개구쟁이의 핵심인 '몸'이 밀려나 있다. 끊임없이 만들어내는 즉흥적인 도전과 놀이, 장난의 자연스러운 협업은 결핍된다. 개구쟁이를 모방하려고 말괄량이들을 포기했던 것이다. 그러나 말괄량이에 대한 성찰은 사회문화적으로 계속 가치가 있다.

대선의 계절, 한치도 예측할 수 없는 일들이 벌어진다. 하는 짓이 아이들 같다. 정치인들이 개구쟁이 코드 탓인지 이성과 합리성에 맞지 않는 개구쟁이들 같은 일들을 벌이며 이합집산하고 있다. 일관성이나 소신은 소멸하고 감성과 감정, 비일관성과 비논리성이 판을 친다.

그러한 것들을 당연하게 받아들이는 것이 이상한 일이다. 개구쟁이들은 순수하고 천진하니 미워할 수 없지만, 정치 개구쟁이들은 좋게 볼래야 좋게 볼 수 없기 때문이다.

# ?!.
# 막드(막장드라마)의 몰입과
# 콘텐츠 소비심리

> 1998년 노벨문학상 수상 주제 사라마구의 1995년 소설 〈블라인드니스〉(Blindness)는 국내에서 〈눈 먼 자들의 도시〉로 번역되었다. 영화도 개봉했다. 역시 '눈 먼 자들의 도시'로 이름을 달았다. 영화는 미국보다 더 많은 수익을 냈으며, 원작 소설을 베스트셀러 1위 자리에 올려놓았다. 10년간 10만 부 나가던 것이 한 달에 수 만 부가 팔려나갔다.

영화의 원제는 〈블라인드니스〉(Blindness)인데 영화 제목을 '눈 먼 자들의 도시'로 번역한 것에 대해 비판의 목소리가 있었다. '눈 먼 자들의 도시'는 자칫 시각장애인에 대한 비하라는 면에서 오해를 낳을 수 있다는 것이다. 장애인 단체나 장애인에 관심이 있는 이들은 '눈이 먼'이라는 단어를 쓰지 않는다. 당연히 맹인이라는 단어도 쓰지 않기를 권하고 있다.

이러한 운동을 한 것은 수십 년이다. 절름발이는 지체장애인이고 귀머거리를 청각장애인으로 고치려 했다. 예전보다는 많이 나아진 것이 사실이기도 하다. 그런데 수십 년간 해온 장애인 단체의 노력을 물거품으로 만들 수 있는 것이다. 즉, 영화의 흥행과 소설의 높은 판매고의 영향 때문에 '눈이 먼'이라는 말이 너무 쉽게 통용될 것이라는 장애인 단체의 자괴

감이 있을 수밖에 없다.

눈이 먼이 아니라 실명(失明)한 사람들의 도시 정도로 번역하는 것은 어떨지 생각해볼 수 있다. 문학적 수사를 위해 제목을 달았다고 해도 원제와 다르다면 문제이다. 소설 제목의 번역은 터널 시야 현상처럼 우리는 자기중심적으로 세상을 보았기 때문에 결국 다른 면을 보지 못한 것이 되었다.

영화에서 안과 의사(마크 러팔로)의 대사 가운데에 "눈이 안보이게 되어서야 진정한 당신을 보게 되다니…"라는 말이 있다. 여기에서 '실명'은 어떤 의미를 가지고 있을까? 맹점(盲點)이다. 눈이 안보이고 나서야 전에는 하찮게 지나쳤던 것들이 오히려 비로소 의미있게 보인 것이다.

나아가 영화는 견고할 것이라고 믿었던 문명과 도시가 실명 때문에 허무하게 무너지는 것을 적나라하게 묘사한다. 얼마나 인간이 이성을 잃고 한순간에 파괴적·폭력적으로 변할 수 있는지 보여준다. 그런 면에서 시각 장애인들이 온전한 인격체를 유지하고 사는 것은 대단한 일이 되는 셈이다.

미국의 경제 위기는 결국 당장 보이는 것만을 보다가 진정한 가치들을 보지 못했기 때문에 일어난 재앙이다. 그렇게 보이는 것만 보다가 보지 못한 결과로 정말 눈이 있되 보지 못하게 되었다. 그 실명으로 굳건할 것 같은 거대한 금융 시스템은 맥을 못 추었고, 전 세계를 불황의 늪에 빠뜨렸다. 수많은 사람들의 삶은 나락으로 떨어지고 있다.

한국 대중문화 전반은 눈이 안 보이는, '실명자들의 도시' 같다. 영화계는 수익에 대한 맹점으로 다른 가치들을 보지 못하다가 막장으로 치달았다. 막장 드라마가 화제에 오르고 있다. 욕하면서 보는 드라마를 뛰어넘는 수준이다. 다른 한쪽에서는 일본에는 일드가 있고, 미국에는 미드가 있다면 한국에는 막드가 있다고 자학적으로 조롱한다. 통속극 자체를 부정할 수는 없지만, 극단적인 억지나 너무 단순한 설정, 비윤리적인 선정성은 분명 아무에게도 도움이 되지 않고 시청률만 올릴 것이다. 그것을 즐겨보는 이들이나 그것을 만드는 이들이나 통속성의 막장에 다른 것들은 눈에 보이지 않는 형국이다.

드라마 〈꽃보다 남자〉를 즐겨보는 이들은 막장 드라마를 욕하던 젊은 층이다. 꽃미남 스타와 소녀적 로맨스 코드의 종합선물세트이다. 그 종합선물세트 이외에는 보이지 않는다. 이러한 점 때문에 이 드라마가 막장 드라마에 꼽히기도 했다. 결국 맹점적 몰입은 드라마의 질을 낮추게 된다. 어디에도 팔아먹을 수 없는 콘텐츠가 되는 것이 현실이다. 당장에 보이는 것만 보는 그 맹점으로 계속될 것 같던 한류의 거대함도 이미 사라지고 없다.

맹점적 몰입은 바로 자기중심적 편향이다. '막드'나 욕하면서 보는 드라마의 특징은 선과 악을 이분법적으로 보고 자기가 응원하는 항상 좋은 쪽이라는 단순성에 기반한다. 음모나 복수와 폭력적인 언사들이 정당화된다. 물론 이러한 심리적 편향은 인간의 기본적인 속성이기는 하지만, 사회문화적으로 다층, 다종하게 나타난다.

우선, 하스토프(Hastorf)와 캔트릴(Cantril)의 고전적인 연구에서 자기중심적 사고의 편향을 알 수 있다. 다트마우스와 프린스턴 팀이 거친 경기를 펼쳤다. 이 과정에서 프린스턴 팀의 선수 하나가 코가 부러지는 상처를 입었다. 다트마우스 팀의 한 선수도 다리가 부러져 실려 나갔다.

연구자들은 두 학교 학생들에게 어느 팀이 더 거친 경기를 했느냐고 물었다. 그러자 프린스턴 대학의 학생들은 다트머스 대학의 학생들이 더 거칠었다고 대답했다(86%). 하지만 다트머스 대학의 학생들이 자신의 대학 팀 선수가 먼저 거칠었다고 대답한 것은 36%에 불과했다. 양쪽 다 책임이 있다고 한 학생은 53%였다.

이번에는 다른 학생들에게 이 경기의 필름을 보여주고 그들이 본 반칙을 기록하게 했다. 다트머스 대학 학생들은 평균 4.3개와 4.4개의 반칙을 기록했다. 그러나 프린스턴 대학의 학생들은 다트마우스 팀에게서 9.7개의 반칙을 프린스턴 팀에게서 4.2개의 반칙을 확인했다. 모든 학생들이 본 경기내용은 같았는데 그 해석은 달랐다.

좀 더 확실하게 편향이 드러나는 연구를 살펴보자. 로스(L Ross)와 레퍼(M. R. Lepper)의 연구에 따르면, 대부분의 사람들은 자신이 좋아하는 후보에 대해서 언론이 적대적이라고 생각한다. 한 조사에서 지난 대선에서 언론의 보도 태도가 편향적이었는지 물었다. 3분의 1이 그렇다고 대답했다. 이중 90%는 자신이 지지한 후보에게 적대적이라고 말했다.

한국에서 언론의 정치에 대한 보도 태도나 경제위기에 대한 시각도 자기중심적 편향이 강하다. 다른 정책 사안들도 마찬가지인 경우가 많다. 일종의 아전인수가 많은 것이다. 사라마구의 《블라인드니스》(Blindness)의 내용처럼 본질적인 가치들을 보지 못하기 때문에 한순간에 무너질 수 있다. 안과 의사 부인처럼 한 사람은 볼 수 있어야 한다.

객관적으로 접근하는 중심적인 주체가 있어야 하는데 그 주체도 보이지 않는다. 스스로 어떤 들보에 씌워서 보이지 않는다면 그것이 더 다행일 것이다. 이런 맥락에서라면 기존의 것을 보지 말아야 새로운 것이 보일 듯싶기 때문이다. 답답하고 불확실한 상황에서 시민과 국민들이 보고 싶은 것은 그런 것인지 모른다. 보지 않음으로써 기존의 보이지 않는 것을 볼 수 있거나 진실을 보고서 그것을 놓치지 않는 이들을 원하는 것이다.

# ?!.
# 이준익이 대중강연 하지않는 이유와
# 고통 스토리의 경연심리

> 오디션 프로그램의 한국적 성공 요인으로 스토리텔링을 꼽지 않는 전문가들은 거의 없다. 여기에는 더욱 약자의 설움과 고통이 충분히 녹아들어 있어야 한다. 예컨대, 불우한 어린 시절과 성장환경, 그리고 그것을 딛고 일어나려는 삶의 의지들이 그의 노래하기에 담겨 있는 것을 선호하는 미디어 심리 그리고 시청자 심리가 형성되었다.

물론 이러한 스토리텔링이 이루어져도 노래 실력이 없으면 탈락이었다. 가창력에 이런 개인의 스토리, 그리고 무대의 열정과 테크닉이 모아질 때 충분히 호응을 받았다. 사실 이런 점은 아마추어 가수들을 대상으로 하는 오디션 프로그램의 대체적인 특징이다.

전문 가수들의 오디션 서바이벌인 〈나는 가수다〉의 경우에는 상황이 다를 수 있었다. 그들의 개인 스토리들은 적어도 이미 많이 알려졌다. 더구나 요즘의 인기가수들의 경우에는 이미 인기의 정점을 찍었어도 그들의 이야기에 새로울 것이 없었다. 따라서 스토리텔링 자체가 매력적으로 작용하지 못했다.

하지만 이를 보기 좋게 깨뜨려 버린 사람이 바로 임재범이라고 할 수 있다. 대한민국은 매주 임재범에 열광했다. 몇몇 사람들은 울고 있었다. 대중 가수에게 기립박수가 열화와 같이 쏟아지는 현상은 전무후무했다. 그동안 대중가수는 단지 소비되는 존재였다. 하지만 기립박수는 예술이라고 내세우는 장르의 공연장, 상연장에서나 볼 수 있는 것이었다.

이제 대중가요는 예술의 경지에 오른 것인가. 사실 엄밀하게 말하면 임재범에게 쏟아지는 찬사, 혹은 기립박수는 단지 그의 노래 실력에만 기인하는 것은 분명 아니었다. 그의 삶에 대한 눈물과 박수이다. 그의 이야기는 현재 진행형이다. 김태원의 인기도 그의 현재 진행형 이야기 때문이었다. 그의 암수술은 그 정점이었다.

임재범 현상은 누구도 재현할 수 없으며 임재범 한 명만이 오로지 실현할 수 있다. 대중심리에서 사람들이 보고 싶은 것은 대체 불가능한 고유의 차별성이다. 음반이나 음원의 경우에는 그 노래 양식은 고정적이다. 하지만 공연은 매번마다 다르다. 소장의 가치는 독보성이다. 그 독보성에는 노래 실력도 작용하지만, 그 노래를 부른 사람의 고유한 가치가 담겨 있어야 한다.

그것이 바로 대리적 충족심리와 연결되기 때문이다. 가수는 단지 노래를 부르는 사람이 아니라 대중을 대신하는 사람이다. 자신의 삶이나 인생을 노래하는 것이 바로 그 노래를 듣거나 지켜보는 사람을 대리하는 것이다. 대중을 노래로 대변하는 사람이 대중가수이다. 만약 대중을 대리하지 못하는 가수는 대중성을 확보할 수 없다. 클래식 가수는 그러한 대중적 삶을 대표하지 않아도 얼마든지 자신의 위치를 고수할 수 있다. 이는 제도화된 문화권력 때문에 가능하다. 하지만 점점 뭇 사람들에게서 멀어지게 된다. 그것은 너무도 당연한 현상이며 지식이나 교양, 전문성과는 관련이 없다.

대중가수에게 표준화된 제도 권력은 없다. 끊임없이 꿈틀대는 대중의 심리에 부응하여 대리 충족시켜야 존재적 가치는 물론 생존을 할 수가 있다. 이는 〈나는 가수다〉에서 정말 여실하게 보여주고 있다. 아이돌 그룹 위주의 가요풍토에 일격을 가한 것이 임재범 자체보다는 바로 누구도 따라할 수도 없는 삶의 자격을 갖춘 사람의 노래가 진정한 대중적 울림과 선호를 받는다는 점의 명확한 재확인이다. 삶의 경험과 통찰이 없는 만들어진 가수의 한계는 명징해졌다. 무엇보다 임재범의 라이프 스토리와 그의 노래하기는 우리 대중들 스스로의 삶의 이야기이며 그것의 노래하기이다.

하지만 우려스러운 점도 있다. 임재범이 계속 1등 하는 현상은 그가 지닌 불우한 과거의 성장과정, 그리고 현재의 고통과 질병 등이 발휘하는 효과 때문이기도 하다. 임재범과 같은 불행과 고통이 없으면 탈락될 듯싶다. 〈서편제〉의 여주인공처럼 명창을 위해 한(恨)을 쌓아야 하는가. 자칫 불행과 고통의 경연장이 되지는 말아야 한다.

고통과 불행이 수단화되는 일도 바람직하지는 않다. 자칫 그것이 상품화되는 현상도 무감각해진다. 나아가 분노와 자학, 연민 그리고 회한이라는 수동적 · 도피적 심리 상태에서 좌절적 무기력의 심리에 퇴행하는 현상일 수도 있다. 더구나 이미 임재범에 관한 강력한 감정의 맛을 대중적 감수성이 어느 노래에 몰입을 할 수 있고, 응원을 객관적으로 추구할 수 있을지 우려스럽기도 하다.

〈왕의 남자〉를 만든 이준익은 대중강연을 하지 않는다고 한다. 이유는 그런 강연의뢰에서는 주로 자신이 어려움을 극복하고 어떻게 성공했는지를 이야기 해달라고 하기 때문이란다. 그는 고통을 많이 겪는다고 해서 반드시 잘 사는 것이 아니며 고통을 많이 겪은 사람들이 지금 잘 살고 있는것은 아니라고 말했다. 고통과 성공은 아무 관계가 없다고 말이다. 고통을 많이 겪고 나면 성공을 할 수 있다는 당연한 심리를 거꾸로 고통을 감내하거나 용인하는 태도를 낳을 것이다. 누군가 다른 사람이 고통을 주면 그 고통 뒤에는 성공이 있을 것이라는 수동적이고 굴종적인 심리가 있을 것이라는 말일지 모른다. 되도록이면 고통을 받지 않고 성공해도 된다. 반드시 고통만이 성공만을 담보하는 것은 아니기에 나중에 고통 끝에 성공을 이루지 못할 때 우리는 울기만 할 것이다. 수많은 오디션에서 정말 많은 사람들이 운다. 하지만 그 우는 사람들이 우승하는 것과 우는 것은 갈수록 멀어지고 있다. 더구나 우승하기 위해 고통의 스토리를 인위적으로 준비하는 것이야말로 불행과 고통의 수단화가 아니겠는가.

선거 때만 되면 후보들 사이에 경쟁적으로 가난 마케팅이 등장한다. 그들은 자신이 얼마나 가난한 집에서 출생했는지 강조한다. 빈곤한 집에서 태어나지 않은 사람이 없다. 불우이웃돕기 프로그램에서는 고통과 불행의 극대화를 통해 시청률을 올린다. 매번 고통과 불행이 큰 사연자를 찾느라 눈이 벌겋다. 모두 가난과 불행, 고통이 클수록 그것을 대하는 이들의 감정적 자극이 배가되는 것을 노린다. 다만, 정치인들은 자발적이겠지만 사연자들은 비자발적이다. 올림픽은 복합적이다.

올림픽은 많은 메달리스트를 탄생시켰다. 미디어는 즐겁고도 피곤하게 메달리스트들의 뒷얘기에 관한 대중적 갈망을 충족시켜야 한다. 자발적으로 혈안이 되면서 무엇을 찾는가. 가난과 불행 그리고 고통이다. 일단 가난한 집 자식이라면 얼마나 좋은가. 그것도 지질하게도 못살아야 한다. 학교 수업료를 내지 못하고, 한 몸 뉘일 공간조차 없는 집이어야 한다. 다만 이제 물로 배를 채우거나 라면을 주식으로 삼는 이야기는 비현실적이니 주의해야 한다. 가족이 불행하면 상품성은 올라간다. 어머니나 아버지가 안 계시거나 최근에 돌아가셨으면 금상첨화다. 혹은 현재 암으로 투병 중이거나 사경을 헤매고 있다면 환호할 일이다. 가난보다 더 좋은 게 가학성이다. 몸을 하나라도 못 쓰면 좋다. 훈련 과정에서 팔이나 갈비뼈가

나갔으면 호재(好材)이다. 자칫 스스로 뼈를 깎는 고통을 겪지 않은 이들은 메달리스트로 자격이 없는 모양새이다. 고통과 불행 속이라면 은메달이 아닌 동메달을 딴 이들의 가치는 올라간다. 반면 부모님도 다 계시고, 먹고살 걱정을 하지 않는 선수들은 수치스러워진다. 아니 스스로 몸을 가학하며, 고통과 불행을 부과하지 않는 이들은 메달 자격이 없는 모양새이다. 그 대표적인 사람이 런던 올림픽의 양학선이다. 비닐하우스 주택, 부모의 사업실패 등이 강조되었다. 나 고통이나 불행과 메달 사이에는 아무런 인과관계가 없다. 자신의 몸을 학대한다고 높은 성과를 보일 이유는 없다.

국가적 가치 실현을 유도하기 위한 병역과 포상금은 앞의 현상을 부채질한다. 서구의 개인주의 문화권과 달리 우리 같은 집단주의 문화권에서는 개인의 희생으로 집단의 가치와 목표를 이루려 한다. 공자가 이렇게 말했다던가. "즐기는 사람은 아는 사람도, 좋아하는 사람도 이기지 못한다." 우리 선수들은 아직 즐겁게 스포츠를 하지 않는다. 엄청난 사회적 부담의 공기 속에서 경기에 임한다. 가학적 자기 파괴는 만일의 집단 폭력에 대응하는 방어기제이자 면죄부이다.

한국 선수에게 올림픽은 즐거운 축제가 아니라 자의반 타의반 자기 파괴의 전쟁이다. 집단적 가학에서 벗어날 때 메달을 따지 못했다고 울며 사죄하는 선수는 없을 것이다. 소중한 자기 몸을 부숴서 훈련하지 않아도 될 것이다. 그때 불행과 고통을 상품화하는 미디어 산업도 사그라질까. 무엇보다 스포츠 강국이 되려면, 모든 선수들이 스포츠를 즐겨야 하지 않을까.

# ?! .
# '박칼린 신드롬'의
# 두 얼굴

> 컴퓨터 게임의 캐릭터가 자기가 원하는 대로 움직이지 않을 때면 사람들은 그 캐릭터는 물론 모니터에 분노한다. 심지어 욕설을 한다. 만약 그 게임을 원활하게 움직여주지 못하면 컴퓨터를 때리기도 한다. 마치 자기 마음대로 하지 못할 때 상대방에게 욕을 하거나 때리고 싶은 욕구를 느끼는 것과 같다. 하지만 게임의 캐릭터나 프로그램, 컴퓨터는 아무런 죄(?)가 없다. 정말 죄가 있다면 프로그래머나 컴퓨터 설계자일 것이다.

연극이나 뮤지컬, 영화 속의 등장인물들은 연출가나 작가의 아바타에 다름 아니다. 하지만 우리는 그 연출가나 작가에게 호불호를 말하는 것이 아니라 아바타에 해당하는 주인공들에게 평가를 내린다. 예컨대, 드라마 〈대장금〉의 한상궁 리더십이 화제가 된다고 보면, 그 리더십을 만들어낸 것은 한상궁 역을 맡은 사람이 아니라 연출가나 작가이다.

장금이가 역경을 헤쳐 가는 장면에 깊은 인상을 받아서 장금이 역의 이영애에게 그 비결을 묻는다면, 우문이 될 것이다. 정작 본인은 자신이 맡았던 인물에 대해서 종합적인 인식을 하지 못할 가능성이 많다.

많은 기업이나 기관에서 박칼린에 대해 서로 배우려고 했다. 박칼린 리더십을 적용하겠다는 것이다. 그러나 여기에는 작지만 치명적인 한계가 있었다.

박칼린 리더십이 있다면 그것은 스스로 만든 것이 아니다. 박칼린 리더십이 화제를 모은 것은 〈남자의 자격〉이라는 프로그램을 통해서이다. 박칼린 같은 리더십이 필요하다고 생각한 것은 박칼린 본인이 아니라 〈남자의 자격〉을 만든 제작진이다. 〈남자의 자격〉에서 합창대회를 이끌어간 것은 박칼린처럼 보이지만 그것은 이미 로드맵 되어 있었던 것이다. 다만, 예상외의 반응과 주목이 뒤따라갔다.

박칼린이 지도한 조직과 일반 조직이나 기관은 다르다. 박칼린이 지도한 합창단은 순수했다. 그 점이 더욱 감동을 전해주었다. 그런데 여기에 역설이 있다. 박칼린이 지도한 합창단이 목적으로 한 대회는 프로페셔널 합창대회가 아니었다. 바로 아마추어 합창대회에 출연하는 것이었다. 그런데 일반 기업이나 조직은 아마추어가 아니다. 최고의 프로 가운데에서 살아남기 위해서 생존 경쟁을 한다. 더구나 그들 조직 안의 구성원들은 다른 이들의 눈에도 띄지 않고 자신의 존재감을 세상에 드러낼 수도 없다.

박칼린 리더십에서 정말 부각이 되어야 하는 것은 박칼린이 감독한 실제 뮤지컬 등의 작품 과정 속에서 드러나는 리더십이다. 뮤지컬이야말로 프로들만의 세계에서 그 존재감을 유지하기 때문이다. 하지만 정작 이에 대한 점들은 부차적이다. 사람들은 오로지 〈남자의 자격〉이라는 유사 진실성의 콘텐츠에 비친 박칼린과 그 리더십에 주목하는 것이다.

물론 〈남자의 자격〉에서 보인 리더의 역할과 능력, 결과에 대한 함의는 충분히 알 수 있을 것이다. 하지만 그것을 지나치게 일반화하거나 현실에 무리하게 적용할 수 없는 한계가 충분히 있겠다.

박칼린 리더십은 새로운 분야를 개척하는 이들에게는 한계가 많다. 프로의 세계에서 활동하던 박칼린이 아마추어 합창단을 이끌어가는 것은 당연히 수월했을 것이다. 이 때문에 박칼린은 아마추어 합창단에서 자유자제로 통제감을 발휘할 수 있었고, 비전을 구성원들에게 공유시키며 소기의 목적을 달성할 수 있었다.

여기에서 리더란 전문가여야 한다. 전체적인 시각과 숙련도가 월등해야 한다. 하지만 그것은 과거의 경험 속에서 더 근거하는 것이다. 그런 면에서 보았을 때는 젊게 세대교체를 추진하고 있는 조직이나 단위체에서는 부적합하다.

지금까지 지적한 것은 무분별한 적용의 행태에 대한 간략한 문제제기다. 리더십론이란 많은 부분 이상적인 목표에 맞추어져 있기 때문에 이러한 흐름을 근본적으로 뒤집을 수는 없다. 함의와 메타포만으로도 충분할 그 기능을 하는 것도 현실이기 때문이다.

# ?!.
# '베르테르 효과' vs '루핑 효과'

> 　연예 기획사와 대학병원 우울증 센터가 공동으로 스타들의 잇단 자살을 막기 위해 나섰는데, 그 방법은 스트레스와 우울증 등을 집중적으로 관리하는 것이었다. 흔히 많은 보도 매체들은 연예인들의 자살이 악플이나 우울증에서 비롯된다고 말한다. 타당한 면이 있지만, 자살의 원인을 전부 설명할 수 있는 요인은 아니다. 또한 그들을 문제 집단화 하는 것은 또 다른 편견을 줄 수 있다. 집중 관리하겠다니 연예인들이 마치 모두 잠재적인 자살 예비자로 생각된다. 그들을 혹사시키고 부품화시키는 스타 시스템, 대중문화 산업구조에 대해서는 침묵하고 있다면, 주객이 전도된 셈이 된다. 우울증이나 자살은 완전히 개인적인 문제로만 치부할 수 없는 측면이 있고 이는 연예 산업 시스템은 더욱 그렇다.

　또 하나의 편견을 주는 지적은 베르테르 효과에 대한 담론이다. 자살의 사회적 전염 현상 때문에 연예인들이 자살을 한다는 것이다. 이는 분명 맞는 측면이 있지만 그러나 자살의 전염을 일으키는 매개 고리에 대해서는 간과한다. 그렇다면 우선 많이 회자되는 베르테르 효과에 대해서 개념적으로 살펴볼 필요가 있겠다.

　1974년 미국의 사회학자 필립스(David Phillips)는 20년 동안 유명인의 자살이 언론에 보도된 뒤, 자살률이 급증했다는 연구 결과를 바탕으로 이러한 사회적 전염을 '베르테르 효과'라고 이름 붙였다. 여기에서 자살 전염의 중요 매개체는 언론이다. 유명인의 자살이 대대적으로 언론에 보도 된 뒤에 사회적으로 자살이 급증하는 것이다. 자 이쯤에서 사회적 자살의 급증의 큰 원인에 언론이 있음을 알 수 있다. 그러나 이 언론의 역할에 대해서는 중요하게 생각하지 않는 측면이 있다. 따라하는 모방행위 자체를 중요하게 생각하기 때문이다. 또한 데이비드 필립스의 연구는 신문의 '사실 보도'만을 다루고 있기 때문에 한계가 있다.

매스컴 보도로 환자가 더 증가하는 현상을 이언 해킹(Ian Haking)은 '루핑 효과'(Looping Effect)라고 했다. 평소에는 인지하지 못하던 것이 언론 미디어의 보도를 통해서 더욱 확대되는 현상을 일컫는 것이다. 현실을 드러내는 것만이 아니라 현실을 언론이 만들어내는 것이다. 사실 괴테의『젊은 베르테르의 슬픔』을 읽고, 수많은 젊은이들이 따라 죽은 것도 소설이라는 미디어가 있었기 때문이었다. 현재는 방송만이 아니라 인터넷이라고 하는 막강한 미디어가 사람들에게 영향을 실시간으로 강력하게 미치고 있다.

우리는 미디어를 통해 사건이나 현상을 접할 수밖에 없는 간접성의 시대에 살고 있을 뿐이다. 악플을 만들어내는 것도 결국 인터넷 혹은 포털이라고 하는 미디어 매개체를 통해서다. 우울증도 직접 소통하는 것이 아니라 매개체를 통해서만 의사소통이 이루어지는 간접성에서 빚어지는 소외 구조에 근원한다.

또한 무분별한 보도와 함께 스타의 죽음을 상품화하는 태도가 있는 한 스타와 그를 따라 세상을 등지는 사람들은 발생할 수밖에 없다. 이것은 언론의 간접 자살 교사 행위라고도 할 수 있다. 자살방지협회에서는 자살보도에 관한 지침을 언론에게 끊임없이 알리고 있다. 구체적인 자살 방법이나 장소 등은 더욱 보도하면 안 된다. 하지만 언론은 이를 어기는 경우가 많은데 그것은 속보 경쟁이나 주목도를 높이기 위한 욕심 때문에 벌어지는 일이다. 단순히 언론에서 자살보도를 다루기 때문에 자살모방이 증가하는 것도 있지만 구체적으로 언론이 어떻게 다루는가에 따라 자살 증감률이 영향을 받을 수 있고 그것이 루핑효과가 전달하는 함의이다.

무엇보다 근원적으로는 연예인들을 모두 문제 집단화하고 관리하는 것보다는 스타 시스템을 고치는 것과 더불어 언론 미디어에 대한 태도 관리가 중요해진다. 또한 옐로우 저널리즘은 병원의 도움으로도 관리가 안 되는 중증환자다. 정말 관리해야 하는 대상인 이유이기도 하다.

마지막으로 강조할 것은 포털미디어의 효과이다. 핀란드는 자살 사망을 언론에서 다루지 않는다. 그냥 사망으로 보도한다. 하지만 우리나라는 포털을 중심으로 자세하게 자살 검색어가 입력된다. 또한 우리는 포털미디어를 통해 자살에 관한 정보와 뉴스를 접하고 일부 사람들은 강하게 영향 받거나 행동으로 옮긴다. 이것은 앞으로 포털미디어가 자살을 금기어로 삼아야 하는 이유이다.

# ?!.
# 〈미드〉에 한국 젊은이들이 열광한 이유

〈CSI〉가 한국 드라마에 주는 멘토링

> 드라마 〈CSI〉에서 모든 사건은 50분 안에 끝난다. 현실에서는 수없는 세월이 걸리기도 하고 증거가 과학적으로 증명되지 않는 것도 많다. 이 때문에 경찰들이 원성을 사기도 한다. 사람들이 드라마를 현실과 혼동해 경찰의 무능을 탓하기 때문이다. 실제로 미국에서는 배심원들이 과학적 증거주의에만 집착해 문제가 되었다는 소식도 있었다.

또한 이런 드라마가 범죄 교과서가 된다는 비판도 여전히 있다. 많은 범죄자들이 이러한 드라마를 보고 자신의 범죄를 은폐하는 방법을 습득하기 때문이다. 〈CSI〉와 같은 드라마 하나만 있는 것이 아니기 때문에 더욱 그렇다. 성범죄만 전문으로 처리하는 〈SVU〉(Special Victims Unit.성범죄 특별수사대), 주로 뼈를 이용해 사건을 분석하는 〈본즈〉(Bones)수사대, 실종자만 쫓아다니는 〈FBI 실종 수사대〉등이 대표적이다. 프로파일링을 통한 범인의 숨겨진 심리를 찾아내는 〈크리미널 마인드〉와 테러범의 소행을 추적하는 〈24〉도 마찬가지이다.

드라마의 인기에 따라 예상하지 못한 이런 문제들이 발생해도 미국 드라마 때문에 한국 드라마가 긴장을 하지 않을 수 없었다. 단순히 초기 시청률의 문제만이 아니라 젊은 층의 생활 문화에 영향을 주면서 다시 드라마에 대한 욕구가 변화하기 때문이다. 〈섹스 앤 더 시티〉같은 드라마가 주로 젊은 여성층들의 호응을 받았는데 일부에서는 뉴요커들에 대한 환상을 부추겼고 된장녀를 낳았다고 비판하기도 했다. 이 때문에 많은 드라마들이 〈섹스 앤 더 시티〉를 흉내 내어 제작하고 있다.

드라마 〈CSI〉의 열풍은 식을 줄을 모르고 하나의 신드롬을 낳고 있는데 이 드라마는 주로 20~30대 젊은 남성층을 중심으로 폭발적으로 마니아층을 형성해왔다. 이러한 드라마에서 한국드라마의 방향성을 모색해야 한다는 목소리가 높아온 것도 사실이다. 상대적으로 한국 드라마를 자학하거나 비하하기만 하는 것도 바람직해 보이지는 않는다. 그럼 우리는 어떤 드라마를 만들어야 하는지 고민이 되지 않을 수 없는 것이다.

이를 위해 일단 〈CSI〉 같은 드라마가 인기를 끄는 요인은 무엇인지 정리해 볼 필요가 있다. 우선, 한국 드라마의 부진을 들 수 있다. 젊은 층의 욕구를 충족시킬만한 한국 드라마는 없다. 진정성과 사실성, 여기에 전문성도 없이 연애, 멜로, 환상만이 가득한 소모적인 드라마가 많다는 것이다.

이에 비해 〈CSI〉에는 전문적인 과학수사 기법이 많이 사용된다. 생소하기만한 과학 장비들이 등장해서 별거 아닌 흔적에서 결정적인 증거를 찾아낼 때면 보는 이들은 열광하게 된다. 퍼즐을 맞추는 추리기법에 반전에 반전의 전개는 시선을 좀처럼 떼지 못하도록 만든다. 여기에 각종 특수효과는 사실적인 묘사 측면에서 많은 볼거리를 제공해준다. 주인공들이 살아있는 캐릭터와 그들이 내뱉는 삶과 죽음에 대한 다양한 성찰은 인문학적인 통찰과 지혜를 전달해주기도 한다. 단순히 과학적 기법에만 의존한 추리 드라마가 아니라는 점을 도드라지게 해준다. 아울러 이러한 점들을 전체적으로 잘 이끌어 가도록 촘촘하게 짠 각본은 타의 추종을 불허

한다. 이러한 드라마를 보다보면 한국 드라마를 욕하지 않을 수 없다.

그런데 이러한 드라마가 가능한 이유는 막대한 제작비에 있다. 이 드라마 한 편에 들어가는 비용은 한국 영화 30억 원짜리에 버금간다. 과감하게 제작비가 많이 들어가기 때문에 〈더 록〉, 〈콘 에어〉, 〈아마게돈〉, 〈진주만〉을 히트시킨 제리 브룩 하이머 같은 인물이 참여할 수 있다. 각종 최첨단 장비와 특수효과를 사용할 수 있으며 뛰어난 각본 창작자와 감독들을 영입할 수 있다. 이러한 차원에서 보자면 한국 드라마가 뒤처지는 이유는 단순히 능력이나 의지의 차이보다는 전체적인 제작 시스템 혹은 인프라의 문제가 크다. 더구나 한국의 경우 드라마 시장이 좁다는 결정적인 한계를 가지고 있다. 그렇다면 〈CSI〉와 같은 드라마는 한국에서 불가능한가.

무조건 미국 드라마에 대한 일방적인 우월성을 통한 한국 드라마의 비판은 적절하지 않아 보인다. 또한 비슷한 드라마를 흉내 내는 것도 바람직하지 않다. 중요한 것은 반드시 〈CSI〉 같은 과학 수사물을 그대로 흉내 낼 필요는 없다는 것이다.

〈CSI〉 드라마의 인기에서 얻을 수 있는 시사점은 한국 드라마가 모두 사랑이나 성공 스토리에 빠져있는 데에 경종을 울린다는 사실이다. 핵심적 함의는 전문성을 갖춘 드라마다. 한국에서는 전문직 드라마가 있어도 결국은 마무리는 사랑이라는 어설픈 이야기 구조를 지니기 마련이다. 당연히 젊은 층들의 외면을 받는다. 그렇다고 전문성 있는 드라마가 한국에 없는 것은 아니다. 〈대장금〉이나 〈상도〉, 〈허준〉이 그러한 조짐을 보여주었다. 요리와 의학, 상업에 대한 전문적인 식견과 통찰이 드러났기 때문이다. 이러한 드라마는 상대적으로 다른 드라마들보다 제작비가 덜 들어간 것으로도 유명하다. 따라서 전문성이 있으면서 대중적인 인기를 끌 수 있는 드라마가 한국에서 불가능한 것도 아니다.

# ?!.
# 아나운서 그리고
# 인정투쟁

> 인정받기 위해 투쟁을 불사하지만, 정작 다른 사람들을 인정하는 데
는 인색한 세태가 있다. 교수 중에도 논문을 잘 쓰지 못하는 이가 있다. 장
관이라고 모두 장관 업무를 잘하는 것은 아니며 판사라고 능력 있는 사람
만 있는 것은 아니다. 중견 기자라고 해도 작법을 제대로 하지 못하는 이
들은 얼마나 많은가. 그렇다고 이러한 사람들 전체가 무능하다고 볼 수는
없다. 하지만 이런 사람들일수록 인정을 받고 싶은 심리가 강해질 수 있
다. 스스로 자신에게 무엇인가 결핍된 것이 있다는 것을 아는 사람일수록
타인의 인정과 그렇지 않음에 민감해진다. 상대적으로 자신이 인정을 받
기 원하지만 다른 이들을 인정하는 것을 꺼린다. 마치 그를 인정하면 자
신이 인정받지 못하는 것을 의미하는 것처럼 여기기도 한다.

능력의 여부에 관계없이 현대인은 인정을 받고 싶어 한다. 물론 강준
만 교수는 한국인들이 유난히 인정을 받기 위해 필사적이라고 주장했다.
그래서 눈물겨운 인정투쟁을 벌인다고 했다. 여기에서 '인정투쟁'이란 악
셀 호네트가 그의 책에서 이야기 하는 인정투쟁이 아니다. 인정 개념을 이
루는 세 가지 형태, 즉 사랑, 권리, 사회적 연대는 해당되지 않는다. 출세하

여 인정을 받는 데 한국인이 치중한다는 차원에서 '인정투쟁'인 것이다.

매슬로우가 욕구이론에서 이야기 하는 자아의 실현이 출세와 연결 되는 정도가 강한 셈이다. 마광수처럼 아예 사회적 명예욕이 경제 발전과 비례하기 때문에 한국 사회도 준비해야 한다는 차원, 그러니까 욕망의 인 정으로 받아들일 수도 있을 것이다. 무엇보다 중요한 것은 리즈먼이 〈고 독한 군중〉에서 지적했듯이 현대인은 인정을 받고 싶지만 인정을 받지 못 할까봐 불안한 심리 상태를 지닌다는 점이다.

불안한 심리는 좋은 지위, 높은 지위에 있는 사람일수록 강화된다는 연구가 있다. 이른바 정체성 탄로에 대한 불안 심리다. 좋은 학교, 좋은 지 위에 올라와 있는 사람일수록 자신의 본질이 드러날까 봐 불안해 한다는 것이다. 그러나 보니 '똑똑이 강박 심리'에 시달리거나 일 중독증, 완벽주 의, 지식에 집착한다.

자신이 올라와 있는 위치에 자신이 적당하지 않다고 하는 것도 여전 히 타인에게서 완전히 인정을 받고 싶어 하는 역설적인 심리를 드러내는 것이다. 반대로 모든 사람들은 다 자신에 대한 불안 의식을 가지고 있다. 인간 자체는 완벽할 수 없기 때문이다. 우리가 선망의 대상으로 삼는 직 위에 있는 사람들도 모두 이런 불안 의식이 큰 경우가 많다.

고(故) 정운영 교수는 한 대학에서 가진 강연회에서 웬만큼 살아보니 사는 게 다 비슷하다는 생각이 든다고 했다. 인수분해를 못해서 혼나던 친 구나 서울대학을 나오고 유학을 다녀와 교수까지 지내는 자신이 나이가 지긋이 들어 축구를 같이 하고 보니, 사는 게 별 다를 게 없었다는 것이다.

사람은 환상의 동물이다. 이성을 보아도 자신의 환상으로 본다. 직업 을 보아도 자신의 환상을 가지고 본다. 그 정도가 심할수록 막상 그 직업 에 들어갔을 때 실망이 크다. 결혼하고 나서 이전에 그렇게 멋있던 배우 자에게서 실망도 많이 느낀다. 멋져 보이는 직업은 대개 사회적인 인정은 물론 자신의 자아실현과 연결되는 지점에 속하기 마련이다. 하지만 아무리 좋아 보이는 직업도 막상 들어가 보면 별것 아닌 경우가 많다. 아니, 그 이면에 치열하고도 난관의 일들이 얼마나 많은지 비로소 깨닫게 된다.

아나운서에 대한 선망은 사회적 인정과 자아실현으로 성공과 부를 의미하는 잣대가 되었다. 선망의 대상이 되다보니 질투와 질시를 하는 이들도 많다. 그 화려함에 대한 질투와 질시는 빈번하게 공격한다. 일부의 아나운서가 보이는 행동을 아나운서 전체의 문제로 일반화하면서 폄하하고 즐긴다. 아나운서에게 도덕적, 윤리적인 완벽한 잣대를 들이댄다.

그러나 아나운서나 보통 사람들이나 다를 게 없다. 모두 부와 명예를 지닌 사람들도 아니다. 또한 화려함에 맞게 완벽한 요소를 지녀야 한다고 한다. 하지만 그들도 불완전한 인간이다. 아나운서는 화려하기만 한 직업이 아니어서 그 이면에는 웃음 뒤에 슬픔도 고통도 있는 사람살이는 같다.

적어도 치열하게 생의 투쟁을 한다는 것은 동일하다. 그것을 인정하지 않으면 그들이 누리는 사회적 지위는 질타의 대상이 될 뿐이다. 그들에게 엄혹하게 공동체적 논리나 조직에 대한 충성을 지나치게 강요하고 있는 것은 아닌지 생각해 보게 된다. 아나운서에 대한 비방과 질시를 통해 상대적으로 자신은 선하다는 인정을 받기 위한 투쟁이 아나운서 주변에서 벌어지고 있다. KBS에서 지난 7년간 18명이 프리랜서로 퇴사했다.

현대인은 자신이 인정을 받기 위해 투쟁을 불사하지만, 정작 다른 사람들을 인정하는 데는 인색하다. 투쟁은 고사하고 투정을 부리면서 훼방을 놓기가 일쑤이다. 인정투쟁은 인정해주기 투쟁으로 변해야 한다. 그 변화의 대상에 댓글 저널리즘과 미디어도 속한다.

# ?!.
# 누가 백남봉을
# 타계하게 했는가
웃음을 만드는 이들에게 훈장을

>

    개그맨이나 코미디언 가운데 인기 있는 이들은 함께 휴가를 가고 싶은 연예인 1위로 꼽히기도 한다. 휴가기간 동안 재밌게 해줄 것으로 보여지기 때문이다. 만약 결혼을 한다면, 결혼 생활은 항상 웃음꽃이 피어나리라 생각할 수 있다. 그런데 실제로 개그맨이나 코디미언과 결혼한 이들은 가정에서 웃음이 생각만큼 없다고 한다.

    그 이유는 가정에서는 개그맨과 코디미언이 쉬고 싶기 때문이다. 그들에게 웃음을 만드는 것은 엄청난 노동이다. 보는 사람들은 즐겁지만 즐겁게 만드는 사람은 항상 고역인 것이다. 만약 밖이 아니라 집에서까지 그렇게 웃겨야 한다면 생명이 정말 많이 단축될지도 모르겠다.

    창조적인 작업을 하는 사람들의 스트레스는 상상을 초월하는 경우가 많다. 그러나 같은 창조적인 작업을 한다고 해도 안정적인 생활이 보장된 이들은 그 스트레스가 신선한 자극이 되어 장수를 누리는 비결이 되기도 한다. 자신이 좋아하는 일을 하면서 창조적인 작업을 하는 것은 엔돌핀을 돌게 만든다. 하지만 그렇지 않을 때 다른 수단으로 몸의 충전과 순환을

도와야 할 것이다.

고(故) 백남봉은 자타가 공인하는 최고의 원맨쇼 코미디언이었다. 원맨쇼는 그야말로 모든 과정을 자신이 하는 것이다. 그런데 그가 타계하게 된 원인으로 흡연이 꼽혔다. 이주일과 배삼룡도 과도한 흡연 때문에 병을 얻어 세상을 등져야 했다. 이렇게 남을 웃기는 사람들 가운데는 음주와 흡연을 많이 하는 경우가 많다. 코미디언 가운데에는 술로 타계한 경우가 많다. 서영춘과 이기동, '홀쭉이와 뚱뚱이'의 양훈 양석천도 그렇다.

노래를 만드는 사람들이 마약류에 손을 대는 이유는 정상적인 상태에서는 노래의 감흥이나 창작이 월등하게 나오지 않기 때문이라고들 한다. 한편으로 과도한 스트레스를 털고 마음의 안정을 찾기 위해 이런 물질에 손을 댄다. 위법하지 않은 상태에서 이러한 기능을 할 수 있는 물질이 담배와 술이다.

가수와 연기자는 그래도 개그맨보다는 나은 점이 있다. 노래를 하나 히트 시키면 당분간 그것을 통해 생활을 유지할 수 있다. 더구나 가수는 두고두고 그 노래로 먹고 살 수 있는 수입을 벌 수 있다. 연기자는 자신의 이름을 대중에게 알린 다음에는 안정적으로 작품 활동을 할 수 있다. 더구나 그 작품은 자신이 창작할 필요가 없다.

개그맨은 자신이 아이디어를 내고 구성하면서 직접 퍼포먼스도 해야 한다. 하지만 그것은 한번 쓰고 버리는 탄알에 불과한 경우가 대부분이다. 매주 새코너를 위하여 그들은 아이디어를 짜내야 한다. 그들이 만들어낸 웃음은 저작권이 보장되지 않는다. 똑같은 모습을 보여주면, 사람들은 외면한다. 끊임없이 새로운 것을 요구한다.

그들을 바라보는 시청자의 수준은 높아졌고, 평가의 눈은 매섭다. 그럴수록 그들의 스트레스 강도는 클 수밖에 없다. 원맨쇼의 일인자들은 모든 것을 자신이 다 해야 하기 때문에 스트레스의 강도는 말할 것이 없이 높다. 과정과 결과 모두 자신이 책임져야 하기 때문이다. '웃기지 않다, 더이상 쓸모가 없는 개그'라는 식의 무심하고도 엄혹한 말들은 더욱 그들을 괴롭게 한다.

때때로 그들은 아이디어를 찾기 위해서 담배와 음주에 의존하게 된다. 그들에게 술자리는 아이디어를 떠올리고 새로운 실험을 할 수 있는 장이기 때문이다. 어떻게 보면 음주와 술을 하지 못하는 상태에서 웃음을 만들어내는 작업을 하지 못하는 것일 수도 있다. 다만, 리얼 버라이어티쇼의 출연자들은 서로 협업을 하기 때문에 상대적으로 이러한 강도에서 자유로운 점이 있다. 하지만 장기적으로 보았을 때 여전한 점이 있다.

수많은 개그맨과 코미디언들이 시민들에게 웃음을 주지만, 그들에 대한 기억은 거의 없다. 무명인 경우 그들의 이름이 자막으로 나온 지도 몇 년 되지 않는다. 그들은 대부분 저임금 낮은 출연료에 중노동을 하고 있다. 인기가 많은 개그맨도 스트레스가 심하다면, 열악한 조건에서 웃음을 주는 이들은 얼마나 심할까.

우리는 그들의 이름을 잘 인식하지 못해도 웃음을 짓고, 스트레스를 해소하기도 한다. 그들이야 말로 국가 생산력과 시민의 건강을 위해 많은 기여를 했지만 정작 제대로 대접을 받지 못했다. 그렇다고 인기가 많았던 이들의 이후 생활도 관심 밖에 있었다. 배삼룡이 사기를 당하고, 여의치 않은 생활 때문에 술에 의존하는 가운데 간혹 방송에 출연했을 때의 반응은 무심했다.

비록 유명하지는 않아도 많은 개그맨들이 노력을 하고 있지만 안정적으로 활동의 공간을 보장받을 만한 방송 공간이 없다. 2012년 시사 풍자 개그가 〈개그콘서트〉의 '사마귀 유치원' 등을 통해 총선과 대선에 맞물려 부활할 조짐을 보였다. 또한 다른 방송사에서도 개그 프로가 신설되었다. 이명박 정권 들어서서 암울해진 정치 현실이나 막힌 언론의 탓일 것이다.

스타 희극인 위주의 리얼 버라이어티 프로그램은 이러한 모색에는 관심이 없다. 공영성 차원에서 이러한 프로그램들은 지속적으로 보장되어야 한다. 아울러 매번 아이디어를 내고 포맷을 구성해야 하는 그들을 좀 더 관심 있게 주시해야 할 것이다. 술과 음주로 생명을 갉아 먹으며 대중에게 웃음을 주는 그들은 국가의 훈장감이다. 앞으로는 희극인 단체를 통한 개그맨 복지정책을 제도적으로 모색하는 것도 필요할 것이다.

5장

한국문화
심리

K-pop
culture

# ?!.
# 바보철학을
# 선호하는 심리

> 바보는 영화와 드라마, 오락프로그램의 단골 소재이다. 영화 〈대한
이, 민국씨〉, 〈바보〉를 들 수 있다. 〈대한이, 민국씨〉는 주인공들의 사랑과
야망을 다룬 슬랩스틱 코미디이다. 〈바보〉는 강풀 원작만화로 차태현과
하지원 주연으로 주인공의 홀로서기와 사랑을 다룬다.

영화뿐 아니라 드라마에도 바보가 등장한다. 드라마 〈우리 집에 왜
왔니〉는 정준하, 드라마 〈온에어〉에서는 김하늘이 7살 정신 연령에 멈춘
캐릭터를 연기한다. 이렇게 등장하는 이유에 대해서 당연히 현대생활의
각박함이 순수한 바보들을 불러일으킨다고 분석하겠다. 그런데 이렇게
말하면 이 바보들이라는 단어에 쓴웃음을 지을 수밖에 없다.

여기에서 바보들은 바로 장애인들을 가리키고 있기 때문이다. 앞에
서 언급한 영화와 드라마의 주인공들은 모두 지적 장애인이나 발달 장애
인들이다. 장애인을 바보로 표현하니 씁쓸할 수밖에 없다. 연기자들은 장
애인 연기를 통해 도약을 하려 하겠지만, 장애인이 수단이 된다면 좋은
일은 아니다. 더욱이 그들의 실제 삶보다는 그들의 전인격이 감동과 웃음
을 위해 전적으로 쓰인다면 더욱 그렇다. 이럴 때 한꺼번에 이러한 작품

들이 쏟아져 나오는 것을 반길 일만은 아니다.

본래 바보의 의미는 단지 지적 능력이 다른 이들보다 뒤지는 사람만을 가리키지는 않는다. 정직한 사람도 바보가 될 수 있다. 정직한 사람을 불편해하는 사회에서는 더욱 그렇다. 그들은 갈등과 분란을 일으키는 존재가 된다. 조직에서 성과와 결과물을 위해서 속이는 일에 대해 무감각해질수록 더욱 바보들은 살아남을 수 없다.

또한 우직한 사람이 바보다. 오늘날에는 쥐와 같은 캐릭터가 각광 받는다. 쥐는 옥황상제가 열두 띠를 정할 때 소의 머리 위에 타고 가다가 결정적일 때 폴짝 뛰어서 일등이 되었다. 소같이 우직하게 전진하는 이보다 쥐처럼 남의 노력에 기대어 결정적일 때 자신의 이익을 챙기는 이가 선호되는 풍토가 생겼다. 소에게는 바보라는 딱지가 붙는다. 조직에 우직하게 남아있는 이들은 이제 선망이나 존경이 아니라 바보가 되었다.

하지만 '지우이신(至愚而神)'이라고 했다. 어리석음이 도의 경지에 이르면 세상을 바꾼다. '우공이산(愚公移山)'이라고도 했다. 영리한 이들은 세상에 재빠르게 영합하지만, 바보들은 세상에 관계없이 자기 일을 하며 세상을 자기에게 맞춘다. 결국 세상을 조금이나마 바꾸는 것은 바보들이다. 세상에 재빨리 맞추기만 하면 세상을 바꾸지는 못한다. 반대로 재빠른 쥐의 움직임을 보면서 소가 움직일 때이다.

사람들은 자기와 다른 사람들을 바보라고 한다. 개성과 창의를 인정하지 않는 사회일수록 바보는 많아진다. 이럴수록 사회는 다양화되지 못하고 역동성과 활력을 잃어간다. 만약 바보들만이 있는 곳에서 영리한 이들이 오히려 바보일 것이다.

또한 바보는 단순히 백치가 아니라 경험과 그에 따른 통찰이 많은 사람만이 구가할 수 있는 경지다. 그래서 수많은 성인(聖人)과 현자들이 바보철학의 경지를 말했다. 이기적이고 위선적인 사회를 사랑으로 품었던 예수의 힘은 단순성과 정직성이었다. 김수환 추기경은 자신의 자화상을 '바보야'로 이름 붙였다. 운보 김기창은 자신의 산수화를 '바보산수'라고 했다. 신영복은 바보철학이 세상을 바꾼다고 했다.

그런데 대중문화 속 작품들은 하나같이 바보 이미지를 지적 장애 또는 발달 장애인을 수단화하는 데 치중하고 만다. 〈무한도전〉의 바보들은 진짜 바보가 아니다. 왜 일까? 우리가 사는 이 시대에 맞는 '바보철학'에 대한 궁구(窮究)가 없기 때문 아닐까. 개성과 창의를 인정하지 않는 사회일수록 바보는 많아진다. 내용이 있는 사람은 잔머리를 쓸 필요가 없다. 그것이 진정한 바보가 이기는 이유이다. 김수환 추기경이 바보를 내세운 이유이기도 하다. 스스로 바보가 된 김수환 추기경을 그렇게도 많은 사람들이 따르는 것도 이 때문이다.

# ?!.
# 도사와
# 무당의 심리

> 고객 앞에서 큰소리 치고, 때로는 위협도 하고 반말은 예사이다. 심지어 그는 욕설도 남발한다. 그럼에도 고객은 고분고분하고 오히려 나갈 때는 돈을 내고 자리를 뜬다. 사람에 따라서는 매우 고마워하기도 한다. 이 사람은 누구인가? 욕쟁이 할머니? 이런 사람들은 식당에 있는 것이 아니라 도처에 자리를 펴거나 깃대를 꽂아 놓고 앉아 있다. 네가 살아온 이력을 다 알고 있을 뿐만 아니라 현재 그리고 앞날까지 다 꿰고 있다는 이들이다. 그들이 점쟁이들 무당이든 같은 범족(汎族)이다.

'무릎팍 도사'는 점쟁이 또는 무당, 샤먼의 역할이 과학적인가 비과학적인가라는 고전적 논의를 벗어난다. 어차피 점술은 과학적 예측이나 선견지명보다는 심리적 위안 효과가 있기 때문이다. 자기 고백 효과를 통해 스트레스를 해소하거나 마음의 짐을 벗는 효과도 있다. 결국 심리적인 불안이나 앞날에 관한 두려움에서 벗어나 희망을 갖게 하는 데 있다. 그렇지 않고서는 큰 소리 치고도 복채를 받지 못할 가능성이 크다. 그러나 무릎팍 도사의 역할은 우리가 보는 일상의 점술장이, 아니 무당과는 다르다. 아니 오히려 손님의 역할이 다르다고 해야 더 정확할지 모른다.

무릎팍 도사는 본래 찾아온 손님-스타의 모든 것을 알고 있는 전능적 권위자를 상징한다. 그 전능적 권위의 기본은 손님에 관한 정보 소유 여부에서 나온다. 간결하고 짧은 말 속에서 손님은 긴장을 하거나 깜짝깜짝 놀란다.

'야~ 그런 사실까지 어떻게 알았는가'라는 반응을 보일수록 점술사의 입지와 권위는 올라가고, 손님의 위치는 복종의 위치가 된다. 대단한 스타라고 하더라도 무릎팍 도사 앞에만 나오면 여지없이 순한 양이 될 수밖에 없다. 스타가 난처한 표정을 짓는 것만큼 시청하는 사람들에게 재미를 주는 것도 없다. 비일상적 모습은 시각적 흥미를 끄는 요소이기 때문이다. 누군가를 골리는 것은 인간 본연의 충동이다. 다만 시청자는 책임의식을 느낄 필요가 없다. 무릎팍 도사가 하는 짓만 보면서 즐기면 된다.

무릎팍 도사 강호동은 그러한 정보들 사이에서 날카로운 질문을 한다. 하지만 그 날카로움은 이내 웃음으로 변한다. 강호동이라는 캐릭터 때문이다. 점쟁이들이 전문가로서 보이려 구사하는 요란한 말도 없고 품새도 권위적이지 않다.

이 때문에 손님은 가만있지 않고 역공을 할 수 있는 권한이 부여 된다. 이 점이 현실의 점술집과 다른 풍경이다. 일상의 점술집에서 손님이 복종하며 모든 호통을 감내하고 야단을 맞고는 돈을 내며 엉터리 점괘라도 제대로 문제제기 하지 못하는 것과 대조적이다. 점술사 권력에 대한 또 다른 전복이다. 권력에 대한 전복은 통쾌함을 주기에 충분한 코드임은 당연하다.

엉터리 점괘이면 어떤가. 스타들은 점술가에게 자기 이야기를 하고 오히려 고액의 출연료를 타가는데 말이다. 점술집의 기능은 미래의 과학적인 예측이 아니라 카운슬링이라고 할 때 평소 응어리진 마음의 말을 뱉다보면 가능하지 못했던 인생의 방향설정이 가능해지는지 모른다. 미래는 과거의 응어리를 풀고, 현재에 어떻게 하는가에서 결정되는데, 누구 하나 터놓고 이야기할 사람에게 점술가는 톡톡히 카운슬러 역할을 한다.

무릎팍 도사는 연예인들을 위한 카운슬러이다. 연예인들이 마음 놓고 이야기할 수 있는 공간이 얼마나 될까 싶기도 하다. 하지만 과연 무릎팍 도사에서 손님-스타는 그 공간에서 자신의 불안과 고민을 모두 해결할까? 아니면 심리적 위안 효과를 얻기는 할까? 스트레스 해소나 마음의 짐을 덜고 가는 것일까? 미래를 바꾸기 위해 오는 이들도 분명 있다. 그런 면에서 무릎팍 도사를 통해 예능 프로에 복귀한 이영자처럼 전략적으로 접근하지 않는 이상은 자신의 미래를 열어가기는 힘들다는 점이 한계이지 않을까.

한계는 분명하다. 무릎팍은 당연히 진정한 카운슬러이기 힘들다. 무릎팍은 자신의 진정한 속내를 풀어내기보다는 마케팅이나 인기를 유지하기 위한 하나의 수단이기 때문이다. 이 때문에 자신의 트라우마를 형성하고 있는 과거 잘못을 해명하거나, 합리화하는 장으로 각광을 받기에 이른다.

남의 시선에 관계없이 고백을 통해 심리적 응어리를 털어버리던 점술집의 공간은 TV라는 매체 속성상 심리적 응어리를 풀기는커녕 또 하나의 응어리를 쌓는 공간이 될 수 있다. 왜냐하면 사회적 혹은 시청자 고민과 스타의 고민이 맞물려갈 때 공중파 프로그램의 존재의미가 부각되기 때문이다. 방송 전파는 단순히 복채를 내고 살 수 있는 공간은 아니다. 고민의 코드가 맞지 않는다면 시청자에게는 하나의 심리적 응어리를 만들어 줄 수 있기 때문에 언제나 난장을 펼칠 수만은 없다. 매우 개인적인 의도나 사적인 이야기로 담론이 흐를수록 더욱 그럴 것이다.

2011년 종편과 탈세 논란이 맞물리면서 강호동은 연예계를 잠정 은퇴했다. 〈1박 2일〉은 이승기나 이수근, 엄태웅, 은지원, 김종민 등을 그대로 둔채 프로그램을 유지시켰다. 이들이 2011년 KBS 연기대상을 집단으로 받자 논란이 있기도 했다. SBS의 경우 〈강심장〉을 이승기를 내세워 그대로 유지시켰다. 하지만 MBC의 〈무릎팍 도사〉는 폐지되었다. 도사의 역할을 적절하게 할수 있는 진행자가 강호동밖에 없었기 때문이다. 그것은 도사의 캐릭터와 그에따른 심리현상이 어떤 것인지 생각하면 당연한 것이기도 했다. 그리고 다시 강호동의 복귀로 〈무릎팍 도사〉가 부활했다. 그가 캐릭터에 딱 맞춘 인물이기 때문이다.

# ?!.
# 소를 바라보는
# 두 가지 심리

>

5월 17일은 소설 『몽실이』의 작가 고 권정생의 타계일이다. 권정생 선생은 『우리들의 하느님』에서 강제로 인공수정을 당하면서 굵은 눈물을 흘리며 우는 암소를 보면서 이렇게 적고 있다.

"소한테서 노동을 뺏고, 고기를 뺏고, 이제는 그들이 마땅히 누려야 할 생식의 절차까지 빼앗아 버린 것이다."

영화 〈식객〉에서 동생처럼 키우던 소(성순)를 도축정형할 수밖에 없는 성찬(김강우)은 도살장에 들여보내며 이렇게 말한다.

"네 희생을 헛되이 하지 않을게."

그러나 광우병 사태를 보면 소는 하나의 고깃덩어리에 불과하다. 한우이건 미국에서 들여오는 소이건 친근한 인격적 존재라기보다는 하나의 물질에 불과해졌다. 생명을 지닌 존재라기보다는 언제든 빨리 키워 잡아먹을 수 있는 대상이 되었을 뿐이다. 말간 눈망울을 가진 같은 도덕적·인격적 존엄성을 가진 존재가 아니라 빨간 고깃덩어리로 미디어를 장식한다. 그들의 몸은 낱낱이 해부되고 난도질당한다. 인간 중심주의, 아니 인간 이기주의의 극대화가 정책 실패에 덧붙여 아무런 성찰 없이 담론을 만들어내고 있다.

어떤 교수가 이런 말을 했다.

"현재의 촛불 시위는 가장 이기적인 것이다. 남을 위한 것이 아니라 자신을 위한 시위이기 때문이다. 효순이 미선이를 생각하면 극명하다. 적어도 효순이 미선이 촛불시위는 이타적이었다."

이번에 이기적인 것인지, 자기의 권리 찾기인 것인지 따져보아야 할 문제겠다. 한편으로 세상의 모든 문제는 자기의 존재에서 출발하는 것이기도 하다. 존재성을 포기한 이타주의는 위선이 되고 추상적·관념적일 수도 있다. 하지만 이것을 판단하는 것은 쉽지 않은 일이다.

그런데 생각해보면 광우병 논란은 쇠고기의 소비에 집중되어 있다. 소비는 크게 보면 도시를 중심으로 형성될 수밖에 없고, 생산 지역과는 거리가 멀다. 상대적으로 소를 키우는 농가들, 농촌의 입장을 대변하는 목소리는 눈에 띄지 않는다. 어쨌든 한우 농가들은 이번 사태로 엄청난 피해를 보게 되었다. 결과적으로 거의 궤멸될지도 모른다. 촛불들은 그들의 생명에 대해서는 아무래도 그 전보다 소홀하다. 이러한 가운데 전체나 공동체보다는 '나'가 강조되고 있다. 에리히 프롬 식으로 말하면 '나의 건강', '나의 가족'을 우선하는 것이다. '우리 한우', '우리 축산 농가'라는 이타성과 공동체성은 가려졌다. 이어 그 교수는 덧붙였다.

"자칫 되도록이면 어린 소를 빨리 키워 잡아먹으려는 것밖에 되지 않는다."

이 말을 풀어보면, '20개월 안쪽으로 먹을수록 인간의 몸은 건강한 것이 아닌가, 자기를 위해 어린 소들을 더 많이 죽이라는 요구가 된다.'는 것. 이러한 말이 쇠고기 사태의 전반을 포괄할 수 있는 말은 아니다. 하지만 전혀 틀린 말은 아니다. 일반 시민은 그렇다고 쳐도 이타성을 강조해야 할 시민단체도 이 점을 간과하기 일쑤이다. 종교적·도덕적·생태학적 단체는 없고, 정책 이슈에 적극적인 단체들만 주도적이다.

근본적으로는 육식에 대한 근본적인 성찰이 있어야 함에도 그러한 부분이 상대적으로 가려진 점이 있다. 현재는 늘어나는 고기 섭취 행태에 대해서는 별로 문제제기를 하지 않고, 안전하고 신선한 고기를 공급하라는 선에서만 말하고 있다. 그것도 나이 어린 소들을 말이다. 육식이 얼마나 환경 파괴적이고, 반생명적인지 새삼 말할 것은 없을 것이다.

쇠고기 1kg 생산에 8kg의 곡물이 소비된다. 돼지고기 1kg 생산에는 3~4kg, 닭고기 1kg 생산에는 2kg의 곡물이 필요하다. 만약 1인분이 1kg이라면 8명분의 곡물을 한 사람이 먹게 되는 셈이다. 쇠고기를 먹지 않고 다른 고기를 먹는다면 역시 곡물의 소비는 증가하는 셈이다. 2006년 현재 한국의 1인당 쇠고기 소비량은 6.7kg, 돼지고기는 17.9kg, 닭고기는 7.3kg이다. 갈수록 높아지는 곡물 가격 폭등의 주요 원인 가운데 하나는 육식 위주의 식습관이 크게 느는 데 있다. 그것도 전체가 아니라 일부 지역에서만이다. 일부의 사람들이 누군가의 식량을 빼앗고 굶주리게 하며 심지어 생명을 빼앗고 있다는 말이 지나치지만은 않다. 우리도 고기 소비가 늘어만 가고 있다.

쇠고기 정책 실패에 대한 비판은 당연히 이루어져야 한다. 그러나 육식 위주의 식습관을 조장하는 각종 산업적 모순은 여전히 비판의 대상이 되어야 한다. 또한 생명을 파괴하는 오로지 인간 위주의 육식에 대한 반성과 성찰이 이어져야 할 것이다.

우리는 "네 희생을 헛되이 하지 않을게"라는 말을 함께 기억해야 하겠다.

### 오바마노믹스에서 '워낭소리'가 들리다.

영화 〈워낭소리〉에서 주인공은 누가 뭐래도 '소'다. 엄밀하게 말하면 사람과 소의 관계다. 영화에서 인상적인 장면은 광우병 쇠고기 반대 시위 현장에 노부부와 소가 지나가다 함께 그 시위광경을 멀거니 쳐다보는 장면이었다.

한국인의 전통적인 정서에서 소는 단순히 먹을거리만이 아니라 한 가정의 식구로 받아들여졌다. 또한 부를 불러오고 화를 막는 존재였고 덕을 상징하기도 했다.

영화 〈워낭소리〉가 사람들을 감동시킨 것은 평생을 주인을 위해 일해준 소를 차마 시장에 팔지 못하고 마지막 임종을 지켜주며 땅에 묻어준 점이었다. 즉 소의 죽음과 장례를 카메라에 담았던 것이 역설적으로 감동의 힘을 발휘했다.

평균 수명이 15년밖에 되지 않는 소가 마흔 살까지 살면서 농사일을 하며 주인 사이에 알 수 없는 끈끈함이 있었고, 소 덕분에 9남매를 교육시킨 주인은 소와 함께 하루 일과를 시작하고 한 해 한 해를 살아왔다. 영화는 소가 사람보다 더 나은 존재라는 점을 부각시키기도 하며, 사람에게 소는 백여만 원의 고기값으로 칠 수 없는 가족 구성원이었음을 도드라지게 했다. 결과적으로 소의 죽음은 소 주인인 할아버지의 삶 자체를 위협했다.

인기를 끌고 있는 다큐멘터리에 동물들이 빈번하게 등장했다. 다큐 〈북극의 눈물〉에서 주인공은 북극이 아니라 북극곰이다. '북극의 눈물'이라는 제목은 감성을 자극하기에 충분하다. 이누이트족과 북극곰, 동물과 인간 사이의 관계가 역시 핵심이라고 볼 수 있다. 북극곰의 위기는 단순히 곰이라는 동물의 위기가 아니라 인간의 위기였다.

다큐 〈한반도의 공룡〉도 공룡이라는 동물을 다루고 있다. 이 콘텐츠는 공룡을 하나의 오락영화에 등장하는 괴물로 그린 것이 아니었다. 사람과 같은 일생을 지닌 존재라는 점에 초점을 맞추고 있다. 작은 공룡이 성장하고 성숙하며 전성기를 누리다가 마침내 생을 마감하는 일대기적인 서사구조를 통해 인간과 공룡을 함께 같은 이성과 감정이 있는 존재로 그렸다.

다큐 〈공룡의 땅〉은 한반도의 공룡들을 사실적으로 부활시키면서 높은 시청률을 기록했다. 한반도 공룡 콘텐츠가 암시하는 것도 결국 공룡의 멸종이 인간의 최후를 암시하고 있는지 모른다. 인류도 지구의 지배자였던 공룡처럼 한순간 사라져 버릴 수 있다는 불안의식은 공룡에 대한 관심과 연구를 증대시켜왔다.

이렇게 동물에 관한 콘텐츠가 대중적인 주목을 끌고 있는 이유는 무엇일까? 지금의 산업구조와 경제위기라는 상황이 이러한 주목을 낳게 한지도 모른다. 동물은 단순히 동물과 밀접하게 떼어놓을 수 없는 존재이다. 생태적인 측면에서 하나의 고리로 연결되어 있다는 점을 인기 콘텐츠들을 보여주고 있다.

〈워낭소리〉처럼 에너지를 소진시키고 환경오염을 낳는 기계와 화학물질이 없이도 인간이 자연과 함께 공존할 수 있었던 과거의 삶에 대한 향수를 자극한다. 〈북극곰의 눈물〉은 북극곰과 이누이트 족을 통해 야생의 삶을 동경하게 하면서도 생태학적 공존이 위기에 다달았음을 우리의 시선으로 보여준다. 그 핵심 가운데 하나는 에너지 문제다. 소가 단순히 먹을거리로만 전락한 것은 역설적으로 에너지를 석유와 석탄에서 얻으면서부터다.

오바마 미[美] 대통령은 그린에너지 계획을 의욕적으로 추진했다. 오바마 노믹스는 근본적으로 경제와 산업 패러다임을 바꾸는 가운데 강대국으로 다시금 발돋움하려는 것이었다. 다시 소나 말을 사용하는 시대가 우리에게 행복을 전적으로 가져다 줄 수는 없다.

분명한 것은 지금의 산업구조와 경제 시스템으로는 멸종했던 공룡과 같이 되지 않으리라는 보장은 없다는 점이다. 산업과 경제 패러다임의 근본적인 이동은 에너지를 석유에너지 문명에서 그린에너지 문명으로 전환시키는 데서 출발한다. 그것은 동물과 인간, 자연과 인간이 공존할 수 있는 환경적 조건을 담보하는 것이다. 소에는 여전히 우리가 지향해야 할 경제모델이 담겨 있다.

# ?!.
# 〈식객〉과 음식 열풍의 심리
한국적 정서의 강점과 한계

몇 년간 계속되었던 음식 요리 열풍이 영화로 집약된 영화 〈식객〉의 흥행은 이러한 사회적 심리와 트렌드의 결집체라고 할 수 있다. 한편으로 영화 〈식객〉은 과유불급의 평범한 진리를 생각하게 만든다.

영화는 사실상 조선의 마지막 궁중 요리사였던 대령숙수의 칼을 일본으로 가져갔던 일본 고관의 후손이 주인에게 칼을 돌려주고 사과하겠다며 조선 궁중요리의 적통을 뽑는 요리대회를 여는 데서 시작한다. 운암정의 이력과 대령숙수의 비밀을 제외한다면 영화 전개가 충분히 예상된다.

허영만 원작 만화 〈식객〉의 감동에 이끌렸다면 그것을 영화에서 기대할 수 없다. 원작이 워낙 방대하니 그것을 모두 담을 수 없을 뿐만 아니라 에피소드를 하나의 줄거리로 다시 엮었으므로 원작과도 다를 수밖에 없기 때문이다. 영화의 전개 구도와 전체 줄거리 자체에서 독보적인 면도 없다.

원작이 음식 소재 영화이니 화려한 음식이 등장하는 것은 당연한 일이다. 아울러 최고의 요리사 타이틀을 둘러싸고 벌어지는 명확한 선악의 대결은 너무 쉽게 예상되기 때문에 그것만으로 이 영화의 매력 포인트가 되지 못한다. 또한 음식에 대한 엄청난 비밀이나 너무나 진기한 음식이 등장하는 것은 아니다.

하지만 사람들이 음식을 통해서 무엇을 원하는지를 정확하게 버무리고 있다. 즉 그것은 단순히 맛깔 나는 요리와 음식이 아니라는 데서 일어난다. 미처 우리가 성찰하지 못했던, 공감할만한 음식 이야기이다. 허영만의 원작에는 이러한 이야기가 있었고, 그것의 적절한 극적 구성은 주효했다. 다만, 그러한 이야기는 음식 자체의 스토리가 아니라는 점이다.

음식은 사람에서 비롯해서 사람에서 의미를 찾고 다시 이어진다. 즉, 음식과 버무려진 사람들, 삶의 흔적들이다. 그것을 우리는 역사 혹은 문화라고 한다. 수많은 음식 프로그램에서 아쉬웠던 점이었다. 단지 건강이나 미식을 위한 음식이라면 수많은 책이나 기존 만화책들이 잔뜩 포진하고 있다. 예컨대, 수많은 메디컬 드라마들이 있는 가운데 한국 드라마 〈외과의사 봉달희〉가 똑같이 흉내 내었다면 소기의 성과를 내지 못했을 것이다. 어떻게 보면 식객은 음식 혹은 요리 영화가 아닌 것이다.

'운암정'의 과거에 얽힌 비밀과 요리 대결과정의 어(魚), 우(牛), 적(炙)등 음식 소재에 얽힌 이야기는 음식은 음식이 아니라 문화요 역사라는 점을 〈식객〉은 아는지 모르는지 담고 있다. 그래서인지 처음부터 다른 음식 만화처럼 화려하고 진기한 요리가 주제의식의 중심은 아니다. 또한 성찬(김강우)과 봉주(임원희)의 요리대결의 극적 전개도 아닐 것이다. 〈식객〉의 에피소드에 한국의 정서가 담겨 있고 역사와 전통이 들어있기 때문이다. 대중들이 원하는 것은 이제 문화와 역사속의 우리만의 음식 전통이다. 〈대장금〉을 시작으로 궁중요리에 대한 주목은 이에서 비롯했다.

순종의 궁중 요리사였던 대령숙수가 〈식객〉에 등장하는 것은 사회적 흐름상 당연해 보인다. 대령숙수의 칼은 한국의 역사와 전통을 다시 탐색하고 권위를 부여하는 것이다. 여기에 일제 침략기라는 역사적 사실은 한국적 민족의식을 지닌 이들에게 울컥하게 만드는 면이 있다. 이 때문에 한편으로는 한국적 정서를 강조한 것이 오히려 자기 한계를 획정 짓는 역할을 하기도 한다. 영화는 역사와 전통을 넘어서서 민족적 감정을 핵심 디엔에이로 삼았다. 일본 후손의 육개장과 비전지탕의 극찬에 대해 한국 심사위원들이 동의했다면 절대 웃기지 않는 희극이 될 뻔 했다.

역사적 해석 문제를 들어 일본 바이어의 수정 요구를 거부하고 팔지 않겠다고 한 전윤수 감독의 말은 멋져 보인다. 물론 그러한 한-일 사이의 과거사 문제가 한국 관객들을 더 자극하는 요소가 될 수 있을 것이다. 일본인의 리더가 궁중 요리사였던 대령숙수에게 감동해 무릎을 꿇고 마는 장면을 일본인이 편히 보지는 않을 것이다. 더구나 최종 판결을 해주는 후손인 일본인이 한국인보다 더 한국적이라 한국 음식 문화를 숭앙하고 있는 모양새다. 육개장 한 그릇의 힘은 크다 못해 위대했다. 요컨대, 순종과 육개장, 성찬의 할아버지에 얽힌 비밀이라는 설정, 여기에 일본인의 최종 판단 장면은 남달랐지만 민족 정서 마케팅의 색깔이 짙다는 말을 들을 만하다.

〈태극기 휘날리며〉, 〈괴물〉, 〈웰컴투 동막골〉은 한국적[남한] 정서에 기반하고 있다. 심지어 〈디 워〉조차도 그것을 이용해서 한국에서는 큰 흥행을 이끌어 냈다. 하지만, 한국인만이 열광하는 영화가 될 공산은 언제나 있다. 〈식객〉이 중국·대만·베트남 등에 수출 했어도 과연 한국인들이 느끼는 감수성을 얼마나 공감할지 미지수이다. 한류의 흐름에 얹혀서 파는 것이 중요한 것이 아니라 피드백을 선순환으로 받는 것이 더 중요하다.

수많은 역사물이 출판과 드라마, 영화를 누비는 것은 결국 한국 대중 스스로가 문화와 역사에 스스로 자긍심과 자부심을 갖고자 하는 데서 비롯한다. 다만, 중국이나 일본에 우월하려는 심리장치로 주로 사용하는 것은 우려스럽기도 하다. 한류에 도움이 되지 않을 뿐만 아니라 그들과 똑

같아지기 때문이다. 또한 진정한 자부심은 타자와의 열등성 극복을 통한 우위 점유 심리의 관점에서 성립하지는 않는다.

〈식객〉은 할아버지(정진)가 조선 역사와 연결되어 있어서 비전지탕의 비밀을 언뜻 언뜻 손자에게 이어주는 과정은 조선이 전통의 단절이나 극복의 대상이 아니라 계승의 대상임을 언질 한다. 지나치게 역사적 관점에서만 해석하는 것도 닫힌 접근일 것이다.

숯에 얽힌 이야기는 약자에 대한 인간에게 음식은 무엇인지 중요한 알레고리를 주었고, 소에 대한 성찬의 정(情)은 인간과 동물, 생명과 인간 사이의 음식에 대한 꽤 진지한 성찰을 전해주는 중요한 연결고리이다. 이러한 영화가 계속되기 위해서는 제작 구조의 변화가 필요하다.

〈미녀는 괴로워〉나 〈식객〉이나 각색을 많이 하거나 줄거리를 재구성했다고 해도 원작이 없으면 독자적으로 생존할 수 없는 작품이었다. 독자적인 스토리 콘텐츠의 든든함은 언제나 영화산업을 건실하게 하는 기본 토대가 된다.

# ?！.
# 잊혀진 황녀
# 신드롬 왜?

> 권비영씨의 소설 《덕혜옹주》가 파란을 일으켰다. 출판사도 작가도 문단도 어리둥절해 했다. 장기간 베스트셀러 1위를 점위하고 있던 《1Q84》나 댄 브라운의 《로스트 심벌》을 제치고 베스트셀러 1위 자리에 올랐다. 인기작가가 쓴 소설이 아닌데도 베스트셀러 1위에 오른 것은 말할 것도 없는 기이한 현상이었다. 신경숙, 공지영, 김훈, 황석영 등과 같은 인기 작가가 아닌 바에야 1만 부가 팔리긴 힘든 상황에서 《덕혜옹주》는 10만 부의 판매고를 보였다. 이 작품의 작가가 기존 문단에는 잘 알려지지 않은 장년의 여성이라는 점은 더욱 이채로움을 더했다.

사실 이 작품의 인기에 대한 원인 분석은 여러 가지 측면에서 이루어졌다. 2010년이 경술국치 100년에 해당하기 때문에 구한말 고종 시기에 대한 관심이 많아졌고, 덕혜옹주에 대한 관심은 그 연장선상이라고 보기도 했다. 비록 공주가 아니라 옹주의 신분이었지만, 고종은 덕혜옹주를 매우 소중하게 생각했고, 여러 면에서 그녀는 극진한 배려를 받았다. 그런 면에서 더욱 왕실의 핏줄이라는 점이 부각된다.

그 다음으로 생각해 볼 수 있는 것은 덕혜옹주 개인에 대한 매력이다.

덕혜옹주는 살아남은 몇 안 되는 고종의 자녀이다. 즉 마지막 왕실녀라는 면모를 잘 보여준다. 그렇지만 비운의 삶을 이겨내야 했다. 인생 스토리가 가진 극적인 구조가 있다. 최고의 신분에서 전락해 가는 과정은 어떤 비장미를 능가한다.

결국 덕혜옹주는 고종의 죽음 이후 일본으로 강제 이주해야 했고, 고종이 그렇게도 반대했던 정략결혼을 해야 했다. 그 결혼은 평탄하지 않았다. 정신병원에 입원하는가 하면, 정략결혼으로 낳은 딸은 자살에 이른다. 덕혜옹주는 남편에게서 이혼통보를 받는다. 고국에서도 버림받았다. 광복이 되었어도 덕혜옹주는 돌아올 수 없었다.

조선왕실에 대한 적대감이 있었던 이승만 정부의 태도 때문이었다. 박정희 정권에 들어서야 비로소 개인 자격으로 고국에 돌아올 수 있었고, 낙선재에서 기거할 수 있었다. 이러한 일련의 삶의 과정은 독자들에 어필할 수 있는 내용이다. 곤도 시로스케의 《이왕궁비사》(李王宮祕史) 같은 책보다 더 많은 주목을 받은 이유일 것이다.

더구나 왕실에 대한 선망의 심리는 세계를 막론하고 언제나 존재하는 것이다. 즉 왕실문화에 대한 대중심리가 덕혜옹주에 작용하고 있다. 비극적 왕실 여성의 운명은 동일시와 연민을 이끌어낼 소지가 다분할 것이다. 이는 반드시 민족주의 관점에서 덕혜옹주에 대한 관심을 분석하는 것이 타당하지 않다는 점을 말해주는 것이기도 하다.

이 소설을 찾는 고객들이 대부분 여성들이라는 점은 문화콘텐츠로서 덕혜옹주의 의미를 말해주는 것이기 때문에 여성성이 가진 의미도 생각하게 한다. 따라서 소설 덕혜옹주 신드롬에는 대일관계의 역사적 측면이나 민족주의라는 사상적 측면에서 접근하기에는 미흡한 실존적 화두가 담겨있다.

덕혜옹주에 대한 주목은 콘텐츠의 빈곤함에서 드러난다. 드라마나 연극, 다큐로는 제작되었지만 그것은 광복 50주년이 되어서야 가능했다.

무엇보다 그동안 덕혜옹주에 대한 서적이 소설이나 역사서, 대중교양서로 한 번도 출간된 적이 없다. 이는 어떻게 가능했던 현상일까? 아직도 왕실에 대한 부정적인 인식 때문이었을지도 모른다. 70~80년대 민중문화론이 크게 각광을 받으면서 양반과 왕실 문화는 봉건제 문화로 폄하되어 외면 받기도 했다.

이후에 이러한 인식은 많이 감소가 되었지만, 아직도 왕실에 대한 주목은 봉건제의 부활 쯤으로 여기는 시각이 존재한다. 특히 내로라하는 문학 출판사들이 지배하는 기존 문단에서는 이러한 경향성이 강했다. 소설 《덕혜옹주》가 문학이 전문분야가 아닌 출판사에 나온 것이나, 출간 자체에 더 큰 의미를 부여했다는 작가의 말에서 이 같은 점을 알 수 있다.

덕혜옹주에 대한 대중적 관심도에도 불구하고 학계에서는 관심이 적었던 것은 이 때문이었을지 모른다. 정작 소설 덕혜옹주의 작가도 일본인 혼마 야스코(本馬恭子)의 《덕혜옹주》를 참조해야만 했다. 물론 이 작품은 비극적인 왕실가의 여성 시각에서 기술하고 있지만, 남편 다케유키에 대해서는 너무 긍정적이다.

어쨌든 왕실 문화도 결국 우리의 소중한 문화 자산이자 전통임에는 분명하다. 조선왕릉의 세계문화유산 등재는 이를 반영하고 있고, 왕실 문화재에 대한 복원이 대중적 관심을 갖는 것은 결코 전제봉건왕조 체제의 부활을 기대하는 심리는 아닐 것이다. 민족주의나 일본인에 대한 극렬한 감정적 대응보다는 문화적, 정신적 자산의 관점에서 올곧게 대응하는 노력들이 필요하다.

문화예술계도 마찬가지일 것이다. 특히 기존 문화예술이나 학계에서 덕혜옹주에 투영된 시민들의 실존적 고민을 보아야 한다. 덕혜옹주 신드롬에 개인의 운명과 국가의 존립의 상관성에 관심을 가지고 있는 시민들의 심리가 현 위기의 시대에 반영된 것은 아닌지 살필 필요가 있다.

# ?!.
# 현대인은 모두
# "나는 왕이로소이다."

> 드라마 〈대왕세종〉도 그런 기미가 다분했지만 〈이산-정조〉는 사극이 아니라 현대극이었다. 다만 등장인물들의 이름이 역사 기록에 나오며 복장이 조선시대 의복과 유사할 뿐이었다. 여기에서는 조선 사람들의 화법이나 행동거지를 흉내 낸다.

그러나 기본적으로 그들의 세계관은 현대다. 이들 드라마 속 상하 복종 관계는 현대의 어느 조직이나 산재해 있다. 〈이산-정조〉와 〈대왕세종〉이 새로운 리더상을 보였다지만, 그것은 오히려 성리학적 인간관에 충실해 보인다. 조선시대에 성군으로 기록되는 것은 그만큼 성리학적 세계관에 충실했다는 의미다.

아무리 퓨전 형식이어도 사극은 기본적으로는 변함없다. 하지만 형식을 논외로 해도 내용이나 캐릭터를 보았을 때 요즘 사극이 예전과 달라졌다. 그 대표적인 징후로 개인화를 들 수 있다. 현대인의 실존적인 고민을 반영했기 때문이다.

특히 왕은 더 이상 왕이 아니라 복잡한 현대 사회 속의 실존적 개인이다. 대중역사서뿐만 아니라 소설, 드라마도 왕을 조직 속의 고민하는 개인으로 그릴 뿐만 아니라 사랑과 로맨스의 존재로 만든다. 물론 이러한 점은 시청률을 의식한 퓨전사극의 대표적인 포지셔닝 전략이기도 하다.

특히 〈이산-정조〉와 같은 이병훈 표 사극을 비롯한 〈주몽〉, 〈태왕사신기〉, 〈대조영〉 등은 모두 석세스 스토리(성공이야기)를 지향해 성공 시대를 꿈꾸는 한국인들에게 어필할 수 있었다. 석세스 스토리를 지향하지 않았던 〈쾌도 홍길동〉이나 〈왕과 나〉는 상대적으로 침체되었다.

이들 사극이 역사적인 고증을 중요하게 여기지 않는 것은 단지 퓨전사극이기 때문은 아니다. 그런 엄중한 방식보다는 재밌는 이야깃거리 만들기에 중점을 둔다. 그야말로 스토리텔링에 충실하다. 이를 위해서 수랏간이나 도화서 같은 재미있는 소재거리를 찾아 넣거나 캐릭터를 다양하게 하고, 가공의 인물들을 자유자재로 만든다. 한편으로 만화적 흥미를 더하기 위해 악역들을 유효적절하게 배치하면서 시청자의 흥미를 끈다. 이 과정에서 역사 왜곡이나 그에 따른 논란이 있게 된다.

그런데 몇몇 역사적 사실 왜곡 논란은 지엽적이었다. 무엇보다 조선을 다루는 사극들이 성리학이 지배한 조선의 상황을 간과하기 때문이다. 아무리 현대인의 상황을 반영하고 재미를 위한 퓨전 사극을 지향한다고 해도 시대적 맥락 속에서 인물과 사건을 이해하는 근본 틀 거리는 유지해야 한다. 그 틀 거리가 성리학이다. 이 틀 거리를 무시할 때 사극은 더 이상 사극이 아니라 현대극이 된다.

사람은 환경의 소산이다. 한 사회의 사상적 체계에서 자유로울 수 없다. 〈이산-정조〉도 그렇거니와 〈대왕세종〉 속 왕과 신하들은 본래 모두 성리학적 인간형들이다. 왕들의 발언과 행동은 성리학적 범주에서 벗어날 수 없는 구조를 가지고 있는 것이다. 개혁 군주나 성군을 그리는 드라마들은 이 점을 쉽게 간과하는 경향이 있다.

공맹사상으로서 유학은 사회를 치세하는 도덕 사상에 불과했다. 개인의 심성과 영성의 도야는 간과되었다. 이것을 불교가 채워주었다. 하지만 불교는 자칫 개인주의적이고 관념적 · 추상적일 수 있었다. 주희는 사회를 치세하는 도덕사상인 유학과 불교를 유학의 입장에서 통합해서 성리학을 만든다.

고려 말에 신진 유학자들이 불교를 배척한 것은 황당한 관념성 때문이었다. 즉, 내세를 꿈꾸고 해탈을 치세로 삼으니 현실 정치에 유효한 점이 갈수록 적게 되었다. 현실 경영에는 도움이 되지 않았기 때문이다. 더구나 불교계의 부패는 그나마 사회를 이끌어 갔던 영성경영이 통하지 않게 했다.

성리학자들은 개인의 심성의 도야와 청정성을 유지하면서 천지자연의 도를 인간 세계에 실현시키고, 지상의 사람들이 잘 살 수 있는 현실적이고 실제적인 방법들을 모색한다. 따라서 끊임없이 자신을 도야, 절제하며 청렴한 자세로 백성을 위한 정책 방안들을 궁구했다. 그것이 학문하는 자는 물론 관리와 군주의 책무였다.

따라서 세종이나 정조의 백성을 위한 상업과 시장 중시 정책도 이 때문에 가능한 것이다. 현대적 시장주의와는 다른 세계관에 바탕을 둔 것이다. 세종이나 정조가 과학을 강조한 것도 성리학적 이념에 따라 현실에 도움을 줄 수 있는 방책을 모색했기 때문이다. 실질적으로 도움이 되는 일이라면 무엇이든지 궁구하는 것이 하늘의 도를 실현하는 왕이 할 일이다.

어느 날 갑자기 이루어지는 것이 아니라 성리학적 세계관에 따른 행동이었다. 이는 실학의 허구성을 주장하는 김용옥과 같은 학자들의 논거가 된다. 어떻게 보면 개혁 군주라는 말도 가공의 말이다. 개혁이 있지 않은 조선 왕조는 별로 없기 때문이다. 조선이 중흥기를 누린 것도 쇠퇴기를 누린 것도 모두 성리학적 시스템 때문이다.

평생 질병에 시달리다 54세에 사망한 세종 등 조선 임금이 단명한 이유도 성리학적 질서에 따라 자기 욕망을 절제하고 삼갔기 때문이다. 조선이 망한 것은 개인들의 개혁의지가 없고 부패했기 때문이 아니라 시스템의 결함 때문이다. 동인·서인은 물론 노론·소론, 남인·북인으로 파당정치를 벌인 이유도 성리학적 세계관 때문이고, 그것을 반대한 이들의 명분도 성리학적 세계관에 따른 것이다.

성군이나 패주의 세계관, 부패 혹은 의로운 신하의 세계관은 성리학에 바탕을 두었다는 데서 같다. 조선 사극에 등장하는 신하들은 아무런 생각이 없는 존재들이다. 명분만 내세우는 위선적 인물들이다. 여기에 부패하고 정치권력만을 차지하려는 몹쓸 인간들이다. 권력쟁투와 부패의 명분이 성군이 바탕을 둔 성리학이라는 사실이 간과된다.

개혁 관리나 군주는 품성이 뛰어나고 백성을 위하는 정치를 주장하는 존재로 그리지만, 그가 왜 어떠한 사상체계에서 그러한 행태를 보이는지 맥락이 잘 드러나지 않는다. 왕은 백성을 위한 정치만을 외칠 뿐, 그것을 실현하기 위한 방법론에 깔려있는 사상 체계에서 대해서는 외면한다. 예컨대 인재 등용, 발명, 시전이나 세금정책, 상업 진흥책이 본질은 아니다. 이런 정책들을 가능하게 하는 성리학적 세계관이다.

이러한 이유 때문에 사극의 성군과 의로운 관리들이 마치 현대의 민주주의자인 것으로 보인다. 〈이산-정조〉에서와 같이 정조가 완전히 평등한 세상을 꿈꾸었다는 식의 대사는 실제로 존재할 수 없다. 그렇다고 그것이 개인적 품성의 문제는 아닌 것이다. 성리학적 군주는 역시 군주일 수밖에 없었다.

왕은 물론 왕족들 그리고 선비와 관리들의 말과 행동은 사상적 세계관적으로 일정한 맥락이 없고, 산발적이고 우연적이다. 정조나 세종의 경우, 절제와 도야의 경지는 없고 백성 탓만 한다. 난데없이 활이나 쏘고 무술이나 연마하는데, 그것도 성리학적 세계관에 따른 것이라는 사실은 잘

묘사되지 않는다.

무엇보다 말과 행동에는 자의적인 태도로 일관한다. 즉 마음대로 한다. 정책안도 산발적으로 구성한다. 조선의 올바른 군주와 관리들은 일단 심성의 도야와 절제를 바탕으로 끊임없는 공부와 대안의 모색을 통해서 실질적인 정책을 고안하면 만인이 평안한 자연의 도가 이루어진다고 보았다.

이러한 점을 생각하지 않는다면 정조가 대전에서 정순왕후에게 큰소리를 치고, 노려보는 일을 할 수 있다. 또한 정순왕후를 음모의 주범으로만 몰아가는 정조의 태도는 성리학적 세계관에서 어긋나는 것이다.

〈대왕세종〉도 그렇거니와 자칫 편전이나 궁궐이 격식과 범절의 경계가 희미해진다. 예컨대, 자기 할 말을 다하기가 김수현 드라마의 등장인물들과 같을 수는 없다. 개인의 욕망과 자의식을 직접적으로 표출하는 악다구니 같은 발언들의 난무는 성리학적 세계관에서는 존재할 수 없다.

아울러 선비들이 공부하는 내용은 도덕 윤리의 내용이거나 과거 시험용 교재에 불과해진다. 백성을 위한다는 정치적 명분과 개인들의 행태는 모순되고 부조리하게 비칠 뿐이다. 요컨대, 지나치게 현대적인 대중심리와 작법이 개입하고 있는 것이다. 그럴 때 사극이 아니라 현대극이다.

조선 시대를 배경으로 삼는 사극들은 캐릭터의 사고와 행동을 마음대로 남발하지 말아야 한다. 그것은 당시 인물들에 대한 오해와 왜곡을 낳는다. 또한 당시 사회 문화적인 맥락은 물론 정치적인 상황에 대해서도 잘못된 인식을 심어줄 가능성이 많다. 예컨대 정조와 정약용이 아무리 개혁을 외쳤다고 한들 그들은 성리학적 세계관에서 벗어나지 못했다.

이러한 점은 단순히 몇몇 사안들에 관한 지엽적인 역사적 사실 왜곡 논란보다도 더 중요하다. 적어도 조선시대 주류인사들을 그린다면 캐릭터나 인물 설정의 구도, 사고와 말, 행동은 성리학적 세계관에 바탕을 두어야 사극이다. 복색이나 인물 이름, 사건을 에피소드로 열거한다고 사극은 아니다.

2012년, 천 만 관객을 돌파한 영화 〈광해, 왕이 된 남자〉는 현대인이 가지고 있는 심리를 정확히 반영했다. 광대 하선이 왕이 된 것은 현대의 각 개인이 마치 왕이 된 것 같은 심리를 대변했기 때문이다. 이 영화는 하선(이병헌)을 통해 서민이 스스로 왕이 되어 서민을 위한 정책을 펴야 한다는 소망을 반영하고 있었다. 21세기, 누구나 왕이 될 수 있기를 바라는 욕망이 현대인 누구에게나 존재하고 있고 그것이 민주주의 정치의 요체일 것이다. 이 점이 군주시대의 계층제도가 가진 한계를 뛰어넘는 것이다.

무엇보다 조선 리더들이 구축하려 했던 것은 심성 경영 또는 영성 경영이다. 심성이나 마음이 맑은 사람이 리더의 자리에 있을 때 나라는 자연스럽게 태평성대가 된다고 생각했다. 현대에서 그것이 더욱 필요하다.

# ?!.
# 죽간의
# 미스터리

> 한때 진실 왜곡의 중심에 있던 《요코 이야기》의 원제목은 'so far from the bamboo grove'인데 우리말로 옮기자면 '대나무 숲 저 멀리서'다. 새삼스럽게 요코 이야기를 꺼내는 이유는 대나무(bamboo)때문이다. 요코 이야기의 배경은 함경북도 나남(청진시)이다. 추운 북쪽 지방에 대나무가 있을 수 없기 때문에 책 제목부터 신뢰성을 잃었다는 비판이 있어 왔다.

어디 외국 작품만일까? 우리 영화에서도 얼마 전 대나무에 대한 오류가 드러난 적이 있다. 이순신 장군의 젊은 시절을 그린 영화 〈천군〉에서 압록강 가에 있는 대나무밭을 묘사해 옥의 티라는 지적을 받은 것이다. 무과에 낙방해 방황하던 이순신(박중훈 분)이 상업에 뛰어들고 마침내 명나라와 교역하기 위해 인삼을 압록강 가 대나무밭에 숨기는 장면이 연출되었기 때문이다.

드라마 〈주몽〉에서 각 지도자들이 연락 수단으로 삼는 것은 죽간(竹簡)이다. 종이는 AD 105년 후한의 채륜이 만들었으니, 시대적 배경으로 볼 때 아직 종이가 나타나지 않았을 시점이다. 더구나 고구려 건국은 BC 37년으로 알려져 있다. 죽간은 목간의 하나로 길게 나눈 것을 줄로 연결하고, 그 위에 글을 써 연락을 취하던 것이다.

목간이 고대 동아시아에서 보편적으로 사용하던 기록 수단이었음은 잘 알려진 사실이다. 목간에는 대나무 '죽간(竹簡)'과 버드나무 등을 사용한 '목독(木牘)'이 있다. 같은 고구려 드라마지만, 시대적 배경이 다르니 〈주몽〉과 달리 〈연개소문〉이나 〈대조영〉에는 종이가 빈번하게 등장한다. 〈주몽〉에서는 비단으로도 연락하지만 아무래도 죽간이 더 빈번하게 노출되어 왔다.

잘 알려져 있듯이 중국 춘추전국 시대에 보통 책의 모습은 대나무판을 끈으로 연결시킨 목간 형태였다. 그러나 중국과는 달리 한반도에서는 죽간이 쓰이지 않았다. 국내에서 1975년 경주 안압지에서 처음 발견된 뒤 지금까지 400점이 나왔지만, 전해지는 죽간은 없다. 2002년 국내에서 가장 오래된 고유어가 향찰로 기록되어 있다고 밝혀진 백제 부여 능산리 출토 사면 목간도 죽간이 아니었다.

30여만 점의 목간이 출토된 일본에서도 죽간은 없다. 일본이 고구려, 신라, 백제의 영향을 많이 받았다고 할 때, 이는 죽간이 중국과는 달리 만주, 한반도, 왜에서는 쓰이지 않았음을 의미한다. 더구나 고구려와 같이 북쪽 지방에서 어떻게 식대(해장죽)도 아니고, 그렇게 많은 왕대나무를 구할 수 있을지 의문이다.

대나무는 최고 추운 달(1월)에 영하 3도인 이남지방에서만 자란다. 그래서 대개 차령산맥을 경계선으로 삼는다. 다만, 따뜻한 바다를 끼고 있는 강릉 지방만은 예외다. 요즘에는 환경오염이나 지구온난화 때문에 한계선이 조금 올라간 모양이다. 이전에는 대개 북방 한계선이 북위 35도에서 형성됐으나, 현재는 북위 36도까지 올라갔다고 한다. 100년 사이에 50~100km 북진했다. 그래도 여전히 대나무는 휴전선을 넘지 못한다. 그런데 드라마 〈주몽〉에는 대나무가 풍족하게 등장한다.

중국에서 죽간이 많이 등장한 것은 아무래도 아열대의 환경 때문일 수 있다. 물론 중국의 남부 지방에서 부여나 고구려가 왕대나무를 수입해서 죽간으로 만들어 사용했을 수도 있다. 하지만 문화 자체가 죽간 문화권이 아니었을 가능성이 크다. 더구나 드라마에서는 목독(木牘)이 하나도 등장하지 않았다.

고구려나 부여의 위치를 생각할 때 대나무가 아니라 다른 목재를 사용하는 것이 타당할 것이다. 잘못하면 부여나 고구려가 모두 중국 문화권이라는 인식을 줄 수 있기 때문이다. 사소한 죽간이라는 소품에도 신중한 선택이 필요하다. 이러한 측면에서 보자면, 드라마 〈주몽〉과 『요코 이야기』는 사실 왜곡이라는 측면에서는 같은 범위에 있는 것 아닐까? 여전히 〈선덕여왕〉같은 고대사극들은 죽간을 등장시키고 있다.

# ?!.
# 신사임당의
# 두 얼굴

>

한국 사회에서 신사임당을 둘러싼 문화 심리를 보면 이분법적 도식으로 여성 모델의 이미지로 해석하는 것은 경계해야 한다는 점을 생각하지 않을 수 없다. 한쪽의 입장에서는 신사임당을 화폐인물로 선정한 것에 찬성할 수만은 없다. 신사임당의 삶이 현대에 맞지 않은 면이 많기 때문이다. 그 이전에 반드시 인물이어야만 하는지도 의문인 것이 사실이다. 하지만 신사임당을 무조건 거부하는 것도 타당하지 않다. 왜냐하면 신사임당을 거부하는 논리가 자칫 여성의 삶을 한쪽 방향으로 흐를 수 있기 때문이다. 한편으로 여성을 여성 속에서 차별하는 아이콘이기도 하다. 즉 신사임당이 현모양처의 전형적인 상이기 때문에 그렇다는 것이다. 신사임당이 여성 차별적인 유교적 질서에 충실한 삶을 살았기 때문이다. 여성 차별은 유교 사상 탓이 아니라 동서고금의 가부장적 질서에서 기인한다.

그런데 봉건적 질서에 순응한 인물이라 신사임당이 안 된다면 이황이나 이이, 이순신도 되지 않는다. 이황이나 이이는 결국 성리학자들이며 봉건적인 세계관을 가지고 있는 이들이다. 이순신도 마찬가지다. 그도 결국에는 왕을 받든 전근대적 인물이다. 정약용도 개혁적인 면을 부각시키지만, 주자의 세계를 실현하고자 한 성리학자이기는 마찬가지다.

이렇게 따진다면, 근대화 이전에 위인은 화폐인물이 될 수 없다. 현재 화폐인물을 대부분 바꾸어야 한다. 더 심하게 말하면 그들은 모두 지배층이 아니었던가. 이는 역사의 단절과 부정을 말한다.

신사임당을 현모양처이기 때문에 거부한다는 것은 스스로 가진 시각에 갇힌 것이며 서구적인 가치관에 함몰된 것이다. 서구의 근대적 가치관으로 보면, 한국의 역사와 문화는 모두 부정의 대상이 될 뿐이다. 무엇보다 신사임당을 공격하는 논리에는 기계적인 이분법적 세계관이 흠뻑 담겨있다. 마치 가정은 악, 사회생활은 선이라는 구도이다. 출산과 양육은 부정의 대상이고, 출산, 양육을 하지 않는 것은 긍정의 대상이다.

이러한 주장들은 아이를 기르고, 가정살림을 하는 것에 재미를 느끼고 스스로 정체성을 형성하고 있는 수많은 여성들을 패배적으로 만든다. 모든 여성들이 사회생활을 하고 사회적으로 커리어 우먼으로 성공해야 한다는 심리를 강박한다. 또한 이분법의 논리는 주체적이고 자기 권리를 찾는 여성상을 강조한다. 형식적으로는 맞는 말이다. 워낙 그간 자기 권리를 포기시키고, 비주체적인 삶을 강요했기 때문이다.

하지만, 주체성의 기준이 외향성이나 직선적인 것을 의미하는 것은 아니다. 주체가 사회생활을 의미하지는 않는다. 거꾸로 사회생활을 하지 않고 가정에 있는 여성이 비주체적이라고 볼 수 없다. 항상 자신의 권리만을 찾는 여성이 주체적이고 여성의 근본 모델이 될 수도 없다.

왜냐하면, 자기 권리보다는 남에 대한 희생과 봉사로 자기의 존재의미, 정체성을 찾는 여성들도 많기 때문이다. 오히려 이런 여성이 주체적일 수 있다. 나혜석을 추천하는 이유는 서구적 가치에, 사회생활에 열심이었고, 가정생활 안에 있지 않는 주체적 코드 때문이다. 하지만 나혜석은 자기 권리에 충실한, 개인적 자유주의자였다. 적어도 화폐모델은 공동체 지향적이어야 하는 특수성이 있다.

여성 차별 문제는 자신의 권리를 찾고 싶은 여성을 억압하고 사회적인 일을 하고 싶은 이들을 원천적으로 봉쇄했을 때 발생한다. 하지만 그것은 선호와 선택의 문제다. 같은 여성이라고 해도 욕망의 관심 대상은 다르다. 그들은 남성은 국가, 여성은 가정이라는 도식으로 접근한다고 공격하기도 한다. 국가의 영역으로 가고자 하는 여성들의 욕망도 담겨있다.

하지만 일반적인 것만은 아니다. 헤게모니 싸움의 또 다른 연장선이다. 일반 여성들은 그러한 구도에 관심이 없다. 균질한 것 같지만 여성에도 계층이나 계급의 층위는 있기 마련이다. 사회성, 정치성, 권력성에 대한 강조는 그것의 결핍을 크게 느끼는 층위의 여성들의 주장에서 두드러진다. 화폐모델에 대한 비판도 마찬가지다.

일반성이 있고, 없고의 문제보다 더 중요한 것은 오히려 '남성=국가, 여성=가정'이라는 구도를 신사임당이 조장한다는 주장에는 치명적인 편견이 들어있다. 국가적인 활동은 매우 중요한 것이고, 가정의 활동은 별로 중요하지 않다는 논리의 재생산이다. 사회활동은 의미가 있고, 가정의 생활은 의미가 없다는 것이다. 무엇이 중요한지는 새삼 거론할 필요가 없을 것이다.

또한 이는 화폐인물에 반영된 욕망의 수준이 어떤지 알 수 있다. 급진적 해방론을 주장하는 이들이 결국 정치에 관심을 갖는 이유임을 알 수 있다. 즉, 신사임당에게 부족한 것은 정치의식, 권력의지가 없다는 것이다. 유관순 열사를 추천하는 이유를 생각해보면 쉽게 알 수 있다. 그러나 만약 유관순 열사가 살아남아 결혼하고 아이를 길렀다면 화폐모델 후보로 거론되지 않았을 것이다. 결국 그대로 어린 나이에 죽었기 때문에 거론되는 셈이다. 오히려 모성성 때문에 반대로 위인을 배제시킨 셈이다. 만약 황진이가 결혼과 출산을 했다면 여성운동에서 그녀를 주목하지 않을 것이다. 여성 위인에게 결혼과 출산, 육아가 마치 죄가 된다. 신사임당의 죄(?)도 이와 무관하지 않다.

여성성을 모성성에 가두는 것은 위험하지만, 보편적인 성향이나 생체학적 본성까지 봉쇄하는 것은 타당하지 않다. 아이를 키우고 가정을 잘 꾸려갈 수 있는 것은 아무나 할 수 있는 일이 아니다. 또한 국가보다 가정이 더욱 중요한 면이 있다. 그것을 하찮게 보는 것에 대한 거부감도 생각해야 한다. 무엇보다 신사임당을 아이만 잘 키우고 남편 뒷바라지만 잘한 여성으로만 주목하지 않았을 것이다. CEO의 자질뿐만 아니라 학식이나 예술적인 수준도 높았기 때문에 사람들은 주목했을 것이다. 하나도 힘든데 여러 일을 해냈기 때문에 주목하는 것이다.

중요한 것은 사회적으로 정해진 틀에서 얼마나 주체적으로 살아가려고 노력했는지가 중요하다. 사회를 무조건 거부했다고, 주체적인 것은 아니다. 자기의 권리를 많이 찾는다고 사회적으로 훌륭한 모델이 되는 것만은 아니다. 구획되고 제한된 상황에서 어떤 삶을 살아가는가에 따라 주체성의 기준은 달라진다.

시간이 흐른 후, 다음 세대들이 지금은 옳다고 여기는 삶을 다르게 평가절하할 가능성은 충분하며, 역사적 사실이나 인물에 대한 해석은 시대상황에 따라 변하기 마련이다. 그 가운데 중요한 것은 보편성이다. 예컨대, 여성 모델의 차원이라면 여성성의 관점에서 신사임당이 지닌 보편성이 무엇인지, 아니 유관순, 나혜석의 보편성을 비교해보아야 한다.

여기에서 말한 논지가 전적으로 옳을 수는 없다. 다만, 이분법적 도식으로 여성 모델이나 이미지를 해석하는 것은 경계해야 할 필요성 때문에 제기한 것이다. 왜 꼭 화폐모델은 인물이어야 하는지 여전히 실망스럽다.

# ?!.
# 환측무시와
# 환측과잉 현상

> 　임오군란 때 충주 지역으로 피한 명성황후의 일기가 발견되었다. 이
일기를 보면 명성황후는 각종 질병에 시달리고 있었다. 또한 일기는 명성
황후의 피곤하고 초췌한 일상의 모습을 드러낸다. 무엇보다 청군의 개입
에 대해서 모르고 있었던 사실이 들어있었다. 이런 내용은 뮤지컬과 드라
마의 명성황후에서 보이는 강한 여성의 면모와 다르며, 당시 명성황후가
치밀한 정치적 전략을 사용하고 있었다는 통념과는 거리가 있다. 명성황
후에 대한 우리의 인식이 과장되어 있는지 모른다.

　뇌졸중 등 뇌가 손상된 환자들에게 환측무시(患側無視) 현상이라는 것
이 있다. 자신의 아픈 부분을 무시하는 현상이다. 만약 왼쪽 몸이 마비되
면 왼쪽에 있는 물건을 인식하지 못한다. 따라서 밥을 먹을 때도 오른쪽
에 있는 반찬만 먹게 된다. 역사 인식을 하는 데도 환측무시 현상이 드러
나는데, 일본과 같은 경우 자신의 위안부와 같은 잘못된 과거는 인정하려
하지 않는 일이 벌어진다.

　반면, 한국의 경우에는 환측과잉, 과장의 심리도 엿보인다. 예를 들면
고구려에 대한 역사인식이 그렇다. 최근 2012년 드라마 〈광개토대왕〉이

끝났다. 고구려 드라마 열풍이 주기적으로 대중문화의 키워드였다. 이 열풍의 진원은 중국의 동북공정이었다. 방송사는 동북공정에 대응하여 민족적 감정에 기대어 시청률을 노린 것이다. 타당한 명분으로 시청률까지 확보하는 것을 비난할 수는 없다. 다만, 환측과장을 통한 역사적 사실을 왜곡하는 데 문제가 있다.

〈주몽〉의 경우에는 고구려 중심으로 서사를 이끌고 극적 긴장을 주기 위해서 부여의 고조선 계승성을 탈색시켰고, 상대적으로 백제의 중요성을 간과하게 했다. 또한 동북공정을 지나치게 의식해서 한나라에 대한 종속 의식을 강화했다. 〈대조영〉이나 〈연개소문〉은 연개소문의 상징으로 삼족오를 삼고, 〈주몽〉은 주몽의 상징으로 삼족오를 삼았다. 물론 삼족오는 북방 민족의 문화적 상징이다. 여기에 화려함을 자랑하려는 듯이 각종 복색들이나 건물들은 정체불명의 것들이었다.

환측과장이란 아픈 역사에 대한 과잉이다. 고구려와 같이 강대한 국가의 땅을 잃어버린 사실에 대해서 과장하여 감정을 불러일으키는 것을 말한다. 이를 주도하는 것이 대중문화 콘텐츠이다. 비단, 드라마뿐만이 아니다. 영화 〈한반도〉와 같은 작품은 아픈 역사를 과잉 민족주의 차원에서 대응한 작품이다. 정작 중요한 것은 감정 과잉이 아니라 일본과 같이 한 개의 사안에 대해서 수십 년 동안 치밀하게 준비하는 것이다.

또한 역사적 사실 논쟁은 역사 소재 작품의 장르가 다양화되면서 더욱 증가하고 있다. 요즘 적은 역사적 사실에 허구적인 내용이 대부분인 팩션(Faction) 작품이 많다. 호쾌무협멜로 라는 퓨전 사극의 범람으로 역사적 사실에 충실한 작품은 보기 힘들다. 이러한 작품들은 상상력을 자극하여 흥미를 자아낸다. 〈대장금〉, 〈해신〉, 〈서동요〉, 〈신돈〉이 대표적이다.

반면, 〈불멸의 이순신〉과 같은 작품은 역사적 사실에 기반을 해야 하기 때문에 작가적 상상력이 개입할 부분이 적어 창작적 자유의 폭이 좁을 수밖에 없다. 하지만 역사적 사실이 거의 없는 대상을 다루는 팩션, 퓨전 사극은 작가나 제작진의 상상력은 자유롭게 이루어질 수 있다.

하지만 역사적 사실보다 상상력이 과잉일 경우, 일반인들이 허구를 역사적 사실로 인식할 가능성은 더 클 수밖에 없다. 더구나 미디어 매체에서 각인된 이미지나 정보는 진실인 것으로 각인된다.

그러나 역사적 상상력과 실제 역사적 사실이 결코 이분법적으로 분리되는 것은 아니다. 역사적 상상력은 실제 역사 연구에 자극을 준다. 역사 연구는 다시 역사적 상상력을 자극해 새로운 작품을 만들어 낸다. 논쟁이 없는 곳에 역사의 발전은 없을 것이다. 다행히 요즘에는 인터넷을 통해 대중문화 작품 속 역사적 사실에 대한 활발한 논쟁이 이루어지고 있다.

미처 생각하지 못했던 부분에 대한 문제제기들이 역사적 담론을 더 풍부하게 만들어내고 있다. 이러한 참여를 통해 역사적 연구의 진전은 이루어지고, 작품 창작에도 긍정적인 영향을 미치고 있다. 다만, 역사를 과거와 미래의 현재적 소통이 아닌 수단으로만 삼는 것은 조심스런 일이다.

# ?!.
# 사극에서
# 농민의 멸종

❶

　고대, 중세, 아니 근대까지도 농업은 사회의 근간이었다. 이는 새삼 특별하지 않다. 유치원생도 안다. 과거의 역사는 농업과 따로 떼어 생각할 수 없다. 수많은 왕과 벼슬아치들이 부르짖는 백성의 대부분은 농민이었다. 국정 운영 시스템도 이들을 중심에 두었다. 하지만 수없이 쏟아지는 사극에는 농민, 나아가 농업이 사라진지 오래다.

　〈대왕 세종〉에서 충녕은 백성의 삶을 살피고자 나서지만, 그가 돌아본 것은 시장이고, 접한 사람들은 상인 몇이었다. 그를 이용하려는 고려 왕실의 후예 옥환(김명곤)은 상인세력의 수장이다. 충녕의 백성을 위한 정치에 대한 깨달음은 자신의 수종 내관에게서 더 얻는다. 근래 모든 사극들이 공통적으로 복제하듯이 〈대왕 세종〉도 상인 세력을 둘러싼 부정부패를 서사전개의 핵심 얼개로 사용하기는 마찬가지였다.

　세종이 집권기간 동안 신경 썼던 것은 농업이었다. 나라의 예산 운용은 물론 관료들의 급료는 곡식으로 지불되었고, 시장의 상행위 단위 기준도 곡식이었다. 국정 브레인들은 가뭄이나 홍수, 곡물의 작황에 대해서 온 신경을 집중하고 있었고, 이는 국정의 중심 사안이기도 하다.

세종은 농사가 흉년이거나 농업에 불길한 징조가 나타나면, 자신의 흠결 탓으로 여기기는 다른 왕들과 다를 바 없었다. 천문 관측에 열심이고 '농사직설' 간행과 측우기, 해시계 그리고 물시계를 만든 이유도 마찬가지다. 한글을 만든 것은 상인과 소통하고자 함이 아니라 오히려 농민과 대화하려는 것이었다. 농업이 국가의 근간이었기 때문이다. 이 때문에 농민들의 삶에 대한 관심이 극진했고, 지방관들의 중요한 임무는 농민들을 보살피는 것이라고 강조했다. 상업에 대한 관심은 농업 이후의 문제다. 그러나 〈뿌리깊은 나무〉에는 농민이 없었다. 농토가 아니라 장터와 시가지만 나왔다. 드라마 〈이산-정조〉에도 마찬가지로 농업 상황이나 농민은 등장하지 않는다. 난무하는 것은 구휼미나 시전 난전이라는 말들이다. 이산이 만나는 이들은 대부분이 지식인들이고, 상인들이었다. 영조와 이산이 돌아보는 곳은 대부분 시장이었다. 이산에게 농사에 대해서 말하는 노인은 좌절한 지식인일 뿐이었다. 아무리 영·정조가 상업을 강조했다고는 하지만 그것은 농업 이후였다.

드라마 〈왕과 나〉에서 김처선을 비롯한 많은 내관들이 지향하는 것은 아예 왕실과 왕으로 못 박혔다. 여전히 이 작품에서도 난전과 시전의 강조만이 난무할 뿐 농민의 모습이나 삶에 대해서는 박제되어 있었다. 이 때문에 처음부터 백성은 관념의 도식 안에 있었다.

장길산이나 임꺽정, 홍길동이 바탕을 둔 것은 가난하고 헐벗은 농민들이었다. 〈쾌도 홍길동〉에도 땅이나 농민은 없고 시장, 상인들만이 등장한다. 도적패들은 가난한 농민 출신이라기보다는 정체불명의 연원을 가지고 있다. 생산은 하지 않고 중간이득을 챙기고자 하는 이들의 천국이기는 마찬가지였다. 이러한 정체성과 명분의 모호함에 허균이 웃을 일이다. 차라리 백성을 위한다는 말을 사용하지 않는 것이 다행이었다.

사극에는 백성을 위한 정치가 난무하는데, 정작 당시 대부분을 차지하는 농민의 모습은 등장하지 않는 것이다. 오로지 시장과 상인들만이 백성의 근간인 것으로 여겨진다. 새삼 강조할 필요도 없이 조선의 근간은 여전히 농업이었다. 그들의 삶의 바탕이 되어야 백성을 위한 정치가 가능해진다.

어디 조선시대만 그럴까? 하지만 〈태왕사신기〉에서는 제국을 운영하는 방법으로 시장과 상업의 운영을 내세웠다. 〈대조영〉은 생산력의 근간인 농업에 대한 언급 안한 채, 능력에 따라 지위를 부여하는 논공행상에 치중했다. 사실 사극에서 농민이나 농업이 구체적으로 사라진 것은 어제 오늘의 이야기가 아니다.

사극이 배경으로 삼는 전통사회는 공공의 지위에 있는 자들은 농업에 다 걸기를 할 수밖에 없는 사회구조를 지녔다. 《고려사》나 《조선왕조실록》은 모두 이러한 이야기들이 대부분을 차지한다. 하지만 우리 사극에서는 기우제를 지내거나 사직단에게 제사를 지내는 군주, 아니 수장은 찾아볼 수 없고, 정치적 권력을 다투는 데만 집중하거나 암투나 전쟁에 미쳐있다. 가뭄이나 홍수 때문에 자신의 몸과 마음을 정제하고 형옥을 올바르게 하거나 선행을 베푸는 군주와 신하를 찾아볼 수 없다. 실농과 농민 유망 대책에 부심하는 모습은 없다.

이러한 경향에 대해서 여러 가지 분석을 할 수도 있을 것이다. 우선, 대중적 흥행에 성공한 작품에 바탕을 둔 유사 개별화 현상 때문이다. 즉 〈허준〉, 〈왕건〉, 〈상도〉, 〈대장금〉 같은 사극들이 상업을 부각시키면서 성공을 거두었고, 농업을 배제했기 때문에 이후의 사극들이 계속 복제를 하게 되는 것이다.

작가나 피디가 농업적 상상력이 부족하기 때문에 벌어지는 일이기도 하다. 그것은 그들의 능력 탓이라기보다는 환경적 · 경험적 요인 때문이다. 이미 농업 공동체에서 다양한 경험을 지닌 사람들이 드문 일이 되었다. 우리나라 인구의 대부분은 도시에서 나고 자란 이들이다. 이들이 농촌 공동체가 중심인 사극을 제작하고 보고 있기 때문에 도시에 익숙한 상업을 중심으로 서사구조를 짜게 된다. 이 때문에 진짜 농촌 공동체는 사극에 등장하지 않으며, 등장한다 해도 관념적이고 비현실적이다. 그래도 어느 누구하나 문제제기 하는 사람은 없다.

도식화된 관념 탓도 있다. 조선후기 이용후생학파의 상업에 대한 강조가 백성을 위한 개혁의 핵심이라고 보는 인식이 대표적이다. 상업을 강조하는 것이 민본, 민생을 위한 것이라는 도식화된 인식 탓이다. 예컨대 조선은 고려와 달리 상업을 천시해서 망했다는 접근이 인식을 지배하고 있기 때문이다. 하지만 근간은 여전히 농업이고 농민이며 이용후생학파가 농업을 배제한 것은 아니었다. 상업만을 강조하다보면 생산이 있어야 유통이 있다는 사실을 간과하고 생산자들은 부차적이 되며 그 핵심 대상은 농민이 된다.

사극이라는 설정은 하나의 자유로운 창작을 위한 장치에 불과하다. 어떤 식으로 그려도 현대극과는 달리 허구는 비난을 피할 수 있기 때문이다. 지나친 당시 상황의 반영은 고루할 수 있다. 이런 논의의 연장선에서 생각하면 상업에 대한 관심은 현대인의 관심의 반영이라고 볼 수 있다. 여기에 성공 스토리를 엮기에는 상업적인 성공이 매우 중요하게 작용할 수 있다. 사극이 대중심리를 반영할 때 경제적인 중요성을 부각시키고자 한다면 상업에 대한 초점이 중요할 것이다. 더욱이 농민은 숫자는 현재 갈수록 줄어들고 있으며, 사회적 영향력도 줄어들고 있다.

이제 농민은 전 인구의 7%에도 못 미친다. 그리고 그들의 대부분은 노인들이다. 4-H 깃발이 휘날리던 마을회관에는 대한노인회 깃발이 휘날리고, 마을 발전을 위해 열정을 토하던 젊은이들은 허리 굽고 관절이

꺾어진 노인들이 되었다. 그들의 땅으로부터 거둬진 개발이익은 대부분 93%의 도시민들을 위해서 사용된다는 지적도 있다.

이러한 현실을 반영하듯, KBS 〈대추나무 사랑걸렸네〉가 종영되었고, MBC 〈전원일기〉 종영된 것은 이미 2002년이다. KBS 〈산 너머 남촌에는〉은 농촌 드라마가 아니라 전원 드라마를 표방하고 있다. 대선에서도, 한미 FTA협상도 이보다 농민이나 농업이 소외된 적도 없었다.

요컨대 현재 사극들은 무늬만 사극이고, 관념 속의 상호적 오마주에 불과한 것은 이러한 세태의 반영인지도 모른다. 그 대표적인 예가 백성의 추상성이고, 농민과 농업의 배제다. 그렇다고 비판하는 이들은 없다. 이미 대한민국은 농민과 농업을 버렸기 때문이다. 사극에서 그들을 배제한다고 해서 누가 무어라고 할까. 이미 힘없는 소수인 그들을 지지해보았자 이득 될 것도 없는데 말이다. 분명한 것은 사극에서 농업과 농민의 거세는 허위적인 인물이나 상황의 설정보다도 더 심각한 역사왜곡이다.

❷

드라마 〈뿌리깊은 나무〉를 보면 기묘한 설정이 하나 눈에 들어온다. 세종(송중기)이 젊었을 때만 해도 부인 소헌왕후(장지은)가 있었다. 예컨대 세종에게 돌을 던진 소이의 사연을 설명해준 이가 바로 소헌왕후였다. 하지만 어찌된 일인지 세종이 나이가 들고 소이가 성장한 시점에 홀연 사라져버렸다. 왕후와 후궁은 어디론가 없어져 버렸다. 한글을 만들 즈음 소헌왕후는 세상을 떠났던 것일까? 소헌왕후 심씨는 1395년에 나서 1446년에 타계했다. 훈민정음 반포가 1446년이고 드라마의 시간적 배경은 반포 전이니까 소헌왕후는 살아있어야 한다.

심지어 소헌왕후를 위한 석보상절은 소헌왕후를 떼어버렸다. 세종 28년(1446)에 소헌왕후의 명복을 빌기 위해 《석보상절》을 지었다. 드라마

〈뿌리깊은 나무〉에서 《석보상절》은 세종의 한글창제에 대한 집착을 의미했다. 즉 한글을 백성을 위해 만들려고 했는데 글자에 집착이 생겨 백성들이 잘 아는 석가모니 이야기를 한글로 짓게 했다는 내용이 들어있다.

결국 한글 창제의 의도를 부각시키기 위해 소헌왕후를 삭제시켜버린 것이다. 어디 소헌왕후만일까. 세종이 6명의 부인에게서 18남 4녀를 얻었다. 이들은 전혀 등장하지 않고 다만, 광평대군만 등장한다. 소이와 채윤, 이도의 관계를 부각시키는 과정에서 빚어진 것인데 왕후들이 한글의 진화역사에서 중대한 역할을 했다는 점을 생각한다면, 매우 중요한 역사코드를 간과한 것이다.

물론 이렇게 과감하게 왕후와 그의 자녀들을 거세시켜버린 것은 정통사극과 차별화되는 퓨전 사극의 특징이라고 볼 수도 있다. 퓨전사극은 인물의 단촐함을 통해 사건 전개를 압축적이고 긴박감 있게 풀어나가는 것이 특징이기 때문이다. 또한 왕후가 등장하면 이른바 여성들의 정치싸움, 암투라는 오명이 등장해야 하는 설정을 벗어날 수도 있을 것이다. 하지만 세종과 가족 간의 관계에 대한 인식은 물론 상상력까지도 위축시켜버렸다. 이는 세종의 진면모에 대한 제약을 의미하는 것이겠다. 무엇보다 중요한 것은 정작 백성이 없다는 사실이다.

한 매체 인터뷰에서 작가들은 이 드라마는 세종과 백성의 멜로드라마라고 밝혔다. 멜로라는 것은 불가항력적인 힘 때문에 사랑하는 관계가 방해받는 것을 말한다. 불가항력적이라 하면 신분차이, 전쟁, 질병, 재해 등이 대표적이다. 이러한 논지대로라면 세종과 백성은 신분 간의 차이 때문에 멜로 드라마를 만들고 있는 것이다. 중간에 양반이나 사대부가 그 신분적 간극을 장애요인으로 더 확장시키고 있는 모양새다.

하지만 백성과 세종의 멜로는 없었다. 정말 백성이 있는지 의문이기 때문이다. 백성이 없는데 세종과 누가 멜로를 만드는가이다. 예컨대, 백성의 대표주자라고 할 수 있는 이는 강채윤(장혁)이다. 그는 글자의 가치와 의미에 대해서 세종과 치열한 논쟁을 벌였다. 그는 글자의 무용성에 대해서 이야기하였고, 세종은 유용성에 대해 논의했다. 소이는 글자를 창제하는 세종이 품은 백성에 대한 사랑을 강조했다.

여기에서 강채윤이 백성을 대변할 수 있는 적임자인지 의문이었다. 강채윤은 노비의 아들이었다. 세종을 시해하는 아버지의 복수를 위해 전장에서 공을 세우느라 청춘을 살육으로 소모한다. 당시 조선은 농본사회를 표방했다. 조선왕과 사대부들은 지역 세력을 죽이기 위해 상업을 중앙 집권적 통제 시스템에 복속시켰다.

농자천하지대본이라는 프레임을 만들었다. 글자가 더 많은 밥을 만든다거나 농사직설을 한글로 만들 수 있다는 발언은 바로 이러한 맥락에서 등장한다. 백성의 대부분은 노비가 아니라 농민이었다. 그러나 이 드라마에는 농민은 등장하지 않았다. 정작 천한 백정으로 활동하는 가리온은 노비가 아니라 양반 사대부였고, 훈구파의 핵심인 밀본의 본원 정기준이었다. 세종과 막장을 뜨는 막강한 권력자였다. 강채윤은 생산을 해본 적이 없다. 적어도 유통이나 상업에도 종사하지 않았다.

조선의 가장 문제점은 글자 이전에 유통이나 상업을 자유롭게 허가하지 않은 데 있었다. 중요한 것은 이 점이었다. 노비가 백성의 전부가 아니었다. 당시의 생산은 농민이 담당했으며 한글은 바로 백성의 대부분인 농민을 대상으로 한 것이다.

어느 순간 사극 전반에 걸쳐 그렇게 농민이 사라졌다. 멸종해버린 그들을 방기하고 장터 노점만 등장한다. 무엇보다 그들의 목소리가 드라마에 반영되었어야 한다. 어린 시절 잠깐 노비 생활을 하다가 평생을 무사로 산 강채윤은 백성의 대변 자격이 없었다. 생산과 유통에 종사하지 않은 그를 대변자로 하니 백성을 위한다는 명분도 없고 백성을 표방한다는 이의 중심도 비어 있는 셈이다. 무엇보다 세종은 글을 통한 농업생산과 유통, 상업의 주체세력을 등장시키는 임금이었어야 한다.

# ?!.
# 공포와 정치
리더가 할 일은 공포의 해체

＞

　공포는 통치심리에서 매우 중요하게 작용한다. 다음 콘텐츠에서 이를 잘 엿 볼수 있다.

　드라마 〈대조영〉에서 당나라 측천무후는 대조영이 발해를 건국하기도 전에 그를 두려워한다. 그래서 거란이나 돌궐을 통해 대조영을 견제하고 다양한 술수를 써서 대조영을 제거하려 한다. 하지만 당나라의 이러한 행동은 대조영을 따르는 세력을 더욱 단단하게 뭉치도록 만들어준다.

　드라마 〈이산-정조〉에서 정순 왕후가 세손 암살의 이유로 삼은 것은 공포였다. 세손이 왕위에 오르면 사도 세자의 죽음에 관련된 영향을 미친 이들을 모두 정조가 가만두지 않을 것이라는 공포감을 활용한다.

　처음부터 세손은 그들을 모두 죽음에 몰아넣을 생각 하지는 않았다. 공포감의 조성과 극대화를 통해 정순왕후는 자신들을 단결시키고 암살 기도를 반복하고 그럴수록 세손은 더욱 분노하게 되고 마침내 정조는 왕위에 등극하면서 정말 그들을 죽여 버릴 결심을 하게 된다. 공포는 곧 현실이 된다. 공포가 현실이 된 것은 공포를 상상하며 자신들이 행한 행동 때문이었다.

한때 일본에서는 'F이론'이 주목을 받은 적이 있다. 이는 공포(Fear)이론이었다. 외부의 위기에 따라 공포심을 갖게 되면 내부 구성원들은 내적인 단결을 더욱 이루게 되고 조직성과가 높아진다는 것이다.

예컨대, 1997년 외환위기가 닥쳤을 때 시민들은 그 위기를 극복하기 위해서 단결하고 위기 극복에 총력을 기울이게 된다. 더구나 외환위기 사태에서는 국가 부도 사태라는 수사법이 위기감을 더한다. 국가부도는 나라가 망하는 의미를 지녔기 때문이다. 나라가 망해도 개인은 살아남을지 모르지만, 대개 통념으로는 개인들도 망한다는 동양적인 사고가 작용하기 마련이다.

《조선왕조실록》을 보면 세종은 항상 군주는 두려워할 줄 알아야 한다고 말했다. 파저강에서 야인정벌에 성공했을 때도 마찬가지 반응이었다. 그는 승리했을 때도 무서워해야 앞으로 실패를 막을 수 있다고 했다. 최근 소심한 사람이 오히려 목표달성에 유리하다는 연구 결과도 있다.

두려워하면 조심하게 되고 만전을 기하니 실수가 적어진다는 것이다. 반대로 두려워하지 않으면 조심하지 않거나 자만하게 되니 빈틈이 많아지고 실수가 많아지는 것이다.

공포심은 상상과 밀접하다. 한 미군 장교가 베트남전에서 베트민에게 포로가 되었다. 그를 고문을 할 참이었다. 그러자 미군 장교가 갑자기 옆에 있던 병을 깨어 자기 팔을 베었다. 그러자 베트민들은 그를 고문하지 못했다. 미 장교의 행동은 고문 정도로는 상대할 이가 아니라고 여기게 만들었으며, 그 장교가 어떤 일을 저지를지 두려워했기 때문이다. 그 장교는 최소의 행동으로 공포를 상상하도록 만들었다.

드라마 〈태왕사신기〉에서 호태왕은 서백제를 공격하면서 세 가지 원칙을 내세우는데, 그 가운데 하나가 공포심이었다. 고구려군은 전면 공격을 하지 않았다. 최정예 별동대를 선봉에 내세워 빠르고 강한 공격으로 성문을 함락시킨 후 호태왕군은 사라졌다. 다시 다른 성을 그와 같은 방식으로 공격했다.

순식간에 여러 성을 그런 방식으로 공격하자, 서백제 지역 사람들은 공포심에 휩싸인다. 본대가 아니라 별동대가 이 정도면 싸워도 이길 수 없다는 공포감을 준다. 실체를 알 수 없는 상황에서 치명적인 공격을 당한 백제성들은 순순히 항복한다. 전체를 보이지 않고 최소의 행동으로 공포심을 상상하게 만든 덕분이었다.

테러의 목적은 공포의 확장이다. 9.11 이후 테러는 동시다발적으로 일어난다. 실체는 드러나지 않는다. 따라서 사람들의 공포심은 크게 배가된다. 실체가 드러나지 않을 때 공포에 대한 상상력은 크게 증가한다.

영화 〈에일리언〉에서 승무원들이 하나 둘씩 사라지고 그 승무원들을 해치는 괴물체는 더욱 사람들을 공포에 가둔다. 그리고 사람들을 무기력하게 만든다. 실체를 알 수 없기에 공포심은 증가하고 무기력도 비례한다. 하지만 에일리언이 실체를 드러내면서 승무원들은 괴물체를 퇴치하려 결집하기 시작한다.

공포심은 상상과 밀접하게 연결되어 있고 그 상상력이 확장될수록 사람들은 일정한 지도자를 중심으로 그 상황을 타개하려고 노력한다. 그 과정에서 모든 행동과 사고의 목적은 공포를 일으키는 위험과 위기의 원인 제거에 모아진다.

이러한 메커니즘은 민족주의가 비난 받는 이유 가운데 하나가 되기도 한다. 그것이 외부위기론을 내세워 내부단결용으로 사용되는 대표적인 이데올로기이기 때문이다. 무엇보다 내부의 모순과 갈등을 봉합하는 역할을 한다. 그렇기 때문에 베네딕트앤더슨은 민족을 상상의 공동체라고 했다.

공포는 정치적으로 잘 이용되기 쉽다. 저들이 집권하면 좌파가 나라를 궤멸시킬 것이라거나 저들이 선거에서 이기면 수구냉전독재정권이 부활한다는 정치구호는 공포심을 일으켜 자기 지지 기반을 결집시키려는 것이다. 좌우의 이데올로기를 가로질러 현실을 보아야 한다는 주장이 이 때문에 나온 것이다.

지도자가 할 일은 공포의 조장이 아니라 공포의 해체이다. 알 수 없는 공포는 내부 구성원들의 불안만 자극하고 사분오열하게 만든다. 공포의 실체를 밝혀주고 구체적인 대응 방안을 마련해 줄 때 이론은 의미와 효과가 있다. 이는 새 정부뿐만 아니라 이를 비판하는 그룹에게도 모두 요구되는 것이다. 알 수 없는 공포의 자극과 확장보다는 미래에 대한 공포를 일으키는 요인을 없애는 데, 초점을 맞추어야 한다.

# ?!.
# 미네르바의 문화 심리와 안철수 신드롬
정책집행자, 지식인, 전문가들의 대속(代贖)

> 미네르바 신드롬에서 중심은 그의 존재 자체나 그가 쓴 글도 아니었다. 그의 존재나 그의 글을 대하는 대한민국 모든 관련 행위자들의 반응과 행동이 중심이었다. 그 반응과 행동들은 여전히 논쟁으로 이어졌다. 혹세무민(惑世誣民)하는 존재라는 네거티브와 경제 대통령이라는 포지티브의 견해는 긍정론과 부정론으로 각각 보도되고 있다. 부정론에서는 그의 거짓말과 허위사실 유포를 들어 인터넷 공간의 폐해를 강조하며 사이버 모욕죄 도입을 주장했다.

반대쪽에서는 진짜 미네르바가 아니라는 음모론에서부터 국민 언론의 탄압, 학벌주의를 질타하는 견해까지 보이고, 결국 미네르바의 체포는 표현의 자유를 억압하는 것이라고 말했다. 당연히 사이버 모욕제의 도입에 대해서도 반대했다.

미네르바 사건은 다양한 주체들의 이해관계가 맞물리면서 증폭된 감이 있다. 미네르바의 행위에 대한 구체적 법리 공방이나 위헌 법률심사와는 별개로 미네르바 사례는 지식인 위기를 말하는 것이기도 했다. 인터넷 디지털 환경에서는 누구라도 정보에 접근할 수 있다. 이 때문에 독학으로 과거의 전문가 수준에 올라갈 수 있는 여지가 충분해졌다. 지식인들의 지식정보 권력이 무너진 것이다.

근본적으로 지적 능력은 누구에게 한정된 것이 아니라 평등하다. 『무지한 스승』을 출간한 자크 랑시에르(Jacques Rancire)가 주장하는 바이기도 하다. 1830~50년대 프랑스에서 노동자는 노동만 하는 존재가 아니었으며, 시와 철학을 공부하고 토론하는 사유의 존재라는 것을 밝힌 그는 벨기에에서 불문학 강사였던 조제프 자코토의 사례를 통해 누구에게나 지적 능력은 평등하다고 말했다.

그렇기 때문에 스승이라는 이유로 지식이 없는 이들의 위에서 군림하지 말아야 한다고 주장했다. 다만 그들에게 같은 정보를 얼마나 동등하게 제공하는가가 관건이며 무엇보다 배우고자 하는 동기와 목적이 중요하다고 했다.

반대로 미네르바가 독학으로 경제적인 지식을 가졌다고 놀라워 할 필요는 없었다. 전문대 VS 서울대 출신이라는 대척적인 비교구도를 가질 이유도 없었다. 지적 능력은 누구에게나 평등하고 학습의 동기를 통해 얼마나 집중하고 에너지를 투입하는가에 달려있기 때문이다.

인터넷 환경은 충분히 그러한 현상을 만들어 낼 수 있다. 그가 동기를 가지고 경제적 글쓰기를 했다면, 지식의 습득은 부차적인 문제이다. 비전문 독학자에 놀아났다고 분노할 필요도 없었다. 누구든지 경제 전문가가 될 수 있고, 그러한 능력이 있기 때문이며 학습 동기가 중요하다.

더 중요한 것은 그가 어떻게 해서 대중들에게 영향을 미쳤는가이다. 미네르바를 빼고도 인터넷에는 수많은 고수들이 활동한다. 다만, 그가 주목을 받았던 이유는 몇 가지 사례에서 예측이 맞았기 때문이다. 하지만 미네르바만이 그러한 예측을 한 것은 아니었다.

그럼에도 다른 전문가와 달리 미네르바의 글은 수천만 명이 이용하는 포털 다음, 아고라의 영향 때문에 그것이 급속하게 확산되었다. 그가 한 개의 매체에 기명으로 기고했다면, 주목받지 못했을 것이다. 이는 아무리 놀라운 성찰을 가졌다고 해도 포털과 같은 막강한 영향력을 지닌 허브 사이트를 거치지 않으면 알려지지 않거나 외면당하는 디지털 환경을 말해주고 있다.

더욱이 인터넷을 떠들썩하게 했던 그의 경제 분석은 독자적이라기보다는 두루두루 일정한 주제에 맞게 핵심을 드러내어 읽도록 꿰었을 따름이다. 그것도 나름 필요한 것이기도 한데, 단편적인 사실들을 특정한 주제에 따라 정리했기 때문에 편차가 있었다. 가정을 잘 세우면 일정 정치(精緻)한 면을 갖지만 그렇지 않으면 의미가 없는 것이 된다.

무엇보다 오랫동안 경제를 전공하고 연구한 사람이 아닌 이에게 만약 나라가 좌지우지되었다면, 그것은 전문가 그룹에 대한 성찰을 요구하는 것이다. 이는 기존의 전문가주의에 함몰된 지식인, 전문 연구자들에게 일침을 가하는 것이기도 하다. 더욱이 그들은 대중이 미네르바에서 구원을 찾을 때 정작 그들은 정밀하게 주목하지조차 않아 일을 더 키웠다.

특히 경제학 분야가 되돌아보아야 할 점이 있다. 기존의 경제학은 미시 혹은 통계, 행태 경제학에 함몰되어 있다. 요컨대, 숫자와 모델에만 집착하는 경향이 있다. 경제학과 교수나 박사학위자라고 해도 매우 세세한 전공에만 치우치기 때문에 전체적이고 통합적인 시각을 갖거나 그러한 작업을 하지 못하는 경향성이 갈수록 심해지고 있다.

그럴수록 대중들이 당장에 밀접하게 느끼고 생각하는 거시경제학이나 국민경제학 또한 경제정책에 대해서는 별로 관심을 기울이지 않는 경향이 크다. 반대로 미네르바는 그 경향의 반대에 있었기 때문에 웬만한 경제학자나 경제분석가보다 나은 점이 있었다. 그는 누구라도 이해할 수 있는 상식적인 수준에서 접근했기 때문이다. 하지만 상식은 곧 감정과 편견의 소산일 수 있음은 물론이다. 무엇보다 넓은 인터넷의 바다에서 그러한 정보들을 하나하나 찾아서 대조하기는 갈수록 힘들어지고 있는 것도 사실이다.

요컨대, 경제학이 전문가주의에 빠져 대중의 눈높이와 대중의 요구에 맞게 경제분석을 하지 않았기 때문에 미네르바가 눈길을 끌 수 있었던 것이다. 하지만 갑작스런 경제 공포와 경기의 하강곡선에서 부정적 예측은 유리하다. 불확실한 상황에서 누군가 예측 정보를 내놓고 몇 가지 점이 정확하게 맞는다면 폭발적인 주목을 받을 것이고, 그 내용이 부정적일수록 루머의 공식처럼 급속하게 파급될 것이다.

하지만 그는 논객이지 정책가나 국정운영자는 아니었기 때문에 가능한 논객적 분석들을 많이 내보였다. 그것을 가능하게 했던 것은 기존의 전문가나 지식인에 대한 불신뿐만 아니라 정부에 대한 비신뢰가 한 몫 했음은 주지의 사실이다. 다만, 비판적 논객과 국정운영의 코드는 분명 다르며, 정치적 혹은 사회적 접근과 정책적 국정 운영적 코드는 역시 다르다. 국정운영의 코드와 경제정책의 운용은 고려해야 할 시간적 시퀀스와 여건적 변수가 많다. 특히 시장 메커니즘에는 감정이 없다.

일련의 진행 상황을 되돌아보면, 지식인이나 전문가, 경제 관료들이 단지 어리석은 대중심리라며 그냥 간과할 수 없는 것임을 다시금 생각하게 만든다. 몇 가지 예측과 IMF 공포에 대한 지나친 강조를 통해 미네르바는 서민경제를 강조했다. 물론 그가 줄기차게 주장하듯이, 약자를 위해 글을 썼기 때문에 문제가 없다는 식으로 말할 수는 없다. 하지만 중요한 것은 사람들이 무엇을 바라는가이다. 이는 경제학자나 금융전문가, 경제정책당국자, 전문매체 모두에게 시민이 바라는 것이다.

그는 그동안 경제위기나 국가 부도 사태가 와도 정작 잘못한 이들의 반성이나 속죄는 없었다는 점을 간파했다. 모든 고통은 열심히 성실하게 사는 보통 사람들이었다. 앞으로 그러한 사태가 또 반복될지 모른다는 불안 의식 속으로 그의 글들이 스며들었다. 이러한 점에서 그에 대한 대중적 주목에는 관료와 정책집행자, 지식인, 전문가들의 대속(代贖)을 자임한 점도 작용했다. 미네르바의 거짓말, 즉 자신이 해외에서 근무한 수십 년 경력의 금융실무 전문가라고 속인 것은 이를 나타낸다.

즉 대중이 그에게 눈길을 준 것은 최고 전문가의 통렬한 자기 반성적 글쓰기라고 믿었기 때문이다. 그것은 일종의 피도 눈물도 없이 모럴 해저드에 빠진 금융경제 엘리트가 자기반성하는 것으로 받아들여졌다. 이후에 이러한 심리는 전문대 졸업의 비경제전공자이면서 금융과는 전혀 관계없는 인터넷 글쓰기 이용자일 뿐이라는 검찰의 발표를 음모론적으로 받아들이는 이유가 되기도 했다.

전문가와 지식인, 경제 관료와 시민, 대중 사이의 괴리가 깊으면 깊을수록 미네르바는 더 넓은 영역을 확보할 수 있었다. 한국 사회에 필요한 경제 분석이나 연구는 무엇인지 다시 한 번 되짚어 보아야 했다. 정작 중요한 것은 미네르바가 아니라 한국이 처한 경제 상황이다. 그것을 위한 해법 모색은 여전한 과제로 남아있다. 미네르바를 둘러싼 일련의 반응들이 그것을 위한 것이 아니라면 미네르바 사태가 던진 국민적 화두를 외면하는 것이다. 그럼에도 몇년째 계속된 전문가들의 뻔뻔함은 마침내 안철수 신드롬으로 이어져 기존의 정책가, 지식인, 정치인, 정당을 부정하여 버렸다. 심지어 안철수를 강력한 대통령 후보로 만들었던 것이다. 국민들은 전문지식을 가지면서 기업경영을 통해 국가의 부를 늘려주면서도 국민과 소통하는 리더를 원하기 때문이다.